조선부문사

초기조일관계사 2

사회과학출판사

차 례

제6장. 서부일본 기비지방의 조선계통소국들 ……………(6)

제1절. 기비지방의 가야(임나미마나)소국(왕국) …………(9)

1. 지명과 고문헌들에 나타난 기비 가야소국 …………(9)

　가야의 지명 ……………………………………………(9)

　기비 가야소국의 령역 ………………………………(20)

　기비씨는 가야씨 ………………………………………(25)

　가야소국의 정치적중심지 ……………………………(27)

2. 무덤유적과 유물을 통하여 본 기비 가야소국 ……(30)

　고분문화시기 전반기의 가야적무덤 ………………(30)

　고분문화시기 후기의 백제적무덤 …………………(51)

3. 조선식산성을 통하여 본 가야소국 …………………(60)

　산성의 개략적형편과 《우라》전설 …………………(61)

　산성의 축조시기 ………………………………………(70)

4. 기비 가야소국을 구성한 가라소국 …………………(82)

5. 기비 가야소국을 구성한 사누끼의 아야소국 ……(88)

　아야소국의 연혁 ………………………………………(88)

- 1 -

아야의 지명 ··(92)
　　무덤과 조선식산성 ··(95)
제2절. 기비지방의 시라기(신라)소국 ································(102)
　1. 지명과 전설을 통하여 본 신라소국 ······························(103)
　2. 무덤유적을 통하여 본 신라소국 ··································(112)
제3절. 기비지방의 고마(고구려)소국 ································(117)
　1. 지명유적을 통하여 본 기비 고마소국 ··························(119)
　2. 고고학적유적을 통하여 본 기비 고마소국 ····················(123)
제4절. 빙고지방의 아나-백제소국과
　　　 와께 백제소국 ··(131)
제5절. 《일본서기》를 통하여 본
　　　 《임나일본부》의 위치 ··(144)
　1. 가미쯔미찌노오미 다사의 임나(가야, 가라)파견기사 ········(145)
　2. 가라의 다다라와 다사쯔의 위치 ··································(148)
　　다다라의 위치 ···(150)
　　다사쯔의 위치 ···(153)
　　우네메 오시아마와 가라노비 ··(156)
　　가라와 신라와의 경계선 ···(158)
　　임나가라앞의 오시마 ··(159)
　3. 임나관계 기사에 나오는 인물들 ··································(161)
　4. 《임나일본부》(미마나노 미야께)의 위치 ·······················(168)

제7장. 깅끼(기내)지방 가와찌와 야마또의 조선계통소국들 ················· (172)

제1절. 가와찌지방의 백제-가라왕국 ················ (173)

1. 고고학적으로 본 가와찌의 백제-가라왕국 ············ (173)

1) 후루이찌, 모즈무덤떼의 범위 ················ (174)

2) 후루이찌, 모즈무덤떼의 조선적성격 ············ (178)

횡혈식무덤의 출현 ······················· (186)
기병용무기, 무장 및 마구류의 출현 ··········· (190)
새 질그릇의 출현 ······················· (197)
새 농구, 공구의 출현 ···················· (200)

3) 다이센무덤, 곤다야마무덤의 축조시기와
가와찌평야의 떼무덤 ···················· (203)

다이센, 곤다야마무덤의 축조시기 ············ (203)
가와찌평야의 떼무덤 ···················· (205)

2. 5세기 중엽이전의 가와찌의 백제소국 ············ (211)

1) 마쯔오까야마무덤떼를 통하여 본 백제소국 ········ (211)

2) 백제칠지도와 모노노베를 통하여 본 백제소국 ····· (220)

백제칠지도 ···························· (220)
모노노베씨 ···························· (222)
모노노베와 백제칠지도 ···················· (225)

3. 지명 및 문헌을 통하여 본 가와찌의 백제소국 ········ (227)

1) 지명유적을 통하여 본 가와찌의 백제소국 ········ (227)

북쪽의 구다라(백제)고을 ··················· (228)
남쪽의 구다라고을인 니시고리 ··············· (228)
동쪽 가와찌 아스까의 백제고을 ·············· (229)

　　　　서쪽 모즈의 백제 ……………………………………… (230)
　　2) 기록을 통하여 본 가와찌의 백제 …………………… (232)
　　　① 아스까베고을과 옛 가와찌고을일대 …………… (232)
　　　② 야쮸지, 후지이데라 등 하비끼노구릉지대 ……… (238)
　　　③ 남가와찌군과 가와찌나가노, 돈다바야시의
　　　　 삼각주변지대 …………………………………… (241)
　　3) 왜 5왕의 상표문에 반영된 왜-백제,
　　　 가라련합왕국 ………………………………………… (253)

제2절. 야마또지방의 백제-가라왕국 ……………………… (259)

　1. 5세기 중엽경까지의 야마또분지의 정치세력 …………… (259)
　　1) 가쯔라기씨의 세력 …………………………………… (259)
　　2) 야마또분지 동쪽의 신라소국 ………………………… (262)
　2. 가와찌 가라-백제세력의 나라분지에로의 진출 ………… (270)
　3. 소가씨의 계통 ……………………………………………… (282)
　4. 야마또노 아야씨 …………………………………………… (287)
　5. 나까도미씨의 계보 ………………………………………… (302)
　6. 야마또 아스까국가의 백제적색채 ……………………… (306)
　7. 소가씨의 독판치기 ………………………………………… (317)
　8. 소가씨권력지반의 조선(백제)적성격 …………………… (323)
　9. 고고학적자료를 통하여 본 야마또 아스까국가 ………… (328)

제8장. 세또나이해연안의 조선계통소국들 ………………… (337)

　제1절. 하리마의 신라소국 …………………………………… (337)

제2절. 히로시마현서쪽의 백제소국들 ·················· (344)

　1. 이요지방의 백제소국 ························· (344)

　2. 수오(야마구찌현)의 백제소국 ···················· (350)

　　1) 백제계통지명과 대표적무덤 ···················· (350)

　　2) 구마게군에 있는 조선식이와끼산성 ·················· (351)

제9장. 혼슈 중부 및 서부해안의 조선계통소국들 ············ (356)

제1절. 북시나노와 노또반도의 고구려소국 ················ (356)

　1. 북시나노의 고구려소국 ······················· (358)

　　1) 무덤을 통하여 본 고구려소국 ···················· (359)

　　2) 고문헌을 통하여 본 고구려소국 ····················· (367)

　2. 노또반도의 고구려소국 ······················· (371)

제2절. 이즈모의 신라-가야소국 ···················· (377)

제3절. 오미(시가현)의 신라계통소국 ··················· (386)

　1. 다까시마군의 신라소국 ······················· (387)

　2. 사까다군의 신라소국 ························ (389)

　3. 가모오군의 신라-가야소국 ····················· (392)

제6장. 서부일본 기비지방의 조선계통소국들

《임나일본부》(미마나 미야께)설은 일본의 《야마또정권》이 조선의 한강이남지역을 수백년동안이나 식민지통치를 하였다고 하는 사이비반동《학설》이다.

《임나일본부》설의 허황성이 우리 학계의 강한 비판으로 낱낱이 드러났음에도 불구하고 아직도 일본의 극우익보수세력들에 의하여 마치도 그것이 《정당》한것처럼 류포되고있다. 특히 중학교력사교과서를 비롯한 각종 력사교과서들에서 《임나일본부》설이 취급되여 청소년들에게 교육되고있다.

우리 학계는 일본어용학자들이 날조한 《임나일본부》설의 반동성과 허황성에 대하여 한두번만 비판하지 않았다. 군국주의일본이 조선침략의 도구로 삼았던 《임나일본부》설 즉 야마또정권의 남부조선 식민지지배설이 무근거하며 야마또정권이 《미야께》를 두었다고 하는 미마나(임나)란 서부일본에 있은 조선계통소국이며 그 위치는 오늘의 나라현으로부터 규슈에 이르는 지역에서 찾아야 할것이라고 강조하였다.〔《초기조일관계연구》 사회과학원출판사, 주체55(1966)년, 42페지, 358페지〕

조선은 일본보다 력사도 오래고 문화도 일찌기 발전하였다. 모든 면에서 조선보다 뒤떨어진 일본이 4~6세기에 발전된 조선을 200년이상이나 통치했다는것은 우선 상식으로써도 통하지 않는다.

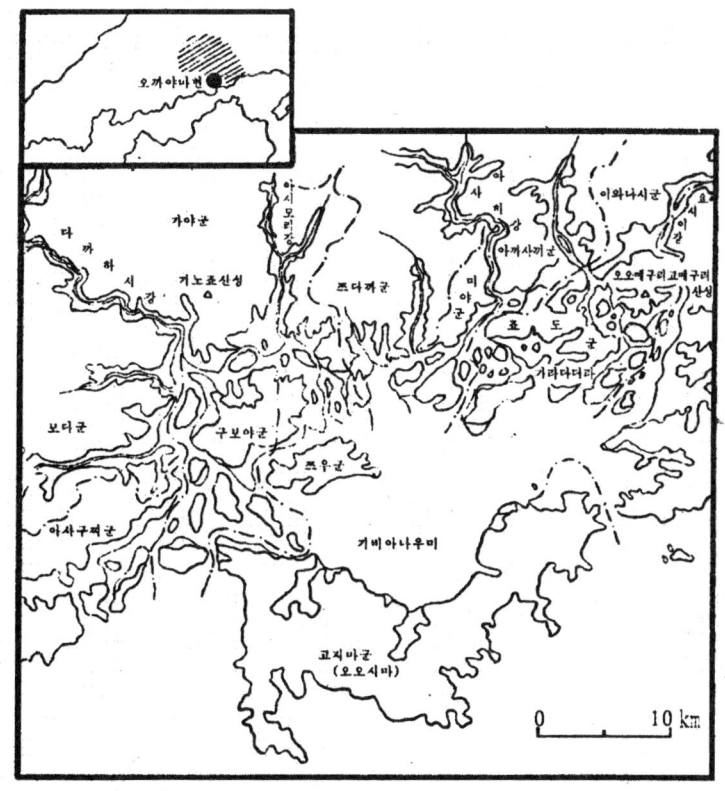

고대시기의 기비지방 중심부

기비지방(오늘의 오까야마현과 히로시마현 동부)은 7세기 중엽 이후 서부일본을 기본적으로 통합한 야마또정권에 의하여 주군체계에 편입되면서 수도(기내)에 가까운 순서로 기비의 앞, 가운데, 뒤의 순위대로 비젠, 빗쮸, 빙고로 나뉘여졌다. 얼마후(8세기초)에는 비젠국의 6개 고을을 떼서 미마사까국을 내왔는데 이것을 일본력사에서 기비4국이라고 부른다. 하지만 기비4국의 력사는 어디까지나

7세기이후의 일로서 6세기 중엽이전까지는 기비지방이 야마또정권의 통제하에 있지 않았다. 그것은 이 일대의 무덤들의 분포와 그리고 야마또가 설치했다는 시다이미야께, 고지마미야끼 등 기비5군에 둔 미야께의 설치시기를 통해서도 알수 있을것이다.

말하자면 6세기 후반기 이전의 기비지방은 기비로 불리우지 않았다. 당시 이 일대에는 《일본서기》(권15 청녕 즉위전기)에 반영되여있듯이 기내정권과 군사적으로 당당히 맞설 정도의 강력한 경제력과 군사력을 가진 권력집단이 존재하였다. 이리하여 기비지방의 장관은 6세기 중엽이후 기내야마또정권의 지배하에 들어간 다음에도 규슈와 더불어 기비대재(吉備大宰)의 특별칭호로 불리우군 하였다.

기비지방은 무덤떼의 큰 집결지로서 거기에는 기내의것들과 비길만 한 대형무덤들이 있다. 그리고 일본고고학자들의 분류에 의하면 기비의 무덤떼를 또 10개의 지역으로 나눌수 있다고 한다. 무덤의 이 10개 집중분포지역은 매 지역에 할거한 정치세력이 자리잡은 지역들이였다고 인정된다. 《국조본기》(國造本紀, 8세기말 편찬)라는 옛책에 의하면 8세기경에 9개정도의 구니 노미야쯔꼬 즉 국조가 있었다고 한다. 9개의 국조를 들면 다음과 같다.

가미쯔미찌(上道), 시모쯔미찌(下道), 가야(賀夜), 미누(三野), 가사노 오미(笠臣), 오호꾸(大伯), 기비노나까노아가따(吉備中縣), 기비노아나(吉備穴), 기비노호무지(吉備品治)

기비에는 조선적인 무덤떼와 여러개의 조선식산성이 집결되여있어 조선이주민집단이 세운 조선의 나라(소국)가 있었다는것은 명백하다. 하지만 기비의 력사는 지난날 《천황가유일사관》에 의하여 응당한 위치에서 서술되지 못하였다. 이리하여 기비의 력사는 단지 《정체불명의 기비왕국》으로 불리울뿐 여지껏 아무런 해명도 주어지지 않았다.

그러나 우리의 연구에 의하면 기비의 력사는 조선사람들이 세운 나라(소국)로 시작될뿐아니라 그것이 또 《임나일본부》와도 직접 관계된다.

제1절. 기비지방의 가야(임나미마나) 소국(왕국)

1. 지명과 고문헌들에 나타난 기비 가야소국

가야의 지명

《일본지명대사전》(2권 일본서방) 가야항목에는 다음과 같이 씌여져있다.

《〈국조본기〉에 보이는 기비의 나라이름, 응신천황 때 죠도국의 국조의 아버지 나까히꼬노미꼬도를 국조로 임명한다고 되여있다. 국군제정시 가야군(고을)으로 되여 빗쮸국에 속하게 됨.》

《빗쮸국의 옛 고을명.〈일본서기〉응신기 22년조에 가야(蚊屋)의 이름이 보이며 〈국조본가〉에는 가야국으로 만든다.〈연회식〉,〈화명초〉는 다같이 가야(賀夜)로 만들고 니와세, 이따꾸라, 아시모리, 오이, 하또리, 아소, 야따베, 오시, 오사까베, 히와, 다끼, 우깐, 고세, 오이시의 14개 향을 둔다.》

여기서 보는바와 같이 기비의 중심지인 빗쮸국에는 가야의 고을이 있었으며 이 가야고을은《대화개신》(645년)때에 국군제도가 제정되기 전에는 고을이 아니라 나라 즉 가야국이였다. 다시말하여 7세기 기비3국을 새로 내오면서 국의 격을 떨구어 군(고을)으로 삼은셈이다.

기비에 가야국이 있었다는것을 실증하는 자료가 많다. 많은 자료들은 기비 가야국을 다음과 같이 여러가지로 표기하였다.

加夜…《국조본기》,《이로하자류초》,《후지하라경》 출토목간

賀夜…《연회식》,《화명초》,《정창원문서》(천평 11년),《민부식》,《평성궁》터출토목간묵서(377A)

賀陽…《십개초》,《일본후기》(대동 3년 5월 을미),《속일본기》(천평신호 원년 정월 기해)

香屋…《일본서기》

賀屋…《일본정통도》

蚊屋…《일본서기》
伽倻…《기비군지》(상권, 591페지)

기비 가야국의 《가야》는 이러저러하게 표기되긴 했어도 그 발음은 조선음 《가야》가 틀림없다. 하나의 대상에 대하여 이러저러하게 표기되는 경우는 많다. 실례로 남부조선에 있던 가야국도 加良, 迦羅, 呵囉, 伽落, 駕洛, 加耶, 伽倻, 阿耶 등으로 표기되였지만 그것은 다같이 가야, 가라를 두고 한 말이다.

기비에 있던 나라가 가야라는 조선국명을 가지게 된것은 여기에 조선(가라)계통의 이주민집단이 진출, 정착하여 소국을 형성한 력사적사실이 있었기때문이다.

필자는 이 오까야마현 남부의 비옥한 충적평야에 자리잡고있던 가야국이 《일본서기》에서 전하는 임나(미마나)국이였다고 본다. 그것은 조선과 일본에서는 고대에 가야를 임나라고도 불렀기때문이다.

세나라시기에 조선반도의 가야를 임나라고 부른 사실이 있었다. 가야를 임나(미마나)*라고 한 사실(자료)을 일별하면 다음과 같다.

* 일본에서는 임나를 《미마나》라고 부른다. 왜 그렇게 불렀는지 잘 알수 없다. 이에 대해서는 《임나》라는 한자에 대한 일본식발음이라고 하는 설과 《미마끼》라는 왕에게서 유래되였다는 등 여러 설이 있으나 수긍할만 한 근거는 아직 없다.

가야를 임나라고 부른 사료일람표

번호	가야(아야, 가라)를 임나라고 부른 실례	출처
1	임나가라	고구려 광개토왕릉비
2	저는 본래 임나가라사람이다.	《삼국사기》권46 렬전 강수
3	대사의 이름은 심희이며 속세의 성은 김씨이고 그 선조는 임나의 왕족이다.	신라 진경대사탑비 (924년건립)
4	…지총임나 …신라에는 진한, 변진24국이 있	《한원》(7세기 편찬) 잔권, 번이부 신라조

표계속

번호	가야(아야, 가라)를 임나라고 부른 실례	출 처
5	없는데 임나, 가라, 모한의 땅이 바로 그것이다. 가을 9월 고려인, 백제인, 임나인, 신라인이 다 래조하였다.	《일본서기》 권10, 응신 7년

　　표에서 보는바와 같이 가야는 세나라시기에 가야 또는 가라로 부르기도 하고* 임나라고도 불렀다. 번호 5에서 알수 있는것처럼 일본에서도 또한 가야를 임나라고 불렀다. 따라서 오늘의 오까야마현 남부일대에 있던 옛 가야국을 고대일본에서도 당시의 용례에 따라 임나(일본말로 미마나)라고 불렀었다는것은 명백하다. 기비 가야국이 《일본서기》 임나관계 기사에 반영된 임나였다는것은 앞으로 보게 될것이다.

　　* 가야는 아라가야로도 불렀고(《삼국사기》 지리지) 지명화된 소국들에는 각기 아라가야, 고녕가야, 대가야, 성산가야, 소가야(《삼국유사》 가락국기, 《신증동국여지승람》) 등으로 불렀다. 또 가야를 가라, 가락으로 부른것은 세나라시기에는 받침이 없었기 때문에 락(洛)으로 써서 《라》로 읽었던것이며 가야가 가라로 된것은 조선고대의 음에서 모음과 모음이 합쳐질 때는 흔히 《ㄹ》나 《ㅎ》가 와서 가야, 가라로 읽은데 기인한다. 이리하여 가야, 가라, 아야, 아라는 다같이 통하는 말로 되는것이다.

　　기비 가야국의 면모를 지명과 주민, 령역 등으로 구분하여 좀더 자세히 보자.
　　먼저 7~8세기 기비가야의 조선계통지명을 보기로 한다.*

　　* 여기서 7~8세기 가야군의 지명만을 보는것은 론리의 복잡성을 피하기 위해서이다. 후에 보겠지만 5~6세기 가야국의 령역은 7~8세기 《화평초》에 밝혀진 14개 향보다 훨씬 넓었다.

알다싶이 지명이라는것은 그 일대를 개척한 사람들이 자기의 요구, 지향, 취미, 감정 등에 맞게 짓기마련이며 동시에 그 지대에 대한 영향력이 큰 사람(집단, 세력)들이 짓기마련이다. 그러므로 지명에는 해당 지역의 력사가 비교적 정확하게 반영되게 된다. 기비에 가야국이라는 지명(국명)이 있는것은 조선에서 대가야가 망하기 전인 5~6세기이전이였음을 알수 있다. 왜냐하면 6세기 중엽 대가야가 망한 다음 맥빠진 망명객들이 그 땅에 가서 가야라는 나라명(지명)을 지었다고는 절대로 볼수 없기때문이다. 기비지방에 분포되여있는 큰 규모의 무덤들은 가야라는 지명이 5세기이전에 지어졌음을 보여준다.

　기비 가야국이 가야이주민들의 정착지였다는것은 옛 가야국령역안에 가야와 관련된 무수한 지명이 있다는 사실을 두고도 이야기할수 있다. 그 일부를 소개하면 다음과 같다.

　　가야노(栢野)
　　가야데라(栢寺)　　소쟈시 하또리촌(服部村)
　　가라또(唐戸)
　　가야산(栢山)　　후꾸다니촌(福谷村)
　　가야촌(栢村)　　이와다촌
　　가나이도(金井戸 가라이도의 전화된 말) 하또리촌
　　나가라(長良 아나가라의 전화된 말) 하또리촌*¹
　　가라마쯔(唐松)
　　가라우또(唐櫃, 幸人)　　아떼쯔군(阿哲郡)*²
　　가야(蚊屋, 伽耶)

　　*¹ 《기비군지》상권 1937년, 22페지
　　　　이상의 행정구역은 해방전의것임. 하또리촌은 후에 보는것과 같이 기비 가야국의 중심지대이다.
　　*² 《오까야마현통사》1930년, 229페지. 이 세 지명들은 현재 오까야마현 대쯔따(折多)정내에 있다. 즉 혼고(本郷), 가라히쯔(唐櫃), 고우노이에(蚊屋, 가야) 등이 그것이다. 이 일대는

《화명초》에 밝혀져있는 가야군 14개 향의 하나인 우깐(有漢)향과 린접한 곳으로서 기비 가야국의 최북단이였다고 말할수 있다.

이 지대를 개척한 가야사람들이 정착한 마을들이 커져서 고을이 되고 나라가 되였다고 생각한다. 나라를 세운 다음에 그 나라의 패권을 역시 오래동안 가야사람들이 쥐고있었다고 보인다.

옛 가야국이 있었던 기비땅에는 가야와 관련된 지명외에도 많은 조선계통지명들이 있다.

오까야마현 앞바다를 근세까지 《기비아나》 또는 《아나우미(穴海)》라고 부른것은 바로 이 앞바다가 가야(아나)국의 앞바다였기때문이다. 그리고 다까하시강하류에는 아찌*¹(阿知)라는 지명이 여러군데 있으며 이 아찌를 제사지내는 신사, 신궁이 있다. 구라시끼(倉敷)다음이 니시아찌(서쪽의 아찌)이며 지금의 꾸라시끼시가지는 본래이름이 아찌정이다. 현 꾸라시끼시가지 맞은켠의 높지 않은 산인 쯔루가다산에는 천수백년 내려오는 아찌신사*²가 있다.

　*¹ 아찌는 조선계통이주민들인 《아찌노오미》에 유래한다.
　*² 꾸라시끼시민들이 지금도 소박하게 제사지내는 아찌신사는 아찌마을일대의 모든 신사들을 총괄하는 총사였던것이다.(《일본지명대사전》 3권 일본서방, 1938년, 2473페지) 쯔루가다산이란 섬모양(지금은 산, 옛날에는 섬)이 두루미모양처럼 생겼다는데서 유래됨.

이 일대는 고대에 얕은 바다로서* 아찌노가다(阿知潟)라고 불렀으며 여기에 가야계통사람들이 수많이 진출, 정착하였다. 그들은 원주민들이 모르는 논벼를 심고 쇠로 된 각종 선진영농기구를 써서 이 지역을 개척하였다. 이 지역 원주민들과 이주민들의 후예들은 벼농사법과 제반 선진문화를 전해준 조선이주민들을 하느님의 자손으로 떠받들어 쯔루가다산에 사당을 세우고 대대손손 제사를 지내왔던것이다.

* 현재 구라시끼시가지로부터 미즈시마(水島)항까지는 직선거리로 15km쯤 되겠으나 고대에는 지금의 구라시끼시가지를 포함한 남쪽앞벌은 다 깊지 않은 바다였다.

세또나이해에 면한 이 일대는 《화명초》에 의하면 아사구찌군에도 아찌마을이 있고 구보야군에도 아찌마을이 있었다.[1] 아사구찌군에 있는 아찌를 니시아찌 또 하나의 아찌를 히가시아찌(東阿知)라고 불렀다.[2] 말하자면 아찌마을이란 다까하시강하류를 통털어 부르는 지명이였다. 아찌란 아찌노오미의 략칭으로서 조선에서 건너간 이주민집단의 한 갈래의 호칭이다. 그 자손을 아야(漢)씨로 부른다.[3] 아야씨의 조상을 《신찬성씨록》의 기록과 그리고 그 음인 아야로 미루어볼 때 아야가야사람으로 볼수 있다. 하지만 또 기내 야마또에서 아야씨의 본거지가 다까이찌군 아스까촌 히노구마였던 사실을 념두에 두면 백제계통으로도 보인다. 가야-백제는 일본의 옛 기록과 고대일본에서 혼선되는 경우가 많다. 이것은 가야와 백제가 일체로 되여있어 아야가 가야로도 되고 백제로도 되였다는것을 말한다. 그것은 아마도 가야우에 백제가 덮친 력사적사실의 반영일것이다. 어쨌든 이곳에 진출, 정착한 세력이 아라가라 및 백제계통의 세력이라는것은 의심할바 없다. 전체적으로 그들은 가라사람으로 불리웠다.

[1] 《일본지명대사전》 3권 일본서방, 1938년, 247페지. 아찌마을과 린접한 오이시라는 마을인데 오이시는 아찌노오미에 유래한다고 한다.(《일본지명대사전》 2권, 일본서방, 1064페지)

[2] 《일본지명대사전》 1권 일본서방, 1938년, 349페지

[3] 아찌노오미는 아야히도의 조상이다. 아야히도는 아야에서 온 사람이란 뜻이다. 대방(황해도지방)쪽에서 왔다는 기록(《속일본기》 연력 4년 6월 10일조)으로 보면 백제계통이기도 하다. 아야란 음에 한나라한자를 해당시킨데로부터 아야씨의 조상을 백제에서 온 한나라사람(중국사람)이라고 일본문헌들에서 조작하고있으나 이는 다 허튼소리이다. 《일본서기》(권10 응신 20년 9월)의 기사에

의하면 자기의 무리 17개 현의 백성이 갔는지 어떤지는 모르겠으나 상당히 많은 사람들이 간것만은 틀림없다. 이 기사는 많은 조선사람들이 서부일본 여러곳에 진출한 사실을 반영한것이다.

기비 가야국이 조선계통국가였다는것은 가야국(군)을 구성하고 있던 향촌의 이름들을 따져보아도 알수 있다. 8세기이후 가야군의 향은 《정창원문서》에 9개, 《화명초》국군조에는 14개가 있다. 이제 몇개 향촌을 들어보자.

아소(阿宗)향, 이 향은 해방전까지 아소촌으로 그 향명을 전하였는데 아소는 아라소(阿良鯀)를 줄인것이라고 한다.[1] 또한 아소는 《신찬성씨록》에 나오는 아소노무라지(阿鯀連)에 유래하는 조선계통 지명이다.[2] 아소향에는 후에 보게 될 조선식산성인 기노죠산성이 있다. 그뿐아니라 아소향에는 이마끼(新田)[3]라는 조선계통이주민들에 유래한 지명도 있다.

[1] 《기비군지》 상권 1937년, 28페지
[2] 《군서류종》에 실린 《신찬성씨록》에 의하면 아소노무라지는 원주민계통과 확연히 구별되는 문벌이다.(권13 사교 신별 하 천손)
[3] 《기비군지》 상권 1937년, 28페지. 이마끼는 《今来》라고도 쓰는데 그것은 조선에서 일본땅에 간것이 전시기보다 더 새롭게 갔다는데에 유래한다. 기내 야마토의 다까이찌군을 일명 이마끼군이라고 한것은 이 일대가 가라―백제사람들이 새롭게 대량 이주해갔기때문이다. 아소향 이마끼에는 기노죠산성이 있다. 지금은 이마끼야마(新田)라고 부르지 않고 《니이야마》라고 부른다.

오사까베(刑部)향, 이 향은 《신찬성씨록》(권24 우교제번 하)에 백제국 주왕의 후손이며 아소노무라지와 계통을 같이하는 조선계통 지명에 근원을 두고있다.

하또리(服部)향, 하또리라는 명칭이 구레하또리, 아야하또리 등 조선에서 간 천짜기장인바치들의 이름에서 유래한다는것은 너무나도 자명하다. 하또리향은 기비 가야국의 정치적중심지로서 일명 가야(加夜)촌이라고 불리워왔다. 그리고 근세까지만도 하또리촌 안에는 나가라(長良)라는 작은 마을이 있었는데 이 나가라는 아나가라(阿那加良)를 줄인 말인 나가라(那加良)에서 왔다고 하며 이 마을에 있는 나가라산 역시 대가라산(大加羅)이라고 한다. 이 마을을 흐르는 나가라천 역시 오가라천(大加羅川)의 뜻이라고 한다. 또 앞에서 본 가라도(唐戶, 가라히도 즉 가라사람)라는 마을도 이 하또리향에 있다.

이밖에도 쯔우(津宇)군에는 가라히도노사도(幸人里, 가라사람의 마을)가 있었으며[1] 또 구보야군에 있던 오찌(大市)라는 마을은 가라사람《쯔누가아라시도》의 이름에 유래한다.[2] 오찌마을은 오늘의 구라시끼시주변이라고 한다. 또한 옛 가야국의 령역에는《하다》[3]를 비롯한 조선계통지명들이 수없이 많다. 이러한 지명들은 이 일대에 진출한 조선이주민들의 정착, 분포를 반영한것이다.

 [1] 《정창원문서》천평 11년(739년)《빗쮸국대세부사망인장》(《나라유문》상권 도꾜당출판, 1965년에 수록됨) 쯔우군은 7세기이후 새로 생겨난 고을이다. 본래는 자그마한 나루(쯔)로서 예로부터 《가야쯔(賀夜津)》라고 불리우던 고장이다.
 [2] 《신찬성씨록》권22 좌경 제번 임나 오찌노 오비또.《쯔누가아라시도》란 임나(가라)국의 왕자로서 일명《우시끼아리시찌간제》라고 하였다.
 [3] 《하다》는 土田, 柴田, 幡田, 叅(《기비군지》상권, 26~27페지) 등으로 표기하는데 그것은 조선말 바다(하다)와 통한다. 바다를 건너간 사람이란 뜻으로 리해된다.

이제까지 가야국(군)의 조선적지명들을 보았다. 이 일대에 조선적지명들이 많다는것은 바꾸어말하여 바로 여기에 조선계통이주민들과 그 후손들이 수많이 살았다는것을 말해준다. 다음으로 기비가야국의 주민구성을 따져보기로 하자.

기비 가야국일대에 가야사람들이 수많이 정착해있었다는것은 단편적이지만 다음의 표들을 통해서도 알수 있다.

일본의 어떤 학자는 《정창원문서》를 통하여 본 8세기의 주민구성을 다음과 같이 분석하였다. 조선계통주민을 쯔우군에서 5명, 구보야군에서 5명, 가야군에서 9명 총 46명중 19명 즉 41.41%라고 보고있다.*

> * 《기비군지》상권 1937년, 591~592페지. 물론 이 사망인대장의 수자가 절대적인것은 아니다. 하지만 기본적으로 조선계통주민의 구성을 잘 반영하고있다고 생각된다. 실지로는 더 많았을수 있다.

표 1   《빗쮸국대세부(代稅負)사망인장》의 조선계통인물표*

고을명	향명	마을이름	호주 및 호구명
쯔우	다께베	오까모도	가와찌노 아야히도 시히메
쯔우	가와도	가라히도	하다히도 베이나마로, 하다히도베 오도시마
쯔우	나데가와	도리와	하또리노오비도 야찌이시, 후히도베 오까시마 후히도베다마우리
가야	니와세	미야께	오시아마 아야베 시마
가야	니와세	야마자끼	오시아마 아야베 도꾸시마, 오시아마 아야베미가꾸
가야	오이	아와이	야마또 아야히도베 도라때
가야	아소	소가베	가후찌 아야히도베마로
가야	아소	이와하라	후히또베 아지마사, 가후찌 아야히도베 고또기메
가야	야다베	미노	가야노오미 헤리마로, 가야노오미 미찌
가야	히와	세노	가야노오미 고마끼

> * 《나라유문》상권 도꼬당출판, 1965년, 316~319페지에 근거하여 작성.
>
> 표에 있는 아야히도, 후히도란 이름을 가진 사람들이 조선에서 건너간 이주민집단들이거나 그의 후예들이라는것은 일본학자들의 말이다.

표 2 《당초제사문서》《비젠국 쯔다까군 쯔다까향록전권》(4통)을 통하여 본 조선계통주민 구성표*

이 름	출 처
아야베 아고마로	보구 5년(774년) 11월 23일부《쯔다까군 아야베아고마로해》 보구 8년 정월 18일부《쯔다까군 수세해》
후히도	보구 5년 11월 23일부《쯔다까군 아야베 아고마로해》
나오마로	보구 7년 12월 11일부《쯔다까군 인부해》
아야베 고히마로	보구 5년 11월 23일부《쯔다까군 아야베 아고마로해》 보구 7년 12월 11일부《쯔다까군 인부해》 보구 7년 12월 11일부《쯔다까군 인부해》
구라쯔꾸리베 지세	보구 7년 12월 11일부《쯔다까군 수세해》
아야베 마나가	우와 같음
아야베 오다데	보구 8년 정월 18일부《쯔다까군 수세해》

* 《나라유문》 중 도꾜당출판, 1965년, 738～739페지. 쯔다까군 은 가야군에 린접한 곳으로서 7세기이후에는 비록 비젠국에 속 하게 되였으나 6세기이전은 옛 가야국의 판도였다. 따라서 이 고 을에 가야-아야히도가 많은것도 충분히 납득이 간다.

표 1에서 보는바와 같이 8세기 사망자명단에 오른 조선계통주 민은 가야군에서 큰 비중을 차지하였다. 주민구성에서 조선계통이 차지하는 이러한 큰 비률은《가야군일대의 땅과 주민의 태반이 하다, 아야. 후히또베의 자손임을 알수 있다. 이것은 가야(加夜)군 이 가야(加耶)군이 된 까닭을 명실공히 증명하고도 남음이 있다고 말할수 있을》*것으로 단언하게 된다.

* 《기비군지》상권 1937년, 24페지

기비 가야국에는 비단 귀족들뿐아니라 상당한 수의 하층인민들 도 정착하였던것으로 보인다. 이것을 증명해주는것이 최근에 발견된 조선계통질그릇이다. 질그릇(하지끼)은 고분문화시기 중기(5세기 중엽)의 유적인 구라시끼시니 시사까의 수고(西坂菅生) 소학교뒤산유적(15 000㎡)의 동쪽끝의 구뎅이(길이 약 40m, 너비 약 35m, 깊이 약 10m)에서 출토되였다. 질그릇(아가리부분이 직경 10.5㎝, 높이 약 10㎝)은 사발(아가리부분이 직경 21㎝, 높이 약 25㎝)과 시루 2점이다. 사발은 바깥면에 격자무늬가 있는 조선식그릇이고 시루 역시 평행무늬 등이 있는 조선에 고유한 밥짓는 도구이다. 같은 장소에서 조선적인 초기스에끼(20여점)도 나왔다고 한다. 그리고 련달아 같은 가야적인 록각장도모양의 나무제품이 나왔다. 이와 같은 사실들은 기비 가야국을 구성한 이 남부해안지대에 귀족뿐아니라 가야의 보통 사람들도 수많이 정착해살았다는것을 보여준다.(《아사히신붕》오까야마판, 1986년 8월 13일, 《요미우리신붕》오까야마판, 1986년 8월 21일)

　　기비 가야국에서 기본은 숱한 조선계통주민들과 원주민들을 복속시키고 그우에 군림한 가야씨일족이다. 가야씨는 기비 가야국이 존재한 기간은 물론 야마또정권에 통합된 이후에도 그 일대에서 큰 세력을 가지고 대지주, 대노비소유자로 존재하였다.

　　《기비군지》(상권)와 《가야국조(구니노미야쯔꼬)의 계보와 가야씨에 대하여》* 등에 의하면 가야씨는 고대이후 에도시대(17세기~19세기 중엽)말에 이르기까지 가야국조의 후예로서 기비중심지의 큰 토호로 할거하였다.

　　* 《오까야마대학 법문학부 학술기요》 1953년 2호

　　기비 가야씨의 형편을 간단히 개괄하면 다음과 같다.
　　가야씨는 앞에서 본 8세기 《정창원문서》(천평 11년 739년)의 《빗쮸국대세부사당인장》에 나온다. 즉 가야군의 호주들인 가야노오미 혜리마로, 가야노오미 고마끼가 그것이다. 같은 《정창원문서》(천평 20년 748년)에는 사경생(불교경전을 필사하는 학자)대사인 가야노오미 다누시, 천평 보우 7년 (763년)에는 정 7위하 행고급대령사 가야노오미 아니히도의 이름이 보인다. 또 《속일본기》 천평신호 원년(765년) 정월조에도 가야군 가야씨가 외종 5위하로 임명된

기사가 나오며 같은 해 6월에는 가야씨의 일족 12명에게 아손(朝
臣)의 높은 성씨를 준 기사가 나온다. 이밖에도 가야란 성을 가진
이름난 정치가, 학자들은 많다. 실례로 12세기 일본의 학자로 이름
난 영서(榮西)는 기비 가야씨의 후손이였다.*

> * 《원형석서》권2 영서의 호는 명암이다.
> 아래에 가야씨와 관련된 기사가 나오는 기록을 적는다.
> 《일본후기》홍인 6년 6월조
> 《삼대실록》정관 4년 3월조
> 《부상략기》22 관평 8년 9월 22일 이밖에도 기비쯔신사를 비
> 롯하여 기비지방에 전해오는 고문서들에 토호로서의 가야씨에 대
> 한 기록은 적지 않다.

기비 가야씨는 6세기 중말엽을 전후한 시기 가야국이 망한 다
음에도 야마또정권과의 절충교섭의 결과 의연히 큰 정치세력을 유
지하였다. 오늘날까지 전하는 고문헌들에는 가야씨가 나라시대(8세
기)와 헤이안시대(9~12세기), 지어는 무로마찌시대(15~16세기)에
이르도록 많은 토지와 노비농민을 통제한 대토호로 행세하였음을
전하고있다.

우에서 기비가야국(군)일대의 8세기경의 주민에 대하여 보았다.
이 사실들은 기비 가야국에서는 5~6세기이전에 가라이주민들이
더 큰 비중을 차지하고있었으며 기비 가야국이 안개속에 묻힌 희미
한 나라가 아니라 륜곽이 아주 똑똑한 국가였음을 알수 있게
한다. 다시말하여 기비 가야국이란 엄연히 현존한 나라였음을 고문
헌들은 전하고있는것이다.

기비 가야소국의 령역

《국조본기》에 기재된 기비의 구니노미야쯔꼬가운데서 가미 쯔
미찌, 시모 쯔미찌, 가야, 미누(미야), 가사노오미의 다섯씨족을
기비씨일족이라고 한다. 이들가운데서 가사노오미를 제외한 나머지
는 8세기이후의 고을명들과 일치하는 력사적근거가 확연한 씨족들
이다. 이 구니노미야쯔꼬들은 모두 기비 남부의 충적평야에 할거한

씨족들로서 고문헌들에 그 이름이 자주 나온다. 이 네 구니노미야 쯔꼬(가사노오미는 력사적근거가 희박하므로 제외)의 조상은 다 기비씨이다. 말하자면 가미쯔미찌, 시모쯔미찌, 가야, 미누고을들에 할거한 구니노미야쯔꼬의 조상은 본래 기비씨였는데 기비지방이 야마또정권의 지배, 통제하에 들어가게 되면서 여러 갈래로 분화되였던것이다. 즉 《4개의 구니노미야쯔꼬는… 서로 동조(同祖)관계를 가지면서도… 지난날의 기비일족이 기비땅을 지배하던 중추부지역의 지배권을 이으면서도 각기 별개의 구니노미야쯔꼬로 행세한것은 전술한 기비일족의 기비 전지역에 대한 지배권의 해체에 따른 분씨에 기초한다고 보아》*지는것이다.

 * 《력사학연구》1972년 5월호(384호), 17페지

 가마쯔미찌, 시모쯔미찌, 미누, 가야가 같은 계렬의 씨족이였으며 그 씨족은 기비씨였다. 기비씨는 가야씨이며 이 네 구니노미야쯔꼬에서 기본은 가야씨였다는것은 일본학자들도 인정한다. 따라서 이 네 씨족이 할거한 고을을 포괄하는 일대가 곧 국군제도실시(7세기 중엽전의 가야국의 령역이였으리라는것은 추측하기 어렵지 않다. 8세기의 가야군은 오늘날의 죠보군[1]일대까지 차지하고있었기때문에 그 판도는 대단히 넓었다. 일본의 고고학자들이 가야군에 위치한 두 쯔꾸리야마(조산, 작산)무덤을 두고 《온 기비땅을 지배, 통제한 권력자의 무덤》이라고 규정한것도 결코 무리가 아니다. 《기비군지》(상권)의 저자가 조선계통지명인 《하다》가 죠도(가미쯔미찌)가찌향으로부터 시작하여 아사히, 다까하시강하류가까이에 발달된 충적지일대평야를 총칭하는 호칭이였다고 추측[2]한것도 일리가 있는 말이다. 바로 이 일대에 가야를 비롯한 조선계통지명과 마을들이 집중적으로 분포되여있으며 두 쯔꾸리야마무덤을 위시한 크고작은 무덤들이 밀집되여있는것이다.

 [1] 죠보군은 본래 가야국의 웃쪽이라고 해서 가미가따(上方)라고 하던것을 후에 음으로 읽으면서 죠보(上房)라고 읽게 되였다고 한다. 가야군의 우깐, 고세, 다끼, 오이시 등의 향촌을 때서 따로 고을을 냈다. 앞서 본 가라와 관련된 지명이 많은 오늘의 데

쯔다정은 이 죠보의 이웃에 있다. 그것 역시 옛 가야국의 지명유적으로 인정된다.

*² 《기비군지》 상권 1937년, 27페지

가미쯔미찌와 시모쯔미찌일대가 기비 가야국의 판도였다는것은 이 일대에 분포되여있는 무덤과 조선계통지명을 통해서도 알수 있다. 가미쯔미찌(죠도)에 대해서는 다음에 보기로 하고 여기서는 시모쯔미찌에 대해서만 보기로 한다.

본래 이 고을을 시모쯔미찌라고 부르게 된것은 기비(가야)국의 아래(시모)쪽의 나루(쯔)라는데 기인한다. 가미쯔미찌 역시 기비 가야국의 웃(가미)쪽나루(쯔)란 뜻이다. 다시말하여 가미쯔미찌, 시모쯔미찌란 기비의 중심에 있던 가야국을 기준하여 한 말이였다. 더 말한다면 기비의 중심에 있던 나루는 가야쯔(가야나루)라고 불렀으며* 가야쯔는 후에 기비쯔로 고쳐부르게 되였다.

* 《기비군지》 상권 1937년, 142페지. 가야쯔는 오늘의 다까하시강하구 쯔우군일대를 말한다. 좀 넓게는 기비 나까야마(中山)일대까지도 가야쯔(기비쯔)로 불렀을수 있다.

시모쯔미찌고을에는 15개의 향촌이 있었다. 호기다, 야다, 니마, 소노, 하다하라, 미노찌, 구시로, 구레세, 가와베, 다가미 등이 그것이다.

호기다향에는 조선식질그릇인 스에끼제작에 유래한 스에, 조선식천짜기에서 유래하는 하또리마을들이 있다. 소노향은 백제계통씨족인 소노의 오비또에 유래하는 향명이다.*¹ 니마향은 그 이름에 유래하는 고사*²를 통해서도 조선계통이주민들이 많았다는것을 알수 있는데 이 향의 린근에 아찌노오미에 유래하는 아찌란 마을이 있다.(니시아찌) 여기는 일찍부터 동광산이 개발된 곳이였는데 이것 역시 이 일대에 진출한 조선계통이주민들의 역할일것이다.

하다하라향은 그 이름부터가 조선에서 건너간 이름인 《하다》에 기인하며 다가미향 역시 조선이주민집단이 개척한 곳이였다. 즉 니이모도천(新本川)의 상류쪽은 《하다》의 산전(山田)이라고 하였으며

중류이하 다까하시강의 하류 연안땅은 《하다하라》로 불렀다고
한다.*³ 말하자면 조선을 상징하는 《하다》의 벌판(하라)이란 뜻이다.
　구레세향은 구레(吳)마을과 세(妹)마을 그리고 오자끼(尾崎)라는
세개 마을로 구성되여있는 조선계통마을이다. 구레(오자끼)마을과
오리(하또리)마을의 땅은 비록 아사구찌군 오다천(小田川)에 의하여
갈라져있으나 본래는 강북쪽을 오자끼, 강남쪽을 하또리라고 불렀
으며 이 마을들을 통털어 구레하또리마을이라고 불렀다. 오자끼마
을과 하또리마을은 고대의 조선계통천짜기부곡민들인 구레하또리,
가야누이 등이 정착한 곳이였다. 지금도 구로미야 (黑宮 즉 구레의
신궁)가 있다고 하며 구로미야 오즈까 하찌마(구마노신사)는 근세까
지만 해도 오자끼, 구레하또리의 토착신으로 있었다고 한다.*⁴

　　*¹ 《신찬성씨록》권24 우교 제번 하 소노배노오비도 백제국사람
　　　지두(즈)신의 후손
　　*² 니마향의 고사(故事)란 야마또정권에서 백제를 지원하는 싸움
　　　(663번 백촌강싸움)에 나서자고 호소하자 선자리에서 2만(일본말
　　　로 니만)명의 사람들이 응해나섰다고 한 고사(《본조문수》)를 두고
　　　말한다.
　　*³ 《기비군지》상권 1937년, 48페지
　　*⁴ 우와 같은 책, 46페지

　그러면 기비 가야국이 바다로 통하고 고국과 래왕하던 나루는
어디였는가.
　기비 가야국이 바다로 통하는 나루의 하나는 다까하시강하구에
있었다. 이 가야국의 나루는 가야국이 망한 후 빗쮸국의 나루가 되
였으며 이 나루(쯔)는 승격해서 고을이 되였다.(쯔우군) 이 나루는
일명 가야국의 나루라는데서부터 《가야쯔》(가야나루)로 불리웠다.*

　　* 《기비군지》상권 1937년, 24페지, 142페지
　　　쯔우군은 근세에 와서 구보야군과 합쳐져 쯔구보군이 되였다. 오
　　늘의 구라시끼시를 포괄한 지역이다. 쯔씨는 이 일대에 정착한 조
　　선계통이주민의 후손들이 세력을 뻗쳐 독립적인 씨족이 된것이다.

　이미 본바와 같이 이 쯔우군일대는 가야국의 나루가 있는 곳으

로서 가야국이 고국인 조선과 래왕하는 중요지대였다. 따라서 거기에 조선이주민들이 특별히 많이 살았을것은 의심할 여지가 없다. 앞에서 본《정창원문서》(천평 11년) 사망인장에 나오는 쯔노오미(津臣), 후히도(史), 아무개 등은 다 이 쯔(나루)일대의 조선계통사람이였다. 거기에 가라히도노사도가 있다는것도 극히 자연스럽다. 거기서 멀지 않은 곳에 가모 쮸꾸리야마(造山)무덤, 오보산(王墓山)무덤 등이 있다.

가야국이 바다로 통하는 또 하나의 나루는 아시모리강과 사사가세(笹瀨)강 하구일대(현재 기비 나까야마가 있는 곳)이다. 여기에 나라쯔(猶津)라는 지명이 있는데* 력사는 이 계선이 고대해안선이였음을 기록하고있다. 여기에 있는 기비쯔신사(신궁)는 기비나루의 신궁이란 뜻이다.

  * 나라쯔는 1985년 1월현재 오까야마시에 속해있다. 나라쯔의 나
    라는 조선말 나라이며 쯔는 나루이다. 즉《나라의 나루》란 뜻으
    로서 고대시기 여기에 있던 가야국의 나루를 의미하였다.

이상에서 기비 가야국의 판도에 대하여 보았다. 그런데 여기서 언급하고 넘어가야 할 문제로서 기비씨에 대한것이 있다. 기비씨의 정체를 밝혀놓아야 기비씨를 같은 조상으로 받드는 가야미누, 가미쯔미찌, 시모쯔미찌들의 참모습을 똑바로 알수 있는것이다.

결론을 미리 말한다면 기비씨는 곧 가야씨이다. 기비의 구니노미야쯔꼬가 나오는《국조본기》의 편찬년대는 기껏 올라가야 상한이 6세기 중엽이다. 6세기 중엽이전에 기비씨의 존재를 론하기는 힘들다. 이것은 일본학자들의 공통된 견해인듯 하다. 그렇다면 6세기 중엽이전에는 기비씨를 어떻게 불렀던가. 그것은 가야씨로 불렀다고 밖에는 달리 생각할수 없다. 기비란 6세기 후반기~7세기이후에 와서 야마또정권이 옛 가야국을 중심으로 한 일대를 편리하게 부르기 위하여 붙인 명칭일뿐 실지로 거기에 기비국이 있었기때문에 그렇게 부른것은 결코 아니다. 국군제도실시이후 이른바《률령제도》기간에 이 땅을 한번도 기비의 고을로 부른적이 없는것이다.*

* 기비라는 이름으로 고을(군)이 생긴것은 1901(명치 33)년에 있은 가야군과 시모쯔미찌군을 합쳐서 기비군을 만든것이 처음이다.

기비씨는 가야씨

　기비씨가 가야씨로 되는 근거는 첫째로, 가야씨의 가야군이 적어도 한때 전체 기비를 대표할 정치적중심지였다는 사실이다. 옛 가야국의 최소판도라고 할수 있는 《화명초》가 밝힌 가야군은 큰 규모의 무덤들의 분포와 고대 조리제, 조방제유적의 분포 등으로 미루어 기비지방에서 으뜸가는 정치적중심지대였다고 할수 있다. 이와 같은 사실은 《국조본기》에 밝혀진 기비씨를 조상으로 하는 여러 구니노미야쯔꼬가운데서 가야씨야말로 기비씨를 대표한 씨족이였다는것을 보여준다.

　둘째로, 지명들에서 기비를 가야라고 부른적이 있었다는 사실이다.

　앞에서 본바와 같이 다까하시강하류의 나루를 지금은 기비쯔라고 부르지만 중세기까지만 해도 기비쯔가 아니라 한자표기는 여러가지이나 가야쯔(伽耶津, 賀夜津, 賀陽津)라고 불렀었다.*¹ 따라서 기비쯔는 본시 가야쯔(가야나루)였으며 기비쯔신사는 가야쯔신사였다. 여기에 가야국(후에는 고을)이 있었으니만큼 응당 그렇게 불러야 옳을것이다.

　셋째로, 기비쯔신사*²를 기비씨가 아니라 가야씨가 제사지냈다는 사실이다. 잘 알려진것처럼 가야씨는 가야국조(구니노미야쯔꼬)의 후예이며 중세기 전기간 기비지방의 큰 토호로 세력을 떨친 문벌이다. 이 가야씨가 무엇때문에 기비씨를 제사지내는 사당(신궁)을 지키고있는가. 말하자면 기비씨가 제사지내야 할 사당을 가야씨가 제사지내는 여기에 기비씨의 진모습이 있다. 그것은 기비씨란 본시 력사에 존재하지 않았으며 가야씨가 기비씨로 둔갑하였기때문에 가야씨가 기비쯔신사의 신관으로 신주를 받들게 된것이다.

　*¹ 《기비군지》상권 1937년, 24, 27, 142페지

*² 기비쯔신사란 《기비나루의 신사》라는 뜻이다. 현재 오까야마시 기비쯔의 나까야마(中山)라는 산기슭에 자리잡고있다. 경내는 30만평이상이나 된다. 이 신사가 처음으로 기록에 나타나는것은 9세기 중엽(847년)이다. 이때의 신판은 물론 가야(賀陽)씨이다. 이 신사는 이즈모대사와 견줄만큼 크고 오랜 전통을 가진 신사로서 서부일본에서는 이름난 신사이라고 한다.

기비쯔신사에서 제사지내는 신주는 《기비쯔히꼬》이다. 그 뜻은 기비나루의 사나이라는 무미건조한 허울단의 빈껍데기인물이다. 이러한 가공적인물을 그래도 신주라고 받들게 된데는 7~8세기 기비가야씨의 존망과 관계된 복잡한 문제가 있었다는것에 기인하지 않겠는가고 추측된다. 기비쯔신사의 신관인 가야씨가 자기의 조상을 내놓고 제사지내지 못한데 대해 어떤 일본학자는 다음과 같이 쓰고있다.

《기비쯔히꼬는 그 이름부터 본래는 쯔씨의 조상신이였을것이다. 그것이 기비의 유력한 우두머리의 공통된 조상신으로서 정착한것은 〈고사기〉, 〈일본서기〉편찬의 시대보다도 더 뒤였고 아마도 토호화한 가야씨의 조작이 아니였겠는가고 생각하게 되는것이다.》*

　　* 《기비의 나라》 가꾸세이사, 1975년, 223페지

기비쯔신사가 쯔씨의 조상신이였는지는 잘 알수 없으나 7~8세기경 토호화한 가야국왕의 후예인 가야씨에 의하여 《일본서기》편찬필법에 맞게 자기의 조상을 위조한것만은 사실이다. 하지만 가야씨는 이러저러한 사정에 의하여 부득이 조상신을 날조하지 않을수 없었으나 그래도 자기의 진짜 신주를 완전히 말살한것은 아니였다.

우에서 기비씨와 가야씨가 같은 대상을 가리킨다는것을 간단히 보았다. 그밖에도 기비씨가 가야씨였다고 말할수 있는 자료가 있다. 례를 들면 《응신천황이 기비국에 행차했을 때 가야씨만이 아가따의 분봉(分封)을 받지 않았다는 사실은 오히려 가야씨가 기비씨의 본

관(본종)인 까닭에 구태여 새로운 땅을 받을 필요가 없었던것이 아닌가.》* 하는 추리도 참고할 가치가 있다.

* 《오까야마대학 법문학부 학술기요》1953년 2호《가야국조의 계보와 가야씨에 대하여》, 103페지

가야소국의 정치적중심지

정치적중심지는 그 나라를 다스리는 권력자인 국왕이 있는 곳이다. 빗쮸국《풍토기》(일문)에 의하면 가야군에 미야세강이 있는데 그 강서쪽에 기비씨 3대의 왕궁이 있었음을 전하고있다.*¹ 그리고 가야군 하또리향*²은 가야국의 정치적중심지로서 7세기이후시기의 력대 구니노미야쯔꼬가 살던 마을이다. 하또리향은 일명 가야(加夜)촌*³으로 불리웠으며 구니노미야쯔꼬를 이어 고을(가야)장관들도 여기에서 살았다. 흥미있는것은 이 하또리마을은 후세에 빗쮸국의 국부(國府)*⁴가 설치된 곳으로서 그 위치는 하또리촌 가나이도(金井戶) 고쇼(御所)*⁵라고 한다.

* ¹ 《풍토기》(일문) 이와나미서점, 1976년, 488페지
* ² 오늘날의 오까야마현 소쟈시 하또리
* ³ 《기비군지》상권 1937년, 30페지. 이 하또리마을이 앞서 지명에서 본 아나가라를 략한 나가라(長良)가 있던 곳임.
* ⁴ 국부(國府)란 대화개신이후 설치된 지방행정단위로서의 군을 몇개 합친 국(國)의 관청을 가리킨것임. 가야군에는 빗쮸국부자리가 세군데나 있다고 한다.(《기비군지》상권, 593페지)
* ⁵ 고쇼(어소)란 일본력사에서 궁실을 가리킨다. 가나이도란《가라우물》이 전화된 말이다.

하또리마을의 어느 한곳이 한때《고쇼》라고 불리웠다는것은 빗쮸국《풍토기》(일문)의 왕궁운운하는 기록과 맞아떨어진다. 하또리마을에는 동국부, 재국부, 남국부, 북국부라는 지명이 지금도 남아있다. 7~8세기이후의 국부는 원칙적으로 그 이전시기의 왕궁을 계승한것으로 인정된다. 이《고쇼》로부터 멀지 않은 곳에 가야씨의

절인 가야(賀陽, 加夜)산 문만사(일명 가야사, 잔언종계통의 절)가 있다. 이곳은 하또리라는 지명에서 알수 있는것처럼 비단을 비롯한 천짜는 조선직공들이 살던 곳이기도 하였다. 가까이에는 정연한 조리제의 구획이 남아있다.

가야국의 또 하나의 정치적중심지는 가야군 아시모리향(오늘의 오까야마시 아시모리강)근방이였을것이다. 《일본서기》에 의하면 웅신이라는 야마또의 왕이 기비 하다(葉田)의 아시모리궁이라는 왕궁에 찾아온것으로 되여있다.*¹ 기사내용은 앞으로 더 검토해야 할 문제가 있으나 여기에 아시모리궁이라는 왕궁이 있었다는것은 연구할 가치가 있다. 왜냐하면 아시모리강이 흐르는 이 아시모리향일대가 후세에도 가야씨가 많이 살던 곳이였고 조선식산성인 기노죠산이 바로 여기에 있기때문이다. 왕궁이 있다는것이 전혀 허무하지는 않을것이다.

《일본서기》의 기록에 나온 《하다》는 옛 기비 가야국에 무수히 있는 지명이다. 그것은 바다를 건너왔다는 뜻을 가진 조선계통지명일것이다. 따라서 왕궁이 있던 아시모리향에 궁성이 있고 또 그곳이 가야세력의 중심이고보면 거기에 수구리(勝, 村主)성씨를 가진 조선계통사람이 살아도*² 그것은 매우 자연스러운 일로 된다. 그리고 아시모리향이 중세기에도 가야씨일족에 의하여 계속 개척되였다는것은 여러 고문서들에 전한다.*³

    *¹ 《일본서기》 권10 웅신 22년 9월조
    *² 《기비군지》 상권 1937년, 25페지
    *³ 《가야국조의 계보와 가야씨에 대하여》 참고

이렇게 가야국의 중심지는 하또리향과 아시모리향이였다고 보아 크게 잘못이 없을것이다. 아시모리향의 서남린접에 하또리향이 있으며 아시모리향 동남 약 20리(조선리수)쯤 떨어진 곳에 기비쯔신사가 있는 기비나까야마 즉 가야군 이다구라향이 있다. 처음 하또리향에 3대의 왕궁이 있다가 아시모리향에로 옮길수 있는것이며 6세기 후반기에 가야국이 망하면서 그 일부의 갈래가 이다구라향쪽으로 옮겨간것으로 짐작할수 있다. 물론 가야씨의 일부 갈래가

이다구라향쪽으로 옮겼다고 하더라도 가야씨의 본거지는 역시 하도리와 아시모리일대였을것이다. 이에 대해서는 7세기이후의 고문헌들이 전한다.

옛 기비 가야국의 중심부일대에 왕궁이 있었다는 이러저러한 옛 기록은 거기에 확고히 국가가 존재하였다는것을 말해준다.

계급국가의 최고권력자로서의 왕과 왕궁의 존재는 곧 국가의 존재를 의미한다. 어느때의 왕궁이겠는가. 그것은 아마도 6세기이전시기의 왕궁일것이다. 왜냐하면 중세기의 토호를 내놓고는 6세기 중엽이후 그 땅에 야마또정권과 대립되는 그 어떠한 독립적왕권도 서본적이 없었기때문이다. 따라서 왕궁존속시기는 자동적으로 그 이전시기 즉 기비일대가 야마또정권의 지배하에 들어선 6세기 중엽이전으로 소급되게 되는것이다.

이상에서 본것처럼 옛 기비 가야땅에는 조선계통지명들이 무수히 있으며 이것은 그 일대에 진출한 조선이주민집단이 토착화한 결과이다. 천수백년이 지난 오늘날까지도 남아있는 조선지명들, 지금도 조선이주민집단의 상징인 아찌노오미를 제사지내는 꾸라시끼 아찌신사 등은 바로 이 일대에서 활동한 조선이주민집단의 역할이 얼마나 컸던가를 보여준다.

이처럼 현재 남아있는 단편적인 몇개 지명만 보더라도 기비지방에 있었던 가야국이 이름그대로 조선계통소국(왕국)이였음을 알수 있다. 또 고대에는 가야(가라)를 임나(미마나)라고 부른것이 엄연한 력사적사실인 조건에서 기비지방의 가야국이야말로 미마나국이며 일본력사기록들에 나오는 미마나는 바로 이 기비 미마나로 보아야 한다. 그리고 그러한 미마나가 일본땅에는 하나뿐이 아니라 여러곳에 있었던것이다.

그 지역에 할거한 정치세력인 소국의 우두머리들은 자기에게 집중된 물질적부와 정치, 군사적힘을 발동하여 3세기말~4세기 초경부터 높은 봉분을 가진 무덤을 만들기 시작하였다. 일본에서는 무덤이 국가권력의 중대에 따라 점차 커졌다. 고대일본에서는 무덤의 안팎크기, 내부장식의 사치한 정도 등에 국가권력의 집중정도가 표현되였고 또 무덤축조의 양식과 양상에 따라 어느 계통의 민족, 국가의 영향을 받았는가를 알수 있다.

2. 무덤유적과 유물을 통하여 본 기비 가야소국

고분문화시기 전반기의 가야적무덤

일본에서 손꼽히는 비옥한 기비충적평야에 전 일본적으로 10등권안에 들어가는 대규모의 무덤이 2기나 있고 또 길이 100m이상의 무덤이 20기나 넘는다는 사실은 거기에 강대한 정치, 군사력을 가진 독립국가가 존재했었다는것을 말해준다. 이 일대의 무덤의 성격을 규명하는것은 미지의 《기비왕국》의 진면모와 그리고 《일본서기》임나관계 기사에 나오는 임나(가야)의 정체를 해명하는데서 중요한 의의를 가진다.

3～4세기경부터 시작되는 일본의 고분문화시기는 외부로부터 새로운 문화가 들어간것으로 특징지어지는 시기였다. 그것은 묘제에서의 하나의 사변이였던 높은 봉분을 가진 돌칸무덤이 성행한것으로 표현되였다.[*1] 어떤 일본학자는 《서력 3세기 후반기 갑자기 기내를 중심으로 하는 제한된 지역에 고분이 출현》[*2]하였다고 하였다. 그런데 무덤이 기내에서 처음 발생하였다고 하는것은 그들의 속단이다. 조선의 고구려에서 시작된 큰 무덤무지(봉분)축조의 풍습은 백제, 신라, 가야에 보급되였다. 고국인 조선과 늘 련계를 취하고 그 선진문화를 섭취해온 조선이주민집단에 의하여 처음으로 일본에서 3세기 말경에 봉분이 있는 무덤[*3]이 발생하기 시작하였다. 그 시기는 남부조선의 무덤발생시기와 거의 맞먹거나 좀 뒤진다. 그것은 곧 일본고분의 발생이 전적으로 조선이주민의 역할에 키인되기때문이다.[*4]

[*1] 무덤의 내부매장시설이 모두 돌칸인것은 물론 아니다. 목판직장(나무널을 땅바닥에 그냥 놓고 흙을 씌워 묻어버리는것)과 점토곽을 비롯하여 여러가지 형태가 있었던것만은 사실이다. 하지

만 일본무덤의 내부시설은 대체로 수혈식 또는 횡혈식의 돌칸무
덤이 많았다.
*² 《일본력사강좌》 1권 도꾜대학출판회, 1964년, 61페지
*³ 일반적으로 현재 일본고고학계의 견해에 의하면 고분이란 높
은 봉분을 가진 오랜 무덤을 말한다. 물론 그밖에도 방형주구무
덤도 고분으로 보는 견해가 있지만 그것은 어디까지나 조선의 영
향을 받은 야요이문화시기의 무덤이다.
*⁴ 어떤 일본학자는 조선의 무덤이 일본의 영향으로 이룩된것처
럼 말하였는데 그렇게 보는것은 대체로 1945년 일제패망전에 지
배적이였다. 실례로 《임나흥망사》의 저자는 《…일반유적조사,
고분, 조개무지의 발굴조사는… 일본문화의 반도에로의 진출의
자취를 확인》하였다고 말하였다. 그러나 이것은 주객이 전도된
말이다. 7세기이전의 일본은 그 언제 한번 문화발생의 시원지가
되여본적이 없었으며 항상 조선을 비롯하여 대륙의 문화를 섭취
하는데 그쳤다. 또 일본학자들은 기내에서 맨 처음으로 무덤이
발생하였다고 하지만 기실은 3~4세기 조선이주민집단이 정착
한 곳마다에 높은 봉분을 가진 무덤이 축조되였던것이다. 일본학
자들은 일본의 무덤이 외래적요소를 많이 가지고있다고 하면서도
그 출처를 캐기를 꺼려한다. 기내 야마도지방에는 발생기의 초기
무덤은 없다.

거기에는 기비의 대표적고분들과 조선식산성이 있으며 고대도
시유적과 발전된 땅구분법인 조리제의 유적이 있다.

또한 고분문화시기 초기의 무덤들이 많다. 초기 무덤들로서는
이미 본바와 같이 미야야마(宮山)유적(소쟈시 미와) 이부시다니(鑄
物師谷) 제1호, 제2호무덤, 묘또이와(男女岩)유적, 쯔지야마다(辻山
田)유적, 다데쯔끼(楯築)유적 등을 들수 있다.

최근에 조사된 다데쯔끼유적은 아시모리강하류의 충적지인 지
금의 구라시끼시 오보산에 있는 전방후원무덤으로서 45m(전체 길
이)의 무덤무지를 가진 큰 무덤이다.

고대 바다에 잇닿은 거기에 무덤이 축조된 사실, 그 무덤에서

나오는 오래된 직호문 등은 그 무덤이 야요이문화시기의 무덤에서
발전된것이 아니라 직호문의 시원지인 가야지방에서 건너가 정착한
조선이주민집단의 우두머리가 묻힌 이른 시기의 무덤으로 볼수 있
게 한다. 이 무덤 바로 옆을 흐르는 아시모리강에 고대에는 다까하
시강이 흘러들고있었다는 사실을 참고하면서 강상류에 있는 쯔꾸리
야마(造山)무덤과 이 무덤을 같은 계렬의것으로 보려는 한 일본학
자의 견해*는 옳다고 생각한다.

　　　* 《일본의 고대유적》 23 오까야마편 보육사, 1985년, 120페지

다데쯔끼유적을 시점으로 하여 그 일대에는 수많은 무덤들이
만들어지기 시작하였다. 기비지방의 무덤을 오래동안 전문으로 연
구한 한 고고학자의 견해*를 개괄해보면 다음과 같다.

　　　* 《기비정권의 성격》, 《일본고고학의 제 문제》 일본고고학회,
　　　　1964년. 이 론문의 필자는 여기서 우리가 론하는 가야국이외의
　　　　것까지, 다시말하여 전체 기비를 포괄하는 무덤까지 다치고있다.

① 대형무덤의 분포상태와 수리(水利)를 중심으로 한 지리적환
경을 기준으로 하여 비젠, 빗쮸의 평야지대를 10개 지역으로 구분
한다. 그다음 각기 지역에서 호족들의 존재를 지적한다.

② 오꾸, 가미쯔미찌, 나까야마, 소쟈남부의 네 지역에서는 지
역적통일을 이룩한 호족들이 길이 100m이상의 규모를 가진 전방후
원무덤을 4세기 후반기에 만들고있던 사실에 주목한다.

③ 비젠, 빗쮸의 남부평야지역에서는 호족들사이의 세력균형에
의하여 호족련합이 성립되고 그 련합이 기비 각지의 여러 집단을
지배하고있었다.

④ 5세기 전반기에는 소쟈남부의 미수무덤떼에 길이 350m의
쯔꾸리야마(조산)무덤과 길이 286m*의 쯔꾸리야마(작산)무덤이 축
조되였고 이런 큰 전방후원무덤의 주인공들은 매우 넓은 령역을 지
배하고있었을것이다.

* 쯔꾸리야마(作山)무덤의 길이를 그전날에 270m로 보고 전 일본 적으로 14번째로 크다고 한것은 착오였다. 1977년 오까야마현사 편찬실이 소쟈시사편찬실의 협력을 받아 항공측량을 진행하였다. 그 결과 286m라는 측정수치가 나왔다고 한다. 따라서 이 무덤은 일본에서 9번째로 큰 무덤으로 등록되였다고 한다.

⑤ 더우기 이 큰 무덤의 축조지역이 한개소에 집중되여있지 않고 주요 무덤분포지역에 널려있는 경향을 찾아볼수 있는데 이것을 통하여 그 큰 수장자리는 단일한 집단에 의하여 세습되지 않고 유력한 지역의 특정한 집단의 수장이 륜번적으로 그 지위에 올랐을것이다.

이 학자는 기비지방을 10개의 작은 정치집단지역으로 구분하고 두 쯔꾸리야마무덤의 주인공이 전체 기비지방을 지배, 통제하였다고 하였다. 이러한 추리는 일부의 착오를 제외하고는 기본적으로 옳게 문제를 본것이라고 생각된다. 일부의 착오란 다름아닌 기비중심부인 옛 가야국에 있는 큰 무덤의 주인공이 요시이강을 넘고 비젠 오꾸지역까지도 지배, 통제한듯이 착각한것이다.

그러면 구체적으로 옛 가야국에는 어떤 무덤들이 있었으며 그 실태는 어떠하였는가.

먼저 일본학자들이 《왕급》무덤이라고 하는 무덤을 그들의 편년대로 지역별로 렬거하기로 한다.*

* 《고대 기비왕국의 수수께끼》 신인물왕래사, 1972년, 121~122 페지. 배렬한 무덤은 같은 시대의것이 아니라 그와 가까운 년대의것이라고 한다.

① 아사히강류역
구루마쯔까무덤(車塚 50m)→미나또챠우스야마무덤(湊茶臼山 150m)→가나구라야마무덤(160m)→쯔나하마챠우스야마무덤(網浜茶臼山 80m)→산오산무덤(日芳山 70m)→진구지야마무덤(神宮寺山 150m)→잇봉마쯔무덤(一本松 65m)

② 아시모리, 사사가세강류역
구루마야마무덤(車山 140m, 일명 기리기리야마무덤)→나까야마

- 33 -

챠우스야마무덤(中山茶臼山 150m)→도오야마무덤(堂山 150m)→쇼마루야마무덤(小丸山 150m)→고모리가와무덤(小盛川 100m)

③ 다까하시강류역 소쟈일대

쇼쯔꾸리야마무덤(小造山 130m)→쯔꾸리야마무덤(造山 350m)→센조꾸무덤(千足 70m)→쯔꾸리야마무덤(作山 286m)→데라야마무덤(寺山 120m)

④ 스나가와류역

우라마쨔우스야마무덤(浦間茶臼山 120m)→고야마무덤(小山 70m)→다마이마루야마무덤(玉井丸山 140m)→료구야마무덤(兩宮山 180m)→슈센다무덤(朱千駄 70m)

소쟈남부평야에 자리잡고있는 두 쯔꾸리야마무덤은 크기에 있어서 전국적으로 4번째와 9번째로 기록되여있는 초대형무덤들이다. 그 수치*를 보면 다음과 같다.

* 《가시하라고고학연구소론집》 6권 요시까와홍문관, 1984년, 277페지

무덤수치일람표

고분명	무덤의 전체 길이	뒤쪽의 직경	앞쪽의 폭	립지조건
쯔꾸리야마 (조산)	350m	200m	215m	고개가까운 골짜기의 평지
쯔꾸리야마 (작산)	286m	170m	160m	평지

쯔꾸리야마(조산)무덤은 쯔꾸리야마(작산)무덤보다 시기적으로 좀 앞선것 같다고 하며 두 무덤의 축조는 5세기 중엽을 전후한 시기로 볼수 있다고 한다.

두 쯔꾸리야마무덤과 같은 큰 무덤이 농업생산의 중심부에 자리잡고있는것으로 미루어보아 5세기경에는 이 지역에 강력한 정치권력과 군사력을 가진 비교적 발전된 큰 국가가 있었다고 보아 잘 못이 없을것이다.*

* 일본의 어떤 고고학자는 두 쯔꾸리야마무덤이 매우 굳은 토양과 암석층의 구릉을 가공한것이라고 하였다. 쯔꾸리야마(작산)무덤의 전방부앞면은 맨 아래단까지 암석이 드러나있고 또 쯔꾸리야마(조산)무덤은 비록 화강암의 풍화토양이지만 매우 탄탄하여 땅을 파기가 결코 용이하지 않았을것이라고 지적하고 있다. 계속하여 이러한 굳은 땅을 파자면 철로 된 도구를 많이 사용했다 하더라도 어지간히 힘이 들었을것이며 깅끼일대의 대왕급무덤처럼 홍적층의 모래질과 점토(진흙)질의 토양을 파서 나르는것과는 대비조차 하지 못할 정도로 품이 많이 들었을것이라고 강조하고있다.(《기비의 나라》, 97페지) 이러한 큰 규모의 무덤축조공사는 강력한 정치적 및 군사적힘이 안받침되지 않고서는 도저히 불가능하다. 말하자면 두 쯔꾸리야마무덤의 축조는 토지와 인민에 대한 지배, 장악이 절대적으로 큰 조건에서만 가능하였다.

그것은 무엇보다도 그 초대형무덤의 존재가 말해준다. 그 무덤에 묻힌자는 이웃의 작은 무덤떼들에 묻힌자들을 타고앉은 대왕급의 인물임이 틀림없다. 작은 무덤떼와 초대형무덤의 병존은 그들이 같은 시기에 병존하였음을 의미한다. 두 쯔꾸리야마무덤의 주인공들은 기비 가야일대의 작은 소국들을 타고앉은 대왕급의 인물일수 있다. 두 쯔꾸리야마고분의 정치적성격을 다음과 같이 평한 일본학자의 지적은 기본상 옳다.

《...전반기무덤의 거대화의 경향은 이와 같은 공동체를 디디고 선 지역적인 정치집단의 수장층이 전제권력을 관철해가는 모습을 반영한것으로 볼수 있다. 따라서 타지방을 뛰여넘은 거대한 무덤이 기비의 땅에 축조되였다고 하는것은 여러 농업공동체우에 우뚝 솟은 기비의 최고수장(제왕을 의미함-인용자)이 도달한 전제군주로서의 권력의 압도적강대성을 반영한것이라고 말할수 있다.》*

* 《일본고고학의 제 문제》1964년, 147~148페지

이 학자는 강꼬이외의 땅에 국왕이 존재한 사실에 매우 조심스럽게 대하면서 국왕이라고 말 못하고 에돌아 수장, 최고수장이란 표현을 썼다. 아무튼 기비지방에 있던 가야국은 여러개의 소국을 타고앉은 왕국이였으며 그 우두머리는 국왕이였다.

옛 가야국의 중심부에 틀고앉은 두 쯔꾸리야마무덤의 조선(가야)적성격이 밝혀져야 기비 가야국이 명실공히 조선(가야)의 나라였음을 명백히 할수 있을것이다.

그러면 쯔꾸리야마무덤이 조선적무덤이라고 말할수 있는 근거는 무엇인가.

무엇보다먼저 쯔꾸리야마무덤과 같은 큰 전방후원무덤은 초기 가야무덤을 그대로 옮겨만든것이기때문이다. 다시말하여 가야 및 백제묘제를 그대로 답습한것이다.

일반적으로 고대~중세초에 조선과 일본 두 지역의 무덤은 같은데 이것은 조선의 영향에 기인한다. 두 지역의 무덤이 같다는것은 일본학자들의 말이다. 즉 《특히 남부조선지방의 고신라 혹은 가야의 고분출토의것과 우리 나라(일본-인용자)와의 사이에는 거의 동일한 유물이라고 말해도 좋을 정도로 공통성이 있는 것이다.》* 물론 조선과 일본의 무덤의 공통성은 비단 유물에 한하지 않는다. 무덤자체가 조선적이고 따라서 그 유물도 조선적인 것이다.

* 《조선고대문화의 연구》도꾜 지인서관, 1943년, 203페지

조선에 있던 무덤형식과 치레거리를 비롯한 껴묻거리들이 조선에서는 얼마 류행하지 않았던것이 일본땅에 가서 그곳 풍토와 그 사람들의 정서와 취미에 맞아 인기를 끌수 있다. 문제는 시원지가 어디인가 하는데 있다. 3세기말, 4세기초에 발생한 기비일대의 전방후원무덤은 조선 특히 가야에 그 연원을 두고있다. 이것은 일본고분문화시기 전반기(4~5세기)의 기비지방의 무덤 특히 전방후원무덤의 특징들과 가야무덤의 특징을 대비, 고찰하면 더없이 명백해진다.

일본고분문화시기 전반기 기비지방의 무덤의 대표적특징을 들

어보면 다음과 같다.

첫째로, 강하천과 수리체계가 발달한 논밭을 한눈에 내려다볼수 있는 낮은 산이나 언덕꼭대기에 자리잡고있다.

둘째로, 앞부분이 길죽한 전방후원무덤이 많고 그밖에 둥근무덤도 있으며 규모가 비교적 크다. 무덤무지의 바닥부분에는 띠모양으로 생긴 1~2단의 축대가 있다.

셋째로, 수혈식돌칸이 많으며 점토나 조약돌 등을 밑바닥에 깔고 그우에 여러가지 형태의 나무널 또는 돌널을 놓는다. 껴묻거리는 외형에 비하면 간소하며 널주위에 벌려놓는다.

넷째로, 큰 무덤떼의 배후에 산성이 있다.

이 네개의 특징들을 좀더 구체적으로 보기로 한다.

첫째 특징에 대하여; 쯔꾸리야마(조산)무덤을 비롯한 일본고분문화시기 전반기 기비지방의 전방후원무덤은 대부분 산이나 언덕의 꼭대기에 위치한다. 그리고 전반기무덤의 전방후원무덤은 대개 고분떼의 중심에 있는 큰 무덤들이다. 이것은 정치적, 종교적의식과 결부된 매장풍습과도 관련된 현상일것이다.*

> * 어떤 일본고고학자는 일본의 문물은 제사적색채가 강한데 하나의 특수성이 있다고 하면서 거울의 매장위치로 보아 제사신앙적 성격이 짙으며 또 이러한 특수한 형식으로서 전방후원무덤에 대하여 고찰하여야 한다고 말하였다.(《조선고대문화의 연구》 지인서판, 1943년, 236페지)

쯔꾸리야마(조산)무덤 하나를 실례로 들어보면 그것은 평탄한 논지대에 삐여져나온 낮은 언덕꼭대기에 축조되였으며 밑바닥부분에 높이 1m, 너비 15~30cm가량 되는 띠모양의 축단이 있다. 무덤으로부터는 잘 발달한 농업생산지대를 내려다볼수 있다.

이렇게 농업지대의 중심에 위치한 키낮은 산 또는 언덕꼭대기에 무덤을 축조하는것은 고대조선 특히 가야의 고유한 풍습이다. 가야무덤이 자리잡은 곳의 지형을 실례로 들어보면 다음 표와 같다.

가야무덤립지일람표

번호	무덤이름	립지조건 및 무덤형식
1	선산 락산동 제9호무덤	락동강 동쪽언덕을 바라보는 구릉우에 축조
2	선산 락산동 제146호무덤	구릉 동북쪽끝의 가장 높은 곳에 축조
3	고령 지산동 제1호무덤	구릉지붕우의 삐여진 끝머리에 축조
4	고령 지산동 제2호무덤	구릉의 앞끝에 축조
5	고령 지산동 제39호무덤	주산성의 남남동에 삐여져나온 구릉우의 릉선상에 축조
6	고령 지산동 갑호무덤	주산성부터 남으로 뻗은 구릉상의 동쪽에 축조
7	창원 웅천자마산무덤	자마산의 남쪽경사면에 축조
8	칠곡 안동면 제2호무덤	남쪽의 인동평야를 눈아래에 내려다보는 구릉지붕우의 끝머리에 축조
9	선산 락산동 제28호무덤	락동강 동쪽기슭을 바라보는 불로산의 구릉중턱의 경사면에 축조
10	금천 개녕면 동북동 제1호무덤	남쪽의 벌을 바라다볼수 있는 산꼭대기에 축조

표에서 보는바와 같이 가야무덤이 자리잡은 지형이 일본고분문화시기 전반기의 기비지방의 무덤과 신통히도 같다는것을 알수 있다. 표에 밝힌 거의 모든 무덤들이 수리체계가 발달한 논밭을 내려다보는 곳에 자리잡고있음은 물론이다. 이러한 립지조건은 그전날의 가야소국들이 있던 고령, 창녕, 함안, 진주지구의 옛 무덤들에서 현저하다.

둘째 특징에 대하여; 지금까지 전방후원형의 무덤은 일본에 고유한 묘제라고 말해왔다. 그런데 우에서 본바와 같이 전방후원무덤은 북으로는 자강도일대의 고구려무덤에도 있고 우리 나라 남부지역에도 그런 무덤이 적지 않다. 전방후원무덤은 전라남도 라주일대에도 있고* 락동강류역에도 있다. 전라남도 반남면의 영산강류역에서 발견된 전형적인 전방후원무덤을 비롯하여 락동강류역에 위치한 함안군 가야읍 말이산무덤떼와 고성군 고성읍 송학동무덤떼들이 그것이다. 이 무덤들을 보면 앞부분이 릉선의 방향과 일치하고 뒤부분보다 낮으며 앞부분과 뒤부분두리에는 1~2단으로 된 띠모양의 단이 둘러있다. 그리고 규모에 있어서도 고령 지산동 제39호무덤처럼 50m정도로 크다.

> * 전라남도 라주시 반남면을 중심으로 하는 일대에 옛 무덤이 여러개 있다. 그 30여기의 무덤들과 떼가운데에는 독무덤이 있는가 하면 돌칸흙무덤도 있다. 그리고 무덤외형을 둥글게 또는 네모나게 쌓아올려 만든것과 함께 앞부분이 네모나고 뒤부분이 둥글게 생긴것 즉 전방후원무덤도 있으며 무덤무지두리에 도랑을 판것도 있다. 이러한 외형을 가진 무덤은 공주지방에도 있다. 야쯔이(谷井濟)를 비롯한 일본학자들은 이 무덤을 《왜인의것》이라고 단정하면서 그 축조시기를 5세기경으로 추정하지만 독무덤이 묻힌것 등으로 보아 그 시기는 그보다 훨씬 거슬러올라갈것이다.(조선총독부《소화13년도 고적조사보고》참고)

이와 같이 우리 조선에는 현재에도 《일본이라면 전방후원무덤이라고 불리울(무덤이)것이 몇개 있》*다. 앞으로 조선의 전방후원무덤은 더 나타날것이다.

> * 《고고학의 모색》 가꾸세이사, 1978년, 149페지

기비는 아니지만 이른바 《숭신릉》이나 《경행릉》을 보면 앞부분의 꼭대기부분이 장방형의 평란한 면을 가진 모양으로 만들어졌으며 그 평란한 면의 뒤부분은 둥근무덤무지가 높이 쌓아져있다. 다시말하여 네모난 앞부분이 둥근 뒤부분보다 낮은것이다.

전방후원무덤의 전방부 즉 네모난 앞부분은 묻힌 자기 조상에 대한 성대한 제사의식을 거행하는 장소로 리용하였을것이다. 이렇게 말하는 일본학자들은 한둘이 아니다.

일본에 진출한 가야를 비롯한 남부조선의 여러 이주민집단들은 일본땅에 가서도 고국의 관습대로 제사의식을 거행하기 위해 제사마당터를 크게 만들었던것이다. 이러한 마당터가 고국의것보다 커져서 거대한 전방후원무덤이나 밥조개모양무덤으로 번져졌던것이다. 이렇

게 된것은 일본땅에 건너간 이주민의 우두머리들이 요란한 제사행사를 거행함으로써 저들을 신비화하여 토착주민들을 굴복, 복속시키려는 목적을 추구한데서 나왔을것이다. 이것은 일본의 전방후원무덤들에서 종교적의식의 도구로 리용된 거울, 혹달린 구슬*¹ 등이 나온 사실들로 하여 더욱 확실하다. 전방후원무덤의 전방부에 후시기의 돌널들이 자주 나오는것은 이 전방부제사터가 후에 신성시되여 무덤으로 쓰이였다는것을 말해준다. 또한 고고학적발굴에 의하면 기비와 기내 가와찌의 대형고분들에 고유하게 있는 《쯔꾸리다시》(造出)*² 부분은 제사터로 쓰이면서도 제사때 쓰던 질그릇들을 묻은것 같다.*³

*¹ 혹달린 구슬이란 굽은 구슬이 하나의 새끼구슬을 업은것을 말한다. 일본의 까통보무덤(4개)을 비롯한 여러곳에서 나온 주술적색채가 농후한 유물이다. 지난날 일본학자들은 이 혹달린 굽은구슬이 일본고유의것으로 단정한 나머지 일본에서는 많이 나오고 조선에는 얼마 없다고 하였으며 이를 설명하기를 《야마또정권이 조선에 가서 조선군대를 〈격파〉한 〈전승〉기념의식을 거행한 흔적》이라는 황당한 소리를 하였다. 하지만 조선에는 충청남도 부여군 부여읍 군수리, 경상남도 진주시 등지에서 여러개의 굽은구슬이 나왔다. 굽은구슬은 앞으로도 계속 나올것이며 이는 1985년현재 약 200차례 가까이 나온 일본의 굽은구슬의 시원지를 밝혀주는 좋은 자료로 될것이다.
*² 《쯔꾸리다시》란 전방후원무덤에서 후방부 목부위에 혹처럼 달린것을 말한다.
*³ 《전방후원무덤》 가꾸세이사, 1972년, 195~196페지

두 쯔꾸리야마무덤을 비롯한 전방후원무덤에 여러기의 배총이 붙은것도 가야무덤에 근원을 두고있다. 그리고 또 일본학자들이 밝힌데 의하면 쯔꾸리야마(조산)무덤은 주변의 조리제와 함께 《고마자(高麗尺)》라고 하는 조선자를 써서 축조되였다.

가야무덤의 무덤무지의 거의다가 원형이지만 2기의 무덤을 가까이 접근시켜 축조하였기때문에 표주박모양처럼 된것도 있다.(선산지구 무덤때) 그리고 언덕의 경사면에 축조한 무덤은 앞부분과

뒤부분의 높이가 같지 않다.
　이밖에도 고분문화시기 전반기 기비지방에 있는 무덤의 특징으로 띠모양의 단이 있다는것을 들수 있다. 그러한 단은 3국이나 가야의 무덤에도 있다.(의성, 선산, 대구 창녕지구) 띠모양의 단은 무덤아래부분두리의 바깥쪽을 두른것인데 비바람 등에 의한 무덤의 손상을 방지하기 위하여 만든 시설로 간주된다. 따라서 이러한 단은 흙 또는 돌로 쌓는데 그리 정교하게 쌓지 못하였다. 이러한 전형적인 무덤으로는 창녕 송현동 제9호무덤, 제10호무덤, 창녕 계남리 제1호무덤, 선산 락산동 월파정산 제99호무덤, 제102호무덤, 제103호무덤, 제106호무덤 등이 있다. 그리고 충청남도 부여군 규암면 합송리부근의 무덤이 전방후원무덤이라고 한다.*

> ＊ 최근 경상남도 고성군 고성읍의 송학동 제1호무덤과 함안군 가야읍 말산리의 말이산무덤들이 그 지형에서나 형식에 있어서 전형적인 초기 전방후원무덤의 모습을 갖추고있다고 발표되였다. 현지를 답사한 교또 도시샤대학의 모리교수(고고학)는 전방후원무덤이 틀림없다고 하며 그 이후 일본의 여러 학자들도 현지답사를 하고 동감을 표시하였다고 한다. 그런데 이와 반대로 이를 근거없이 부인하는 일본학자들도 있다. 에사까라는 고고학자는 모리교수의 주장을 반박하였다. 그의 반박은 근거가 없어보인다. 에사까의 주장은 오랜 제국주의어용학설인 《임나일본부》설을 어떻게 하나 고집해보려는 시도라고 말해야 옳을것이다. 그리고 1985년말에는 전라남도 해남군 장고산에서 전방후원무덤이 새로 발견되였다고 한다.(장고산무덤)

　셋째 특징인 기비지방무덤의 내부구조와 껴묻거리의 가야적성격에 대하여 ; 먼저 내부구조에 대하여 보면 그것은 전적으로 조선의것 특히 가야의것을 본따서 만든것이라고 말할수 있다.
　지난날 일본학자들은 일본땅에 있는 고분문화시기 전반기무덤들의 내부구조가 대부분 수혈식돌칸이며 고구려, 백제를 비롯한 조선의 무덤형식은 횡혈식돌칸이므로 수혈식돌칸은 전방후원무덤과 더불어 《일본고유》의것이라고 말해왔다. 그것은 고분문화시기 전반기 일본고분의 태반이 수혈식무덤인 조건에서 일본이 주동이 되고 조선의것은 일본의 영향밑에 이룩된것으로 《임나일본부》의 설치 즉 야마또정권에 의한 남부조선지배에 의하여 성립된것으로 설명해왔다.

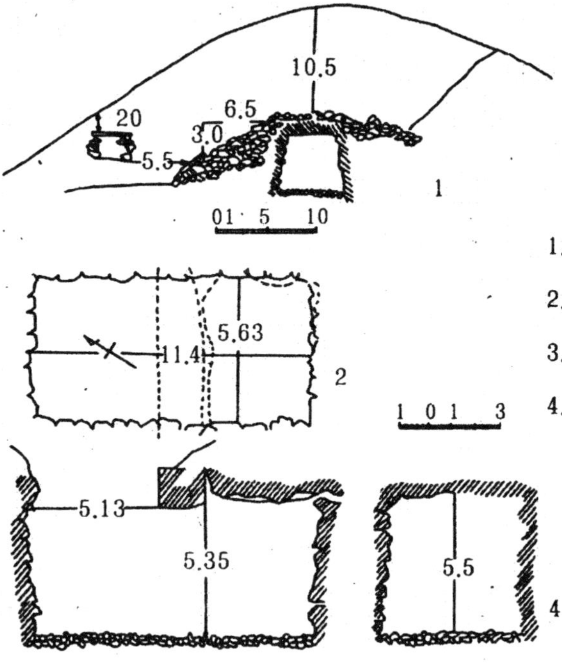

1. 제2호무덤의 단면도
2. 제2호무덤의 평면도
3. 제2호무덤석실의 종단도
4. 제2호무덤석실의 횡단도

성주 선산동 제2호무덤의 단면도와 평면도

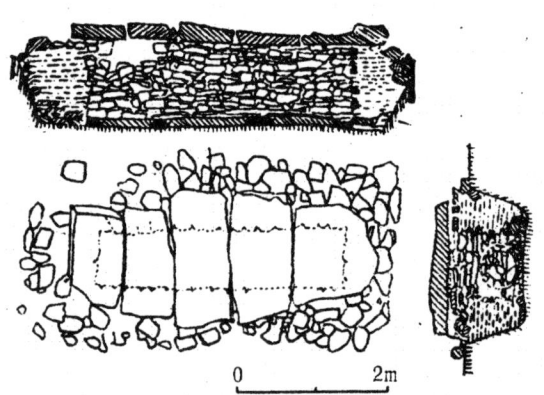

기비 즈이안무덤의 평면도와 단면도

일본학자들의 이러한 설교와는 반대로 옛 가야땅에는 무수한 수혈식돌칸무덤이 있다. 가야무덤은 크게는 나무곽돌무덤, 수혈식돌칸무덤, 횡혈식돌칸무덤(수혈계횡혈식돌칸무덤 포함) 등으로 구분되지만 4~5세기에 기본을 이룬것은 수혈식돌칸무덤이다. 횡혈식무덤은 5세기를 전후한 시기부터 고구려의 영향을 받아 보급된 무덤이다. 하지만 5세기의 횡혈식무덤은 적지 않게 수혈식의 틀을 채 벗어나지 못한 상태에 놓여있다.

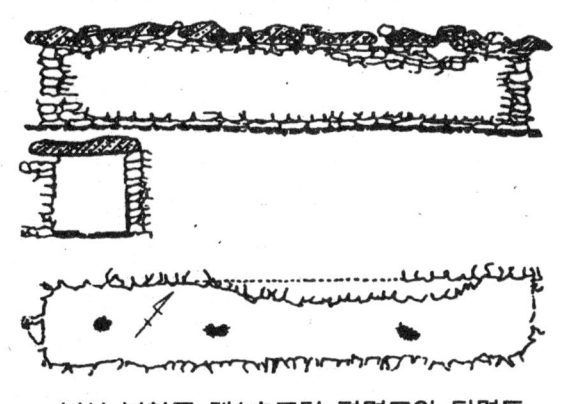

부산 북천동 제1호무덤 평면도와 단면도

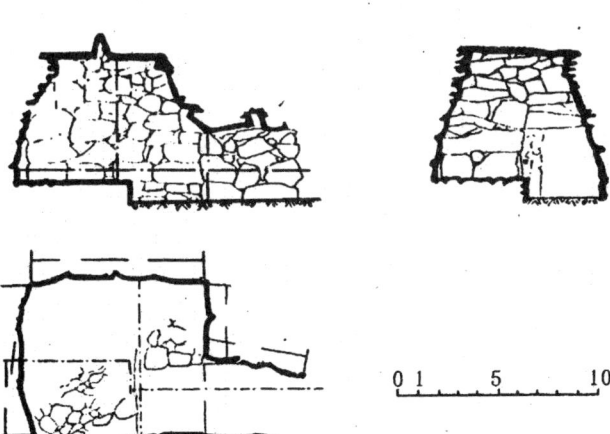

김해 삼산리 제1호석실의 평면도와 단면도

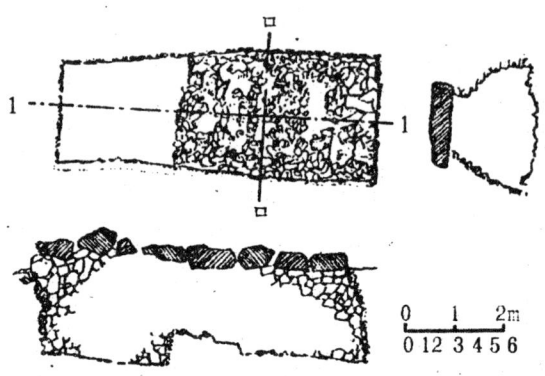

안동 조합동무덤 서쪽곽의 평면도와 단면도

　　가야에서의 수혈식돌칸무덤구조는 땅우에 돌을 쌓아올려 네벽을 만들고 그우에 뚜껑돌(판돌)을 덮은것인데 돌칸가운데에 관(널)을 놓았다. 무덤벽을 쌓을 때 바닥부분은 수직으로 쌓지만 웃부분으로 가면서 좌우 두 벽을 안쪽으로 기울어지게 쌓았다. 바닥은 자갈을 깔던가 점토(진흙)를 까는것이 보통이였으며 흔히 널두리에 껴묻거리를 벌려놓았다. 이러한 수혈식무덤은 경상북도 칠곡군 약목면 북성동 구릉지대에 있는 1 300여기나 되는 수많은 수혈식돌칸무덤들을 비롯하여 락동강류역의 각지에서 볼수 있다.

　　이러한 사실들은 수혈식돌칸무덤이 일본고유의 무덤형식이 아니며 일본의 수혈식돌칸무덤은 가야를 비롯한 남부조선의 직접적 혹은 간접적인 영향밑에 이룩되고 성행한것이였음을 증명해준다.

　　다음으로 껴묻거리에 대하여 보기로 하자.

　　고분문화시기 전반기의 일본의 무덤은 외형의 크기에 비해 껴묻거리가 간소하고 많지 못하다고 할수 있다. 그것은 그 당시의 매장풍습에 기인하였을것이다.

　　일반적으로 이 시기의 껴묻거리로서는 사슴뿔로 된 치레거리(록각도금장구)와 얼마간의 쇠기물들이 있다. 관은 나무널 또는 돌널인데 통나무나 대나무를 쪼갠것과 같은 모양 등 여러가지이다. 대나무를 쪼갠것과 같은 돌널(할죽형석관), 길죽상자모양의 돌널(장지형석판) 등을 일본학자들은 누구나 다 애매하게 《대륙적》이라고 말한다. 그러면서도 이러한 돌널의 존재를 《수입》했다거니 《대륙기술자들을 동원시켰다.》거니 하면서 이러한 돌널사용자의 출처를 캐고 따지기를 피한다. 돌을 다듬어 관으로 쓰는 수법은 당시의 일본에는 없는 조선고유의것이였다.

사슴뿔로 된 치레거리에 새겨진 직호무늬에 대하여 말하더라도 그렇다. 일본학자들은 그것을 《일본고유의것》이라고 떠들지만 숱한 직호무늬가 우리 나라 성산조개무지, 말이산 제34호무덤, 반남면 대안리 제9호무덤, 성탑리무덤, 창녕 교동 제89호무덤 등에서 나왔다.

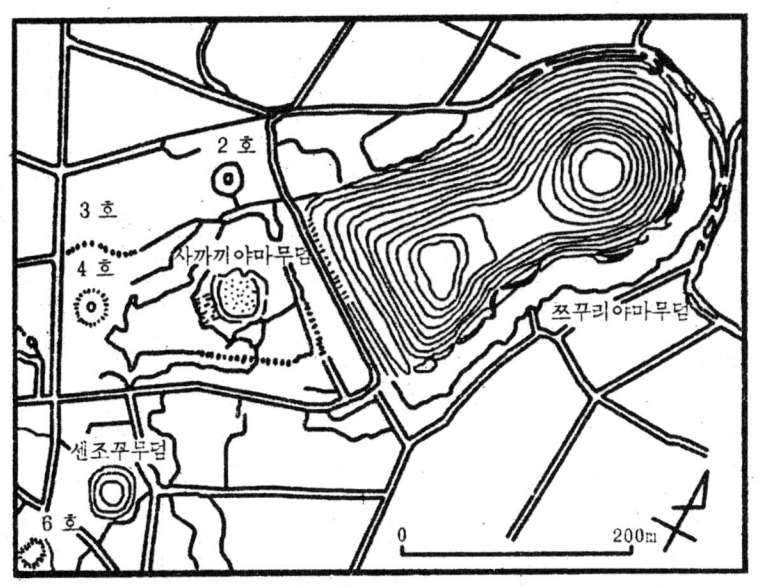

기비 쯔꾸리야마고분과 그 배총

일본 고분문화시기 전반기의 많지 않은 껴묻거리가운데서 조선-가야에서 건너간것을 옛 기비 가야국의 판도에서 좀더 자세히 보기로 하자.

쯔꾸리야마(조산)무덤에는 6기의 배총이 있다. 그 배총가운데 하나인 사까끼야마(榊山)무덤에는 많은 도검,[1] 방제신수경, 여러 가지 구슬과 함께 6개의 청동제말모양띠고리가 나왔다. 청동제말모

양띠고리는 일본에서 유일무이한것으로서 완전히 조선의것이다. 거기에 그 어떤 의심도 가질수 없다.*2

*1 1912년에 발굴된 사까끼야마무덤은 쯔꾸리야마무덤의 앞부분으로부터 불과 60m 떨어진 지점에 있다. 크기는 40m(35m라고도 한다.)로서 《쯔꾸리다시》라는 제사마당터까지 합치면 그 길이는 60m에 이른다. 그 무덤에서 나온 칼과 검은 많은 량이였다.

*2 일본의 일부 학자들가운데는 말모양띠고리가 센조꾸무덤에서 나왔을것이라고 하지만 앞뒤의 련관관계를 따져볼 때 결코 그럴수 없다. 또한 일본의 일부 고고학자들은 이 말모양띠고리를 조선것이라고 말하기 싫은데로부터 엉뚱하게 《유라시아에서 원천을 찾을수 있다.》(신판 《고고학강좌》 5권 유잔가꾸, 270페지)는 등의 당치 않은 말을 하고있다.

이러한 청동제말모양띠고리는 조선에서도 나온것이 많지 못하다. 조선에서의 그 출토지점을 본다면 한곳은 경상북도 영천군 금오면 어은동이며(《대정 11년도 고적조사보고》 제2책) 또 한곳은 경상북도 상주와 선산이다.(《대정 6년도 고적조사보고》) 사까끼야마무덤에서 드러난 띠고리와 상주무덤에서 드러난 띠고리는 재질과 형식, 형태에서 구별하기 힘들 정도로 서로 같다.

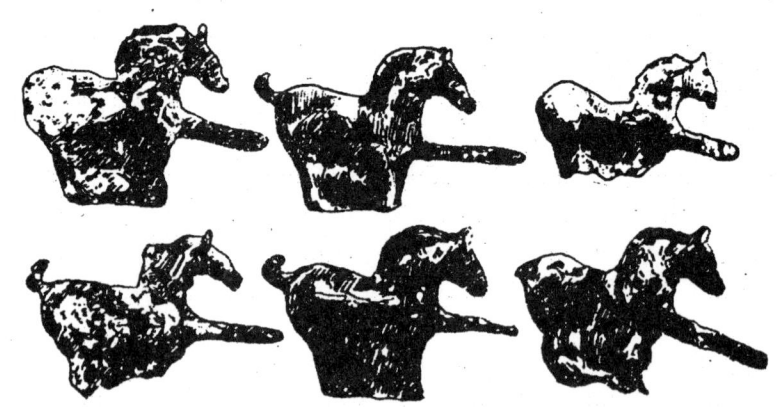

기비 사까끼야마무덤에서 나온 청동제말모양띠고리

청동제말모양띠고리(경상북도 상주)

　　청동제말모양띠고리가 나온 상주는 옛 사량벌국이 자리잡고있던 곳인데 사량벌국은 신라장수 석우로에 의하여 병탄된것으로 하여 신라와 원쑤진 나라였다. 이곳 주민들이 일본땅에 얼마든지 진출할수 있었던것이다. 그밖에도 6기의 배총가운데 하나인 센조꾸무덤 역시 조선적인 무덤이다.

　　더우기 쯔꾸리야마무덤이 조선의 가야의것이였음은 최근시기 그 무덤의 배총인 사까끼야마무덤언덕의 서남쪽(현재 밭)에서 조선의 가야계통의 도질토기쪼각이 나왔다는 사실*에서도 알수 있을것이다. 쯔꾸리야마무덤의 배총인 사까끼야마무덤에서 나온 질그릇이 가야의것이라는 사실은 바로 다른 모든 가야적유물들과 함께 그 무덤에 묻힌자의 성격을 규명해준다고 생각한다. 더우기 그 무덤에서 가야특유의 큰 점토곽이 나왔다고 한다. 그러고보면 기비 가야국의 중심부에 있는 초대형무덤의 주인공을 나라이름(국명, 지명)과 결부시켜 가야로 찍을수 있을것이다.

　* 1981년에 사까끼야마무덤의 무덤언덕 서남쪽의 밭에서 도질토기와 고식스에끼쪼각 그리고 원통하니와쪼각이 나왔다고 한다. 그가운데서 2점의 쪼각에 가야에 고유한 《삼각형내사선임무늬》

·가 들어있다고 한다. 수집자는 원통하니와의 편년으로 보아 무덤
축조시기는 430년부터 450년사이라고 한다. 쯔꾸리야마(조산)무
덤의 축조시기가 5세기 전반기라는것과 결부시켜볼 때 매우 흥
미있는 사실자료이다.

　이밖에도 조선-가야적요소의 껴묻거리는 매우 많다. 가야씨의
중심할거지역인 지금의 소쟈시 아소지구에 있던 즈이안(隋庵)무덤*
의 야장도구들은 일본에서도 가장 오래된것에 속하는 조선제물건들
이다. 그리고 현재 오까야마시 교외에 있는. 가나꾸라야마(金藏山)무
덤과 진구지야마무덤에서 나온 다종다양한 철제농구, 공구, 어로도
구들은 당시의 일본에는 보기 드문 조선제물건들이다.

　　* 즈이안무덤은 길이 40m의 밥조개식무덤이다. 내부는 수혈식돌
　　　칸이며 돌칸안에 할죽형목판이 있었다. 고분문화시기 전반기의
　　　무덤으로 추측되고있다. 껴묻거리는 쇠집게, 쇠망치를 비롯한 야
　　　장도구들과 거울, 구슬, 단갑, 철기 등이 나왔다고 한다.

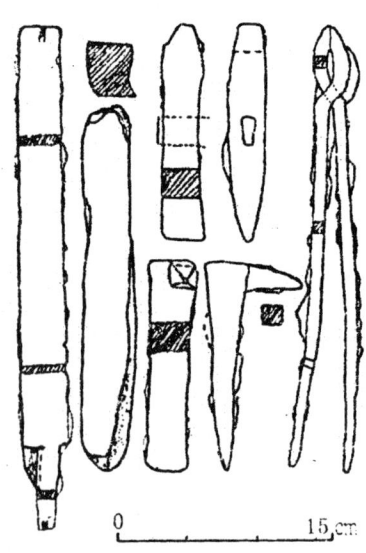

기비 즈이안무덤에서 드러난
가야제단야공구들

　특히 가나꾸라야마무덤에서 나
온 5개의 《도끼모양주철》은 의심할
것없이 조선제의 선진물건들이다. 당
시(고분문화시기 전기말, 중기 초업
경) 일본원주민들은 주조기술을 알고
있지 못하였지만 조선에서는 주철기
술이 발전하여 가나꾸라야마무덤에
서 나온것과 같은 도끼모양주철이
가야와 신라의 여러곳에서 나왔다.
이와 반면에 이러한 주철은 일본에
서 드물게 나온다.

　가야의 이름을 가진 고대의 기
비 가야국의 판도안의 무덤에서 4세
기말, 5세기초라는 이른 시기에 가
야 또는 동남부조선에 고유한 주철

- 48 -

제품이 나온것은 자못 의미심장하다. 순수 문화적관계면에서 고찰한다 해도 가나구라야마무덤에서 출토된 조선제주철품은 다음과 같이 말할수 있을것이다.

《5세기단계의 그러한 쇠는 조선으로부터 소재로서 들어온적이 있었는지도 모른다는 점도 생각해볼 필요가 있다고 생각한다. 그런 경우에도 쇠의 소재와 함께 역시 철생산의 기술도 조선으로부터 들어오게 되고 이어 본격적인 제철 그자체도 시작되였다고 생각된다. 이것은 기비가 내해항로의 요지에 있고 나아가서 조선과 련계가 깊은 땅이였다는 사정과 관련될것이다.》*

* 《고대사의 보물고》아사히신붕사, 1977년, 225페지

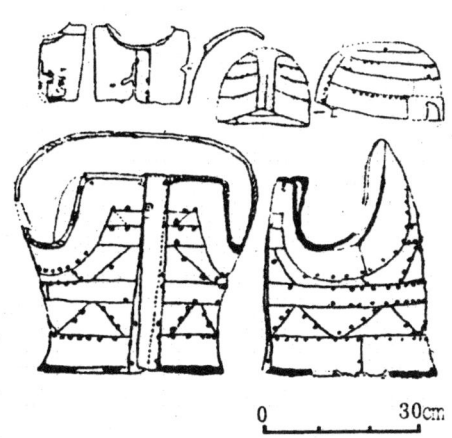

즈이안무덤에서 드러난
가야제투구갑옷

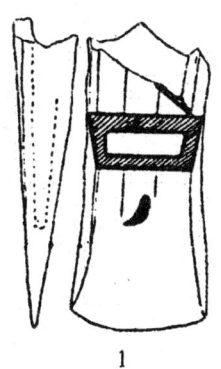
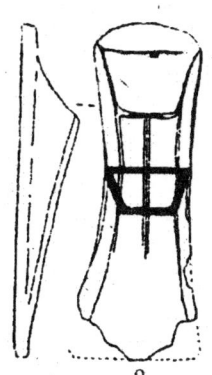

조선제쇠도끼
1. 오까야마 가나구라야마무덤
2. 경주 금방울무덤

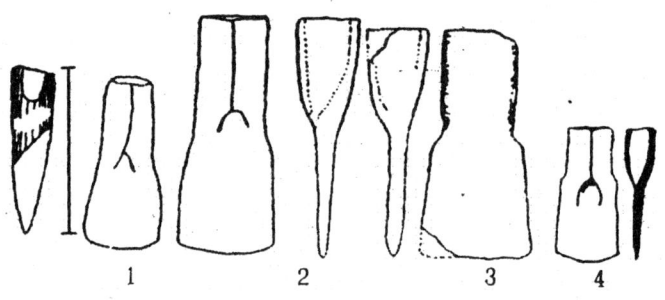

가야의 자루식쇠도끼

1. 대구 내당동 제50호무덤
2. 대구 비산동 제37호무덤
3. 성주 성산동 제1호무덤
4. 성주 성산동 제2호무덤

    이 도끼모양주철이 가지는 의의는 자못 크다. 왜냐하면 이것도 도끼로 썼다고 하기보다 개간용팽이(보습)비슷이 쓰인것으로 인정되기때문이다. 5세기 기비 가야국을 개척한 조선이주민집단이 이와 같은 조선제보습을 썼으리라는것은 충분히 리해가 된다. 그와 류사한 도끼모양주철이 그밖에 소쟈시 도노야마(殿山)무덤떼에서도 나왔다.

    우에서 고대 기비 가야국의 땅에서 발견된 조선적유물들을 간단히 훑어보았다. 이처럼 기비 가야국에는 실로 많은 조선적유적유물이 분포되여있었다. 조선적유적유물의 분포는 곧 조선적지명의 분포와 마찬가지로 사람(조선사람)의 분포를 의미하였다. 일본학자들은 이러한 조선적유물들을 조선에서 수입한듯이 말한다. 하지만 그토록 많은 조선물건을 다 수입할수는 없다. 도대체 수입하는 당사자가 과연 왜인이였겠는지부터가 의문스럽다. 5세기 기비의 문물에서 과연 일본적이라고 할수 있는것이 얼마나 되겠는지도 문제이다. 바로 기비의 중심부에서는 조선—가야에서 건너온 사람들이 마을과 고을 그리고 나라를 이루고 살았다. 그들이 쓰던것이 무덤에 묻혀 오늘에 전해진것이다.

    기비지방 고분문화시기 전반기무덤의 넷째 특징인 무덤떼와 산성과의 관계는 다음에 보기로 한다.

    지금까지 일본 기비일대 특히 빗쮸남부를 중심으로 한 지역에 있는 고분문화시기 전반기무덤들의 조선적성격을 본국 가야의 무덤형식 및 유물과의 대비고찰을 통하여 간단히 보았다.

여기서 얻어지는 결론은 무덤형식과 내부구조, 지어 꺼묻거리에 이르기까지 그것은 다 조선의 가야 및 백제계통의것이라는 움직일수 없는 사실이다. 다른것이 있다면 지역적 및 풍토상에서 오는 약간의 차이일뿐이다.

일본에서 전방후원무덤과 같은 무덤형식에서의 변화는 그야말로 《돌연》히 나타난다. 《돌연》히 나타난 그 원인을 일본학자들은 모호하게 말하고있지만 그것이 발생한 본 고장은 조선, 구체적으로는 가야를 비롯한 남부조선이다. 여러가지 력사적증거물들이 그것을 보여주고있다. 바로 이것을 통하여 고분문화시기 전반기에 가야사람들을 비롯한 남부조선의 조선사람들이 대량적으로 일본땅에 진출하였다는것을 알수 있다.

기비지방에 있는 큰 소규모의 고분문화시기 전반기무덤의 조선-가야적성격은 바로 이 무덤의 축조자가 다름아닌 가야사람들이였으며 두 쯔꾸리야마무덤과 같은 200~300m에 달하는 큰 무덤의 출현은 전제권력의 출현과 확립을 시사해주는것이다.

고분문화시기 후기의 백제적무덤

고분문화시기 중기이후에 이르러 기비 가야국에서는 무덤형식에서 일련의 변화가 일어났다. 그 변화는 가야에 고유한것이라기보다 백제적요소, 백제적색채가 농후해지는데서 나타났다. 또한 무덤형식의 변화는 기비 가야국에서의 백제세력의 대두와 관련되여있는 중요한 사변이였다.

무엇보다먼저 세또나이해지역에 가장 이르다고 할수 있는 5세기 중엽경의 횡혈식돌칸무덤이 기비 가야국에 있다는 사실이다. 앞에서 본 쯔꾸리야마(조산)무덤의 6기의 배총가운데서 사까끼야마무덤의 남쪽에 위치한 센조꾸무덤(길이 70m 전방후원)이 바로 그것이다. 그밖에도 기비 가야국에는 기비지방에 횡혈식돌칸무덤이 보급되던 시기의 초기무덤이라고 할수 있는 미와야마(三輪山) 제6호무덤도 있다.

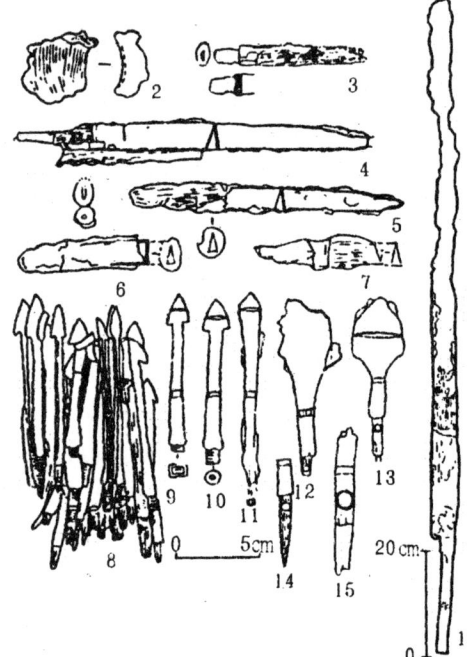

기비 미와야마 제6호무덤에서
드러난 가야계통
활촉과 무기류

센조꾸무덤은 뒤부분의 돌칸시설이 납작한 깬돌로 쌓아진 횡혈식돌칸이다. 그 모양은 우에 올라갈수록 안쪽으로 휘여져서 즉 궁륭식으로 쌓아졌다. 또한 안벽과 평행하여 널바닥이 설치되고 그것을 구분하는 석장에는 직호무늬가 새겨져있다. 이 직호무늬가 새겨진 석장시설과 궁륭식의 횡혈식무덤의 출처를 어떤 일본고고학자는 《규슈부터의 영향》이라고 말하면서 다음과 같이 주장한다. 《이 석장의 석재는 북부규슈의 가라쯔만기슭에서 나오는 사암이라고 생각된다. 그뿐아니라 돌칸을 쌓은 널모양의 돌이 안산암이지만 그것도 역시 북규슈에서 나온 안산암일수 있는 가능성이 매우 강한것이다. 그것들은 북규슈의 같은 류의 돌칸의 석재와 전혀 구별 못하는 돌이였던것이다.

사암이… 북규슈 마쯔우라만의 연안에서 산출하는 석재라고 한다면 여기서부터 현해탄을 넘고 조선에 건너갔다고 하는것이 극히 일반적인 조선에로의 로정이였기때문에 대단히 흥미를 끌게 되는것이다.》[1], 《이 고분은 구조나 장식에 한하지 않고 주된 돌까지 규슈적이고 고분축조의 재료로부터 기술자까지 규슈에서 날라온것으로 보인다.》[2]

[1] 《고대사의 보물고》 아사히신봉사, 1977년, 211~212페지
[2] 《일본의 고대유적》 23 보육사, 1985년, 오까야마편, 124페지 및 《기비고대사의 미지를 푼다》 신인물왕래사, 1981년

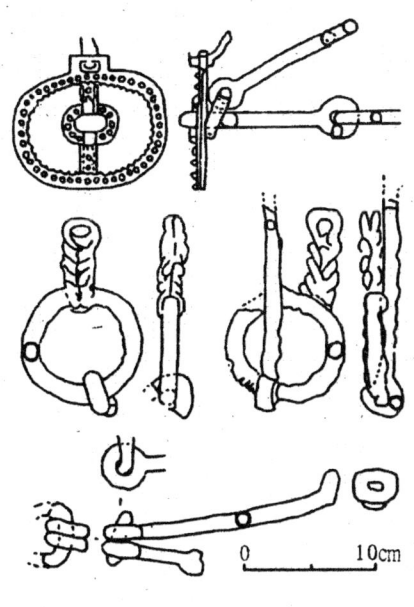

**기비 미와야마무덤에서
드러난 마구류**

상기학자의 주장에 의하면 센조꾸무덤의 구조와 재료는 규슈적이라고 한다. 물론 규슈지방에 기비 센조꾸무덤의 횡혈식돌칸무덤과 비슷한것이 있는것만은 사실이다. 그러나 그것은 어디까지나 조선에 있는것으로부터 가지친 아류에 지나지 않는다. 센조꾸무덤의 궁륭식과 석장구조의 원류를 따지자면 먼저 조선의 서울시 교외에 있는 방이동무덤떼와 가락동무덤떼에서 찾아야 할것이다. 백제계통세력의 일부가 규슈 가라쯔만일대를 거쳐 기비에 들어갔거나 혹은 조선의 서남연안을 따라 남하한 일부 백제계통세력이 일단 북규슈에 정착했다가 다시 옮겨 기비지방에 들어갈수 있는것이다. 어쨌든 센조꾸무덤의 석장재료가 조선(백제)으로부터 규슈에 가는 로정의 길목에 해당하는 가라쯔만연안에서 나는 돌이라는것은 매우 흥미를 끈다.

이처럼 5세기 중엽 센조꾸무덤이 축조된것을 계기로 하여 기비 가야국에는 백제적요소가 많은 무덤들이 나타난다. 물론 5세기 중말엽 센조꾸무덤의 축조는 그것이 횡혈식돌칸무덤의 건설이였다는 측면에서 보면 이웃 무덤방식과는 고립되여있다고 말할수 있다. 돌연히 나타난 이 센조꾸무덤은 실로 중대한것을 시사해준다고 생각한다.

그것은 거기에 묻힌자가 기비 가야국의 최고수장(국왕)으로 인정되는자가 묻힌 큰무덤인 쯔꾸리야마(조산)무덤의 배총적자리를 차지하고있다는것을 보여준다. 다시말하여 쯔꾸리야마의 큰무덤주위에 백제적무덤이 틀고앉았다는 사실자체가 종전의 세력(가야)과 계통을 달리하는 세력(백제)이 가야국의 권력중추에 있었다는것을 말해준다.
그러면 기비지방에 대한 백제세력의 침투는 어떻게 이루어졌는가. 그것은 토착 가야세력과의 마찰, 충돌이 없이 대체로 평화적방법으로 이루어졌다고 생각된다.

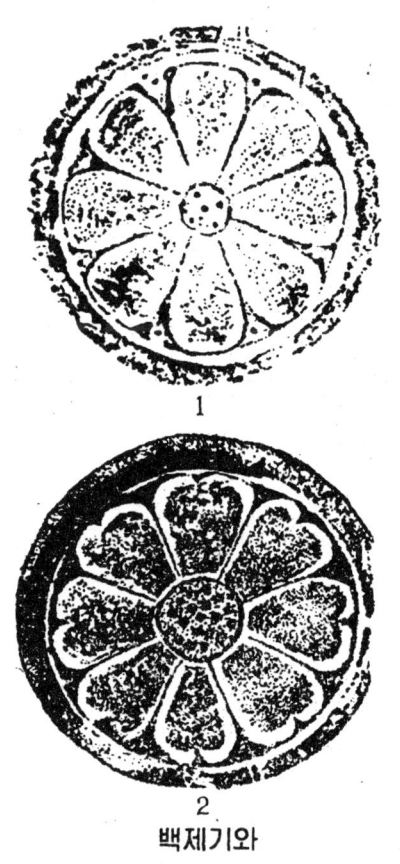

1. 오까야마 소쟈시 하따하라페사터
2. 백제부여 동남리페사터

백제와 가야는 4세기말～5세기초에 백제를 손우로 하는 동맹관계를 맺었다. 이리하여 5세기를 전후한 이후시기부터 그들은 정치, 군사적으로 결탁되여 백제-가야세력을 이루게 되였다. 말하자면 가야(가라)우에 백제가 덮친셈이다. 일본에서 가야적인것에 백제적요소가 짙은것은 바로 그것때문이며 가야, 백제가 자주 혼동, 혼선되는 까닭도 거기에 있다. 기비 가야국도 조선을 축으로 하여 진행되던 이러한 정치관계, 뉴대에서 벗어날수 없었다. 그들은 5세기 후반기에 새로 나타난 백제세력과 곧 결합되였다.

가야와 백세세력의 결합은 기비지방에서 보다 선진적인 백제문화가 보급될수 있는 계기를 마련해놓았다.

5세기 후반기～6세기에 이르는 기간의 기비 가야국에 있는 백제적무덤에 대하여 좀더 보기로 하자.

쯔꾸리야마(조산)무덤의 앞부분에서 길죽한 상자모양의 돌널이 나왔다. 일본의 어떤 고고학자는 이 돌널의 재질을 규슈에서 가져온 규슈적인것이며 형태는 기내의 대왕묘들에 쓰인 《기내형》이라고 강조하고있다. 규슈에서 가져온 돌로서는 료규야마무덤의 남쪽에 있는 고야마무덤의 배모양돌널과 그밖에 몇개의 무덤의것이 있다고 한다.

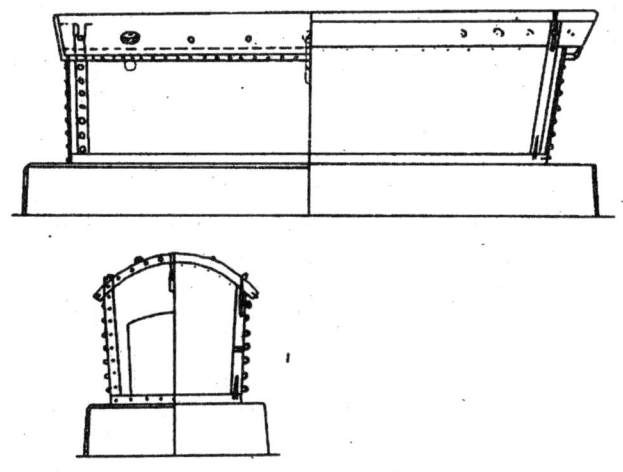

백제왕묘목관(전라북도 익산)

쯔꾸리야마(조산)무덤 앞부분에서 나온 돌널이나 고야마무덤에서 나온 돌널의 재질이 규슈적이라는것은 십분 수긍할만 한 말이다. 하지만 이 돌널의 형태가 《기내형》이라는데 대해서는 수긍하기 힘들다. 이러한 그릇된 규정은 앞뒤의 력사적사실을 뒤죽박죽으로 만들며 정확한 론리적고찰을 방해한다. 왜냐하면 5세기 기비의 가장 큰 전방후원무덤에서 나온 돌널이 《기내형》을 지향한듯이 설명함으로써 마치도 그 시기에 기비지방에 기내 야마또적세력이 뻗쳤던것과 같은 잘못된 인상을 주기때문이다. 이러한 규정을 내리게 된것은 가와찌지방에 집중적으로 분포되여있는 길죽한 상자모양의 돌널의 계보(원산지)를 잘 알지 못한데 기인한다.

길죽한 상자모양의 돌널은 주로 기내가와찌의 대형무덤들에서 나왔다. 례를 들면 다이센무덤의 앞부분, 하까야마무덤 등이 그것이다. 이 길죽한 상자모양의 돌널의 재료는 한결같이 히메지 다쯔야마의 돌을 쓴것이다.

길죽상자모양의 돌널은 기내가와찌에서 독특하게 그리고 내재적요인에 의하여 창안제작된것이 아니다. 형태상 그 시원을 따지면

- 55 -

백제의 나무널(목관)형태를 본딴데 불과하다. 백제땅이였던 익산(전라북도)에서 나온 장방형나무널(목관)은 길죽한 상자모양의 돌널의 원형이라고 말할수 있을것이다.*¹ 다시말하여 백제 나무널을 본따서 만든것이 곧 이른바 《기내형》 길죽상자모양돌널인것이다. 본래 기내가와찌의 길죽상자모양돌널은 여섯장의 판석을 짜서 만든것인데 돌을 가공하면서도 나무로 짠듯 한 인상을 주기 위해 사방에 불툭 나오게끔 혹을 달았다. 말하자면 익산에서 보는 나무널을 돌로 흉내내여 만든것이 길죽상자모양돌널이다. 따라서 기비쯔꾸리야마(조산)무덤의 앞부분에서 이와 같은 돌널이 나왔다고 하여 조금도 이상할것이 없다. 만일 돌널재료는 규슈에서 가져왔으나 그 모양이 《기내세력의 상징》이라고 규정한다면 기비에서 나온 이 돌널의 비밀은 영원히 풀지 못하고말것이며 언제 가도 모호하게 《이것이 세또나이해의 가운데에 있으면서 강대한 힘을 발휘한 왕자의 성격을 보여주고있다고 말할수 있지 않은가.》*² 하는 물에 맹물탄것 같은 소리밖에는 나올것이 없을것이다.

*¹ 《조선고대의 묘제》 좌우보간행회, 1947년 제20, 백제의 고분 《전라북도 익산대왕묘발견의 목판실측도》

*² 《일본의 고대유적》 23 오까야마현 보육사, 1985년, 122페지

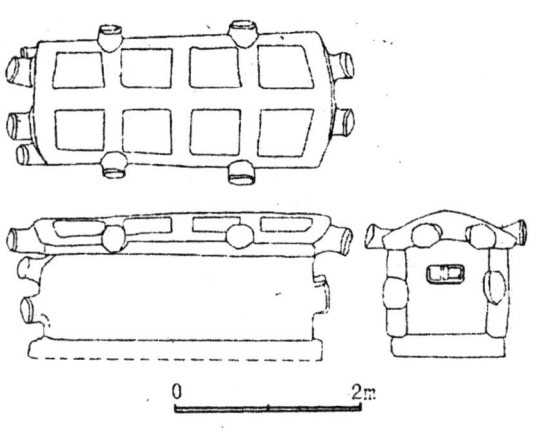

백제목관의 변형(돌관)
(나라현 무로노오하까의 길죽상자모양돌관)

쯔꾸리야마(조산)무덤 앞부분에서 나왔다고 하여 규슈(백제)적인 돌널과 센조꾸무덤은 일치하며 5세기 후반기의것으로 추측된다. 그렇게 말할수 있는 근거는 규슈제의 이 돌이 센조꾸무덤의 출현을 계기로 거기에 나타났다는 사실과 그리고 쯔꾸리야마(조산)무덤의 축조시기가 퍽 지난 다음에야 그 돌널이 그 앞부분에 나타난다는 사실이다.

쯔꾸리야마(조산)무덤의 축조는 5세기 전반기 늦어도 5세기 중엽경이다. 전방후원무덤의 기본 매장시설은 후원부에 있다. 전방부에 묻힐 관은 대체로 무덤축조보다 좀 뒤지는것이 일반적이다. 이러한 여러 측면을 고려할 때 쯔꾸리야마(조산)무덤에서 나왔다고 하는 돌널은 센조꾸무덤과 그 건조시기가 거의 일치하는 5세기 후반기로 생각되는것이다.

요컨대 5세기 후반기경에 들어와서 백제세력은 기비 가야국일대에 진출하여 가야세력과 련합하였다. 련합한 두 세력은 기비에서 가장 큰 가야적인 무덤인 쯔꾸리야마무덤의 신성시된 전방부에 백제적돌널을 묻었으며 또 그 무덤의 배총적위치에 자리잡았던것이다.

이밖에도 기비지방에는 백제적무덤들이 많다. 5세기 후반기부터 6세기까지는 거의나 다 백제적무덤과 껴묻거리라고 하여도 지나친 말이 아닐것이다.

그런 실례로 집모양돌널을 들수 있다. 5세기 후반기～6세기이후 기비에서는 각종 집모양돌널이 보급[*1]되기 시작하는데 이것은 백제 공주지방에서 제작된 시목동(柿木洞)의 합장형천정무덤[*2]을 시원으로 하고있다.

    [*1] 집모양돌널로 이름난것은 에자끼(江崎)무덤, 구라시끼시 오보산(王墓山)무덤 등에서 나온 돌널이 있다.
    [*2] 《백제의 고고학》유잔가꾸, 1972년, 93～95페지, 103페지 그림 참고

백제에 시원을 둔 집모양돌널을 안치한 대표적무덤(횡혈식돌칸)인 고오모리즈까무덤을 보면 다음과 같다.

소쟈시남부지역에 있는 미스무덤떼의 가운데쯤에 위치한 이 무

덤은 구릉을 잘 리용한 전방후원무덤이다. 두 쯔꾸리야마무덤사이에 위치하고있다. 길이는 100m정도인데 후원부에 길이 약 19m에 이르는 횡혈식석실(돌칸)이 있다. 돌칸을 구성한 판돌은 한개가 몇t씩 될 정도의 큰돌이다. 이 거석으로 현실(무덤칸)과 연도(무덤길)의 곁벽을 3단으로 쌓았다. 그러면서도 웃단에는 비교적 작은 돌을 썼다. 그리고 이 무덤칸안에 집모양돌널이 안장되여있다.

고오모리즈까무덤은 횡혈식무덤칸의 크기에 있어서 일본에서 5번째의 순위를 차지한다고 할 정도로 큰 무덤이다.

표에서 보는바와 같이 고오모리즈까무덤은 횡혈식무덤칸의 크기에 있어서 전 일본적으로 5번째의 순위를 차지하는 횡혈식무덤이다. 그 크기는 거석로출로 유명한 나라현 이시부따이무덤과 맞먹는다. 고모리즈까무덤의 무덤칸은 큰돌을 잘 맞물려쌓았다. 당시로서는 상당히 높은 축조수준에 올랐던 이러한 선진적인 돌쌓기기술은 그곳 원주민들이 소유하지 못한 조선이주민집단의것이였다고 말할수 있다. 이러한 기술은 다음에 보게 될《기노죠》조선식산성구축에 잘 활용되여있다. 돌쌓기법으로 보건대 고모리즈까무덤은 무덤칸에 안장된 집모양돌널과 더불어 엄연히 백제계통의것이라고 말할 수 있을것이다.

일본의 큰 횡혈식돌칸무덤일람표 (단위: m)*

순위	무덤명	무덤형태	묘광의 길이	현실(무덤칸) 길이	현실의 폭	현실의 높이
1	야마또 미세마루야마 무덤	전방후원형	25.5	7.3	6.3	
2	찌꾸젠 미야지다께 무덤	원형	21.8			
3	야마또 이시부따이 무덤	방형	19.1	7.6	3.5	4.7
3	빗쮸 야다 오즈까 무덤	전방후원형	19.1	8.4	3.0	3.8
5	빗쮸 고오모리즈까 무덤	전방후원형	18.6(+)	8.1	3.4	3.0(+)

표계속

순위	무덤명	무덤형태	묘광의 길이	현실(무덤칸)길이	현실의 폭	현실의 높이
6	비젠 모사 오즈까무덤	원형	18.0	6.0	2.8	3.2
7	야마또 기쯔네즈까무덤		17.3	9.0	2.8	3.2
7	이세 아마노이와도무덤	원형	17.3	9.6	3.3	4.2
7	가히 우바즈까무덤	원형	17.3	9.4		
10	야마시로 헤비즈까무덤	전방후원형	17.0	6.1	3.6	5.6

* 《기비정권의 성격》,《일본고고학의 제 문제》일본고고학회, 1964년, 168페지

　무덤형식뿐아니라 6세기에는 유물에서도 백제적인 물건들이 많이 나오기 시작한다. 즉 쯔꾸보군 야마데촌 슈꾸 데라야마(山手村宿寺山)에서 나온 장식달린 다리붙은 단지(裝飾脚付壺, 스에끼), 오까야마시 아시모리정 시모아시모리에서 나온 새끼달린 높은 굽(子持高杯), 소쟈시 호렌(法連)지구에서 나온 장식스에끼, 오다군 야마구찌촌에서 나온 장식달린 단지 등 조선(백제)적유물을 들면 끝이 없다. 이와 같은 장식달린 단지들은 거의나 다 횡혈식무덤칸에서 나온것으로서 제작방법과 형식의 원형은 백제에 있으며 같은 류형의것을 백제에서 찾을수가 있다.

　앞에서 본 백제적지명인 《아찌》를 백제세력의 그 지역에로의 진출에 의한 산물로도 볼수 있으며 기비 가야국에 아야사람이 많은 것도 거기에 기인할것이다.

　고모리즈까무덤의 축조를 마감으로 하여 기비 가야국의 중심부에는 볼만 한 무덤이 없어지며 질과 량에서 쇠퇴의 길을 걷게 된다. 그것은 곧 기비 가야국의 쇠퇴를 의미하였다.

　이상에서 기비 가야국일대의 무덤을 살펴보았다. 무덤의 양상을 통하여 알수 있는것은 첫째로, 3세기 말경의 다떼쯔끼유적으로부터 시작하여 두 쯔꾸리야마무덤에 이르는 고분문화시기 전반기의

무덤은 조선의 가야적색채가 매우 강한 무덤이라는것 둘째로, 5세기 후반기경부터 새로운 백제적요소가 무덤들에서 나타나 가야적무덤형식에 첨가된다는것 셋째로, 6세기에 이르러 기비 가야국에는 가야적요소보다 백제적기술에 의한 무덤축조가 지배적인것으로 되며 또한 유물들도 백제적성격을 띤다는것 넷째로, 무덤형식에서의 변화는 곧 무덤을 만든 사람(집단)의 변화이며 그것은 기비 가야국이 새로 진출한 백제계통세력과 련합한 결과 산생된 현상이라는것 등으로 요약할수 있다.

3. 조선식산성을 통하여 본 가야소국

조선의 옛 가야국의 무덤떼 뒤산에는 산성이 있다. 무덤의 집중분포지는 하나의 정치권력의 중심지대이며 산성시설은 그 정치권력이 외부의 폭력적침습과 파괴로부터 자기 집단을 지키기 위하여 마련한것이다.*

* 큰 무덤떼와 산성이 평야지대인 농업생산지대의 중심에 자리잡고있는데 그 모양이 소왕국의 성립과 존재를 의미한다는것은 바로 고령, 성주, 함안 등지에 각각 소국이 있었다는 사실을 말하여준다. 즉 고령에는 대가야, 성주에는 벽진가야(성산가야), 함안에는 아나가야가 있었다.(《신증동국여지승람》권32 김해 산천)

기비 오까야마현남부일대에 정착한 가야사람들은 자기들이 사는 지대의 배후에 외부로부터의 침습에서 나라(소국)를 보호하고 적을 효과적으로 타격하기 위하여 성새방어시설인 산성을 구축하였다.

우리 학계는 이미 오래전에 일본땅에 있는 이 산성유적이야말로 조선계통이주민들이 형성한 소국의 상징이라는 견해를 내놓았다.* 이 주장은 오늘 일본에서의 고고학적발굴과 정리에 의하여 더욱더 실증되고있다.

* 《력사과학》주체52(1963)년 1호, 18페지

산성의 개략적형편과 《우라》전설

산성은 기비 오까야마현 소쟈시 오꾸사까 니이야마(奧坂 新山)에 있는 기노죠산(鬼之城山, 표고 396.6m)에 있다. 기노죠의 기는 성이란 뜻인 끼(城)에서 나온 말일것이다. 즉 성이란 말이 중복되여 있는것이다. 기비고원의 일각을 차지하는 그 산에 길이 약 2.8km의 성벽을 두른 조선식산성이다.

산성은 두개의 봉우리를 에워싸고 흙담과 돌담으로 성벽을 쌓은 조선식산성축조수법을 그대로 따르고있다. 기노죠산성은 1945년 일제패망전에 이미 알려져있었으나 1970년대에 와서야 비로소 주목을 끌게 되였으며 일본고고학자들의 답사에 의하여 이것이 조선식산성이라는것이 확인되였다.[1] 그 이후 1970년대말에 본격적인 발굴조사가 진행되였다. 발굴보고서[2]와 그밖의 자료에 기초하여 기노죠산성의 대략적륜곽을 중점적으로 보기로 한다.

[1] 《고고학져날》 117호 1976년
[2] 《기노죠》 산요방송, 1980년

《화명초》에 의하면 산성자리는 빗쮸국 가야군 아소향(賀陽郡阿曾鄕)에 속한다.

산성은 사방이 험준한 낭떠러지로 된 자연지세를 잘 리용하여 구축하였다. 주변은 이르는 곳마다에 큰 바위돌이 울퉁불퉁 삐여져 나온 천험의 요해지이다. 이렇게 산성벽밖은 거의나 다 가파로운 절벽이지만 반면에 산성안은 기복이 비교적 완만한 준평원면을 형성한다. 성벽은 산의 급경사면으로부터 준평원으로 옮겨가는 경사전환점에 재치있게 흙담과 돌담을 둘러쳐 축조하였다. 산성내의 면적은 약 30km²이다. 현재 확인된 수문은 5개, 성문은 3개이다.

성곽은 현재 비교적 온전하게 남아있다. 구조는 기본적으로 일정한 너비의 성벽밑부분의 안쪽과 바깥쪽을 돌로 쌓아올린 량면축조법이다. 성돌은 대체로 80×50cm정도의 크기의 화강석이다. 바깥쪽돌담은 비교적 높지만 안쪽돌담은 대충 쌓은 흔적이 짙다. 돌담우에는 잘 다진 흙담을 얹고 흙담과 돌담을 쌓아 성벽을 형성하였다. 밑부분의 너비는 7m, 성벽높이는 6～7m이며 하반부의 바깥쪽 돌담은 높이 3～6m정도이다. 뒤면의 흙담이 약할 때는 바깥쪽밑부분에 렬석을 쌓은 경우가 드문히 있다. 높은 돌담을 쌓을 경우에는 될수록 긴 돌을 쓰며 그 웃끝을 평탄하게 맞추어 바깥표면을 거의 수직으로 짜는 방법과 네모난 돌을 성벽안쪽으로 기울사하게 쌓는 방법이 적용되였다. 그밖에도 긴 돌을 쌓아올린 개소도 있어 돌쌓기법은 일정하지 않다. 이것은 성벽이 여러번에 걸쳐 끊임없이 수축, 보강되였다는것을 말해준다.

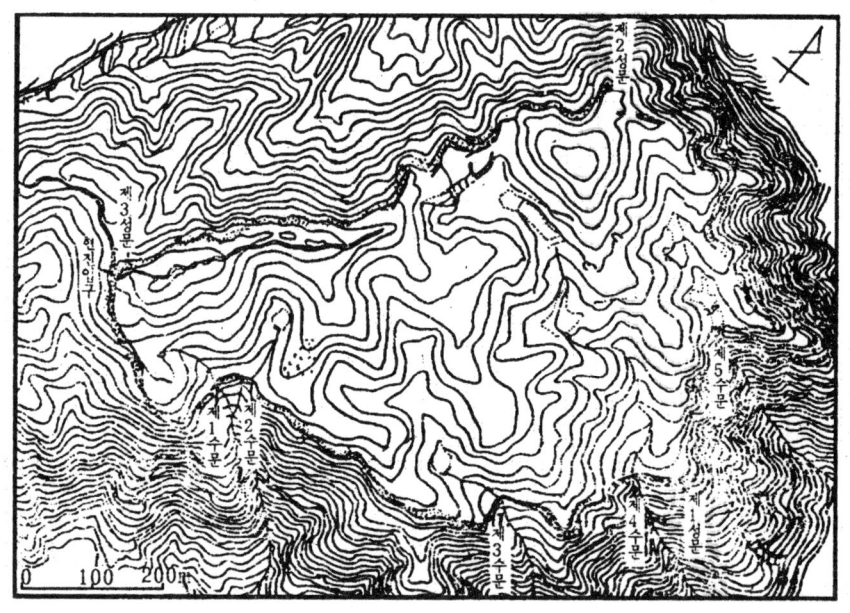

기뇨죠산성 평면도

성벽은 여러곳에서 《꺾음》(折)을 가지면서 차례대로 성벽구간을 결속짓고있다. 말하자면 지형지세에 따라 성벽이 길고짧은 한개 구간에는 직선으로 뻗으면서 그 구간을 지나서야 꺾어들어가는것이다. 이렇게 성벽이 한개 구간을 마디로 하여 마디에서는 원칙적으로 직선으로 뻗으며 전체적으로는 여러 마디로 꺾이여 곡선을 이루는것이 기노죠산성벽의 특징이다. 그렇게 함으로써 성벽은 힘을 덜 받으며 공고하게 되였다. 그와 같은 《꺾음》은 현재 118개소를 헤아리며 무너진 부분과 확인되지 못한 부분을 합하면 상당히 많은 《꺾음》이 있었다고 한다. 이 특징은 라이산산성과 비슷하다.

웅장한 돌담은 거치른 화강암을 10여돌기씩이나 쌓아올려 형성하였다. 높이는 낮은 곳이 5～6m이며 최고 6.9m에 이르는 곳도 있다. 그 치수는 수문돌담높이의 거의 2배에 맞먹는다.

5개소에 구축된 수문은 성벽이 계곡을 지나가는 개소에 아주 견고하게 쌓아졌다. 특히 제2수문은 보존상태가 아주 좋다. 그 수문은 화강암의 암반을 깎아내고 자리를 잡은데다가 그우에 1.5×0.6m 크기의 긴 돌과 네모난 돌을 110여개나 써서 길이 16m, 높이 1.7～3.1m정도의 큰 돌담을 쌓아올렸다. 석재로는 모두 화강암을 썼고 키를 맞추면서 수직으로 가지런히 쌓아올렸다. 그러면서도 아래단을 강화하면서 견고하게 하였는가 하면 큰돌들의 짬사이에 주먹크기만 한 작은 돌들을 곳곳에 끼움으로써 한층더 든든하게 하였다. 큰돌을 맞물리면서 짜는 한편 돌들사이에 주먹크기만 한 돌들을 끼워 돌담을 강화하는것은 앞서 본 고모라즈까무덤에서와 같은 돌쌓기기술이다.

한편 돌담은 그우에 3m 높이로 백색토, 적황색토 및 목탄을 섞은 흙 등을 한층씩 올려쌓았다. 그리하여 수문돌담의 통수문은 바깥쪽돌담의 웃단에서 흙담으로 뒤덮인다. 통수문의 위치는 높으며 그 모양은 마치도 돌상자관을 방불케 한다.

기노죠산성의 수문자리는 기본적으로 방어정면(남향)을 향해있으며 따라서 방어정면은 흙담이 기본인 뒤면(북향)에 비하여 훨씬 견고하다.

수문에서 시내물골짜기에 들어서기만 하면 반드시 1～3개의 저수지가 있다. 현재 8개의 저수지가 확인되였다. 저수지는 성벽처럼 흙다짐방법으로 만들어졌는데 시내물의 하류만을 막은 제방뚝형식이 기본이다. 저수지의 곁면적은 평균 500㎡로서 가령 물깊이가 1m로 친다 해도 8개의 저수지물을 합치면 4 000t이 넘는다. 그것은 항시적으로 물원천을 확보할수 있게 산성이 구축되여있음을 보여주는것이다. 그리고 그것은 산성안에 많은 인원(군사 및 주민)을 수용할수 있게 준비되여있었다는것을 말해준다.

산성은 눈아래에 소쟈분지를 굽어보며 멀리에 아나우미로 불리운 세또나이해와 그리고 바다너머 시고꾸의 련봉을 바라다보는 경치좋은 위치에 자리잡고있다. 즉 기노죠산성은 기비 가야국의 중심부인 옛 하또리향과 아시모리향의 중심에 틀고앉았다. 산성아래에는 쯔꾸리야마(조산)무덤과 쯔꾸리야마(작산)무덤이 있으며 그가운데에 이미 본 가야국의 왕궁이 있었다고 보는 가나이도(빗쮸국부자리)가 있으며*¹ 또한 가야씨의 원찰인 가야 문만사가 있다.*² 요컨대 기노죠산성은 가야국 가야씨의 본관지, 다시말하여 가야국의 정치적중심부의 배후에 분지와 주민집단(고분떼)을 옹위하듯 자리잡고있는것이다.*³ 이와 같은 사실들은 의심할바없이 그 산성의 축조자가 다름아닌 조선(가야)의 주민집단이였다는것을 웅변으로 보여준다. 이것을 증명해주는것이 그 산성에 전해오는 《우라》(溫羅)전설이다.

*¹ 산성은 다까하시강, 아시모리강하류일대에 펼쳐진 충적평야를 내려다본다. 기뇨죠산성은 쯔꾸리야마(작산)무덤 바로 뒤에 있으며 가야사부터는 북쪽으로 약 2km 지점에 있다.

*² 가야사는 7당의 가람으로서 나라 법륭사와 맞먹는 크기의 절이다. 발굴조사에 의하면 거기서 나온 기와무늬가 백제 부여군수리터에서 나온 기와무늬와 신통히도 같다는 사실이 드러났다. (《마이니찌신붕》 오까야마, 1978년 7월 22일) 그밖에도 백제계통 기와가 나온 절간으로서는 기비에서 가장 오랜 절이라고 하는 소쟈시 하다(秦)의 하다하라(秦原)절터 등이 있다. 이렇게 가야국에 백제계통문화의 일단이 드러난것은 앞에서 본바와 같이 가야문화 우에 백제문화가 겹쳐졌기때문이다.

*³ 앞서 산성내용을 개괄할 때에도 보았지만 기뇨죠산성의 기본 방위방향은 남쪽 즉 분지(평야)쪽이다. 분지는 무덤떼로 대표되는 주민생활단위가 포괄된 지대이다.

《우라》전설은 기비 나까야마에 있는 기비쯔신사의 연기(불교사원이나 신사, 신궁의 유래를 적은 글)에 기록되여있는 이야기이다.

그 전설은 여러 종류의 《연기》에 실려있는데 내용을 종합하여 소개하면 대략 다음과 같다.

    숭신천황(통치년간 B.C. 97년 – B.C. 30년)시기경에 다른 나라의 귀신이 기비의 땅에 날아왔다. 그는 백제의 왕자로서 이름을 《우라》라고 하였으며 기비의 관자(冠者, 기비국의 우두머리라는 뜻)라고도 불렀다. 그의 두눈은 호랑이나 이리처럼 번쩍거리고 길게 늘어진 머리칼은 빨갛게 타는듯 하였다. 키는 1장 4척이나 되며 힘내기로는 당할자가 없었다. 성격은 포악무도하고 흉악하기 이룰데 없었다. 그는 기비 이마끼산(니이야마)에 자기가 쓰고살 성새를 갖추었다. 그런데 그는 이따금씩 서쪽에서 수도에 보내오는 공물이나 미녀를 강탈하기때문에 백성들은 두려워 떨며 그가 있는 성을 기노죠(귀신의 성이란 뜻)라고 부르며 수도에 가서 그 폭행형편을 하소연하였다. 조정에서는 이를 대단히 우려하여 장수를 보내여 치게 하였다. 《우라》는 변화무쌍하여 조정의 군사들은 매번 헛탕을 치고 패하여 수도에 되돌아갈수밖에 없었다. 그래서 이번에는 무술과 지혜와 용맹이 겸비된 천황의 아들인 《이사세리히꼬노 미꼬도》가 파견되였다. 미꼬도는 대군을 거느리고 기비국에 가서 우선 기비 나까야마(현재 이 산의 남서기슭에 기비쯔신사가 있다.)에 진지를 구축하고 서쪽의 가다오까야마에 돌방패를 세워 공방전준비를 하였다.(현재 구라시끼시 야다베 니시야마의 무덤유적인 다데쯔끼신사는 그 유적이라고 한다.) 이렇게 하여 치렬한 싸움이 붙었다. 기비쯔히꼬가 막상 싸우자니 《우라》는 변화무쌍한 귀신인지라 싸울 때마다 공격이 뢰성벽력같아 미꼬도도 쩔쩔맸다. 더우기 이상한것은 미꼬도가 아무리 활을 쏘아도 화살이 귀신이 쏜 화살과 공중에서 부딪치거나 성벽바위에 맞아 헛탕만 켜는것이였다. 그러자 미꼬도는 천근무게의 강궁을 가지고 화살 두대를 먹여 쏘았다. 뜻밖에 동시에 날아오는 두대의 화살에 《우라》도 어찌할바를 몰랐다. 그리하여 한살은 바위에 또 한살은 《우라》의 왼쪽눈에 명중하였다. 눈에서 흐르는 피줄기는 물처럼 흘러 지스이강(血吸川, 피가 흐르는 강이란 뜻, 오늘까지 소쟈시 아소로부터 시작되여 아시모리강에 흘러든다.)이 되였다. 《우라》는 기가 꺾이여 꿩으로 변해서 산속에 숨자 기민한 미꾜도는 곧 매가 되여 그것을 뒤쫓았다. 그러자 《우라》는 잉어가 되여 지스이강에 들어가 행적을 감추었다. 이어 미꾜도는 물고기를 잘 쪼아먹는 물새가 되여 잉어를 물어올렸다. 이렇게 되자 방책이 궁해진 《우라》는 드디여 항복하여 자기의 고귀한 칭호 《기비의 판자》를 미꾜도에게 바쳤다. 이로부터 미꾜도는 이사세리히꼬란 이름을 고쳐 《기비쯔히꼬노 미꾜도》라고 칭하게 되였다. 미꾜도는 《우라》의 목을 따서 그 목을 현재 오까야마시 고베(首, 일본말로 목이란 뜻)촌이라는 곳에 내걸게 하였다.

《우라》전설도 다른 신화전설처럼 적지 않게 윤색, 와전되였겠지만 일정한 력사적사실을 반영했을것으로 생각된다. 전설내용은 리규보의 《동명왕시편》에 반영되여있는것과 매우 류사하다.

《우라》전설에서 기본핵은 《우라》이다. 큰 세력을 가진 《우라》가 기비땅에 정착하여 자기의 성새(산성)를 구축하고 살았다는것이 설화의 알맹이다. 뒤부분의 기비쯔히꼬노 미꾜도이야기는 후세에 첨가된것이라고 본다. 왜냐하면 《기비쯔히꼬노 미꾜도》라는것은 실재한 인물도 아니며 도대체 기비란 이름자체가 7세기이전에는 없었기때문이다.

《우라》의 출신에 대해서는 백제, 신라, 천축(인도) 등으로* 해당 문헌들에 여러가지로 전해오지만 거기서 공통되는것은 그가 조선에서 간 걸출한 인물이라는데 있다. 말하자면 《우라》라는 조선에서 건너간 집단이 기노죠산에 본국에서와 마찬가지의 산성을 구축했다는데 있다. 거대한 산성유적이 현실적으로 그것을 실증해준다. 그리고 이것은 앞에서 본 가야-백제적인 여러 유적들과도 맞아떨어진다.

* 《기비쯔궁수조권화장》에는 기노죠의 주인을 《귀신》,《적》,《판자》,《이국왕이 파견한 인물》 등으로 기록하고있다. 또한 《기노죠연기사》에는 천축에서 날아왔다고 하며 다뗴쯔끼신사의 연기에는 《백제에서 우라가 건너오다.》로 되여있다. 그리고 《빗쮸지》가 인용한 《기비쯔판략연기》에는 《백제의 황자(皇子)인 우라》 또는

《백제의 왕 우라》로 되여있다고 한다.(《오까야마와 조선》일본문교출판주식회사, 1984년)《기비군지》상권에 전하는 기비쯔신사 사전에는 구다라(백제)로부터 우라라는 강적이 가서 그 일대에 할거한것으로 되여있다.

《삼국사기》,《삼국유사》등 조선의 옛 력사책에 나타나지 않은 이《우라》라는 왕이름이 가야 또는 백제계통의 한 집단의 우두머리 또는 거기서 갈라져나온 집단의 우두머리였을지도 모른다.

기비쯔신사에 전하는《연기》의 내용들은 신빙성이 높다. 따라서 기노죠산성의 주인인《우라》는 실재한 인물일수 있다.《우라》에 대하여 좀더 캐보자.

우선 기비쯔히꼬에게 효수를 당하였다는《우라》가 원쑤나 적이 아니라 기비쯔신사의 제사신으로, 신주로 받들린 인물이라는 점이다.

기비쯔신사의 정전(정궁)내부의 외진(外陣)에는 네 모서리마다에 각기 방향을 받은 신주가 있는데 그중 한 모서리에《우라》를 제사신으로 모셨다. 때문에《우라》를 일명《우시도라(동북방향)온자끼》라고도 부르는것이다.

《우라》는 기비쯔신사의 정전에서만 제사신으로 받들린것이 아니라 하쯔도꾸(波津登玖)신사를 비롯하여 여러 군데의 사당들에서도 제사신으로 받들리고있다. 최근의 조사에 의하면《우라》에 관계되는 신사가 기비쯔신사의 주변에만도 13개나 된다는것이 판명되였다.* 거기에는《우라》를 제사지내는 사당뿐아니라 지어《우라》의 아들이나 동생을 제사지내는 사당 그리고 그 신하를 제사지내는 사당까지 있는것이 확인되였다고 한다. 앞에서 본 기비쯔신사, 하쯔도꾸신사에도《우라》는 미꼬도(命)로 불리우고있다. 미꼬도란 말은 중세 일본에서 신 또는 천황과 친척관계에 있는 인물 등에 한해서 쓰인다.《우라》는 바로 그러한 높은《급》의 제사신으로 되여있는것이다.

*《기노죠》1980년, 109페지. 우라를 제사신으로 받든 신사로서 대표적인것은 히사시야마(日差山)신사, 신구(新宮)신사, 고이가미

(鯉嚙)신사, 니이야마(二伊山)신사, 히하다궁(日畑宮) 등이 있다.

우시도라온자끼(우라)에 대한 신앙은 오래전부터 기비땅에 널리 퍼졌다. 오랜 구전집인 《량진비초》(梁塵秘抄 20권, 12세기)에도 《우시도라온자끼는 무섭구나》라고 하는 가사가 적혀있어 적어도 헤이안시대(8세기말－12세기말) 후기에는 성령의 령위신(靈威神)으로 그 신앙이 토착화되여 널리 류포되여있었음을 알수 있다.

《우라》는 순전히 가공한 인물로는 볼수 없게 한다. 《우라》의 목을 땄다는 인물을 제사지내는 기비쯔신사에 그도 제사신으로 모셔져있다는것 또 기비지방에 《우라》를 오래동안 제사지내는 신사들이 적지 않다는것은 《우라》가 옛 가야국의 권세높은 왕자의 한사람이였을것이라고 생각하게 한다. 그는 두 쯔꾸리야마무덤에 묻힌자들가운데 한사람일수도 있고 센조꾸무덤 또는 기비 가야국의 마지막 위세를 돋군 고모리즈까무덤의 주인공일수도 있을것이다. 아무튼 기비 가야국의 세력있는 인물이였을것으로 짐작이 간다.

다음으로 기비쯔신사와 《우라》와의 관계에 대한 문제이다. 앞에서 본것처럼 기비쯔신사는 곧 가야쯔신사였다. 신사의 신판 역시 자자손손 가야씨였다.* 《우라》의 전설을 전하는 《연기》는 기비쯔신사의 유래이자 곧 신판 가야씨의 조상의 유래였다. 그렇다면 기노죠산성을 축조하고 거기에 자리잡았던 《우라》의 이야기는 가야씨의 조상설화가 아니겠는가. 가야씨의 조상이야기때문에 그것이 신사 《연기》의 기본적인 중요한 이야기거리로 전해온것이라고 생각된다. 바로 《우라》가 가야국 가야씨의 조상이기때문에 기비쯔신사의 정전(정궁)에 제사신으로 모셔졌으며 기비쯔신사를 중심으로 한 지역일대에 예로부터 《우라》숭배의 신앙이 토착화되여 전해내려왔을것이다. 말하자면 기비쯔신사는 가야쯔신사이며 가야국 가야씨의 조상을 제사지내는 사당이였다고 결론지을수 있는것이다.

* 기비쯔신사의 신판 가야씨는 고대이후 력대로 흥성하다가 18세기경부터 몰락하였다. 이때로부터 신판의 자리를 지키지 못하여 그후에는 후이지(藤井)씨가 신판을 해온다.

기비쯔신사가 기비쯔히꼬라는 정체모호한 귀신을 제사지내게 된데에는 7세기이후 기내 야마또정권과 맺어진 기비 가야세력내부의 복잡한 사정이 크게 작용한것 같다.

　　기비쯔신사가 처음으로 기록에 나오는것은 《속일본후기》(승화 14년 11월 갑인조)이다. 이때의 기록을 보면 아무런 위계도 없던 기비쯔궁(신사)에 갑자기 종 4위하의 신계를 주고있다. 그후 기비쯔신사는 4품, 3품, 2품을 거쳐 1품신사로 승격해간다. 이렇게 격이 올라가게 된것은 기비쯔신사의 주된 제사신인 기비쯔히꼬의 덕택이며 그의 체면을 보고 격(신위)이 올랐다고 말할수 있다. 하지만 루루이 말하듯이 기비 가야국의 전성시기(두 쯔꾸리야마무덤이 축조되던 시기)에 기비란 이름은 없었다. 그뿐아니라 기비라는 지명이 나온 다음에도 기비노오미(吉備臣)의 시조는 기비쯔히꼬의 배다른 동생인 와까다께히꼬로 되여있다. 그리고 가미쯔미찌노 오미의 조상으로서의 기비쯔히꼬의 이름이 나올 단계에 와서마저도 《히꼬 이사세리》의 이름을 주된것으로 하고 일명으로 기비쯔히꼬를 칭하는데 지나지 않는다. 말하자면 기비쯔신사의 이른바 조상신이라고 하는 기비쯔히꼬는 8세기, 지어는 9세기에 조작, 삽입된 인물에 지나지 않은것이다. 그것을 조작한 장본인은 기비 가야세력에 대한 야마또정권의 정치적지배와 통제를 약화, 절충하고 자기 세력을 보존, 유지하려는 기비 가야씨자신이였다.

　　이러한 관계는 《연기》에도 반영되였다고 생각한다. 《연기》에는 조선에서 날아가 기비 가야국의 중추에 틀고앉은 《우라》를 내쫓고 그를 대신하여 기비 쯔히꼬는 윤색이 심한 《연기》에 있어서도 처음부터 기비 가야국의 주인으로는 되지 못한 외부의 인물이였다. 그것을 반영하듯 신사안에서도 이전의 주인인 《우라》를 정전에서 밀어내지 못하고있는것이다. 만약 그가 《연기》에서 말하는 기비쯔신사의 주된 제사신인 기비쯔히꼬의 극악한 원쑤이고 목을 효수당한 적이라면 어떻게 기비쯔신사에 그것도 미꼬도의 칭호까지 지니고 정전에 모셔질수 있었겠는가.

　　제반 사실들은 《우라》야말로 기비 가야국의 강유력한 세력을 대변한 사람이였으며 그것은 기노죠산성과 깊은 인연을 가진 인물이였음을 보여준다고 말할수 있다.

　　마지막으로 흥미를 끄는것은 《기노죠연기사》에서 기노죠산성의 주인인 《우라》가 사랑한 녀자가 아소(산성의 근처, 가야군 아소향)의 아라메(安良女)라는것*과 《우라》와 기비쯔히꼬가 싸운 장소들이 기비 가야국의 중요한 정치중심지라는것이다.

　　　　*　우라의 처는 아소메라고도 하는데 그것은 아소의 녀자란 뜻이다.

　　아라메는 아라의 녀자란 뜻으로서 바로 후에 《우라》의 처가 된다. 가야의 정치적중심지는 아소지구였다. 《연기》에 전해오는 사실을 그냥그대로 따를수 없으나 산성의 주인이며 백제에서 갔다는 《우라》가 가야(아라)의 녀자를 사랑하고 그를 처로 삼았다는 내용은 그 일대가 옛 가야국이였으며 후에 백제세력이 덮친 사실들과 결부시켜볼 때 무시 못할 사실을 전해준것이라고 생각하게 한다. 그리고 《우라》와 기비쯔히꼬와 싸운 장소들 즉 기노죠, 아소, 다떼쯔끼, 기비 나까야마 등이 다 기비 가야국의 정치적중심지이며 특별히 의의깊은 유적지라는 사실이다. 기비 나까야마에는 챠우스야마무덤과 같은 큰 규모의 무덤이 있으며 또 해안가에 면한 해상교통의 요지이다. 그리고 다떼쯔끼유적 역시 가야계통의 무덤이며 옛 다까하시강이 흘러든 그 위치는 아시모리강을 통하여 쯔꾸리야마(조산)무덤과 지맥이 통한다. 말하자면 《우라》전설은 고대 기비 가야국의 조상래력을 전하는 이야기였다고 볼수 있다.

산성의 축조시기

　　기노죠산성축조시기는 그곳에 국가가 형성되고 큰 규모의 산성을 축조할수 있을 정도로 강화된 때였을것이다. 다시말하여 두 쯔꾸리야마무덤과 같은 큰 무덤을 축조하는데 막대한 로동력을 동원할수 있는 전제권력이 출현했던 시기인 5세기경으로 볼수 있을것이다. 일본고고학자들은 쯔꾸리야마(조산)무덤의 축조를 5세기 전반기로 잡고 그 무덤에 묻힌자를 전체 기비지방 련합왕국의 수장인 국왕으로 보고있다. 그렇다면 전체 기비지방은 몰라도 빗쮸국일대만이라도 장악한 가야국의 국왕이 그의 방어시설로 조선식산성인 기노죠를 축조하였다고 보는것이 여러모로 보아 합리적이고 자연스러울것이다.

서부일본 여러곳에 있는 큰 규모의 조선식산성은 이와 같이 조선계통소국의 방어시설이였던것이 틀림없다. 그럼에도 불구하고 일본학자들은 그것이 조선식산성이라는것을 어떻게 하나 묵살해보려고 애써오다가 산성이 틀림없다고 인정되자 이번에는 또 그 축조시기를 6세기 중엽이후로, 다시말하여 야마또정권의 서부일본통합시기와 일치시키면서 서부일본의 수십개 조선식산성을 모두 6세기이후로 끌어내리고말았다.* 일본학자들은 기비 가야국에 있는 이 기노죠산성마저도 특별한 근거도 없이 무작정 6세기 중엽이후의 축성으로 단정하였다.

> * 일본학자가운데는 조선식산성축조를 6세기 후반기이전으로 보는 사람도 더러 있다. 그러나 그런 사람은 매우 적고 그러한 견해는 일본학계에서 지지를 받지 못하고있다. 그렇게 된것은 《황국사판》의 독소를 뿌리뽑지 못한데 기인한다. 일본에 있는 조선식산성을 6세기 후반기로 보는가 아니면 그 이전시기로 보는가에 따라 조선계통소국의 존재를 부인하느냐 시인하느냐가 판가리된다. 이로부터 많은 일본학자들은 조선식산성자체의 존재를 부인하며 또 인정하는 경우에도 되도록 그 축조시기를 늦잡아 야마또정권때에 축조된것으로 보려하고있다.

물론 일본사람들가운데는 기노죠산성의 축조시기를 4~5세기로 보는 사람이 전혀 없는것은 아니다. 그들은 사실그대로 인정하는 방향에서 문제를 고찰하려 하고있다고 보인다. 아래에 그러한 대표적인 사람들의 말을 들어보기로 하자.

《기노죠는… 최근에 검토한 결과 오랜 조선식산성으로 (판단)되였다. 아직도 산성을 쌓은 시기는 찍을수 없지만 쯔꾸리야마(조산)무덤과 쯔꾸리야마(작산)무덤의 축조시기쯤으로 짐작되며 그후에 부단히 방비를 보강하였다고 추측된다. 소쟈무덤떼를 남긴 집단이 조선식산성을 가지고있었다는것은 종래의 〈야마또조정과 지방호족〉

이라는 대치법의 력사관에 있어서는 청천벽력이였다.》*

* 《고분과 고대문화 99의 수수께끼》1976년, 산뽀북스, 215페지

《…오까야마현의 기노죠산성유적 등을 현지에서 조사해서 느낀 것은 그와 같은 대규모의 고대 산성이 과연 일조일석에 축조될수 있었겠는가 하는 놀라움과 의문이였다. …거기에는 조선반도로부터의 도래집단 등의 노력에 의한 다년간에 걸친 축조의 행로가 있었다고 생각된다. …고대산성이 몽땅 조정(야마또정권-인용자)의 군사적목적에 의하여 그 지령하에 쌓아졌다고는 단정할수 없다. 〈일본서기〉가 천지(天智, 7세기 후반기-인용자)때의 일로 전하는 산성의 경우에는 조정의 령을 받아 산성수축이 이룩된것으로 되여있으나 그래도 오히려 그 지휘자는 나가또의 성에 있어서는 달솔인 탑본춘초이고 오노, 기(椽)의 두 성에 있어서는 달솔 억례복류 및 달솔 사비복부였다.

고대일본의 조선식산성에 준 조선에서 이주해온 사람들과 그 문화의 역할은 매우 크다. 그것들은 단순히 〈중앙사관〉의 립장에서는 도저히 해명할수 없을것이다.》*

* 《고대로부터의 시점》PHP연구소, 1978년, 91페지

이 두 학자를 내놓고는 거의 모든 일본학자들이《황국사관》에 기초하여 기노죠산성의 축조년대를 끌어내리고있다. 즉 야마또정권의 서부일본통합시기와 일치시켜 그것을 6세기 후반기경에 축조된것으로 규정하고있다. 우에 든 일본학자의 말에도 있는바와 같이 거대한 성벽을 가진 기노죠산성을 야마또정권이 하루아침사이에 쌓았다고 볼수 없다. 또 이 산성은《일본서기》를 비롯한 기내 야마또의 그 어떤 관청기록에도 나타나지 않고있다.

일본학자들은 일본에서 횡혈식무덤이 출현하는것은 주로 6세기이후라는것과 기노죠산성축조수법이 6세기이후의 횡혈식무덤의 돌쌓기방법과 비슷하다는것을 가지고 기노죠산성의 축조시기를 6세기 중엽이후로 잡고있는데 그 근거로써는 누구도 납득시킬수 없다.

산성의 돌쌓기방법 하나만으로 구체적년대를 측정하기는 참으로 어렵다. 하물며 몇세기의 차이라면 몰라도 한세기정도의 차이를 구별한다는것은 거의 불가능하다. 그런데 일본사람들은 기노죠산성의 축조시기를 6세기라고 하면서도 또 구태여 6세기 중엽이후의것으로 잡고있다. 그것은 기내 야마또정권이 서부일본을 통합하기 이전에 이 지역에 소국이 존재하였다는것을 인정하지 않으려는 야마또중심관(황실사관)의 립장에서 출발한 고찰이다.
　　또한 일본학자들은 자기 나라에서 돌칸무덤을 쌓는 돌쌓기법을 6세기에 와서야 비로소 시작했다고 하지만 조선사람들은 일찍부터 산성을 쌓았던것이다. 벌써 고구려 초기에 위나암성과 같은 훌륭한 산성을 쌓았으며 돌가공기술의 발전에 따라 그것은 견고한 돌담들로 보강되였던것이다. 4세기의 무덤들인 고국원왕릉이나 5세기초의 집안 장군무덤에서 볼수 있는것처럼 조선사람들은 일찍부터 우수한 돌쌓기방법으로 무덤칸을 축조하였던것이다. 따라서 일본에서 조선의 영향을 받아 6세기에 와서 횡혈식무덤이 성행하였다고 해도 그것은 돌쌓기법을 이때에 와서 비로소 알게 되였기때문에 횡혈식무덤이 나온것은 결코 아니다. 엄밀히 따져보면 수혈식무덤도 좀 거칠기는 해도 돌칸무덤임에는 틀림없다. 수혈식무덤칸이 횡혈식무덤으로 바뀌여지는것은 무덤형식변천과정에서의 변화일뿐 축성법에는 크게 영향을 주지 못한다.
　　일본학자들처럼 조선식산성을 야마또정권과 결부시키지 않아도 일본에 진출한 조선이주민집단이 고국에서와 마찬가지로 산성을 쌓고 살았다는것은 기록을 통해서 잘 알수 있다.
　　기비지방은 아니지만 그 이웃인 하리마(효고현)에 정착한 백제사람들은 고국의 풍속대로 성을 쌓고 살았다고 한다.*

　　＊ 하리마《풍토기》가미사끼군 경강의 기무레산 항목에서는 일본에 건너간 백제사람들이 자기들의 풍속에 따라 성새 즉 산성을 만들고 살았다고 밝혀 쓰고있는데 그 시기는 홈다(誉太) 즉 응신천황통치시기(3세기)라고 하였다.

　　그리고 기노죠산성이 야마또정권에 의하여 축조되였다고 하는것도 리치에 맞지 않는다. 왜냐하면 기노죠산성에 전해오는 전설은 그곳의 세력이 야마또정권과 적대적이였으며 야마또정권이 파견했다는 기비쯔히꼬와는 대격전을 벌리는것이다. 오까야마현의 기비쯔신사를 비롯한 여러 신사에 전하는 기록에 근거한 이 설화를 전설이라 해서 절대로 일축할수는 없다. 또한 《일본서기》(권15 청녕기 즉위전기)에도 기비정권이 함선 40척을 가지고 야마또정권에 싸움을 걸어 야마또정권안에서 자기 지반을 닦으려는 움직임도 있었다고 한다. 나타난 제반 사실들은 야마또정권과 기비정권은 적대적이거나 대등한 세력을 가지고있었을진대 야마또정권이 기비정권을 위하여 산성을 쌓아주었거나 또는 6세기 중엽이후에 와서 비로소 거기에 야마또가 산성을 쌓았다고는 볼수 없다. 7세기 중엽이후 《일본서기》에 나오는 백제사람들의 지휘하에 쌓아진 조선식산성도 그때 처음으로 축조되였다기보다 그전부터 있던 산성을 더욱 견고하게 보강하였다고 보는것이 옳을것이다.

계속하여 기노죠산성의 축조시기를 6세기이전으로 보는 근거 몇가지를 더 들면 다음과 같다.

첫째로, 기노죠산성은 론리적으로 추리해보아도 기비 가야국의 성립과정과 때를 같이하였을것이다. 따라서 그것은 늦어도 5세기 전반기에는 완성되여있었을것이다.

이미 본바와 같이 기비 가야국의 정치적중심지에는 두 쯔꾸리야마(조산, 작산)무덤을 비롯한 큰 무덤떼가 있다. 큰 무덤들인 두 쯔꾸리야마무덤은 일본학자들이 말하는것처럼 전제권력의 상징이였다. 말하자면 두 쯔꾸리야마무덤의 축조시기에 여러 작은 소국가들을 타고앉은 국가권력이 출현하였던것이다. 고고학적연구에 의하면 쯔꾸리야마(조산)무덤의 축조시기는 5세기 초중엽이라고 한다.* 5세기 초중엽에 기비땅의 중추부에 강력한 계급국가가 확립되여있었던것이며 그 나라이름은 가야였다. 말하자면 조선의 가야계통소국이 서부일본의 기비지방에 확립되였던것이다. 옛 기록을 비롯한 력사자료는 오래동안 기비지방의 중심에 가야의 이름을 가진 세력이 할거해있었음을 전해준다.

* 《일본고고학의 제 문제》 일본고고학회, 1964년, 56~77페지

옛 기록과 고고학적자료들은 기비 가야국이 계급국가의 모든 기능을 가지고있었음을 보여준다. 힘있는 경제력과[1] 군사력은[2] 강대한 국가권력의 존재의 반영이였다. 그리고 강력한 계급국가인 가야국은 마땅히 국가방어의 위력한 수단인 성새를 가지고있었을것이다.

[1] 방대한 철생산기지, 소금생산기지로서의 기비 가야국은 강한 경제력을 가지고있었다고 말할수 있다. 도처에서 드러난 조선제 단야공구를 부장한 무덤(즈이안, 잇뽕마쯔, 가사오까 다까노우찌 등)들은 철가공술의 높은 수준을 보여주는 동시에 기비 가야국의 선진기술에 의거한 높은 생산력을 잘 말해주고있다. 특히 가나꾸라야마무덤과 소쟈시 도노야마(殿山)무덤에서 나온 도끼형주철제품은 당시의 개간용농기구로서는 가장 발전된 생산도구였다고 말할수 있을것이다.

[2] 사까끼야마무덤에서 나온 수많은 칼류들과 잇뽕마쯔(一本松)무덤, 덴구야마(天狗山)무덤 그리고 미와야마 제6호무덤 등에서 나온 숱한 마구류 및 기마전투에 쓰인 갑옷들은 기비 가야국이 기마부대를 비롯한 강력한 륙군을 가지고있었음을 말해준다. 앞에서 본것처럼 기비 가야국은 40척의 함선으로 대변되는 강력한 수군도 소유하고있었다.

고대 계급국가가 령토를 넓히고 자기의 계급적본성에서 자신을 방어하기 위해 성새를 구축하는것은 국가발전의 론리적귀결이다. 외부의 자연적 및 인위적폭력행위와 위협으로부터 자신을 보존, 보위하는것은 자주적인간의 본성적인 기능이라고 할수 있다. 사람의 집단인 국가 역시 다를바가 없다. 그렇다면 마땅히 국가는 자기를 보위할 성새를 가지고있어야 할것이다. 기비 가야국이 고대국가일진대는 계급국가로서의 본성, 기능, 성격에서는 례외가 될수 없다. 기비 가야국의 성새는 바로 기노죠였으며 그곳의 나라이름이 조선적인 가야였던것처럼 그 유래 또한 조선적이요 그 구축법도 또한 조선식이였다.

대부분의 일본사람들은 서부일본 여러곳에 있는 조선식산성을

6세기말~7세기 중엽에 축조된것으로 밀몰아놓음으로써 일본에는 고분문화시기에 국가가 발전했어도 그 국가는 방어시설이 없는 국가로 규정하고말았다. 이미 본바와 같이 심지어 어떤 학자는 조선식산성축조를 6세기 중엽이후로 규정해놓는데 급급한 나머지 고분문화시기를 《외적의 침입을 당하지 않고 큰 무덤이 만들어지는 평화적시기》*라고 단정하는데까지 이르렀다. 그의 론리대로 한다면 야요이문화시기 중말기에 소국과 촌락단위의 방어시설인 고지성집락이 성행하다가 고분발생기에는 그것이 다 없어지며 그후 고분문화시기에는 성새의 공백이 계속된 다음 6세기 중엽이후 야마또정권에 의하여 비로소 조선식산성이 출현하기 시작한다는것이다.

* 《고지성집락론》 가꾸세이사, 1984년, 201~202페지

일본에는 고지성집락과 같이 마을단위에도 방어시설이 있었는데 하물며 소국통합을 위한 세력다툼이 격렬하던 5~6세기에 소국마다 방어시설없이 싸웠다는것은 말이 안된다. 기내 야마또정권이 서부일본통합의 길에 나섰을 때 평화적으로 통합한 나라도 있었을것이지만 규슈 쯔꾸시노기미(왕)인 이와이처럼 수많은 무력으로 필사적으로 대항해 싸운 세력(나라)도 있었을것이다. 그들이 어디에 의거해서 싸웠던가. 그들이 기본적으로 성새에 의거해 싸웠음은 의심할것 없다. 이쯤되면 기노죠산성의 축조시기도 명백해질것이다. 기노죠산성은 앞에서 소개한 일본고고학자가 옳게 지적한바와 같이 두 쯔꾸리야마무덤을 비롯한 소쟈무덤떼를 남긴 사람들이 창조한것이며 늦어도 쯔꾸리야마(조산)무덤이 축조되던 5세기 전반기에는 그 산성이 방어시설로서의 완성된 면모를 갖추고있었다고 말할수 있을것이다.

둘째로, 기노죠산성은 돌쌓기기술의 측면에서 보더라도 그 축조는 6세기 중엽이후로 내려가는것이 아니라 4~5세기로 올라간다.

기노죠를 비롯한 서부일본 여러곳에 있는 조선식산성을 《조선식》이라고 규정지을수 있는것은 그 축조에 적용된 돌쌓기방법이 삼국시기를 비롯하여 조선에만 있는 독특하고도 고유한 기술이였기때문이다. 특히 다듬은 기초돌을 밑바닥에 놓고 돌과 흙을 짬사이없

이 꽉 맞물린 돌쌓기법과 산성안의 물원천을 확보하고 시내물을 빠지게 하는 수문구조의 독특한 구축은 중국, 몽골 등 이웃나라 민족들에게서는 볼수 없는 조선사람의 고유한 창조물이다. 따라서 조선식산성의 전형적특징을 수문구조에서 찾게 되는것은 지극히 응당하다.

여기서 문제는 기노죠산성의 다섯기의 돌로 쌓은 수문의 구조가 서로 다르다는데 있다. 말하자면 5기의 수문구조가 꼭 같은 석조법에 의하여 축조된것이 아니라 각이한 돌쌓기법에 의하여 쌓아진것이다. 이것을 조사발굴한 보고를 통해 보면 다음과 같다.

《수문석조의 돌쌓기상태의 특징에 대해서는 이미전부터 지적되여있듯이 겉에서 보는 구축기법의 특색은 고분시대 후반(6세기-인용자)의 횡혈식돌칸과 류사한것으로 찍을수 있지만 제4수문의 현재 물길로 되여있는 붕괴된 개소를 보면 석조표면에 가로 긴 거석면을 보이고있으나 그 안길이에는 보다 더 장대한 변을 대고있는 점을 보게 된다. 다시말하여 여기에 있어서는 편평하고 장대한 큰돌의 소구면(小口面)을 석조면(石組面)으로 할뿐아니라 안길이가 긴 석재를 쓰는 우엉쌓기(牛蒡積)의 구축법을 취하고있는것이다. 산성안의 골짜기가 가장 깊어 수량이 풍부한 수문이기때문에 보다 규모가 큰 돌을 쓰고 그것도 우엉쌓기라는 무게있는 구축법을 채용하고있는 점은 아주 주목된다. 횡혈식돌칸의 구축법과 다른 방법을 쓰고있는 것이다.》*

* 《기노죠》산요방송, 1980년, 88페지

이 발굴조사보고서에서 보는바와 같이 5개의 수문가운데서 일부 수문의 구축법은 횡혈식돌칸무덤의 돌칸처럼 돌가공에서 세련되여있다. 하지만 제4수문은 석조법이 우엉쌓기라는 오랜 돌쌓기법에 의해 축조되여있다. 우엉쌓기란 우엉을 쌓듯이 길죽한 큰돌을 차곡차곡 올려쌓는것을 말한다. 이 돌쌓기법은 수법이 거칠고 세련되지 못한 측면을 가지고있다. 이 돌쌓기법은 깬돌을 차곡차곡 올려쌓는 이른시기의 가야나 백제에서 보는 수혈식돌칸무덤의 돌쌓기에 연원을 두고있다. 말하자면 석조기술에 있어서 횡혈식돌쌓기와 같은 짬사이없이 서로 맞물려쌓는 세련된 돌쌓기법이 아니라 돌들을 잘 다듬지 못하고 그저 올려쌓는 수법이다. 그렇게 되면 돌과 돌사이의 이음새에는 짬이 커지게 되고 따라서 겉보기와는 달리 실질상 견고하지 못하다. 조사발굴보고서의 작성자는 그러한 우엉쌓기를 하게 된 원인을 제4수문부분이 위치한 골짜기가 깊고 수량이 많기때문이라고 하였으나 그것은 옳은 분석이 아니다. 편평한 돌을 차곡차곡 올려쌓는것은 겉보기에 견고해보이지만 실지로는 그렇지 못하다. 편평한 돌을 그대로 쓴다는것자체가 벌써 돌가공술이 상대적으로 아직 유치하다는것을 말해주며 또 아무리 큰돌이라 하더라도 돌과 돌사이에 이음짬이 많다는것은 그만큼 빨리 무너질수 있다는것을 의미한다. 현실적으로 다른 수문은 옛 모습을 보존하고있는데 제4수문은 현재 허물어져있다.

그 제4수문이야말로 초기 기비 가야국을 형성하고 산성을 쌓던 시기 즉 4세기~5세기경의 유물이 아니겠는가고 생각한다. 고모리즈까무덤에서 보는 보다 선진적인 돌쌓기법을 소유한 백제계통세력이 가야국에 건너가 정착하면서 산성이 한층 보강되였을것으로 보인다.

기노죠산성은 일본사람들이 분류한데 의하더라도 7세기의 조선식산성과 구별되는 《고고이시》식산성이다. 말하자면 더 오랜 산성으로 취급되고있는데 그것도 놓치지 말아야 할것이다.

이상과 같은 두가지 근거로 기노죠산성의 축조시기를 4~5세기로 추정하게 된다.

기비 가야국은 국가적방어를 위한 성새로서 기노죠산성만을 가지고있었던것이 아니라 여러개의 작은 산성을 가지고있었다. 그것은 기비 가야국이 비교적 큰 국가였고 작은 소국들을 타고앉은 계층제를 가진 국가였기때문이다.

가야국의 작은 산성으로는 하또리향 나가라에 있는 하또리산성,* 다까마쯔지구와 아시모리지구에 걸쳐있는 산죠산(三上山 미가미야마?)의 룽선을 두른 돌담과 망루자리, 아사히강하류 옛 가미쯔미찌군의 가찌향 대다라의 게시고야마(芥子山)산성 그리고 오메구리 고메구리산성 등이 있다. 이 모든 작은 조선식산성을 디디고선 가야국의 가장 큰 산성이 바로 규모가 큰 기노죠산성이였던것이다.

* 《일본서기통석》3권 우네비서방, 1840년, 2063페지. 이 책에 인용된《오까야마지지(地誌)》에 의하면 산성은 하또리향 나가라에 있다고 한다. 나가라는 이미 본것처럼 아나가라의 략칭이며 하또리도 옛날에는 가야라고 하였다. 따라서 이 산성은 중세기까지도 가야성이라고 불리웠을 가능성이 많다.

기노죠산성아래에는 고대의 토지구획인 조리(條里)제도[*1]가 확연히 남아있다. 기비 가야국의 령역안에 있던 조리의 유제를 더듬어보면 다음과 같다.[*2]

△ 오까야마(岡山)부근; 현재의 오까야마시 기다가다, 미나미가다, 쯔시마, 판나리, 시마다, 다이구 등
△ 사이덴(財田)부근; 현재의 오까야마시 슈꾸, 시지가이, 나가도시, 고노시다, 오다라, 시노고세, 나가오까, 다까야, 사와다, 후지하라 등
△ 하또리부근; 아시모리강, 나가라강 등의 류역일대
△ 아까께부근; 오다군 아까께정을 중심으로 한 오다강류역
△ 가모가다(鴨方)부근; 아사꾸찌군 가모가다정에서 꽁고정에 걸치는 평야지대
△ 그밖에 소쟈시, 진쟈이, 이바라부근

[*1] 조리제도란 일본고대의 토지구획방식의 하나이다. 한변의 길이는 6정(약 654m)이고 사방와 한 구획을 리(里) 또는 방(坊)이라고 하며 그것을 하나의 고을 또는 몇개의 고을을 단위로 하여 남북을 1조(條), 2조, 동서를 1리, 2리로 센다. 리는 리대로 또 각변을 1정(町)마다 6등분하고 두렁으로 구분된 평(坪)으로 불리우는 36의 구획식으로 세워나간다. 따라서 농경지의 소재지는 몇조, 몇리, 몇평으로 명확히 나타난다. 문제는 이 조리제가 대화개신(645년)이후 비로소 실시되였다는 설과 그 이전에 벌써 실시되였다는 설로 견해가 달라지는데 있다. 조리제의 실시를 대화개신이후의것으로 보는것은 어디까지나 기내 야마또정권의 서부 일본통합이후 야마또정권이 만들었다고 보는 주장이다. 그런데 흥미를 끄는것은 조리의 토지가름법을 측량한 척도(자)가 대화개신이후

많이 쓰인 당척(약 30.3cm)이 아니라 조선자인 고마자(약 35.6cm)라는 사실이다. 그리고 또 현재의 조사에 의하면 조리제는 기내일대, 기비를 비롯한 세또나이해일대, 북규슈, 시가현, 기후현, 후꾸이현 등지에서 집중적으로 나타난다고 한다. 이 지역들이 조선계통소국들이 집중적으로 형성, 발전한 지대였다는것을 고려할 때 그것은 응당한 귀결이라고 할수 있을것이다.

*² 《오까야마현의 력사》야마까와출판사, 22페지

우에서 본 조리의 유제는 각기 하천류역을 중심으로 한 평야지대로서 이제까지 보아온 중요한 무덤과 불교절간, 신사 등의 분포와 일치한다. 말하자면 옛 기비 가야국의 중요생산지대이며 정치적중심지들에 조리제가 분포하는것이다. 그러한 대표적조리제로서 하또리향의것을 들수 있다.

《기비군지》(상권, 582~602페지)에는 이 책의 저자가 실지답사한 결과 얻어진 조리의 유적과 그것과 관련된 지명들을 묶은 자료 및 고문헌을 그림으로 제시하고있다. 그 자료들을 통하여 우리는 옛 기비 가야국의 정치적 및 경제(농업)적중심지들에 전개된 조리의 유제가 이 땅을 개척한 조선이주민집단이 남긴것이라는것을 확인하게 되는것이다. 다시말하여 조리제도는 이제까지 보아온 조선계통지명들, 무덤들과 겹쳐져 존재하는것이다.

기노죠산성의 눈아래에 전개되는 옛 기비 가야국의 중추부들에는 고대 조리의 유제뿐아니라 7세기이후의 이른바 도모베(品部), 나시로(名代), 고시로(子代) 등의 각종 부곡민집단들의 거주지들이 집중분포되여있다. 산성에서 굽어보이는 비옥한 소쟈남부의 충적평야들에 전개되여있는 여러 부곡들은 문헌에, 지명에 또는 인명으로 전한다.

기비의 여러곳에 분포되여있는 그 부곡들은 태반이 비젠과 빗쮸남부의 평야지대에 집중되고있다. 다시말하여 조리의 유제가 남아있는 곳과 겹쳐져 존재한다. 일본의 학자들은 대다수가 그러한 현상을 두고 《기비세력이 대왕가(기내 야마또정권을 가리킴-인용자)에 대한 복속의 증거》*¹로 설치되였던것으로 해석한다. 그런데 문제는 《이러한 도모베를 가진 집단이 도모베설정(야마또정권에 의한 부곡설정 - 인용자)이전에 존재해있지 않으면 안된다는것이다. 그들은 도모베로 설정된 후에 기술을 가진것이 아니라 그전에 이미 기술을 가진 집단이였기때문에 그 집단을 도모베로 만들수 있었던것이다. …그들은 기비일족의 부족동맹아래에 예속당하고 기비일족의 중요한 경제적, 군사적기초를 형성하고있었다고 보지 않으면 안된다.》*² 는데 있다. 여기서 말하는 기비일족이란 우리가 말하는 ‘기비 가야국의 우두머리일족이다. 이 학자가 옳게 지적하고있는것과 같이 기비지방의 도모베, 나시로, 고시로와 같은 여러 형태의 부곡들은 기내 야마또정권이 부곡들을 설치함으로써 처음으로 그 기능을 수행하게 된것도 아니며 또 기비 가야국이 야마또정권에 복속되는 《증거》로 설치한것도 아니다. 가야국을 비롯한 이미 있던 기비의 여러 소국들의 부곡들을 야마또정권이 6세기 중말엽이후 자기의 왕실에 직속된 부곡으로 재편성한것이다. 다시말하여 야마또정권이 가야국 등의 기비지방 조선계통소국들을 통제(폭력적 및 비폭력적 방법으로)하게 되면서 그 나라들이 이전부터 지배하고있던 부곡들에 대한 지배권도 빼앗아가진것이였다고 말할수 있다.

*¹, *² 《기비지방에 있어서의 국조제의 성립》, 《력사학연구》 주체61(1972)년 5호

이미 앞에서 기비 가야국이 4~5세기에는 강대한 계급국가였다는것을 보았다. 그리고 그 나라는 당시로서는 강력한 경제력과 군사력을 가지고있었다는데 대해서도 보았다. 그러한 경제력과 군사력은 아마도 많은 경우에 갖가지 기술업종에 종사하던 부곡민들에 대한 수탈에 기초를 두었을것이다. 즉 많은 량의 소금구이와 배 무이는 아마베(海部)로부터, 활과 시위는 유즈끼베(弓削部)로부터, 마구류는 구라쯔꾸리베(案作部)로부터, 말은 우마가이베(馬甘部)로부터, 군사, 경찰관계 일은 이누가이베(犬甘部)로부터 귀족들의 사치에 쓰일 비단옷 등은 하또리베(服倍部)로부터 받아냈을것이다. 이처럼 기노죠산성아래의 분지(평야)에 펼쳐진 조리제와 여러 부곡들은 기비 가야국을 물질적으로 안받침한 특수집단이였다. 더 말한다

면 그것은 조선의 부곡에 연원을 둔 특수직종에 종사하는 기술집단의 거주지역이였을것이다. 왜냐하면 처음으로 일본에 부곡제도를 전파한것이 다름아닌 조선이주민집단이였기때문이다.

4. 기비 가야소국을 구성한 가라소국

기비 가야소국(왕국이라고 할수 있다.)은 보다 더 작은 여러개의 소국들을 지배하고있었다. 그런데 소국들가운데는 조선계통소국도 있었고 원주민계통소국도 있었을것이다. 그것들가운데서 조선계통소국이 기비 가야소국의 패권을 쥔 때가 있었는가 하면 원주민계통소국이 지배권을 쥔 때도 있었을것이다. 그러나 기본적으로 적어도 5~6세기 한동안은 조선계통세력인 가야씨가 기비 가야국의 패권을 쥐고있었던것으로 보인다.

가야소국이 이러한 작은 소국들의 련합으로 이루어진 련립국가였다는것은 여러 무덤떼의 분포를 통하여 알수 있을뿐아니라 《일본서기》 흠명 23년의 다음과 같은 기사가 시사해준다.

《23년 봄 정월에 신라가 임나의 미야께를 쳐서 멸망시켰다. 어떤 책에 의하면 21년에 임나가 망하였다고 한다. 총칭해서 임나라고 부르고 갈라서는 가라국, 아라국, 시니기국, 다라국, 소찌마국, 고사국, 시따국, 산한게국, 고찌산국, 니무레국이라고 하며 합하여 10국이다.》

《일본서기》에 전하는 이 가야 10국을 기비지방에 놓고 볼수 있고 그것들을 이 왕국을 구성한 소국들로 볼수 있다. 그가운데서 가라, 아라, 다라국은 그 이름부터가 조선계통소국들이고 나머지 소국들은 일본 원주민계통의 색채가 강하다. 그리고 조작된 나라이름도 있을수 있다. 일본학자들은 가야 10국을 다 남부조선에서 찾으려고 무진애를 쓰지만 그것은 헛된 수고이다. 여기서는 조선계통소국의 하나인 기비 가야소국가운데서 가라(加羅)소국의 위치에 대해서만 보기로 한다.

6세기경에 신라소국의 판도에 들어간 후에 비젠국이 된 죠도군이 바로 가라소국이다. 그곳은 일명 가미쯔미찌라고 불렀다. 그 고을은 북쪽은 아까이와군에, 동쪽은 오꾸군에, 남쪽으로는 고지마반도에 접하며 요시이강과 아사히강의 2대하천류역의 충적평야에 위치한 곡창지대이다. 그곳은 《화명초》에 의하면 우지, 하다, 가찌, 가미쯔미찌, 사이베(다까라베), 고쯔, 구사가베, 나끼, 마베다의 9개 향을 관할한다고 하였다. 그 마을들의 대부분이 조선계통주민의 거주지라는것은 하다, 가찌, 구사가베라는 이름은 둘째치고라도 고쯔(古都)하나만 들어도 쉽게 짐작이 간다.

고쯔는 아끼노오미의 후손 즉 조선이주민집단에 유래한 이름이다. 바로 그 죠도군이 가라소국이였다는것은 거기에 조선적지명들이 많이 남아있는것으로 설명이 될것이다. 즉 미쯔군 이찌노미야촌안의 마을이름으로 가라가와(辛川)*¹가 있으며 같은 미쯔군 노다니촌 스가노에 가라고우(野谷村, 菅野字辛香)마을이 있다. 또한 죠도군 다까시마촌 쇼다(高島村 賞田, 지금의 오까야마시 쇼다)에는 가라우도(唐人)라는 지명이 있다.*²

그리고 죠도에는 앞에서 본 하다향이라는 곳이 있다. 하다는 하다씨, 일반적으로 조선을 가리키는 바다, 하다와 통하는 말로서 《바다를 건너온 사람》이란 뜻으로 리해된다. 죠도군 사이덴(財田, 다까라다)에 있는 하다(土田, 쯔찌다)는 이러한 하다, 바다에 유래하며*³ 미쯔군에도 하다야마(半田山, 幡多山)와 같은 조선계통의 지명이 있다.*⁴

   *¹ 《오까야마현통사》상권 1930년, 228페지. 미쯔군의 가라가와는 《唐皮》라고도 쓰는데 표기는 어떻든간에 조선지명 《가라》(加羅, 韓)가 틀림없다.

   *² 가라우도는 《韓人》라고도 쓴다. 오까야마시 쇼다지구에 오늘날도 조선식으로 돌칸을 쌓은 무덤이 있어 주민들은 그것을 가라우도라고 부른다. 조선식지명이 무덤칸을 가리키게 되였는지 무덤칸으로부터 그 지대지명이 그렇게 불리워지게 되였는지 잘 알수 없다. 다만 그곳 일대를 개척한 조선사람들의 진출과 활동을 형상적으로 보여주는 지명인것만은 사실이다.

   *³, *⁴ 《기비군지》상권 1937년, 26페지. 《土田》는 지금은 쯔

찌다라고 읽지만 옛날에는 하다로 읽었다고 한다.

하다향은 대부분이 아사히강동쪽 소잔(操山, 미사오야마)산피의 북쪽에 펼쳐진 농업지대(일부는 소잔산피의 남쪽에 걸침)를 포괄한다.

죠도일대가 가다소국이였다는것은 거기에 《일본서기》에 나오는 다사의 나루와 다라(多羅)와 같은 매우 작은 소국들이 있었다고 보게 되기때문이다.

고고학적으로도 그 죠도일대가 일찌기 국가가 발생한 곳이였다는것을 보여준다.

비옥한 농경지를 둘러싼 산릉선에는 4세기의것으로 추정되는 발생기의 무덤들이 있으며 특히 유바 구루마쯔까무덤을 비롯한 초기 전방후원무덤들이 하나의 계렬로서 그 일대에 축조되여있다. 또한 그 지역에는 미나또 쨔우스야마무덤과 쯔나하마 쨔우스야마무덤을 비롯한 큰 전방후원무덤과 농업, 어로, 수공업에 쓰인 조선식철제도구들이 묻혔던 유명한 가나꾸라야마무덤도 있다. 그리고 전방후원무덤들인 두 쨔우스야마무덤이 옛 해안선언덕우에 있어 그 양상이 가야의 무덤을 방불케 한다. 동시에 그것은 옛 해안선일대에 전방후원무덤으로 대표되는 작은 나라들이 있었다는것을 시사해 준다.

죠도일대가 가야국을 이루고있던 소국의 하나인 가라소국이였다는것은 바로 거기에 조선식산성이 존재한다는 사실 하나만으로써도 알수 있다.

조선식산성이 조선소국을 상징하고있다는데 대해서는 이미 본 것과 같다. 현재 오까야마시 산요정에 있는 오오메구리, 고메구리산(일명 쯔이지산)이라는 두개의 산을 리용하여 쌓은 조선식산성이 1973년경에 재확인되였다.*

> * 쯔이지산의 산성이 재확인되였다고 하는것은 그 유적이 벌써 1940년에 출판된 《아까이와군지(赤磐郡誌, 荒木誠一著 1940년, 553페지)라는 지방지에 소개된적이 있기때문이다. 또한 그 산성에 관해서는 봉건사회말기에도 그림으로 륜곽이 전해왔다고 한다. 일

본학계는 기노죠산성과 더불어 그 산성을 오래동안 조사연구하지 않고있다가 일부 고고학자들이 현지답사가 있은 다음 산성에 관한 글을 발표하였다. 1984년경부터 오까야마시 교육위원회의 주관하에 조사가 진행되였다.

오까야마 오오오메구리산성평면도

이 산성은 기노죠산성처럼 가파롭고 험하지 않지만 그 일대 교통의 요충지에 자리잡고있는것으로 하여 정치, 군사적의의는 자못 크다. 산성은 지금의 오까야마시 산요정 구사가베에 위치해있으며 요시이강과 스나강(아사히강의 지류)의 하류에 있어 스나강쪽에 치우친 곳에 있다. 이 산성은 198.8m의 고메구리산과 또 그와 비슷한 높이의 오오메구리산의 두 산의 계곡을 에워싼 포곡식의 조선식산성이다. 산성은 세개의 계곡에 수문돌담을 구축하고 물이 빠지게 만들었다. 산성은 세개의 수문외에는 주로 흙담을 둘러쳤다. 흙담의 규모는 잘 남은 곳에서 높이 3m, 웃면의 폭 2.5m, 밑바닥부분이 6m이다. 흙담으로 쌓인 범위는 동서 약 900m, 남북 약 800m이다.

그 산성의 동쪽기슭으로부터는 스나강을 거쳐 바다에로 통할수 있으며 그 일대는 고대에 해상 및 륙로의 요충지였다. 산성으로부터 요시이강하구 아사히강동쪽기슭의 평야 그리고 쇼도섬과 세또나이해 맞은편의 산봉우리들을 바라다볼수 있다고 한다. 그 산성을 중심으로 한 지대가 기비 가미쯔미찌 즉 우리가 가라소국으로 보는 정치적중심지이다.* 따라서 산성아래의 벌판에 후세의 비젠국의 고 꾸분사와 국부도 있게 되는것이다.

* 오오메구리 고메구리산성남쪽의 죠도일대는 후세의 나라(奈良)시기에도 죠도씨의 본판지였다.(《속일본기》권20 천평보우 원년 7월 무오조) 1332년의 명이 들어있는 금석문에 의하면 7세기이후에 아까사까군에 속했던 산요정 다까쯔끼의 다까구라(高椋)신사의 신관이 죠도씨라는데로부터 모사 오즈까무덤과 로구야마무덤이 있는 일대를 죠도씨의 옛땅으로 보는 견해(《기비의 나라》, 190페지)가 있다. 그것은 죠도씨가 그 일대를 통합하였다는 견해(《일본고고학의 제 문제》 1964년, 154페지)의 계속이였다. 아무튼 가라소국으로 보는 죠도세력이 아까이와일대를 차지했던것만은 사실인것 같다.

또한 산성아래에는 고분문화시기 전기간을 통하여 대표적이라고 할수 있는 무덤들이 전개되여있다.

산성가까이에는 로구야마무덤(전방후원무덤 길이 약 190m, 후원부의 높이 약 20m), 모리야마무덤(전방후원무덤 약 85m), 마와리야마무덤(전방후원무덤 약 65m) 등이 있다. 그리고 시기는 좀 후세의것이지만 오오메구리 고메구리산성주위에는 이와따(岩田)무덤떼와 모사 오즈까무덤이 있다.

이와따못가까이에는 14기의 횡혈식돌칸무덤이 있는데 그중 제14호무덤은 내부보존상태가 비교적 좋다. 유물들은 조선적색채로 주목을 끈다. 무덤은 돌칸의 길이 11.8m, 무덤칸의 길이 5.5m, 폭 2.5m이며 한쪽날개의 횡혈식돌칸무덤이다. 뒤매장을 열번이나 하였다고 한다. 매장시설은 6세기 후반기부터 7세기초에 축조된것이며 껴묻거리는 스에끼, 무기, 마구, 몸치레거리 등 700점이 넘는다고 한다. 특히 2개의 단룡환두는 착상과 형상이 완전히 조선제의 걸작품이다.*

* 《일본의 고대유적》 23 오까야마편, 97페지

모사 오즈까(牟佐大塚)는 산기슭에 있는 후기(6세기)의 무덤으로서 두개의 날개를 가진 큰 횡혈식돌칸무덤(원형무덤)이다. 돌칸길이는 18m, 폭은 2.8m이며 무덤칸에는 속을 파낸 집모양의 돌널이 있었다고 한다. 모사 오즈까무덤은 모사라는 지명과 함께 돌칸을 구축한 특수한 수법 등으로 하여 조선계통의 색채를 지닌것으로 추측할수 있게 한다. 그 무덤은 앞에서 본 오까야마시 쇼다의 가라우도즈까(唐人塚)무덤과 더불어 아사히강동쪽의 평야지대인 가미쯔미찌(죠도)에 가라소국을 세우고 강하게 지배, 통제한 조선의 우두머리급무덤으로 보인다. 이밖에도 그 일대에는 조선식단야공구가 나온 진구지야마(神宮寺山)무덤이 있어 그 일대유적, 유물의 조선적성격을 더욱 두드러지게 하여준다.

오오메구리 고메구리산성은 부근의 산가운데서도 비교적 낮고 평탄한 지형을 잘 리용하여 흙을 쌓아올려 성벽을 구축하였다. 우리 나라 삼국시기의 산성에는 돌성도 있고 토성도 있었는데 그것은 지형지물의 효과적리용에 따른것으로서 조선사람들은 틀에 매이지 않고 산성을 쌓았던것이다.

일본에 건너간 조선이주민집단들도 고국에서와 마찬가지로 돌이면 돌, 흙이면 흙으로 산성을 쌓았던것이다. 물론 그렇다고 하여 그 산성이 흙으로만 이루어진 산성은 아니다. 다른 모든 산성과 마찬가지로 오오메구리 고메구리산성의 흙담 역시 기초부분에 렬석을 두르고 그우에 판축한 흙담을 쌓았다. 최근(1986년~1987년초)년간 산성북쪽부분에서 렬석떼를 확인한데 이어 그곳으로부터 남동쪽으로 500~600m 떨어진 지점에서도 새롭게 7개의 렬석이 확인되였다고 한다.(《산요신붕》 1987년 1월 14일) 이렇게 그 산성은 기초부분에 일단 렬석을 빙 두른 다음 그우에 잘 다진 흙담을 쌓은것으로서 시기적으로 아주 오랜 《신롱석계통의 산성》인것이다.

산성아래의 평야지대에 구획이 정연한 고대 조리의 유제와 함께 여러 부곡들의 이름이 지명과 인명 등에 남은것은 기노효산성의 경우와 마찬가지이다.

앞에서 본바와 같이 요시이강과 아사히강류역의 넓지 않은 충적평야지대를 차지한 옛 기비 죠도 즉 가미쯔미찌의 고을은 기비가야국을 구성한 가라소국이 자리잡은 곳이였다.

가라소국은 현재의 소쟈시를 중심으로 하는 가야소국과 함께 가야(임나, 미마나)왕국가운데서 그것을 대표할만 한 주요한 소국이였다. 가라소국은 가야국에서 패권을 잡고 죠도고을의 범위를 벗어나 넓은 지역(소쟈의 남부일대를 포괄하는 지역)을 지배하였을 때 가야왕국을 대표하였다. 그렇다면 우에서 본 소쟈시를 중심으로 하는 가야(미마나)왕국과 가라소국은 어떠한 관계에 있었는가. 소쟈시와 죠도군은 이웃지대이다. 소쟈시부근에 중심을 두었던 가야(미마나)왕국이 그 중심을 어느때엔가 죠도군으로 옮긴것이라고 볼수 있다. 현재의 소쟈시부근의 가야씨가 왕국에서 패권을 잡았다가 죠도군에 중심을 둔 가야씨에게 가미쯔미찌(현 죠도군)의 우두머리로 봉한 나까쯔히꼬를 가미쯔미찌노 오미와 가야노 오미의 시조라고 하였다. 또한 《구사본기》에 수록된 《국조본기》에는 《가야의 구니노 미야쯔꼬(국조)는 가미쯔미찌(죠도)의 구니노 미야쯔꼬와 조상이 같다.》고 하였다. 말하자면 나까쯔히꼬노 미꼬도의 자손들이 가미쯔미찌노 오미, 가야노 오미가 되였다는것이다. 결국 가야노 오미가 죠도의 가미쯔미찌노 구니노미야쯔꼬와 가야노 구니노 미야쯔꼬로 되였으며 그후 대화개신과 더불어 가미쯔미찌노 군사〔郡司, 국사(國司)와 같음〕가 가야노 군사(郡司)로 임명되여 오래동안 세습한것이다.

이상에서 기비 가야국에 대하여 보았다. 《일본서기》의 기록에는 가야의 린접에 신라국이 있은것으로 되여있으며 그것들은 항상 전쟁을 한것으로 얽어져있다. 이 기사내용이 조선의 본국에서 있었던것이 아니라 서부일본에 있던 조선소국들사이에 벌어졌던 사실이라는것은 아주 명백하다.

5. 기비 가야소국을 구성한 사누끼의 아야소국

아야소국의 연혁

기비지방에 있던 미마나(임나) 즉 가야왕국의 세력은 세또나이해 맞은켠의 시고꾸땅에도 미쳤다고 인정된다.

이미 본바와 같이 기비의 가야국은 후세의 가야군, 구보야군과 오다군, 아사구찌군을 포함하는 다까하시강과 아시모리강 류역일대를 중심으로 상당히 넓은 지역을 자기의 통제하에 넣고있었다. 이

바다에 면한 가야국의 앞바다(《아나우미》)맞은켠의 시고꾸땅에도 조선이주민들의 소국이 있었다.

그것은 강하천의 비옥한 충적평야가 펼쳐지고 기후가 온화한 세또나이해를 끼고있는 사누끼 등의 지방이였다.*

* 발생기의 무덤은 규슈와 세또나이해연안에 가장 많다. 이에 대하여 어떤 일본학자는 자기 글에서 《발생기초기의것은 세또나이 해안에 있다. 효고현 이히보가 와정의 야꾸산, 오까야마현 산요정의 요기, 가가와현 다까마쯔시의 이와세오야마 등의 무덤때는 그것을 생각하는데서 중요한 존재이다.》(《고분과 고대문화 99의 수수께끼》, 81페지)라고 하였다.

그 일대는 야요이문화시기와 고분문화시기에 걸치는 고고학적유적유물들이 많은데 그것은 그곳이 조선이주민집단의 적극적진출과 정착으로 이른 시기에 계급사회로 넘어간 지대였기때문이다.

그런데 사누끼지방의 소국명이 기비지방의 가야국과 비슷하게 된것은 바로 기비와 사누끼지방을 개척한 집단이 같은 가야계통이주민집단이였던 사정과 관련된다.

오늘의 시고꾸섬 사누끼에 있던 아야소국이 기비의 중심에 자리잡고 강성을 떨친 가야국의 판도였다고 인정된다. 기비에는 오랜 옛날부터 기비씨 즉 가야씨가 사누끼지방을 타고앉아있었다는것을 전해온다. 그것이 바로 모모다로전설이다.

민간에 전해오는 모모다로전설의 내용을 요약해보면 다음과 같다.

옛날 기비에 아이없는 늙은 부부가 살았다. 어느날 로파가 강에서 빨래를 하는데 웃쪽에서 커다란 복숭아(모모)가 내려왔다. 로파는 기쁜 마음으로 그것을 가져다 바깥주인과 먹으려고 칼을 대자 복숭아안에서 옥동자가 나왔다. 늙은 부부는 하늘이 준것이라고 하면서 복숭아에서 나온 사내아이란 뜻에서 아이이름을 《모모다로》 (다로는 사내아이란 뜻)라고 지었다. 아이는 커갈수록 인물이 잘나고 용맹을 떨치였다. 그러던 어느날 모모다로는 바다넘어 어떤 섬에 도깨비들의 소굴이 있어 백성들을 못살게 굴고있으니 이를 처없

애야겠다고 의사표시를 한다. 늙은 내외는 처음에 눈물을 흘리고 말리였지만 그의 굳센 의지를 꺾지 못하여 길량식으로 수수경단(기비단고)을 만들어준다. 모모다로는 칼을 차고 길을 떠났는데 한참 가다가 꿩을 만났다. 꿩은 당신의 허리에 찬 수수경단을 주면 당신의 부하가 되여 원쑤를 족치겠노라고 맹세를 한다. 모모다로가 또 길을 가다나니 이번에는 개가 나타나서 같은 말을 한다. 그 다음에는 원숭이가 나타난다. 이렇게 모모다로는 꿩, 개, 원숭이 등의 부하를 거느리고 배를 타고 섬에 이른다. 도깨비들은 마침 술을 처먹고있었는데 개, 꿩, 원숭이가 정찰을 하여 문지기를 까눕힌다. 구체적 정찰보고를 받은 모모다로는 도깨비들을 몽땅 요정내고 항복을 받는다. 모모다로는 그리운 고향땅 기비로 돌아온다.

이상이 모모다로전설의 대강이다. 여기서 알맹이는 기비지방의 강자가 꿩, 개, 원숭이를 거느리고 바다건너 저 땅을 들이쳐서 항복을 받았다는것이다. 거기에 오까야마현의 특산물인 수수경단과 복숭아가 삽입, 윤색되여 우화적으로 각색되였다. 그러면 모모다로로 상징되는 기비의 강자는 정말로 꿩이나 개를 데리고 적을 쳤겠는가.

물론 꿩이나 개가 따라갈수 없다. 아마도 꿩이나 개 그리고 원숭이의 이름을 단 부곡민출신의 병사들이 따라갔을것이다.

기비 즉 오까야마현일대에는 지금도 옛 부족의 이름에 유래한 지명과 그런 성씨를 가진 사람들이 많다. 꿩은 수렵을 전문으로 하는 돗또리베(烏取部)로, 개는 호위와 정찰을 맡아하는 이누가이베(犬養部)로 볼수 있다. 《모모다로》로 상징되는 기비의 강자는 이러한 부곡민들을 기본무력으로 삼아 좁은 바다를 건너갔던것으로 추측된다.

모모다로의 정체는 과연 무엇이였던가. 그것은 기비 가야국의 최대권력이 발휘되던 시기의 전제권력자였을것이다. 다시말하여 앞에서 본 기비 가야국의 쯔꾸리야마(조산)무덤이나 쯔꾸리야마(작산)무덤의 축조시기에 그와 같은 세또나이해 맞은편지대에 대한 정벌사업이 있었다고 보인다. 모모다로가 기비 가야국의 최대권력자였음은 지금도 민간전승에 모모다로가 기비쯔히꼬로 전해오는것으로도 알수 있다.

이미 본바와 같이 기비쯔히꼬는 8세기경에 야마또정권과 가야국의 가야씨에 의하여 조작된 인물이다. 따라서 그를 제사지내는 기비쯔신사란 실상은 가야국 가야씨의 조상을 제사지내는 신사이다. 모모다로가 기비쯔히꼬라는것은 곧 모모다로가 가야국의 유력했던 조상의 한사람이였음을 시사해준다. 실례로 《우라》를 제사지내는 기비쯔신사에는 《기비단고》(수수경단)가 오래전부터 만들어져 중세기의 노래에도 나온다고 하며 따라서 《…기비쯔궁의 경내에서 경단같은것이 특산물로 팔리웠던것을 생각하면 〈기비단고〉의 원산지는 옛 오까야마시교외의 기비쯔(1971년 1월 오까야마시에 편입)가 아니였던가를 생각케》* 하는것이다. 그리고 기비쯔신사의 경내에는 오랜 옛날부터 《고마이누》(狛犬; 高麗犬, 고마의 개 즉 조선개)라는 토속품을 파는데 이 《고마이누》는 기비쯔히꼬 또는 모모다로에 수행한 개에 유래한다고 한다. 그 개는 《이누가이베》의 전승에서 오는것으로서 기비쯔신사주변에는 《이누가이》를 칭하는 가호들이 현재도 많다. 이 모든 사실들은 모모다로야말로 기비쯔히꼬이며 기비쯔히꼬는 기비 가야국의 권력자였다는것. 그리고 《모모다로》와 관련되여있는 여러 자료, 례하면 수수경단, 개 등이 기비쯔신사와 그 주변에 있다는것은 그것을 더욱 잘 보여주는것이다.

* 《기노죠》 산요방송, 1980년, 111페지

기비 가야국이 사누끼지방에 진출하여 거기에 있던 도깨비로 상징되는 토착세력을 타고앉은것으로 생각된다. 그것을 확증해주는것이 《일본서기》 경행기의 기록이다.

《일본서기》(권7 경행기 27년 12월조)에 기비 아나우미(穴海)에는 야마또의 장수의 항행을 방해하는 사나운 신이 있다는것이 두번씩이나 강조되고있다. 이것은 기비 가야국이 한때 사누끼의 아야소국을 다같이 통제하고있을 당시에 아나우미를 강하게 지배, 통제하는 세력으로 되였었다는것을 보여준다. 기비 가야국과 사누끼 아야국가운데의 바다인 아나우미를 통제하고있던 세력을 경행기에 아나우미의 사나운 신이라고 부르고있는것이다. 아나우미의 신이란 기사가 경행기에 집중적으로 나온다는것은 경행천황이라는 아주 이른

시기에 있던 가공적인물에 견주어 쓴것으로 미루어 사누끼 아야소국의 성립이 아주 이르다는것을 시사한다고 본다. 다시말하여 5세기경에 사누끼 아야소국이 기비 가야국에 의하여 세워졌다고 보인다.

아야소국이 있던 지방은 7세기이후에야 독립적으로 사누끼지방이라고 부르게 되였지만 실은 고대에 기비에 소속되여있었다. 실례로 현재 사누끼에 속한 쇼도섬(小豆島)이란 큰 섬은 나라시대 말기에 있어서도 고지마섬에 소속된 섬이였으며* 그후에도 오래동안 기비에 속한것으로 사람들은 알고있었다. 그리고 시고꾸 사누끼에 속한 데시마(豊島), 나오지마(直島) 역시 기비에 속한 섬이였다. 이와 같은 사실은 고대에는 사누끼 아야군(국)이 기비 가야국에 소속되여있던 력사의 여운이라고 말해야 옳을것이다.

　　* 《속일본기》권38 연력기 3년 10월 경오조

아야의 지명

시고꾸의 사누끼국은 후에 가가와현이 되였는데 가가와현의 거의 중심에 자리잡은것이 아야우다군이다. 1930년대에 그 군은 동쪽에서 가가와군, 서쪽에서 나까다도군, 남쪽에서 도꾸시마현의 미바군 및 미요시군과 각각 잇닿았고 북쪽은 세또나이해에 림하였다. 동서 15km, 남북 30km, 넓이 398km²인 그 고을은 1899년 우따군과 합치기 전에는 아야군이였다. 그리고 645년 국(나라)이 군으로 격이 떨어지기 전에는 아야국이였으며 아야는 중세초기 남부조선에 있던 조선의 나라 아야에서 유래하는 조선말 아야가 분명하다.

綾(아야); 화명초, 安益(아야); 만엽집 (군왕가서 軍王歌序), 漢(아야); 하리마《풍토기》阿夜(아야); 최마악(사이바라-催馬樂)

《화명초》는 10세기에 아야군이 야마모도, 가모베, 마쯔야마 등 9개의 향(마을)으로 구성되여있은것을 밝히였는데 그 령역은 이미 본 기비지방의 가야국과 바다를 사이에 두고 대체로 꼭같이 남북으로 마주하고있다.

아야국은 북쪽에 오가와산, 류오산 등이 솟아있고 남쪽의 세또나이해에로 비교적 큰 강들이 흐른다. 그 강들 역시 나라명을 따서 지은 이름으로 전해오는 강들이다.(아야강 등)

사누끼 아야국의 아야는 《화명초》를 비롯한 일본 옛 기록들에서는 《綾》 또는 《阿野》라고 쓰고 《아야》로 읽어 오지만 본래의 한자는 《阿耶》로서 7세기이전에는 사누끼 아야국은 綾, 阿野가 아니라 阿耶국이였다.

《아야씨계도》라는 책은 사누끼 아야국의 《아야》를 어떻게 쓰고 어떻게 읽었는가 하는데 대해서 아야국의 시조설화와 결부시킨 매우 흥미있는 이야기를 싣고있다.

《속군서류종》에 실린 《아야씨계도》는 사누끼 아야국의 조상이 야마또다께루라고 하였는데 그 이야기줄거리를 간단히 줄여 인용하면 다음과 같다. 《일본서기》 경행기 23년에 도사국(시고꾸의 한 지방)에 나쁜 물고기가 나타나서 배와 사람들을 해치니 야마또왕정에서 야마또다께루를 파견하였다.

야마또다께루는 우따국(아야국의 린접근방)에 옮겨가있으면서 세월을 보냈는데 군사들은 그를 받들어 사누끼공이라고 불렀다. 공은 세명의 사내아이와 딸 하나를 두었는데 나라와 고을의 원, 군사(郡司), 호주 등 모든 우두머리는 다 공(다께루)의 자손들이였다. 개벽압령사(나라를 창시한 군사 총책임자라는 뜻, 다께루를 가리킨다.)는 아야씨의 조상인데 처음 공의 가슴에 검은 점이 있었다. 무엇인가 했더니 《阿耶》(아야)라는 두 글자였다. 이것을 합하여 아야(綾)로 하여 성씨로 삼았다.

야마또다께루가 사누끼 아야씨의 조상이였다고 하는것은 황당한 이야기이다. 왜냐하면 다께루는 어디까지나 전설적인물이고 경행천황이라고 하는 인물도 가상적인것이기때문이며 또 이른 시기에 기내 야마또정권의 대표자가 바다건너 시고꾸아야지방에까지 세력을 뻗쳤다고 볼수 없기때문이다. 다만 설화를 통하여 그곳에 있던 나라이름이 남북조선에 있던 가야-아야-가라소국과 발음이 같을뿐아니라 글자까지도 같다는* 사실을 알게 되는것이다.

* 《삼국유사》 권1 기이 5 가야, 아라

- 93 -

계속하여 사누끼시조설화를 좀더 따져보자.
《일본서기》에 의하면 사누끼의 구니노 미야쯔꼬의 조상은 경행《천황》과 그의 첩인 《이까하히메》사이에서 난 감구시황자라고 한다. 그리고 하리마출신의 정실 《이나비도 와끼이라쯔메》가 낳은 둘째아들인 야마또다께루의 아들 즉 경행《천황》의 손자인 《다께까히노 미꼬》가 사누끼 아야노 기미 즉 사누끼왕의 시조라고 하였다.

이상과 같이 《일본서기》의 기록에는 마치도 아야의 조상이 경행《천황》의 자손으로 꾸며져있으나 그것은 순전히 조작이다. 그러나 《일본서기》의 다른 부분의 기록가운데 력사적사실을 일정하게 반영한 기사도 더러 보인다. 그것은 《일본서기》(권7 경행기 51년)의 다음과 같은 기사이다.

경행《천황》의 아들 야마또다께루는 《기비노 다께히꼬》의 딸 《기비노 아나도노 다께히메》에게 장가들어 《다께가히노 미꼬》를 낳았는데 이 다께가히노 미꼬가 사누끼 아야의 조상인 다께가히노 미꼬를 낳았다고 하였다. 다시말하면 경행《천황》 또는 야마또다께루등의 환상적인물들을 제거해버린다면 그래도 거기에는 기비 가야와 사누끼 아야는 같은 족속, 같은 계통의 나라라는 사실이 드러나게 되는것이다. 특히 아야의 임금(기미)인 《다께가히노 미꼬》를 낳은 어머니의 이름에 주의를 돌려야 할것이다.

《기비노 아나도노 다께히메》의 기비는 지방이름이고 다께히메는 다께의 딸 또는 아가씨라는 뜻이다. 다께는 그의 아버지 다께히꼬와 같은 다께이다.(히꼬란 남자란 뜻이므로 결국 그의 아버지이름의 마지막부분 글자도 다께라는것이다.)

이 길다란 이름은 어떠한 실제인물을 반영하였다기보다 《기비의 아나국의 녀자》라고 보는것이 더 합리적일것이다. 말하자면 결국 《일본서기》의 해당 기사는 시고꾸에 있는 사누끼 아야국이 세또나이해 맞은켠에 있는 기비 아나국과 같은 계통의 나라라는것을 보여주는것이다. 아나는 아라와 통하며 《삼국유사》에서 보는것처럼 아라는 일명 아야였다. 따라서 아나는 아야이다. 《일본서기》도 명백히 사누끼 아야의 임금은 기비 아나의 녀자를 어머니로 삼는다고 하였던것이다. 앞서 본 《속군서류종》에 실린 《아야씨계도》를 상기할 필요가 있다. 거기에는 아야씨의 조상의 가슴에 《아야》(阿耶)라는 두 글자가 새겨져있다고 하였는데 이것은 사누끼 아야국의 첫 임금이 바로 아야출신이였다는것을 보여주는것외의 아무것도 아니다. 아야씨의 조상에 야마또다께루따위의 가공적인물을 갖다 앉힌것은 후세편찬자들의 조작에 불과하다. 또 그곳에 있던 나라가 조선계통소국이였다는것은 거기에서 사는 사람들이 《아야비도》라고 불리웠다는 사실 하나만으로도 잘 알수 있다.

하리마《풍토기》시까마군에 아야베의 마을이라는 곳이 있다. 아야베라고 부르게 된것은 《사누끼국의 아야비도(漢人) 등이 그곳에 가 살기때문에 아야베라고 한다.》고 밝혀져있다. 아야비도는 아야사람이란 뜻으로서 고대일본에서는 조선사람을 가리키기도 하였다. 따라서 그 기록을 통하여 우리는 사누끼의 아야국은 조선사람이 세운 나라였다는것을 알수 있을뿐아니라 아야사람들이 한곳에 정착하기도 하고 또 더 유리한 곳을 찾아 부단히 옮겨살았다는것을 알수 있는것이다.

무덤과 조선식산성

먼저 아야국에 분포된 무덤에 대하여 보기로 하자.

시고꾸섬가운데서도 발생기 초기의것을 비롯하여 무덤은 거의다 세또나이해를 면한 지역에 있다. 그것은 무덤의 발생이 세또나이해를 거쳐 진출한 집단에 의하여 이룩되였다는것을 보여준다. 그것은 무덤들이 많은 경우 바다가로부터 시작된것을 보아도 잘 알수 있다.

특히 시고꾸가운데도 가가와현(사누끼지방)의 오늘의 다까마쯔시, 사까이데시, 젠쭈지시, 오까와군 등 여러곳에 분포되여있는 무덤이 가장 유명하다. 그가운데서도 다까마쯔시의 이와세오야마의 무덤떼는 초기의 전방후원무덤이 많으며 그밖에도 쌍무덤 등이 산언덕에 축조되여 큰 무덤떼를 형성하였다. 우리가 론하는 아야국의 판도였던 현재의 사까이데시에는 지이가마쯔무덤(약 50m의 길이를 가지는 비교적 큰 전방후원무덤), 쨔우스야마전방후원무덤, 스이도산무덤, 가사야마히가시가와무덤 등을 비롯하여 크고작은 고분문화시기 전반기의 무덤들이 분포되여있다. 이 무덤들은 해안지대로부터 점차 내륙지대에로 분포되여간것이 특징이다. 가야무덤에서 보는것처럼 무덤들은 산언덕이나 산경사면 등에 자리잡고있으면서 강 하천이 있는 평야지대를 내려다보고있다. 말하자면 기비지방 가야소국에서 본 그러한 무덤위치상특징을 갖추고있는것이다.

그 일대에서의 이러한 무덤의 집중적인 분포는 무덤들에 묻힌 자들에게 일정한 권력과 부가 집중되여있었다는것을 보여준다. 그리고 큰 규모의 무덤축조는 일정한 생산력의 발전을 전제로 하여 성립되는 현상이기도 하였다.

계속하여 사누끼 아야국에 있는 조선식산성을 보기로 하자.

지금의 가가와현 사까이데시에 자리잡고있는 기야마(城山)라는 산은 조선식산성이 있는 곳으로 일찍부터 알려져왔다. 표고 462m인 그 산의 웃부분은 경사가 완만하지만 산허리아래는 몹시 가파롭다.

사누끼 기야마산성평면도

기야마 조선식산성은 총연장거리가 약 4km로서 동서 2km, 남북 2km에 이르는 비교적 큰 산성이다. 그 산성이 다른 산성과 다른것은 성벽축조에서 2중 쌓기를 한것이다. 산꼭대기를 2중으로 휘감는 식으로 산성을 쌓은것은 다른데서는 보기 드물다. 산꼭대기에는 지금도 옛 사당터, 저수지 그리고 무수한 주추돌들과 무엇에 쓰이였는지 알지 못할 여러개의 큰가공돌들이 사방에 딩굴고있다.

기야마산성의 특징을 잘 보여주는 개소를 적은 일본사람의 글을 보기로 하자.

《성벽은 상하 2중으로 둘러쳐져있다. 우의 성벽은 표고 약

400m의 산꼭대기부분이나 저수지, 주추돌떼 등의 중요한 남은 구조물들을 에워쌓았으며 연장길이 약 4km에 이른다. 성벽은 계곡에서는 돌로 쌓고 그밖의 곳들에서는 흙담이 된다. 따라서 그 구축물의 정황은 지형에 따라 정교함과 조잡함을 볼수 있다. …

이 산성유적가운데서 가장 현저하면서도 또 중요한 유적으로서는 성문자리를 들수 있다. 성문은… 비사세도(빗쮸와 사누끼를 낀 세또나이해란 뜻—인용자)에 면하여 구축되여있다. 현재 성문은 약 4~5m의 간격의 통로를 이루었고 좌우에는 큰 바위를 겹으로 쌓은 돌담을 형성하였다. 그 높이는 약 2m이며 밑바닥부분은 약 8m, 웃부분은 약 2m이고 서쪽으로 약 12m, 동쪽으로는 10m정도 뻗어 점차 낮아지면서 흙담과 이어진다. …이 성문 서쪽으로 약 200m정도 가면 …저수지자리가 있는데 계곡에 돌담이 축조되여 수문이 설치되였다. 그 돌담은 옛날에는 높이가 3m에 이르렀다고 한다. 그 밑바닥부분의 물구멍은 높이 약 50cm, 폭 60cm로서 그우에는 한장의 안산암바위를 걸어놓았다. 지금도 늘 적당한 물흐름을 본다.》*

* 월간《고고학저날》 1976년 1월호

우에서 본 기야마산성의 성문쌓기와 수문쌓기기법을 통하여 우리는 틀림없이 그 산성이 조선식산성이라고 보게 된다. 일본학자들도 그렇게 보는것 같다. 문제는 그 산성을 쌓은 세력이 누구였겠는가 하는것이다.

필자는 일본에 있는 조선식산성이 조선계통소국의 상징이라는 우리 학계의 주장에 따라 사누끼 아야국의 중심에 틀고앉은 기야마 조선식산성의 부근에 조선계통소국이 있었다는것을 말해주고있다고 본다.

기야마산성은 그 성벽이 세또나이해를 면한 북쪽면이 가장 잘째이고 견고하며 또 기야마산성자체가 북쪽이 가장 가파롭다. 그것은 북쪽으로부터 쳐들어오는 적, 다시말하여 바다쪽으로부터 오는 적을 주로 견제하는 방어태세를 갖추고있었다는것을 보여준다. 그리고 산성의 성문자리가 있는 곳은 후쮸(부중), 가와쯔 등 고대문화시기부터도 크다고 볼수 있는 마을들과 통해있으면서 재빨리 주민들을 수용할수 있게 구조가 되여있는것이다.

　기야마산성은 고대 사누끼 아야국의 가장 중심적인 위치에 자리잡고있을뿐아니라 기노죠산성과 바다를 사이에 두고 남북으로 대치하고있다.

　기비지방의 가야국을 서술할 때 본것처럼 기노죠산성으로부터는 시고꾸 사누끼의 산봉우리들을 환히 바라다볼수 있다.

　기노죠산성으로부터 기야마산성까지의 직선거리는 약 40km로서 두 산성이 육안으로도 보였을 위치에 있다. 이것은 두 산성이 서로 군사적필요성에 의하여 봉화 같은것을 가지고 수시로 호상련락을 하였을 가능성이 충분히 있었다는것을 말해준다. 실례로 중세기까지만 하여도 시고꾸와 쥬고꾸지방의 항구들은 봉화로 서로 련락을 취하였다고 한다. 일본의 고고학자들이 이 두 산성이 세또나이해를 가운데 두고 서로 대치한 사실에 대하여 큰 관심을 돌린것도 우연하지 않을것이다.

　아야소국에는 기야마산성외에도 현재의 사까이데(坂出)시 후꾸에정과 죠야마(常山, 높이 283m)에 흙담과 돌담이 있어 조선식산성으로 추측되고있다.* 기야마를 포함한 이 세개의 산성은 그 위치로 볼 때 바다로부터의 공격을 막기 위한것으로 짐작된다.

　　* 《성》, 95페지

　세또나이해를 가운데에 두고 비슷한 폭을 가지고 남북으로 대치한 두 나라, 아야와 가야라는 두 소국의 국명 및 지명에서의 공통성 등은 바로 그 두 소국이 적어도 한때는 같은 가야소국이며 하나의 세력권에 속하는 나라였거나 또는 같은 계통의 가야(임나)왕국이였다고 미루어볼수 있는것이다. 그렇게 보아야 이 두 자료를 자연스럽게 해석할수 있다.

　여기서 흥미를 끄는것은 다른 소국과 달리 아야소국의 통치자인 왕의 이름이 똑똑히 밝혀져있는 점이다. 《일본서기》는 아야국의 조상을 경행《천황》의 손자인 야마또다께루와 결부시켜 꾸며놓았다. 하지만 필자는 야마또왕정과 결부시킨 서술을 제거한 나머지 알맹이 즉 《일본서기》에 명백히 밝힌 《감구시왕》(神櫛王)이란 사람이 아야국을 개척한 왕이였다고 본다.

이밖에도 무곡왕(다께가히꼬노 미꼬)과 추주왕(와시즈미왕)이 있는데 그 왕들 역시 사적이 있는 실지인물이였다고 보아진다. 《고사기》와 《일본서기》의 편찬당시 편찬자들이 아야국의 국왕들이였던 이들을 《만세일계의 천황가계통》에 억지로 꿰여맞추기 위하여 의도적으로 이 왕들을 경행《천황》, 야마또다께루와 결부시켰을것이다. 또 《와시즈미왕》이 토사국에서 왔다는것은 아야국이 린접한 지역의 세력에 의하여 통합되였다는것을 암시한다고 생각된다.

만일 그 산성이 일본학자들이 말하는것처럼 기내 야마또정권이 쌓은것이였다면 왜 《일본서기》의 기록에 빠졌겠는가. 같은 시고꾸의 야시마성은 기야마성의 지척인데 기야마성만이 빠졌다고 보는것은 부자연스러운 설명이다. 기야마산성은 야마또정권과 무관계하였던것이다.

기야마산성이 아야소국의 방어성곽시설이였기때문에 그 산성을 둘러싸고 정연한 수리체계를 가진 논밭들과 마을들이 전개되는것이다.

마지막으로 조선식산성두리에 남아있는 고대도시유적과 수공업장유적들을 보기로 하자.

기야마산성의 아래에는 7세기이후 사누끼국의 《국사청》이 자리잡았던 《부중》(후쮸)이라는 촌이 있다. 이 촌이 아야국의 정치행정의 중심지였기때문에 7세기이후에도 계속 그 일대의 정치행정의 중심지로 되여있었던것이다.

《부중》은 현재 가가와현 아야우다군의 북쪽이며 사까이데시의 동남쪽에 위치하고있다. 서북쪽에는 기야마산성이, 동남쪽에는 와시노야마가 있고 동북쪽에는 산이 둘러싸인 완만한 구릉지대인 동시에 알곡생산의 중심지대이기도 하다. 아야강은 그 마을의 중심을 뚫고 바다에 흘러가며 도처에 관개용저수지가 있다. 거기에는 고대도시유적인 리방제도(조리제)의 흔적이 완연히 남아있으며 나라시대의 오랜 무늬양식을 가진 옛 기와들이 나온다고 한다.[*1]

바로 그곳이 7세기이전 사누끼 아야국의 수도였는데 대화개신이후에도 그곳은 정치군사적으로 중요시되면서 사누끼국이 새로 나온 이후에도 전체 사누끼국의 수도로서 거기에 국사청이 자리잡게 되였다.

《후쮸 야마우찌가마터자리》라고 불리우는 기와 또는 질그릇을 굽는 가마터가 그곳에 남아있고 거기서 나라시대의 수많은 기와쪼각이 나오는것도*² 바로 그곳이 7세기이전부터의 아야소국의 수도였기때문이다.

> *¹, *² 일본학자들은 아야국의 수도인 부중(후쮸)에서 나오는 기와에 새겨진 무늬모양이나 가마터에서 나온 기와쪽을 나라시대(8세기)의 제작으로 말하지만 사실은 그것들이 다 7세기이전의것들이다. 그들이 한사꼬 기내이외의 다른 지방에서 어떤 물건이 나오면 8세기이후의것으로 억지다짐으로 설명하는것은 4세기 기내 야마도에 의한 《전국통일》을 주장하며 7세기이전 기내 야마도이외의 지방소국의 존재를 부인하기 위해서이다.

기야마산성주위에는 부중뿐아니라 여러곳에 고대도시유적들이 있다. 그것은 수도인 부중이외에도 큰 마을들에 고대건축물들이 있었기때문이다.

기야마산성주위에는 지배계급들이 쓰고 산 건축물자리뿐아니라 거기에 예속되여 갖은 수탈을 당한 수공업자들의 흔적도 남아있다. 따라서 그러한 수공업자들의 집단이 살던 고장들도 많았을것이다.

앞에서 본 기비지방의 가야국과 신라소국에도 소국의 정치, 행정중심지가까이에 《구레하또리》, 《가야하또리》 등의 지명이 남아있는것을 보았으며 그것이 조선계통수공업자집단의 마을들이였다는것은 일본학자들을 비롯하여 그 누구도 의심하지 않았다. 조선식산성주위에 많은 경우 수공업자집단들이 살고있었다는것도 이미 보았다. 그것은 산성아래주변에 수공업자들이 사는 마을이 있었기때문이다. 그러한 현상은 바로 사누끼 아야국의 기야마주위에서도 볼수 있는것이다. 그것은 사누끼의 아야국 역시 기비의 가야국이나 신라소국처럼 고국인 조선에 바탕을 둔 일본안의 조선소국이였기때문이다.

우선 기야마산성주위에는 《이모지야》(주물사)라는 지명이 많은데 이것은 주철장이 있는 곳이라는 일본말이다. 그러한 실례로 현재 아야우다군 사까모도촌과 가와쯔촌 등에 남은 지명을 들수 있다. 또 8세기에 와서 야마또국가에서는 사누끼국의 주철수공업자 120명에게 성씨를 주었다는 사실을 통하여 그곳 일대에 후세까지도 주철을 전문으로 하는 수공업자들의 큰 집단이 있었다는것을 알수 있는것이다. 그리고 그러한 주철수공업자들을 옛날부터 《가라철공》이라고 불러왔는데* 그것은 그들이 바로 《가라》-가야 즉 조선의 수공업자들이였기에 그들을 중세시기까지만 하여도 그렇게 부른것이였다.

* 《일본지명대사전》 2권 일본서방, 1938년, 1872페지

기야마산성주위에는 쇠를 다루는 수공업자집단만이 아니라 천짜기를 전문으로 하는 수공업자집단들도 있었다.

기비의 가야국에서도 보았지만 조선에서 건너간 천짜기집단은 《아야하또리》, 《구레하또리》, 《가야하또리》, 《기누누이》 등으로 불리웠다.

기야마산성의 두리에 위치한 사까모도마을에 《구레하또리》라는 신사가 있는데 그것은 그 일대 주민들이 구레하또리 즉 천짜기를 전문으로 하는 조선인수공업자들을 대대로 숭배하여 제사지내는 곳이였다. 사누끼 아야국에서 천짜기가 발전했다는것은 천평(8세기 초중엽경)시기에 비단제품을 생산하였다고 한 정창원문서를 통하여 그 일단을 알수 있다.

사누끼 아야국에는 기비의 가야소국이나 신라소국과 마찬가지로 도자기를 만드는 수공업자들의 집단도 많이 살았다.

앞에서 본바와 같이 《부중》을 비롯한 여러곳에 지금도 가마터가 있다. 그것은 기와굽기를 비롯하여 질그릇생산이 발전하였다는 물질적증거로 된다. 아야우다군의 가운데에 위치한 《스에》라는 마을과 《다까노미야》라는 마을은 다같이 질그릇을 비롯한 각종 도자기의 생산지이면서 동시에 그들 수공업자들이 사는 마을이였다. 이 두 마을일대는 기와나 질그릇생산에 필요한 좋은 질의 진흙매장지

였다. 그곳 일대는 《화명초》에 의하면 아야군 고찌향(마을)에 속하였다. 《연회식》에 의하면 비록 7~8세기의 일이지만 그 마을들은 해마다 물동이, 크고작은 각종 병, 사발, 단지, 옹이 등을 나라에 바치지 않으면 안되였다고 한다. 그것은 그전시기부터 여러 질그릇을 만들어온데서 나왔을것이다.

우에서 기야마 즉 조선식산성의 주위에 전개된 도시유적들과 천짜기, 야장 등의 수공업에 대하여 간단히 보았다.

이러한 사실들을 통하여 기야마산성의 주위에 전개된 모든 유적들이 고대국가의 면모를 갖추었다는것을 알수 있으며 또한 그것은 많은 경우 조선적인것이였다는것을 보았다. 사누끼에 있는 아야군은 7세기 중엽이전에는 아야소국이며 아야소국은 기비의 임나(가야)국과 같은 계렬의 조선계통소국이였다고 추측할수 있다.

제2절. 기비지방의 시라기(신라)소국

19세기말이후 일본력사학자들은 《일본서기》에 나오는 신라를 력사적사실과는 맞지 않게 신라본국으로 보았다. 그리하여 그 시기의 일본기록은 앞뒤가 맞지 않고 뒤죽박죽이 되고말았다.

그러나 거기의 신라를 서부일본 기비지방의 가야국동쪽에 있는 신라소국으로 보면 일본기록들의 서술도 어느 정도 사리에 맞아떨어진다. 물론 신라소국은 기비 가야국과 마찬가지로 일본렬도안의 다른 곳에도 있었다. 그러므로 여기서는 기비지방의 신라에 대해서만 보기로 한다.

《일본서기》에 나오는 신라는 가야 즉 임나국과는 달리 기내 야마또정권과 항상 적대관계에 있던 신라였다. 야마또국가는 신라를 치기 위하여 여러차례에 걸쳐 무력을 동원하였다. 이 신라국은 4세기까지는 약하였는데 5세기 중엽이후 6세기에 이르러서는 점차 강해졌다. 그리하여 여러 정치세력이 할거해있던 기비일대에서 그 시기에 와서는 신라세력이 상당한 정도로 우세를 차지하게 되였다.

그러한 사정은 그 지역일대에 분포되여있는 무덤떼와 《일본서기》에 잘 반영되여있다.

이 신라는 서부일본을 통합하는 과정에 있던 야마도정권과 대결하게 되였다. 기비지방에 있던 신라소국(왕국)은 야마또정권에서 권력을 쥐고있던 백제-가락계통의 세력에 의하여 통합, 멸망되였으며 그 과정에 력사자료들도 많이 없어졌다. 하지만 수백년동안의 신라소왕국의 존재는 지명과 무덤떼, 옛 기록 등의 갈피마다에 그 자취를 남기였다.

1. 지명과 전설을 통하여 본 신라소국

기비지방에서 빗쮸남부 다음가는 정치적중심지는 요시이강하류 동쪽에 자리잡고있는 오꾸(邑久)군일대이다.

오꾸지역은 해마다 막대한 토량을 끌어내리는 요시이강의 하류에 위치한 곳으로서 산악은 많지 못하고 낮은 구릉과 충적평야로 이루어지고있는 고대로부터의 곡창지대이다. 거기에는 가도다(門田) 유적과 같이 야요이문화시기 전기의 조선적유적들이 전개되여있어 일찍부터 조선이주민집단이 정착해있던 고장임을 알수 있다.

그 일대를 신라소국 즉 《일본서기》에 야마또가 여러번 들이쳤고 가야국의 동쪽에 위치해있는 시라기-신라로 잡는다. 지금은 많이 없어져 그 흔적을 찾아보기 어렵지만 그래도 오늘날까지 신라지명이 몇군데 남아있어 그 옛 자취를 더듬을수 있다.

9세기말에 편찬된 야마또국가의 정사인 《속일본기》*¹는 《비젠국이 말하기를 오꾸고을의 시라기(新羅)가 자리잡은 오꾸의 포구에 큰 물고기 52마리가 떠내려왔는데 길이는 2장 3척이하 1장 2척이상이더라.…》라고 오꾸의 고을이 신라였음을 명백히 밝히고있다. 또한 《비양국지》(備陽國志)라는 책에도 오꾸군 우시마도의 물가에 시라꾸-신라라는 지명이 있는데 이는 곧 신라의 물가이라고 하였다. 이에 대해서는 《기비군서집성(吉備郡書集成)》에도 《시라꾸(우시마도촌) 이것은 신라의 문자이다. 옛날 신라사람들이 많이 오는데로부터 옛책에 나타나게 된것이다. 신라를 시라기로 읽게 되였으니 시라꾸로 전화된것이다.》라고 하였다.

오늘의 항구도시 우시마도일대의 앞바다가 《시라기의 오꾸노우라》였으며*² 우시마도항의 북쪽 해안지대의 지명들이 시라꾸로 불리워왔다.*³ 시라꾸라고 쓰고 시라구로 읽는다는것은 다른 지명들에서도 실례를 찾아볼수 있다.*⁴

* ¹ 《속일본기》 권15 천평 15년 5월 병인
* ², *³ 《일본지명대사전》 2권 일본서방, 1938년, 1285페지, 4권 일본서방, 1938년, 3426페지 및 《오까야마현통사》 상권, 231페지. 이곳 일대를 여러 옛 기록들은 갖가지로 표기하였는데 古志樂, 志樂, 師樂, 新羅浦, 尻久浦 등이 그것이다. 옛날의 다마쯔란 마을의 앞바다인 시리미(尻海)는 신라바다를 의미하였다. 일본고고학의 큰 발견이라고 하는 시라꾸식질그릇(조선식제염질그릇)은 바로 그 일대에서의 첫 출토품(1929년)이였으며 그곳 지명인 사라꾸-신라의 이름을 땄다는것은 명백하다.
* ⁴ 《일본지명대사전》 4권 일본서방, 1938년, 3425페지

《구사본기》에 의하면 그 지역에 오호꾸국(大伯國)을 둔다고 하였으며 대화 2년(646년)에 와서야 비로소 오꾸군을 둔다고 하였다. 그런데 중세기 일본에서는 맏백(伯)자를 하꾸, 호꾸라고 음으로 읽었으나 그것은 원래 희다는 뜻인 시라, 시로로서 고대에는 시라라고 읽었다. 실례로 화산(花山, 968년-1008년) 천황의 손자인 청인(淸仁)친황의 아들 연신(延信)이 세웠다는 문벌 시라가와(白川)는 다르게는 맏백(伯)자로 표시하였다는것을 가지고도 잘 알수 있다. 말하자면 호꾸국은 하꾸의 나라, 흰나라, 시라(신라)의 나라로 해석되는것이다. 그리고 또 《국조본기》에는 오호꾸(오꾸)는 기비씨(가야씨)와 계통을 달리하는 존재로 기록되여있다.

8세기이후의 오꾸군은 《화명초》에 의하면 10개 향으로 이루어져있었다. 즉 오호꾸향, 유께히향, 하지향, 스에향, 나가누마향, 오누마향, 오와리향, 쯔나시향, 이소노가미향, 하또리향이 그것이다. 이 10개 향이 차지하는 지역이 초기 신라소국이 차지한 판도였다고 생각된다. 알다싶이 스에향, 하또리향 등은 그곳들이 조선

이주민집단이 살던 마을이라는것을 쉽게 알수 있다. 그밖에도 현재는 오까야마시에 편입되였지만 오꾸정과 우시마도정에 린접한 옛 오꾸향일대에는 아찌노오미에 유래하는 아찌(阿智, 웃아찌, 아래아찌)라는 지명이 있으며 또 우시마도정 시라꾸(신라)앞바다에 면한 곳에는 하또리와 더불어 조선말의 천짜기에 유래하는 아야우라(綾浦)가 있다. 바다에 면한 그곳에 조선말의 천짜기에 유래하는 지명이 있다는것은 곧 바다를 거쳐 천짜기기술을 가진 조선이주민집단이 그곳에 정착하여 마을을 이루었었다는것을 보여준다. 그뿐아니라 오꾸군 오꾸향의 서쪽에 이마끼(今城)촌[1]이 있는데 이마끼는 조선으로부터 새로 온(新來, 이마끼) 이주민집단이 정착, 거주한데서 유래한 지명이였다.[2] 오꾸 10향의 하나인 오와리향 역시 조선계통이주민집단인 오와리노 무라지에 유래하며 그 일족들이 거기서 살았다고 한다.[3]

[1] 《일본지명대사전》 1권 일본서방, 1938년, 680페지
[2] 이마끼의 끼(城)가 조선식산성으로부터 오는것으로도 볼수 있지만 아직은 고고학적으로 증명되지 못하였다.
[3] 《일본지명대사전》 2권 일본서방, 1938년, 1285페지

오꾸의 고을에는 조선계통(신라)이주민씨족인 하다(秦)씨에 유래하는 지명들도 많다. 오꾸군 우시마도정 나가하마(長浜)에도 하다에 연원을 둔 하다(畑)라는 마을이 있는가 하면 같은 나가하마촌 오꾸우라(奧浦)에도 하다(半田)라는 마을이 있다. 그 지명들은 하다의 미야쯔꼬 하다베의 본관지에서 오는것으로 추측된다고 한다.[1] 또한 오꾸군 오꾸촌 야마다(山田)에도 하다(半田)라는 마을이 있다고 한다.[2]

그것들은 다같이 하다(秦)에 유래한 한자표기의 이모저모이다. 더 말한다면 앞에서 신라바다의 전화된 말인 시리미(尻海)라는 곳에 하다씨의 조상신인 마쯔오(松尾)신사가 있다.[3]

[1], [2] 《오까야마현통사》 상권 1930년, 233페지
[3] 우와 같은 책, 244페지

이처럼 오늘까지도 오꾸군에 남아있는 조선계통지명들은 그곳에 조선사람이 세운 나라가 있었다는것을 보여준다. 그리고 지명과 관련하여 말해야 할것은 조선적부곡명에 유래한 향명들이다.

오꾸군의 10개 향명은 소국형성과 발전의 자취이다. 향명들가운데 하또리(천짜기집단), 스에(질그릇생산집단), 하지(토목공사집단), 유께히(무기, 무장생산집단) 등에서 알수 있는바와 같이 그러한 여러 부곡들은 소국가발전의 중요한 징표의 하나였다. 그러한 부곡제도가 집중적으로 존재한 지역이 바로 오꾸지방이였던것이다.

지명과 관련하여 더 말해야 할것은 이소노가미(石上)가 있다는것이다.

이소노가미는 《화명초》에 밝혀진 오꾸군 10개 향명의 하나이다. 이소노가미라는 지명은 필자의 생각에는 세곳에 있다. 하나는 유명한 백제칠지도가 보존되고있는 나라현 이소노가미신궁이며 또 하나는 기비 오까야마현 오꾸군의 이소노가미*이고 다른 하나는 오까야마현 아까이와군 후쯔미촌의 이소노 가미이다. 아까이와군에 있는 이소노가미는 일명 이소노가미 후쯔노미따마 신사라고 부르는데서 알수 있는것처럼 나라현 이소노가미신궁과 같은 신사신궁이였다.

* 《일본지명대사전》 1권 일본서방, 1938년, 569페지. 이소노가미의 향명은 오늘날 이소노가미(磯上)로 그 유제가 남아있다. 여기에는 하다씨의 조상인 유즈끼노기미(弓月君)를 제사지내는 유즈끼(湯次)신사가 있는데 그 신사가 유즈끼노기미에 유래한다는 것은 불보듯 명백하다. 또한 이소노가미에는 유스기(油杉)라는 부락이 있는데(《아까이와군지》, 302페지) 그것 역시 유즈끼의 왕에서 나왔다고 보인다. 그리고 유즈끼신사가 있는 야마다(山田)는 앞에서 본바와 같이 하다씨의 본판지였다.

그런데 기비의 이소노가미에 대하여 《일본서기》(권1 신대 상의 제8단)에는 스사노오노 미꼬또가 오로찌(신화에서 나오는 큰뱀, 어른치)와 싸우던 조선칼(韓鋤劒)을 기비의 가무또모 즉 기비의 신사에 보관하였다고 한다. 《연희식》이라는 책에는 기비에 이스노가미

후쯔노다마신사가 있다고 하였다. 바로 거기가 스사노오노 미꼬또가 썼던 조선칼을 보관한 곳이라는것이다.

스사노오노 미꼬또는 조선의 신라땅에 자주 래왕하였다는 신화적인물이다. 신라에 자주 드나들었다고 하여 그를 두고 일명 신라대명신(大明神)이라고 한다. 그에 대한 이야기는 신라에서 이즈모에 건너가 사는 이주민집단이 신라본국과 래왕한 사실을 반영한것이다. 꼭 그러한 인물이 실재하지 않았다고 하더라도 신라와 깊은 인연이 있는 인물이 쓰던 조선칼이 기비의 신궁에 보관되였다고 하는 기록은 의미심장하다. 다시말하여 오꾸일대와 아까사까일대가 신라이주민집단이 정착하여 살던 곳이였기때문에 조선의 신라와 이즈모를 비롯한 일본땅에 자주 드나드는 스사노오노 미꼬또가 쓰던 조선칼을 기비의 이소노가미신궁에 두었다는 전설이 생겨나서 전해져내려온것이 아니겠는가. 아무튼 그곳이 신라와 인연이 깊었던것만은 틀림없다.

여기서 문제는 야마또(나라현) 이소노가미와 기비 오꾸 이소노가미, 아까사까 이소노가미와의 호상관계이다. 우선 오꾸와 아까사까의 이소노가미는 같은 계렬의 이소노가미였다고 추측된다. 오꾸의 신라가 요시이강을 건너 가야(임나)의 소국인 가라(죠도일대)를 타고앉으면서 신라의 이소노가미신궁의 분사 비슷한것이 옮겨진것으로 리해된다. 아까사까 이소노가미일대가 가야-가라국이였다는것은 앞에서 죠도(가라)를 이야기하면서 본바이다. 또 거기에는 가루베(輕部)라는 지명도 남아있다. 가루베의 가루는 가라(加羅, 韓)의 전화된 말이다. 죠도, 아까사까일대에 하다씨와 관계된 하다(半田, 秦)라는 지명과 하다씨의 조상신인 마쯔오의 신사가 많다는것은 죠도가라소국우에 신라세력이 덮친데서 유래한 형상일것이다.

나라현의 이소노가미는 본래 이즈모지방을 거쳐 거기를 타고앉았던 신라세력*에 의하여 운영되던 오랜 신궁이던것이 6세기경 백제-가라계통에 의하여 백제 칠지도를 비롯한 여러 무기들이 보관된것 같다. 이러나저러나간에 이소노가미신궁이라는 지명이 신라와 인연이 깊은것만은 의심할 여지가 없다. 이 문제에 대해서는 앞으로 더 연구해보아야 할것이다.

* 《초기조일관계연구》 사회과학원출판사, 주체 55(1966)년, 252~254페지

우시마도로부터 요시이강에 이르는 옛 오꾸군일대가 신라소국의 중심지였다는것은 지명의 고중뿐아니라 그 일대에 사는 주민들의 구성을 통해서도 잘 알수 있다. 바꾸어말하여 신라이주민집단의 사람들이 많이 살았기때문에 조선-신라적지명이 거기에 있게 되였다고 말할수 있을것이다.

8세기의 《정창원문서》〔보구 5년(774년) 3월 12일〕에 《비젠국 오꾸군 쯔나시향 호주 하따노미야쯔꼬 구니다리》의 이름이 보이며 같은 《정창원문서》 사미감적(보구 5년 3월 12일)에 《비젠국 오꾸군 쯔나시향 하다베 구니히또, 호주 하다노미야쯔꼬 구니다리》*의 이름들이 나온다. 그뿐아니라 오꾸일대에는 하다노오에니, 하다노도라, 하다노스구리 고구니 등과 같이 하다란 성을 가진 사람들이 많았다는것을 전하고있다. 오꾸 신라소국이 망한 다음에도 옛 신라소국의 우두머리들과 그 후손들은 미야쯔꼬(지방장관)나 호주 등으로 임명되여 오래동안 전날의 권세를 일정하게 유지, 보존하면서 토호로 행세한것이다. 물론 력사자료에 나타난 그와 같은 몇몇 신라계통이주민들(및 그 후손)의 이름은 해면우에 나타난 빙산의 일각에 불과하다. 그러나 이를 통해서도 비젠 특히 오꾸일대에는 신라계통으로 볼수 있는 하다씨(지명 및 인명)가 지배적으로 많다는것이며 옛 가야국이 차지하고있던 시모쯔미찌, 가야, 미야(미누), 가미쯔미찌(죠도)의 고을들에는 야마또노 아야씨, 가와찌노 아야씨, 오시아마노 아야씨 등 여러 아야씨가 압도적으로 많다는 사실이다. 가미쯔미찌와 미야란 지명은 원래 그 일대가 《국조본기》에 밝혀져있듯이 조상이 같은 가야씨의 거주지역이란 뜻에서 나온 말이다. 그 고을들은 원래 가야국의 판도였다. 그 고을들에 가야(가라)적지명들과 인명이 많고 동시에 신라적지명도 많은것은 바로 가야왕국의 일부인 가라소국에 신라세력이 덮쳤기때문이다. 그러한 세력관계를 잘 반영한것이 8세기이후의 비젠과 빗쮸국의 경계설치이다.

* 《나라유문》 중권 도꾜당출판, 1965년, 538페지. 쯔나시향은

나가하마촌 오꾸우라(현 우시마도정)의 하다계통의 지명이 남은 곳으로 추정된다고 한다.(《오까야마현통사》상권 1930년, 233페지)

아사히강과 아시모리강사이, 현재의 오까야마시 서쪽 약 5km지점(기비정과 경계가 잇닿은 곳)에 시라이시(白石)라는 마을이 있다. 시라이시는 시라기가 전화된 말이다. 흥미있는것은 바로 그 기비정과 시라이시마을의 가운데를 계선으로 비젠과 빗쮸의 《국》경계가 그어져있는 사실이다. 시라이시마을 건너편이 가야군의 니와세(향), 오늘의 기비정이니 7세기말~8세기이후 비젠, 빗쮸의 경계를 잡을 때 가야국경내에 뚫고 들어간 신라국의 계선을 그대로 경계선으로 한것이라고 짐작되는것이다. 말하자면 비젠남쪽은 신라 즉 시라기가 차지하고 빗쮸는 가야가 차지한것으로 볼수 있을것이다.

우시마도일대에 진출한 시라기는 세력을 서쪽으로 뻗쳐 아사히강하류류역을 강하게 통제하여 결국 죠도일대(가라소국)를 타고앉았다. 그리하여 서쪽은 가야국과 경계를 접하게 되였다고 보인다. 오꾸군과 죠도군에 분포된 신라계통지명과 사람의 분포가 우시마도의 시라기지명의 시작이라면 죠도, 미야군의 신라지명은 그 종착점이라고 말할수 있다.

6세기에 와서 서쪽으로의 진출을 강화한 신라는 경계선이였던 요시이강을 건너 가야국의 판도이며 그의 중요한 구성소국인 가라-죠도땅을 침범, 병탄한것이다.

오꾸군일대에 신라세력이 있었다는것은 오꾸의 앞바다인 금해(錦海)에 전해지는 설화전설을 통해서도 잘 알수 있다.

하야시 라잔(林羅山, 1583-1657)이 쓴 《본조신사고》제6에는 다음과 같은 우시마도의 유래가 적혀있다.

신공황후는 스미에신의 권고에 따라 신라를 치기 위하여 야마또를 떠났다. 신공황후가 탄 배가 비젠앞바다를 지나려는데 웬 큰 황소가 나타나서 배를 들이받아 뒤집어엎으려 하였다. 그러자 스미에신이 백발로인으로 변신하여 황소의 뿔을 잡아 자빠뜨렸다. 이리하여 황소(우시)가 자빠졌다고 하여 그곳을 《우시마로비》라고 하다가 후에 《우시마도》가 되였다는것이다.*

* 이와나미 《일본고전문학대계》 2권 1976년, 《풍토기》 수록

이야기는 이에 그치지 않는다. 야마또가 신라를 치러가는 배를 들이받은 황소는 사실 진륜귀(廐輪鬼)라는 괴물이 변신한것이라는 이야기가 오래동안 그 바다에 전해왔다. 진륜귀는 머리가 8개나 있고 검은 구름을 타고다니면서 신공황후의 남편 중애천황을 습격했다고 한다. 중애천황이 진륜귀를 활로 쏘아맞히니 그의 몸과 목이 갈라져 하늘에서 떨어져 죽었다고 한다. 그런데 진륜귀 역시 천황을 활로 꼭같이 쏘았기때문에 드디여 중애천황도 죽고말았다고 한다.[1]

중애천황이 죽어 슬피울던 신공황후는 외국인같은 사람이 바다가로 도망치고있는것을 발견하고 직접 활로 그를 쏘았다. 그러자 그 사람은 물속으로 사라지고말았다. 이것이 곧 신라의 왕자 가라고도(唐琴)였다고 하며 그가 죽은 장소를 가라고(唐子)의 세도 또는 가라고도의 세도라고 한다.[2]

다른 한편 가라고도의 왕자는 신공황후의 배에 위협을 준 황소의 정체였다고 하는 이야기도 있으며 진륜귀와 가라고도 이야기와 관련시켜 《조선유리공주》에 대한 이야기도 있다고 한다.[3]

[1], [2], [3] 하야시 라잔 《본조신사고》 및 《오까야마와 조선》(일본문교출판주식회사, 1984년), 가라고도전설은 오꾸군과 마에지마(前島)와의 사이에 있는 좁은 해협인 《가라고도노세도》에 전해오는 오랜 전설이다. 하야시 라잔이 어느 책에서 그 전설을 인용했는지 모르나 그 책(《본조신사고》)을 편찬할 당시 풍토기일문같은것이 있어 그냥 그대로 옮겨베꼈을것이라고 그의 아들(林存齋)이 《정보견추물》(正保犬追物)이라는 책에 기록하고있다 한다. 또 이마가와 사다요(今川貞世, 1326-1420)가 쓴 《이쯔구시마 참배》(嚴島詣)라는 책과 《곤다하찌만궁연기》(譽田八幡宮緣記)에도 같은 사실을 적어놓았다고 춘재는 자기의 저서 《촌파지전》(寸籏之廐)에서 말하였다고 한다. 따라서 《이 진륜귀의 전설은 상당히 오래전부터 널리 전파되였다는것을 알수 있다.》고 말할수 있을것

이다.[《사상(史上)의 기비》 1926년, 43페지]

우에서 보는바와 같이 신라바다라고 하는 오꾸군의 바다(금해)에 전해지는 전설은 정사(《속일본기》)의 기록과 일치하며 다 조선특히 신라적이다. 신라적색채가 강한 설화들은 거저 스쳐지나버릴수 없는 력사적사실을 담고있다.

가라고도는 가라꼬(韓子)이며 가라꼬는 진륜귀였으며 진륜귀는 곧 신라왕자라는 여기에 그 설화의 알맹이가 있다. 기비 가야국의 기노죠 즉 조선식산성의 주인이 백제에서 간 왕자인 《우라》라는 괴물이였다면 오꾸일대에 있던 괴물은 신라에서 간 왕자였다. 이 전설들은 비록 황당한 내용을 담고있으나 분식된 껍질을 벗기면 중요한 사실이 드러날것이다.

황소로 표현된 반야마또세력(황소-진륜귀-가라고도-신라왕자)과 야마또세력과의 군사적충돌이 비젠 앞바다인 우시마도앞바다에서 있었다고 보인다. 야마또세력이 신라를 치기 위해 군사를 이끌고온데 대하여 그를 저지시키기 위한 반야마또세력과의 충돌사건이 있었다는 그 기사를 무심히 흘려보낼수 없다. 《일본서기》에는 중애《천황》이 신라를 치러가던 도중에 죽고 대신 신공황후가 신라세력과 싸운것으로 되여있지만 기실은 야마또세력이 기비 오꾸의 앞바다에서 싸운것을 서기편찬자들이 고의적으로(또는 몰라서) 조선의 신라에 갖다붙인것으로 인정된다. 《일본서기》의 신라정벌기사와 우시마도앞바다에 전해오는 지명유래에 대한 전설과의 차이는 오십보백보이다. 즉 《일본서기》에 전하는 신공황후의 남편인 중애왕이 죽는것도 신라와의 전쟁중이였으며 지명유래에 전하는 전설또한 중애왕이 오꾸의 신라앞바다에서 죽는것으로 되여있다. 쯔시마 저 멀리에 있는 땅도 조선의 신라로, 오꾸일대도 《속일본기》에는 신라땅으로 밝혀져있다. 본래 오꾸일대에서 신라와 야마또가 싸운것을 8세기 《일본서기》편찬자들이 고의적으로 기내야마또의 천황가유일 왕조사관의 견지에서 조선으로 밀어놓았던것이다.

물론 신공황후 운운따위의 설화는 황당무계한 이야기이다. 그 계보를 따지면 그의 조상은 신라이다. 《일본서기》에는 어머니 신라를 그가 원쑤치듯 치는것으로 만들어 놓았으니 그것부터가 잘못이다. 하지만 신공황후로 대변되는 반신라적세력(야마또)이 정말로 신라와 싸웠다면 그것은 저 멀리의 조선의 신라가 아니라 기비에 있던 신라소국이였을것이다. 오래동안 그 기비 오꾸지방의 신라바다에 전해오는 황소, 진륜귀, 가라고도, 신라왕자와 같은 전설의 존재가 그것을 웅변적으로 말해주고있다.

2. 무덤유적을 통하여 본 신라소국

신라소국은 요시이강동쪽의 오꾸평야를 기본활무대로 삼고 움직였다. 따라서 오꾸평야를 중심으로 한 지대의 무덤들은 필연적으로 신라적색채를 많이 띠게 되였다. 오꾸일대가 고대 기비지방에서 또 하나의 정치적중심지였다는것은 다음과 같은 사실을 통해서도 잘 알수 있다.

1930년 당시 오까야마현 3개 시, 19개 고을들중 오꾸군은 옛무덤수에 있어서 쯔구보군(768기)과 기비군(765기) 다음가는 옛 무덤 집중분포지역(435기)이라고 한다. 이것은 오까야마현 총 옛 무덤수 4 160기 가운데서 제3위를 차지한다.

아래에 일본사람들이 오꾸지역에서 왕급이라고 규정하는 무덤 몇개를 시기순으로 배렬하면 다음과 같다.

게고오지야마무덤(전방후원무덤 110m)→덴진야마무덤(전방후원무덤 125m)→쯔루야마마루야마무덤(원형무덤 50m)→쯔끼야마무덤(90m)→우시부미챠우스야마무덤(밥조개식무덤 55m)→후나야마무덤(전방후원무덤 70m)

오꾸 신라에서는 가장 크다고 할수 있는 게고오지야마무덤과 덴진야마무덤은 하나의 구릉우에 서로 접해있는 무덤이였다. 그 두 전방후원무덤은 지금의 오사후네의 들판이 바라보이는 곳에 있다. 오사후네의 들판이란 앞에서 본 하또리향과 하지향 등을 포괄하고 있는 오꾸평야의 중심부분을 가리킨다.

쯔루야마무덤, 마루야마무덤은 직경 50m나 되는 큰 무덤이다. 그 무덤의 수혈식돌칸에는 조선식으로 속을 파내여 만든 장대한 집모양의 돌널이 있었다고 한다. 또한 무덤에서는 30면이상의 거울과 많은 철기가 나왔으며 그밖에도 주술적색채가 강한 여러가지 껴묻거리 등이 나왔다.

5세기에 들어와서 우시부미 쨔우스야마무덤, 하지 쨔우스야마무덤, 니시스에 쯔끼야마무덤과 같은 중기의 대표적무덤들이 나타난다. 특히 우시부미 쨔우스야마무덤이 있는 언덕우의 여러 작은 무덤들에서는 5세기말부터 6세기초의 스에끼와 U자형보습날, 마구류, 창대패 등이 나왔다고 한다.* 우시부미 쨔우스야마무덤과 그 주위에서 나온 유물들은 완전히 조선제인것으로 하여 주목을 끈다.

* 《일본의 고대유적》오까야마편 23 보육사, 1985년, 208페지

오꾸평야의 중심지대로부터 동쪽에 치우쳐있는 우시마도일대에는 60m에 이르는 하까야마무덤, 가부야마무덤을 비롯하여 5기의 60~70m에 이르는 5세기말~6세기의 전방후원무덤이 바다에 면하여 축조되여있다. 그것은 우시마도와 같은 바다와 통한 좋은 항구를 가지고 세력을 뻗친 신라세력의 일단을 엿볼수 있게 한다.

이상에서 본 오꾸평야의 대표적무덤들이 조선의 신라적무덤들이라는것은 거기서 나온 껴묻거리를 통하여 알수 있다. 오사후네정 우시부미 쨔우스야마무덤에서는 조선제 금동방울달린짐승면(獸面)띠고리가 나왔으며 하지 쨔우스야마무덤에서는 장식달린 조선제질그릇들이 나왔다. 오꾸군 우시마도정 가시노〔鹿忍, 가부야마(鹿步山)무덤?〕와 현재의 비젠시 니시가다야마(西片山)에서도 조선의 신라적인 장식달린 질그릇(6세기)이 나왔다고 한다. 그뿐아니라 5세기말엽경으로 추정되는 쯔끼야마무덤은 조선의 신라적무덤으로 유명하다.

그 무덤은 오사후네정의 동남쪽들판의 남쪽 산기슭에 위치해 있다. 거기에서는 고식의 집모양돌널과 함께 조선의 신라적마구류들이 나왔으며 특히 말자갈과 둥근모양거울판, 둥근칼끝모양행엽은 경주에 있는 신라무덤의 마구류들과 류형이 같다. 같은 오사후네정(長船町)의 깅게이즈까(金鷄塚)무덤에서도 이와 비슷한 둥근모양행엽과 말방울 등이 나왔다고 한다.

오사후네정 가까산(我城山)제6호무덤이나 게고오지야마무덤에서 나온 환두큰칼은 의심할바없는 조선제이다. 그밖에도 우시마도정 하나이나무덤에서는 가나꾸라야마무덤에서 나온것과 같은 조선제도끼형(주머니모양)날이 나왔다.

오꾸군 우시마도일대에는 신라적질그릇들도 나왔다. 우시마도항구앞에 있는 구로시마(黑島)에는 구로시마 제1호, 제2호무덤이 있다. 제1호무덤은 전방후원(약 70m)무덤이며 그 북동쪽에 있는 무덤이 제2호무덤(원형무덤)이다. 둘 다 5세기 후반기경에 축조된것이라고 한다. 제2호무덤에서 고식(초기)의 신라질그릇(스에끼)이 나왔다.

알다싶이 일본의 무덤은 반드시 평야지대만을 통제하는 위치에 있는것은 아니다. 평야지대를 통제하는(거주하는) 무덤이 기본형태를 이루면서 비록 평야지대는 아니지만 철과 소금이 나거나 물산이 집중(거래)되는 곳 또는 천연적으로 좋은 항구 등에 큰 무덤들이 집중분포되였다. 우시마도일대의 무덤축조는 바로 이러한 지리적위치의 결과라고 말할수 있다.

조선의 신라적무덤들이 집중분포되여있는 오꾸평야에는 고대 조리의 유제가 있는데 그것 역시 오꾸지역의 국가발전정형을 보여준다. 오꾸군 오꾸, 후꾸다, 가사까(笠加), 미와, 사이다이지, 도요하라, 이마기일대가 바로 그런 지역이다.

오꾸군을 중심으로 한 일대가 고대에 신라소국이 있던 곳이라는것은 무덤의 분포뿐아니라 신라적돌탑유적을 통해서도 알수 있다.

오꾸의 중심부로부터 북쪽으로 치우친 곳인 현재의 비젠시와 아까아와, 와께의 두 고을의 접경지대에 솟은 구마야마(熊山)는 고래로 령산으로 숭배되여오던 산이다. 그 산꼭대기와 그밖의 여러군데의 봉우리들에는 계단(戒壇)이라고 불리우는 돌로 쌓은 탑유적이 있다. 최근의 조사에 의하면 구마야마에서 탑유적이 적어도 33개소에서 발견되였다고 한다. 그가운데서 보존상태가 제일 좋은것이 산정가까이에 있는 돌탑유적이다.

한변의 길이 11.8m정도의 기단우에 3단의 방형으로 된 탑몸을 올려놓은 그 유적은 그 산에서는 규모가 가장 큰 유적이다. 그 돌탑유적은 깬돌을 가로 쌓아올렸는데 전체적인 높이는 4m정도이다. 그런 류형의 석탑유적은 구마야마산외에는 비젠시와 와께정의 지경에 있는 오나까야마(大中山)에 2기, 오까야마시 오메구리산에 5기가 알려져있다고 한다. 그밖에는 그와 류사한 유적이 일본에서 알려져있지 않다고 한다.

그런 석탑유적이 조선 특히 신라에 연원을 둔것이라는것은 경상북도 의성군 안평면 석탑동, 안동군 복후면 석탑동 및 경상남도 산청군 금서면 화계동의 돌탑유적을 보더라도 잘 알수 있을것이다. 그러한 조선-신라식돌탑유적이 오꾸고을의 북쪽에 있다는것은 곧 그곳에 신라의 소국이 있었기때문이다. 말하자면 오꾸평야일대에서 신라소국을 형성한 조선이주민집단들이 본국인 신라의 본을 따서 구마야마일대에 돌탑유적을 남기였다고 추측하게 된다. 물론 현존하는 돌탑유적들이 좀 후세의것인것만은 사실이다. 하지만 조선이주민집단의 후손들이 그후에도 계속 고국 신라와 련계를 가지면서 고국의것과 꼭 같은 구조물을 얼마든지 만들수 있는것이다. 그리고 또 그 현존하는 돌탑유적이 비록 나라시대(710년-784년)의것이라고 하지만 그러한 유적이 나라시대에 처음으로 만들어졌다고 단언하기는 이르다.

신라식돌탑유적이 오꾸북부와 오나까산, 오메구리산에 걸쳐 있다는것은 매우 중요한 력사적사실을 시사해준다고 생각한다. 즉 30여기에 이르는 종교미신적인 돌탑유적이 오꾸-신라의 북부에 있고 또 몇개의 같은 유적이 요시이강을 사이에 두고 오나까산과 오메구리산에 있다는 사실은 바로 신라세력의 서쪽에로의 진출로정을 잘 보여주는것이라고 생각한다. 《일본서기》에 신라세력이 가라를 타고앉은것으로 되여있다. 죠도-가라를 타고앉은 신라는 죠도(가라)의 성인 오오메구리산성을 차지하고 신라식의 돌탑을 쌓았다고 말할수 있는것이다.

그러면 오꾸신라국의 정치적중심지, 왕궁이 위치한 곳은 어디였겠는가.

그것은 현재의 비젠시 이오산(醫王山, 301.4m)이남의 평야지대일것이다. 그 평야지대에는 인베(伊部), 오우찌(大內), 가가또(香登)등의 지대가 펼쳐져있으며 거기서부터 3km도 못되는 지점에 쯔루야마, 마루야마무덤이 있다. 그리고 앞에서 본 하또리, 이소노가미도 그곳에서 멀지 않다.

이오산아래에는 기비 가야국의 기노죠산성과 비슷한 이름인 오니가죠(鬼城)라는 고대산성이 있다. 산성에는 한다리의 무서운 코 큰 《귀신》(天狗)에 대한 전설이 전한다고 한다. 이오산을 조선식산성인 오니가죠라는 이름과 결부시켜볼 때 그것은 이오산이 아니라 기오산(鬼王山)으로 불리웠던것으로 생각된다고 하며 이오산남쪽기슭에 있는 오가이께(大池, 큰못)는 왕의 못이란 뜻인 오가이께(王池)가 전화된 말이며 거기에서 지척인 오우찌라는 지명은 《王內》, 《皇內》였던것으로 추측할수 있다고 한다.

오우찌란 말은 대내리의 략칭으로서 임금이 사는 왕궁 또는 편전을 가리키는 말이다. 그렇게 보면 그 근처에 집중적으로 분포되여있는 앞에서 지적한 지명들이 다 임금과 관련된 말이라는것을 알수 있다.

고고학적으로 볼 때도 그 일대에 수많은 무덤들이 집결되여있고 그 출토유물들은 조선의 신라적색채가 매우 강하다. 이오산 남쪽 가가또의 오우찌와 오가이께 근처의 남쪽 산기슭과 북쪽 산기슭에는 무수한 무덤들이 널려있으며 이오산(오니가죠)일대에도 후따쯔즈까(二塚)무덤을 비롯하여 무덤들이 많다. 더우기 이오산 남동부 일대에는 큰 규모의 고대가마터인 비젠 북부큰가마터, 서부큰가마터, 남부가마터 등 고대 가마터가 집중되여있으며 거기에서부터 멀지 않은 곳에 가따가미(片上)나루가 있어 바다와 직접 련결되여있다.

우에서 본바와 같은 사실들은 그 일대가 신라소국의 정치적중심지였다고 미루어볼수 있게 한다. 오꾸 우시마도일대를 거점으로 하여 서북쪽으로의 진출을 강화한 신라세력은 지리적으로 유리한 이오산일대에 정치적거점인 소왕도를 두었다고 보인다. 앞으로 이오산의 전면모를 고고학적조사발굴을 통하여 좀더 따져보아야 할것이다.

제3절. 기비지방의 고마(고구려)소국

《일본서기》에는 고마(高麗)에 대한 여러가지 기사가 나온다. 그러나 그것을 자세히 음미하면 성격이 서로 다른 두가지 부류의 기사로 나눌수 있다. 하나는 야마또국가와 조선의 고구려와의 관계기사이며 또 하나는 일본렬도안에 있던 고구려소국에 대한 기사이다. 아래에서 그 대표적기사내용에 대하여 간단히 보려고 한다.

일본렬도안의 고구려소국에 대한 《일본서기》의 기사들을 보면 다음과 같다.

《…고마국어 철의 방패와 표적을 공물로 바쳤다. 고마의 손님들에게 연회를 베푼 후 야마또국가의 군신백료들을 모아놓고 고마에서 헌납한 쇠방패와 표적을 쏘게 하였다. 여러 사람들은 맞히지 못하였는데 단지 이꾸하노오미의 선조 다다히또노 스꾸네만이 쇠표적을 꿰뚫었다. 이때 고마의 손님들이 그의 활쏘기솜씨가 우수한것을 보고 두려워서 다 일어나 절하였다.》*¹

《천황이 대장군 오또모노 무라지 사데히꼬를 보내여 군사 수만을 거느리고 고마를 들이쳤다.… 그 왕이 담을 넘고 도망쳤는데 사데히꼬는 드디여 이긴 기회에 고마왕궁에 들어가서 온갖 금은보화 등을 략탈하고 돌아왔다.》*²

고구려본국에 대해 《일본서기》의 기사들을 보면 다음과 같다.

《고마사람 쯔무리야헤 등이 쯔꾸시에 오니 야마시로에 두었다.》*³

《고시국사람이 말하기를 〈고마의 사신이 풍랑에 신고하여 배길을 잃고 물의 흐름을 따라 표류하다가 갑자기 기슭에 도착하였습니다.〉라고 하였다. 천황이 말하기를 〈내가 제업(왕엽)을 이은지 얼마 안되였다. 고마(고구려)가 길을 잃고 처음으로 고시국의 기슭에 닿았다.… 해당 관청에서는 야마시로국의 사가라까노고을로 하여금 관사를 세워 정갈하게 하여 후하게 공대하게 할것이다.〉라고 말하였다.》*⁴

*¹ 《일본서기》 권11 인덕기 12년 7월, 8월

*² 《일본서기》 권19 흠명기 23년 8월
*³ 우와 같은 책 흠명기 26년 5월
*⁴ 우와 같은 책 흠명기 31년 4월

이 두 부류의 기사를 대조해보면 모순되는 점이 적지 않다. 첫째 부류의 흠명기 23년 8월의 기사는 야마또정권이 고마국에 쳐들어가 왕궁까지 타고앉은것으로 되여있는가 하면 둘째 부류의 흠명기 31년 4월부터 민달 2년 7월까지 계속된 기사는 야마또국이 고마로 쳐들어간 직후에 이어 기록된 기사로서 동해를 거쳐온 고마(고구려)를 극진히 환대한 내용과 판판 다른 내용으로 일관되여있다. 고시국에 도착한 고구려사신을 일본사람들도 야마또정권과 《고구려와의 국교에 관한 최초의 믿을수 있는 기사》*라고 하고 있다.

* 《일본서기》 하권 이와나미서점, 1966년, 128페지

고마가 바친 쇠표적을 야마또국의 무사가 꿰뚫고 고마의 왕궁을 야마또국가가 타고앉았다고 하는 첫째 기사에 나오는 고마를 조선에 있던 고구려라고 한다면 웃음거리로밖에는 되지 않는다. 그것은 당시의 고구려의 강대성에 비추어보면 그 기사가 턱에도 닿지 않는 이야기이기때문이다. 력사적사실은 어느 한번도 일본 야마또정권이 고구려왕궁을 들이친적이 없었으며 동방의 강국으로서의 위용을 떨치고 무기, 무장에 있어서 이웃나라들을 위압한 고구려의 우수한 쇠방패와 표적들을 말도 변변히 타지 못했던 일본 무사가 꿰뚫었다는것은 되지도 않는 소리다. 고시국에 간 고마(고구려)사신이 전한 국서를 읽지 못하여 쩔쩔 맨 일본사람들이 조선에서 간 백제사람들의 후손들의 손을 빌어서 겨우 해득했다는 사실 등을 보아도 알수 있는바와 같이 고마(고구려)와 일본 야마또사이에는 경제, 군사, 문화적으로 벌써 현저한 차이가 있었던것이다. 또 이께우찌 히로시를 비롯한 일본학자들이 당시 고구려는 아시아의 강국인데 일본 야마또에 조공할 까닭이 없다고 한것도 우연치 않다. 그렇다고 첫 부류의 기사내용을 완전한 허구로 몰밀어버릴수는 없다. 8세

기《일본서기》편찬자들은 일본렬도안에 있던 고마소국에 대한 내용기사를 조선의 고구려와의 관계기사에 서툴게 배렬해놓은데 불과하다. 《일본서기》에서 첫째 부류의 고마국이 야마또정권과 상당한 정도로 적대적이였다면 둘째 부류의 고마국은 야마또국가의 귀족들이 동경심을 가지고 사신들을 극진히 환대한데서 알수 있는것처럼 조선에 있던 고구려국이였던것이다.

필자는 기내 야마또정권이 쳐들어가 왕궁을 로략질했다는 고마국과 쇠방패 등을 야마또에 바쳤다는 고마국이 같은 나라였다고 인정한다. 강대한 고구려가 작고 보잘것없는 가야 임나왕이 보낸 군사들의 협공을 받아 괴멸되였다는것도 말이 안되며 신라를 지키기 위해 기껏 100명의 군사를 보냈다는 사실들로 미루어보아 그 고마국이 매우 작은 나라였음을 알수 있다. 신라를 보호하는데 100명 군사밖에는 보내지 못하고 그것도 또 가야-임나의 군사에게 패전당하는 고마는 바로 일본렬도에 있던 약하고 작은 고마소국으로밖에는 볼수 없다.

《일본서기》에 나오는 고마국은 기내 야마또국가와 관련이 많았던 임나(가야)국의 북쪽에 있던 나라였기때문에 그것은 마땅히 기비 가야국의 북쪽에 위치해있었다고 본다. 또 실지로 기비 가야국 북쪽에 고마국이 있었다. 그 위치는 현재 오까야마현 구메(久米)군을 중심으로 한 일대이다. 물론 그밖에도 일본렬도에는《일본서기》를 비롯한 옛 기록에 실리지 않은 고려국도 있었을것이다.

1. 지명유적을 통하여 본 기비 고마소국

현재의 구메군은 오까야마현의 거의 중앙부를 차지하는 고을로서 북쪽은 도마다군과 쯔야마시에, 동쪽은 가쯔다군에, 동남쪽은 아까이와군에, 서남쪽은 미쯔군에, 서북쪽은 마니와군에 각각 린접하고있다. 본래 구메군은 기비 비젠국에 속해있었는데 8세기초 비젠에 속한 구메군 등 6개 고을을 떼내여 미마사까국을 내오면서 비젠국으로부터 떨어져나갔다.(《속일본기》 화동 6년) 8세기 구메군은 오이, 시도리, 니시고리, 나가오까, 이나오까, 가모, 유게쯔, 구메

의 8개 향으로 구성되여있었다.(《화명초》)

옛 구메군은 일본에서도 이름난 쌀생산지의 하나인 쯔야마분지(일명 가가미노분지)와 요시이강과 아사히강을 낀 고장으로서 비교적 온화한 기후와 평야, 농사짓기에 유리한 관개수원천을 가진 곳이다.

《구메》라는것은 《고마》가 변화된 말이다. 즉 《구메》는 자음 《ㄱ》,《ㅁ》는 그대로 있으면서 모음 《ㅗ》가 《ㅜ》로, 《ㅏ》가 《ㅔ》로 모음조화를 이루어 생겼다. 일본에서 헤이안시기 《만엽집》이 편찬될 당시까지도 모음조화가 있었다는것이 일본어학계의 정설이다.

《구메》가 《고마》였다는것은 일본학자들도 인정하고있는데 기다데이기찌(喜田貞吉)가 《구메는 구마의 전화된 말로서 고마히도(肥人)족이다.》* 라고 한것이 그것이다. 일본에서 가야국을 《구야》, 《게야》라고 한것처럼 ㅔ와 ㅏ는 통한다. 이처럼 구메는 구마이며 구마는 고마이다. 말하자면 고마→구마→구메로 되여 오늘에 이른것이다.

* 《오까야마현통사》 1930년, 245페지

구메가 고마(고구려)였음을 좀더 자세히 보자.

구메가 고마의 전화된 말이라는것은 력사자료에 반영되였다. 아래에서 그 근거들을 보면 다음과 같다.

일본의 가장 오랜 력사책인 《고사기》, 《일본서기》에는 신무천황의 《천손강림신화》와 동정설화가 실려있다. 그 내용인즉 《고사기》에 의하면 신무천황이 동정하는 도중 세또나이해의 하야스이또라는 곳에서 거부기 등을 타고온 구니쯔가미(토착신)를 만났다. 신무는 그의 안내를 받아 동쪽으로 항행을 계속하였다고 한다.(《일본서기》에 의하면 구니쯔가미가 거부기 등을 타고온것이 아니라 작은 배를 타고 마중나온것으로 되여있다.)

그런데 그 설화내용이 고구려건국신화와 일맥 상통한다는데 문제점이 있다.

고구려건국신화는 다음과 같이 되여있다.

① 고국을 떠나 강을 건너 새 땅에 가서 나라를 세운다.

② 집단이 강에서 물고기와 자라의 도움을 받아 무사히 강을 건는다.
　③ 건국의 시조는 하늘의 아들로서 아버지켠은 하늘, 어머니켠은 물신의 딸이라는 세가지 점으로 요약할수 있다.
　이 고구려건국신화를 신무동정설화와 대비하면 우선 전자에서는 강을 건느는것이 후자에서는 바다를 건느는것으로, 전자에서의 물고기와 자라가 후자에서는 자라로, 전자에서는 아버지켠이 하늘이고 어머니켠이 강신의 딸이였다면 후자에서는 천손이고 어머니켠이 바다신의 딸로 되여있는것이다. 실로 오십보백보로 큰 차이가 없다. 이와 같은 량자사이의 류사성은 어디로부터 오는것인가.
　거기에는 규슈지방의 가라계통세력에 의하여 단행된 가와찌, 야마또지방에로의 동천 즉 신무동정에 관한 설화에 고구려의 건국신화가 어슴푸레하게나마 반영되였다는것을 알수 있다. 신무동정에는 구메(來日, 久米)베의 조상들이 한몫 끼여있는것이다. 고구려사람들의 진출도 일본력사에 큰 작용을 하였다는것을 알수 있다.
　구메(久米)가 지명이든 인명이든 고구려적요소, 고구려적색채를 많이 띠는것은 십분 주목할 일이다. 실례로 기비 가야국에 기노죠산성과 가야 문만사사이에 있는 구메라는 지대에 구메무덤떼가 있는데 거기에는 방형무덤이 큰 비중을 차지한다. 또한 야마또 아스까의 오꾸야마 구메사에서는 백제적기와와 함께 고구려적기와가 나온다. 요컨대 구메라는것이 고구려와 밀접한 관계가 있던 이름임은 의심할바 없다. 일본의 도처에 있는 구메의 부곡이 군사적성격을 띤것도 고구려와의 관계속에서 고찰하여야 할것이다. 앞으로 구메와 고구려와의 관계를 더 깊이 연구해야 할것이다.
　기비의 구메군(고을)은 일본학자들이 말하는것처럼 부곡명이라고만 할수 없다. 미쯔군 시라이시촌, 기비군 아소촌, 마니와군 유바라촌의 구메 등을 부곡으로 보는것은 수긍할만 하지만 고을전체가 《구메베》로 되였다고는 볼수 없다. 《구메》는 《고마》이며 그 고을은 대화개신이전에는 나라—국으로서 구메국 즉 고마국이였던것이다. 이 구메 즉 고마국이 조선계통의 소국이였다는것은 그 고을의 조선지명을 통해서 잘 알수 있다.

옛 기비 고마국의 남쪽끝으로 볼수 있는 미쯔(御津)군에는 고구려에서 나온 《고려》라는 지명이 집중적으로 분포되여있다. 즉 우가끼촌(宇垣村)의 고오라산, 고마이(駒井, 高麗居), 작은 마을이름으로서의 고오라(河原), 가나가와정(金川町)의 고오라, 우에다께베촌(上建部村)의 웃고오라, 아래 고오라가 있고 이밖에도 고오라지(地), 고후라지(地)라는 지명이 많다. 그 지명들은 고려(高麗)에서 온 지명으로 추측되고있다.(《아까이와군지》 1940년, 301페지)

고을명 구메(고마)와 함께 니시고리, 시도리, 유즈끼 등은 조선계통 부곡명들이다. 시도리라는것은 직물의 옛 이름으로서 아마, 모시 그리고 각종 무명에 무늬를 새겨짠것을 말한다. 그 기술 역시 조선에서 건너간것이며 시도리향이라는것은 바로 그러한 천짜는 사람들이 모여살던 부곡이다. 니시고리는 조선에서 건너간 비단짜는 사람들이 모여살던 부곡명이다. 구메군일대가 조선이주민들이 건너가 살면서 비단들을 짜던 곳이며 그로부터 하나의 향으로 되였다는 것은 구메군 야나하라정에 있는 《쯔끼노와》무덤을 통해서도 잘 알 수 있다. 그 무덤에서 조선적인 거울, 칼, 검, 쇠활촉, 구리활촉과 갖가지 공구들이 나왔으며 또한 80종에 이르는 비단천쪼박 300점이 나왔다고 한다. 특히 도검들은 한개씩 비단천자루속에 넣었던것으로 추정될뿐아니라 매 비단들은 서로 다른 질의것이였다고 한다. 그 비단천들은 그 직조수법이 고도로 치밀하고 세련되였다. 누에는 집누에로서 비단실은 누런색, 붉은색, 풀색, 청색, 갈색 등으로 염색되여있었다는것이 검사에 의해 밝혀졌다고 한다.*

* 《기비의 나라》 가꾸세이사, 1975년, 158페지

이 무덤은 대체로 5세기경의것으로 편년되고있다. 당시 그만한 높은 수준에 도달한 비단짜는 기술은 조선기술을 제외하고는 생각도 못하는것이다. 고마소국에 군림하던 통치배들은 울긋불긋한 비단천들로 궁실을 화려하게 장식하고 또 값진 고운 비단들로 몸들을 휘감고 살았던것이다. 그것은 《일본서기》(흠명기 23년 8월조)에 있는 고마국의 왕궁을 들이쳐서 고마국왕의 내전에 폈다는 《칠직장》이란 장막을 빼앗아왔다는 기록과도 서로 상통하는것이다. 7색

찬란한 가지각색 고운 비단필을 짜는 조선의 수공업자들의 집단이 살았기때문에 그들이 사는 마을을 시도리, 니시고리로 부른것 같다.

2. 고고학적유적을 통하여 본 기비 고마소국

구메군이 고마국이였다는것은 무덤을 비롯한 고고학적유적유물을 통해서도 말할수 있다.

구메군일대의 무덤들의 특징은 첫째로, 무덤형식에 있어서 방형무덤이 지배적이라는것 둘째로, 내용에 있어서 군집무덤의 형태를 띠면서 횡혈식무덤이 많다는것을 들수 있을것이다.

우선 구메군일대에 고구려특유의 방형무덤이 많이 분포되여 있다는 사실이다. 그 일대에 방형무덤이 많다고 하더라도 수장급의 무덤에는 전방후방무덤이 비교적 많다. 쯔야마분지에 있는 가가미노정 시모바라 간논야마무덤(鏡野町, 下原觀音山古墳, 길이 54m), 오까야마현 쇼오정 오까즈까무덤(勝央町, 岡塚古墳, 길이 65m) 같은 쇼오정 우에쯔끼데라야마무덤(植月寺山古墳, 길이 85m)과 미노 다까즈까(美野 高塚)무덤, 다이 다까즈까(田井 高塚)무덤 등 길이 78m 및 36m의 전방후원무덤과 전방후방무덤들, 요시노강 상류의 작은 분지인 미마사까정 나라바라(美作町 楢原)의 로꾸쇼즈까(緣靑塚)무덤, 나라바라데라야마(楢原寺山)무덤(길이 54m), 야나하라정 오지나까(柵原町王子中)무덤, 구메정 나까기따시따 산나리(久米町 中北下 三成)무덤(길이 35m), 구메정 센남 다이니찌즈까무덤(川南 大日塚) 등이 그것이다.

전방후방무덤은 방형무덤에 네모난 제사터인 넓은 제단이 붙은 것인데 그 구조형식은 전방후원무덤과 다른것이 없다. 그 일대의 수장급의 무덤들이 전방후방무덤들이였다는것은 그 일대의 수장들이 고구려적무덤형식을 답습하거나 그 요소를 섭취하여 무덤을 축조하였다는것을 보여준다고 생각된다.

다음으로 구메군에 고구려적무덤형식이 있다는것은 전형적인 군집(떼)무덤이 형성되여있는것을 두고도 이야기할수 있다. 군집무덤이란 무덤떼의 한 형태로서 산턱같은 일정한 좁은 지역에 규모가 같은 무덤들이 밀집해있는것을 말한다. 구메군에는 군집무덤연구의 중심이였다고 하는 현재의 쯔야마시 사라야마(佐良山)촌을 중심으로 한 산기슭에 200기에 이르는 사라야마무덤떼가 있다. 대부분이 15m이하의 작은 원형무덤이 10여개의 갈래별로 나뉘여있는데 (1960년대초에 총 96기) 내부시설은 거의나 다 횡혈식돌칸이다. 군집무덤은 횡혈식돌칸무덤과 함께 고구려에서 발전한것인데 고구려의 강성과 더불어 5~6세기에 이르러 백제, 신라에서도 보급되였다. 그 시원을 따지면 고구려에 있으며 고구려의 문화적영향이 강화되면서 백제와 신라에서도 횡혈식돌칸을 가진 군집무덤이 일반화되였다. 그리고 조선에서의 이러한 무덤형식의 성행은 일본에도 파급되였다. 구메군에 있는 사라야마무덤떼는 그 이름과 그 일대에 진출한 고구려세력의 존재 등으로 보아 고구려적성격을 띠고 있다고 보아도 무방하다.

더우기 이 무덤떼의 이름이 붙은 사라야마(또는 사라라야마)란 사라라노 무라지(佐良連)에서 나온 말로서 사라라노무라지는 백제의 추모왕과 같은 나라 사람인 구메쯔히꼬의 후손이라고 한다. 사라야마무덤떼가 있는 현재의 쯔야마시일대는 고대에 구메 즉 고마군의 중심지역이였다. 사라야마와 구메가 일치한다는것은 《신찬성씨록》의 기사내용과도 부합되는것으로서 매우 시사적이다. 비록 《신찬성씨록》에는 사라야마무라지를 백제국에 포함시켜놓았으나 추모왕(고주몽)의 이름에서 볼수 있듯이 흔히 량자는 혼동하기 쉬운것이다.

구메고을일대가 고마 즉 고구려소국이였기에 그곳의 도처에 고구려문화의 자취가 남아있다. 그러한 대표적실례로 마니와군 구세정의 고단페사(五反廢寺)를 들수 있을것이다.

그 고단페사는 하꾸호시기(7세기 후반기)의 절간인데 그 가람배치는 아직 본격적인 발굴이 진행되지 않아 잘 알수 없다. 하지만 거기에서 나온 큰 기와막새는 다른데서 례를 볼수 없는 고구려식의 기와막새로서 이채를 띠고있다.

현재까지 알려진 기와막새로는 7종류가 알려져있는데 보통 련꽃무늬기와와 세가지 류의 변형련꽃무늬기와가 주목된다. 그 하나에는 비교적 큰 자방(子房)에 9개의 련밥을 놓고 마치도 국화와 같은 가는 련꽃잎이 32잎이나 새겨져있다. 무늬의 주변에는 네겹이나 되는 동그라미를 새겼고 그것이 해살모양으로 16개로 나뉘여져 있다. 그 막새는 크면서도 립체적으로 잘 꾸며져있어 그 양식이 고구려기와막새에 바탕을 두고있다는것을 알수 있게 한다.

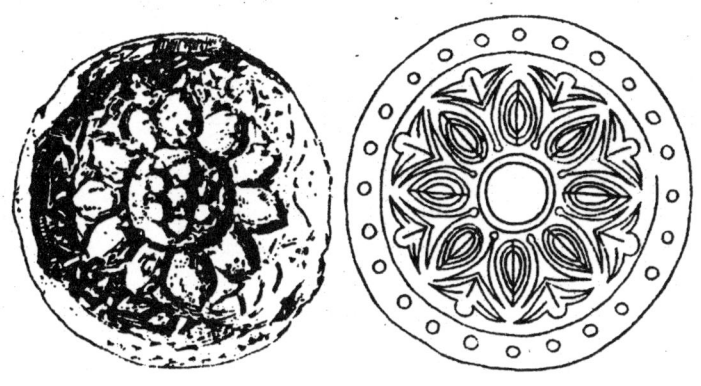

고구려기와

기비 구메군 고단페사터(좌) 평양 안학궁터(우)

다른 두가지 종류는 자방에 7개의 련밥이 있고 그것을 11잎의 련꽃잎이 둘러치고있는데 그 꽃잎은 작고 짧은 도토리모양이다. 꽃잎이 도토리모양으로 된것은 평양시 대성산의 안학궁에서 나온 고구려기와막새에서 확연히 볼수 있어 그것이 고구려에 계통을 두고 있다는것을 알수 있다.*

* 《기비의 나라》 가꾸세이샤, 1975년, 216페지, 《오까야마와 조선》 일본문교출판주식회사, 1984년 참고

고단절터는 구메군 구메정의 바로 곁에 위치해있다. 그곳은 아사히강과 모무기천(日木川)이 합치는 기름진 평야지대이며 고대조리의 유적인 《모꾸기 다조리제》(日木田 條里制)유적이 있는 곳이다. 근처에는 가나야무덤떼(金屋), 다다무덤떼(多田), 도미야무덤떼(富屋) 등이 분포되여있다.

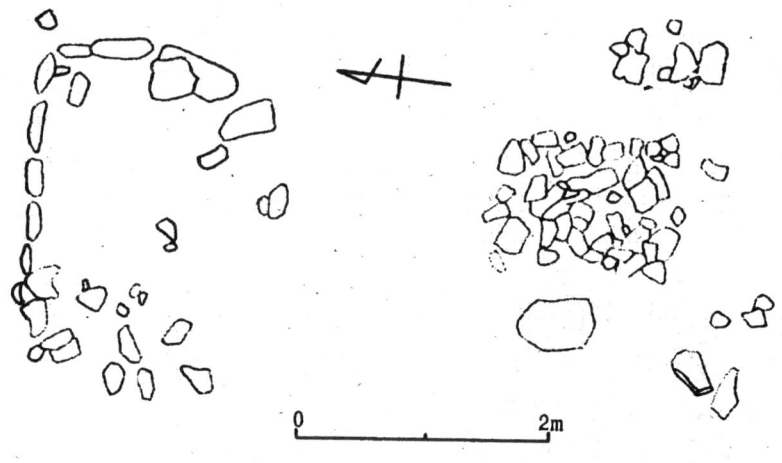

고구려 쇠부리터(자강도 시중군 로남리)

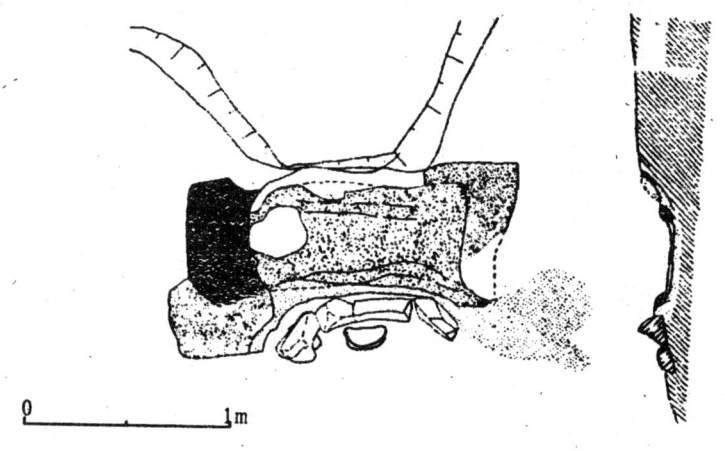

고구려 쇠부리터
(구메군 구메정 오구라이께 미나미제철유적 제4호로)

  이밖에도 고마국의 중심지대라고 할수 있는 현재의 구메군 구메정의 니시고리무덤(錦織)과 시도리무덤(倭文), 산나리무덤(三成)이 삼각선을 이루는 중심중부에는 일본에서 가장 오래된 제철로자리의 하나가 있다는것도 스쳐지날수 없다.
  옛 구메(고마 즉 고구려)군에서는 1984년당시까지 여러기의 고대제철터가 발견되였는데 그 대표적인 유적으로 오구라이께 남쪽

(大藏池南)제철유적(현재 구메군 구메정)과 미도리야마(緣山)제철유적을 들수 있을것이다. 오구라이께 남쪽의 제철유적은 쯔야마분지의 서쪽에 위치해있으며 7면의 작업면과 6기의 제철로터가 조사, 확인되였다. 시기는 6세기 후반기경의것으로 추측되고있다. 미도리야마제철유적은 쯔야마분지의 북동부에 있으며 2기의 제철로터와 9기의 제탄가마터가 확인되였다고 한다.

잘 아는것과 같이 완성된 제철로의 존재는 그곳에 철을 소유한 강력한 국가가 존재해있었음을 웅변으로 보여주고있다. 야마또국에 바쳤다는 쇠방패도 거기서 만들어졌다고 추측할수 있을것이다.

이처럼 한정된 몇가지 단편적인 고고학적자료를 가지고서도 구메군일대는 고구려적색채가 매우 강한 지대였다는것을 알수 있다. 거기에 고구려계통의 소국이 있었다고 하여 그 나라가 내내 순전히 고구려사람들만의 나라였다고 단정할수는 없다. 구메군일대를 맨 처음으로 개척한 고구려사람들과 그 후손들이 그 소국이름을 자기네 본국의 이름을 따서 고마(고구려)라고 지었다가 그후 세월이 흐른 다음에도 그의 자손들과 그 나라에 있던 원주민들이 고구려를 동경하여 계속 고마란 나라이름을 지니고 존재할수 있는것이다. 그리고 초기에는 문화면에서 고구려적영향을 많이 받아오다가 그것이 지속되지 못하고 중단될수도 있는것이다. 《일본서기》에 실린 임나관계 기사에 나오는 둘째 부류의 그러한 고마국을 여기 구메군에서 찾아보게 되는것이다. 일정하게 발전된 쇠부리기술과 직조업 등을 가지고있었으며 기내야마또정권에 쇠방패와 표적을 바친적이 있는 고마국을 기비지방 구메군의 고마(고구려)소국으로 보아야 기내야마또정권의 군사에게 왕궁까지 습격당하게 되고 가야(임나)의 군사들에게 협공당하여 격파되는 기사내용도 충분히 납득이 가는것이다.

그러면 어떻게 되여 고구려의 세력이 그곳에 정착하게 되였는가? 그것은 우선 조선동해를 거쳐 이즈모일대에 정착한 고구려의 일부 세력들이 내륙지역으로 들어가면서 척량산맥을 넘고 쯔야마분지일대에 정착한것으로 생각할수 있다. 이즈모와 그 일대를 련결하는 고대의 도로가 있다는것도 이미 밝혀져있다. 또한 조선동해를 거쳐 이즈모일대에는 신라세력과 함께 가야세력과 고구려세력도 수많이 정착하였던 흔적이 있는데 일본학계의 고고학적학술보고에 의하면 그 일대의 무덤가운데서 1970년대 중엽까지 알려진 무덤만도 540기가 넘으며 그가운데서 111기가 방형무덤이며 방형무덤에 근원을 두고있는 전방후방무덤 역시 60기가량 있다고 한다. 그가운데서 17기가 이즈모지방에 있다.*

* 속《고대사의 수수께끼》아오끼서점, 1976년, 227페지, 《이즈모의 나라》가꾸세이사, 1973년
그후의 조사에 의하면 이즈모의 무덤가운데서 방분은 약 250기에 이르렀다고 한다.

그런데 이즈모지방의 방형무덤 및 전방후방무덤은 같은 이즈모라고 할지라도 마쯔에시(松江)와 야스기시(安來市)를 중심으로 하는 미호만(美保灣)일대를 축으로 하여 분포되여있다. 즉 야스기일대에는 미야야마무덤(전방후방무덤 52m), 쯔꾸리야마 제1호무덤(방형무덤 60m), 제2호무덤(전방후방무덤 50m), 제3호무덤(방형무덤 58×44m) 등의 18개 무덤들이 있고 마쯔에일대에는 야마시로 후따고즈까무덤(山代 二子塚 전방후방무덤 90m), 다께야이와후네무덤(전방후방무덤 50m) 등 76기가 있다.

이미 말한것처럼 방형무덤은 고구려의 독특한 무덤형식인데 그 일대에 방형무덤이 집중적으로 전개되여있다는 사실은 그 일대에 고구려세력이 정착해있었거나 고구려의 강한 영향이 미치고있었다는것을 의미한다. 해류관계로 보더라도 그 일대가 고구려와 련관이 깊었던것으로 짐작된다. 그 지역이 고구려사람들의 정착지였다는것은 미호만의 주위에 고구려와 깊은 련관이 있는 지명과 마을들이 있는것으로도 설명될수 있을것이다.

이즈모 호오끼국 사이호꾸군의 서북쪽

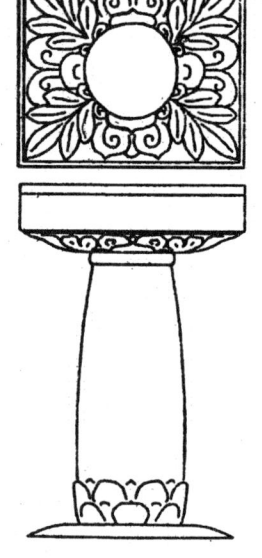

오까미스의 이시도(돌당)
(받침대돌과 련벌쌍와문)

해안에는 코례(高麗)촌이란 마을이 있는데 그곳은 해안충적평야의 일부로서 일찍부터 개척되여 벼농사가 잘된 고장이다. 마을뒤에 솟은 코레이산(孝靈山, 751m)은 곧 고려산이라고 불러오는데 《高麗山》이라고도 쓰며 《韓山》, 《瓦山》이라고도 써서 《가라야마》, 《가와라야마》로도 부른다.(《일본지명대사전》 3권, 2752페지) 그러한 호칭은 물론 《고려》, 《고구려》에서 유래된것이다. 그 산에는 조선식 산성이 있을 가능성이 많다. 그리고 그 산기슭에는 400기이상의 무덤떼를 비롯하여 숱한 고대유적유물이 존재한다. 그것도 고구려의 것이라고 전한다. 또한 그 일대에는 고구려적인 돌말(돌로 만든 말모양조각품, 몸길이 150cm, 높이 61cm)이 있는데 그것이 고구려의 영향에 의해서 만들어진것임은 틀림없다.

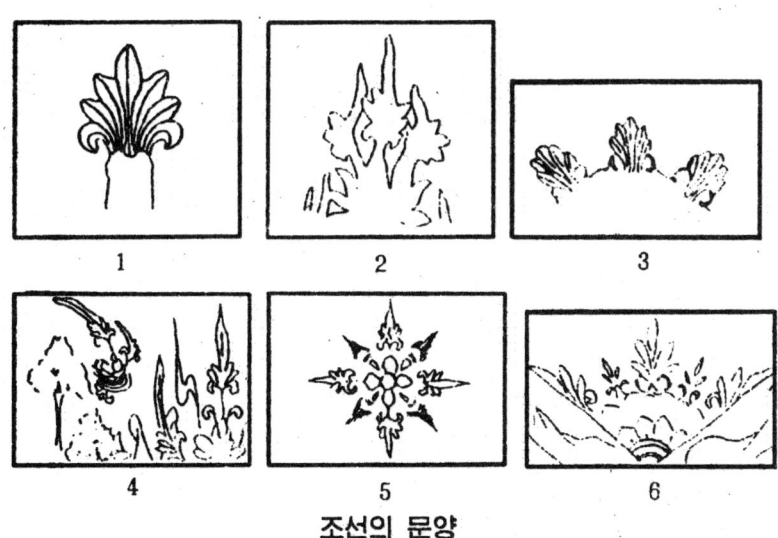

조선의 문양
1. 경주 금관무덤의 초두, 2. 공주 무녕왕릉금관
3. 와까야마 오다니무덤의 마구장식, 4. 룡산리 제4호무덤벽화
5. 룡산리 제1호무덤벽화, 6. 강서큰무덤 천정벽화

고려는 곧 고구려이며 바로 고구려사람들은 좋은 항구가 있는 그 충적평야지대에 진출, 정착한것이였다고 볼수 있다. 그가운데 일부세력이 이즈모거리(出雲街道)를 거쳐 현재의 구세정과 구메정 일대에 진출하여 고마소국을 세웠을수 있는것이다.

다음으로 조선동해바다를 거쳐 현재의 돗또리평야일대에 진출, 정착한 고구려세력이 찌즈거리(智頭街道)를 거쳐 구메군일대에 진출했을수도 있다.

이나바국 이와미군 국부정 오까마스에는 네모난 축대우에 배부른 기둥이 솟은 고구려식돌당(イ堂)이 있다. 돌당은 높이 90cm, 너비와 안길이 6.2m이며 돌로 만든 기단우에 높이 1.78m, 직경 63~75cm의 조선에 특유한 배부른 기둥이 치받고있다. 둥근 기둥우에는 두개의 네모난 돌이나 불탑의 상륜(相輪)을 본딴 돌을 쌓아올렸다. 그 돌당에 고구려무덤벽화에서 보는 인동무늬가 새겨져있다. 일본사람들도 그 인동무늬는 고구려무덤벽화의것과 일치하다고 한결같이 말해오고있다. 그들속에서는 근처에 있는 고구려무덤과 결부시켜 그 일대에 고구려세력이 정착하였다는 가설들이 나오고있다. 오까마스의 돌당의 모습은 룡강에 있는 고구려의 쌍기둥무덤의 기둥이다. 또한 고구려의 후계자인 발해의 상경룡천부 돌등을 방불케 한다. 돌당(고구려적돌칸무덤안에 고여있던 지탱돌로 추측됨)은 일본에서는 가장 큰것이라고 하며 고구려무덤의 특징을 갖춘 그러한 유적은 일본에 다른 실례가 없다고 한다. 돌당의 기둥은 호방한 고구려사람들의 기풍을 보여주듯 굳세고 강렬하여 강한 인상을 준다. 그 축조에서 쓰인 길이를 재는 단위(자) 역시 고마자(高麗尺)를 썼다는것이 판명되였다. 그 일대에 고구려세력이 정착하였다는것은 고구려무덤벽화를 방불케 하는 채색벽화가 발견된 가지야마(梶山)무덤의 존재를 통해서 더 두드러지게 되였다. 가지야마무덤에는 고구려무덤벽화를 모방한 채색그림이 그려져있는데 당시(7세기경) 일본에서는 최고의 수준이라고 할수 있는 가치있는 벽화이다. 오까마스의 돌당과 그리 멀지 않은 곳에 벽화무덤이 있는것은 바로 그 일대에 강한 고구려세력이 존재하였다는것을 보여준다. 당시 돌당은 왕족들의 무덤에만 쓸수 있는 구조물이였다. 그 일대에 틀고앉은 고구려세력의 한갈래가 찌즈가도(거리)를 거슬러 산줄기를 넘어 현재의 구매정일대에 정착하여 고마소국을 형성하였다고 보아지는것이다. 방형무덤의 분포와 고대도로의 개척은 바로 고구려사람들의 그러한 진출을 력사적으로 증명해주고있다.

제4절. 빙고지방의 아나-백제소국과 와께 백제소국

지금의 히로시마현 동쪽인 빙고지방에는 백제-아나의 조선계통소국이 있었다.

거기에는 조선으로부터 주민들이 이주, 정착할수 있는 배길이 열려져있었으며 고국과 련결된 좋은 나루(항구)가 있었다.

빙고 앞바다에는 배길로 조선과 통하는 배정박지로서 《하시리지마》(走島)라는 섬이 있다.* 그리고 아시다강 하류류역에는 후까쯔(深津)와 나라쯔(奈良津)라는 좋은 나루가 있었다. 후자는 나라(국가라는 조선말)의 나루란 뜻이고 전자는 그대로 고을명이 되였다. 고대의 나루는 중세기전기간 향촌이름으로 되여 전해왔다.

* 《일본지명대사전》5권 일본서방, 4735페지

누마구마반도는 바다를 거쳐 아시다강 하류류역에 있는 백제-아나소국에로 들어가는 요해지에 해당한다. 누마구마반도남쪽끝에 위치한 구마노봉(熊野峰)남쪽기슭에 도모쯔(鞆津)라는 나루가 있다. 도모쯔는 오랜 기간 세또나이해의 요충항으로 알려져왔다. 그런데 이 도모쯔에는 고대에 가라쯔 즉 조선나루라는 이름이 붙어있었다. 일설에 의하면 그 나루는 《신공황후의 삼한정벌》때 만들었다고 한다. 그것은 허황한 말이지만 조선과 관련시켜 부른 나루임에는 틀림없다.

어떤 일본학자의 설에 의하면 《鞆》는 가라로도, 도모로도 읽는다. 일본학자들은 도모라고 쓰고 왜 가라로 읽는가에 대하여 여러가지로 설명하지만* 요컨대 오래동안 조선의 나루란 뜻으로 가라쯔라고 불러오던것을 해당한 한자로 적당히 맞춘데 불과한것이다.

* 《일선사화》조선총독부, 1927년, 89페지

거기에 가라쯔(도모쯔)라는 조선이름이 붙은 나루(항구)가 있다는것은 그만큼 빙고 백제-아나소국이 고국과의 왕래가 잦았다는것을 말해준다.

빙고는 천무통치시기(673년-686년) 기비국의 서쪽땅에 있는 12개 고을을 떼서 만들었다고 한다.

《국조본기》에 의하면 조작된 인물인 경행《천황》(71년-130년)때 기비노아나의 구니노미야쯔꼬를 정했다고 하며《일본서기》에는 그 나라가 아나(婀娜)국이라고 밝혔다.《화명초》는 빙고의 이 나라를 아나(安那)로 쓰고 야스나라고 훈을 달았다. 하지만 한자로 어떻게 표기하든 빙고에 있는 그것은 아나 즉 아라국이였다. 아나와 아라는 통하는 음이다. 대화개신후 아나국은 중세기전기간 계속 아나(安那)로 쓰고 야스나로 읽어오다가 1899년 10월 후까쯔군과 합쳐 후까야스군으로 부르게 되면서 그 나라의 본래의 고유한 이름 아나란 단어는 사라지고말았다.

빙고에 있던 아나국이야말로 기비에 있던 또 하나의 조선소국-아나(아라)소국이였다.

아나소국의 령역은 오야께(大家)를 비롯한 5개의 향촌으로서 오늘의 소자시 중심의 가야국(미마나국)의 판도로 추정되는 오다군 및 아사구찌군과 경계가 잇닿아있었다. 근세까지 세또나이해를 가리키던 기비의 아나우미(穴海)란 바로 고지마만과 아시다강하류 앞바다를 통틀어 부르던 명칭이였다.

아나소국이 자리잡은 아시다강류역은 빗쮸의 다까하시강이나 비젠의 요시이강, 아사히강과 마찬가지로 아시강으로 해마다 흘러내려오는 막대한 량의 토량에 의하여 삼각주가 이루어진 곳이였으며 농사에 비교적 유리한 지대였다.

온화한 기후와 비옥한 충적평야 등은 비젠, 빗쮸의 자연지리적 조건과 매우 근사하며 거기에 같은 계렬의 가야국사람들이 이주하여 자리잡았다고 보인다.

그런데 그 일대에는 무덤을 통하여 보면 4~5세기경까지는 그렇게 강력한 세력이 합거하지 못한것 같다. 그것은 일본 고분문화시기 전반기의 무덤은 아직 주목되게 이야기되는것이 없기때문이다.

5세기말~6세기초에 와서는 그 일대에 큰 돌칸무덤이 집중적으로 나타나기 시작한다. 그것은 6세기 초경에 와서 상당한 규모의 세력이 그곳에서 대두하였다는것을 시사해준다. 바로 그 시기가 아나소국의 강성기였다고 보이며 그것은 또한 백제세력의 대두를 의미하는것이다.*

* 아시다강하류류역의 무덤떼의 양상은 주로《고대기비》(1~5집, 합정본, 고대기비연구회, 1976년)에 수록된《빙고 아시다강하류류역의 고분떼》(1~3)를 참고하였다.

이 일대의 무덤의 양상을 좀더 구체적으로 보자.

아시다강류역에는 무수한 무덤떼가 집중적으로 분포되여있다. 그중 고분문화시기 전반기의 무덤으로는 가야(加屋)무덤떼를 비롯하여 돌상자무덤이 지배적이고 일부 점토곽이 있다. 돌상자무덤은 간단한 둥근무덤으로서 시체가 겨우 누울수 있을 정도의 비좁은 넓이에 네 벽을 돌로 에워싸고 편평한 4~5장의 판돌로 뚜껑돌을 씌웠다. 껴묻거리로서는 철기가 비교적 많은데 쇠도끼, 쇠낫, 대패 등의 공구와 큰칼, 검, 손칼, 쇠활촉 등의 무기류도 보인다.

아시다강하류의 대표적무덤으로는 우에 든 가야무덤떼와 구마노(能野)무덤떼, 누마구마(沼隈)무덤떼, 다지리(田尻)무덤떼, 기지마(箕島)무덤떼 등이 있다. 그 무덤떼들은 주로 빙고의 남동부지역인 후까야스군 감나베정과 현재 후꾸야마시에 병합된 가모정, 에끼야정, 아시다정과 아시시나군 신이찌정, 후쮸시에 계속되는 충적평야와 구릉지에 밀집해있다.

아시다강하류류역의 무덤의 양상에서 특기할것은 돌상자무덤과 점토곽이 무리지어있는 가운데 눈에 띄게 큰 일련의 횡혈식돌칸무덤들이 있다는것이다.

아시다강하류류역의 횡혈식돌칸무덤은 주로 6세기에 축조된것들이라고 한다. 후까쯔만주변의 무덤떼를 비롯하여 하또리강(服部川)류역의 구릉우에는 후다고즈까(二子塚)무덤, 야마노가미(山之神)무덤, 다까라즈까(寶塚)무덤, 후다즈까(二塚)무덤, 오사고 낑깐즈까(大迫 金環塚)무덤, 기다즈까(北塚)무덤 등이 있다. 그밖에도 고분문화시기 중기이후의 횡혈식돌칸무덤떼로서는 고료(御領)무덤떼, 고까우시야마(五牛山)무덤떼, 가모무덤떼, 도데(戶手)무덤떼 등이 있다. 특히 고료무덤떼에는 감나베정의 평야를 내려다보는 북쪽의 산마루로부터 산허리에 걸쳐 200여기의 횡혈식돌칸무덤이 있다. 그 무덤떼는 아나국의 본거지에 축조된 무덤떼로 추측되고있다. 거기에는 고대 조리의 유제도 현존한다. 더우기 주목할 사실은 그와 같은 문화시기의 대표적무덤들이 하또리강하류의 구릉우 직경 1.5km 범위안에 있다는 사실이다. 또한 큰 돌칸을 가진 6세기의 이 횡혈식돌칸무덤들은 껴묻거리에 마구류가 많으며 각종 금동제품도 있다.

대표적무덤 몇기를 보면 다음과 같다.

후다고야마무덤은 길이가 68m의 전방후원무덤이다. 후원부의 길이 13m, 무덤칸의 폭 2m의 횡혈식돌칸이 있다. 전방부에도 횡혈식돌칸이 있었다고 하며 그 축조시기는 6세기 후반기로 비정된다고 한다.

야마노마에(山之前)무덤은 후까야스군 가모정(현재 후꾸야마시 가모정)에 있는 산기슭의 작은 언덕을 개조하여 축조하였다. 후원부의 직경 19m, 높이 7.9m, 전방부의 길이 18m, 폭 약 18m, 높이 5m이다. 내부구조는 후원부의 가운데에 횡혈식돌칸이 있다. 무덤칸과 무덤길은 한쪽날개식의 평면설계이다. 안길이는 6.35m, 폭은 무덤칸에서 2.9m, 무덤길에서 1.26m이다. 높이는 무덤칸이 3.32m에 무덤길이 1.25m이다. 유물로는 금동둥근알, 쇠도끼대가리, 행엽, 운주 등의 마구류와 방형장식구, 스에끼 등이 나왔다고 한다.*

* 《고대기비》(1~5집 합정본) 수록《빈고 아시다강하류류역의 고분떼》(Ⅰ, Ⅱ, Ⅲ)

특기할 유물은 깅깐즈까무덤과 기지마무덤떼의 가마야(釜屋)제 1호무덤에서 나왔다.

빙고지방에서도 손꼽히는 횡혈식돌칸무덤인 오사고의 깅깐즈까무덤에서는 매우 우수한 금귀고리가 나왔다. 금귀고리는(가락지인듯 하다.) 직경 2.3cm와 2.6cm의 편원형의 엷은 금판을 둥글게 구부려 만들어 밀랍 등으로 이음짬을 붙인것이다. 이것은 당시 일본에는 없고 오직 조선에만 고유한 금귀고리이라고 말할수 있다.

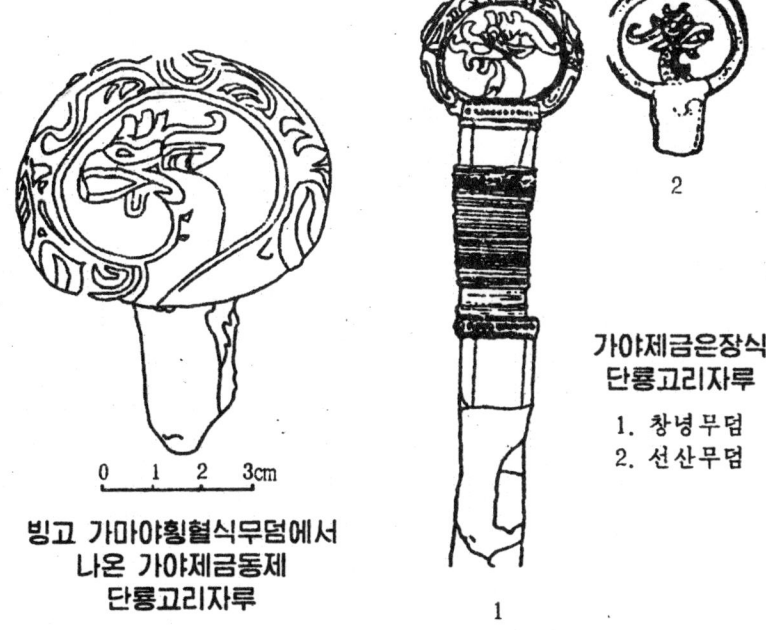

가야제금은장식
단룡고리자루
1. 창녕무덤
2. 선산무덤

빙고 가마야횡혈식무덤에서
나온 가야제금동제
단룡고리자루

가마야 제1호무덤에서는 금동제단룡환두의 자루대가리부분이 나왔다. 6.5cm와 5cm의 타원형을 이룬 환두자루는 가운데에 구슬을 문 룡대가리를 새겨넣고 룡의 동체가 타원형에 휘감겨 고리모양을 이루었다. 몸에도 인동무늬같은 무늬가 돋우새겨져있는 아주 우수한 작품이다. 일본학자들은 유력한 호족의 소지품으로 고분문화시기 후기의것으로 추측하는것 같다.* 그밖에도 스에끼와 쇠칼 등이 나왔다고 한다.

* 《고대기비》(1~5집 합정본) 1976년, 121페지. 빙고지방에는 그밖에도 아시시나군, 신이찌정 아이가따시오구비(相方汐肖)무덤에서 우수한 금동제칼자루가 나왔다고 한다.

이상에서 본 아시다강하류류역일대의 무덤들의 양상은 거기에 소국가가 발생발전하였다는것과 6세기(고분문화시기 후기)에 와서 갑자기 강성하였음을 보여주고있다.

빙고 동남쪽에 아나소국이 있다는것은 아나라는 지명(국명)과 무덤의 양상에 의해서뿐아니라 거기에 있는 조선식산성을 보아도 잘 알수 있다.

《속일본기》〔권8 양로 3년(719년) 12월 무술〕에는 다음과 같은 페성기사가 실려있다.

《빙고국 아나군의 우바라끼(茨城)와 아시다군의 쯔네끼(常城)를 정지한다.》

이 기사는 고대부터 빙고지방에 있었으며 7세기 야마또정권이 서부일본을 통합한 후에는 야마또정권이 관할하던 성새에 대한 페성기록이다. 그 두성이 언제 축성되였으며 누가 어떻게 운영하였는지는 아무런 기록에도 없다. 다만 8세기초에 페지한다는 사실을 전하는 이 기록이 있을뿐이다. 하지만 이 기록을 통하여 빙고의 아나군과 아시다군에 두개의 조선식산성이 있었다는 귀중한 기록을 보게 되는것이다.

《속일본기》에 실린 우바라기와 쯔네기에 대한 과학적조사발굴은 아직 진행되지 않았다. 다만 개별적사람의 답사가 있었을뿐이다. 현재 초보적으로 도달된 일본학계의 견해에* 기초하여 간단히 그 내용을 보면 다음과 같다.

* 《북규슈 세도우찌의 고대산성》 명저출판, 388~407페지

아시다군의 쯔네끼는 후쮸시와 아시시나군 신이찌정과의 지경에 있는 히노미산(火金山 300m)을 정점으로 하고 후쮸시의 혼야마정과 신이찌정의 쯔네(常)마을에 걸쳐 축조된 큰 산성이다. 쯔네마을은 《화명초》에 나오는 아시다군 쯔네(都禰)향이다. 표고 539.4m의 가메가시마(絶島)의 북쪽부분에는 물원천이 매우 풍부한데 바로 히노미산은 그 한 봉우리이다.

산성주변을 시굴한 결과 3칸(1칸은 약 1.8m)정도의 초석떼와 스에끼, 못, 하지끼 등이 나왔다고 한다.

산성이 위치한 곳은 아시다강이 흐르는 후쮸시가지의 북쪽에 솟아있어 눈아래에 빙고국부자리가 내려다보인다. 남쪽으로는 세또나이해를 넘겨다볼수 있다. 산성은 이미 보아온 대표적무덤떼들을 내려다보는 위치에 있으며 무덤떼와 산성은 일체를 이루고있다. 따라서 8세기초의 페성기사가 나온 두 산성은 적어도 대표적무덤떼의

축조가 한창이던 6세기에는 완성되였을것으로 추측된다.*

* 두 산성의 첫 축조시기가 어느 정도로 올라가는지 잘 알수 없다. 그러나 야요이문화시기부터의 여러 유적(례하면 고지성집락의 존재)들의 분포와 4~5세기경의 돌상자무덤과 점토곽이 일찍부터 출현한다는 사실 그리고 감나비(甘南備)신사와 감나베(神邊)라는 지명이 오래동안 전해온것으로 보아 산성의 유래는 퍽 오랠것이 예견된다.

우바라기산성은 현재의 조오산(藏王山)과 지오산(地王山)일대로 비정되고있으나 아직 확정되지 못하였다. 하지만 앞으로 연구가 심화될수록 조선식산성들인 우바라기산성과 쯔네기산성의 진면모는 더 잘 드러나게 될것이다.

우에서 빙고 아나소국의 대체적륜곽을 살펴보았다. 그런데 문제는 빙고 아나소국우에 백제세력이 덮쳐 빙고 아나소국은 백제-아나계통세력으로 된다는 사실이다.

빙고 후꾸야마평야의 무덤을 볼 때 4~5세기의 무덤들은 주로 작은 소원형무덤으로서 돌상자무덤과 점토곽이 많았다. 유물로는 쇠도끼, 쇠낫, 대패, 쇠활촉 등 철기가 많다. 이것은 그 시기 거기에 진출, 정착한 집단이 돌상자와 점토곽을 쓰고 또 철기를 푼푼히 쓰는 집단 즉 가야지방에서 간 이주민집단이였음을 보여준다. 그런데 고분문화시기 후기에 들어와서 앞에서 본바와 같이 눈에 띄게 큰 횡혈식돌칸무덤들이 출현하는것이다. 그 양상은 마치도 우수한 횡혈식무덤에 묻힌자가 작은 소원형무덤을 지배한듯 한 양상을 띠고있다. 말하자면 6세기에 들어와서 출현한 횡혈식돌칸무덤은 빙고의 돌상자무덤이나 점토곽에서 발전한것이 아니라 외부에서 들어온것으로 보인다는 사실이다.

그것을 증명해주는것이 고분문화시기 후기의 백제계통무덤들이다.

후쮸시 신이찌정 도데의 오사야마시라즈까(大佐山白塚)무덤의 돌칸은 네 벽이 통돌로 되였으며 전체벽에 회를 발랐다. 그리고 후꾸야마시 아시다정 소네다시라즈까(曾根田白塚)무덤의 내부구조는 고구려-백제계통의 돌칸으로 되여있다. 그 무덤도 전체벽면에 회칠을 하였다. 또 후꾸야마시 가모정에는 이노고(猪之子)무덤이 있고 아시시나군 신이찌정 쯔네 아시우라(岸浦)의 표고 200m지점에는 오이찌(尾市) 제1호무덤이 있다. 이 두 무덤은 다같이 고구려-백제계통의 횡구식돌칸으로 되여있으며 한 벽면에는 회가 진하게 칠해져 있었다. 이 횡구식돌칸무덤은 두말할것없이 공주 룡산리의 여러 백제무덤들에 그 시원을 두고있다. 그리고 아시시나군 신이찌정 도데에서 나온 집모양돌널은 오사야마시라즈까무덤이 있는 구릉에서 뽑아온것이다. 그 집모양돌널 역시 백제의것임에 틀림없다. 그리고 가마야 제1호무덤에서 나온 단룡칼자루의 자루고리도 가야-백제계통의 칼자루장식이다.

보는바와 같이 굳은 화강암을 따내여 가공해서 돌칸, 돌곽을 만드는것은 당시의 일본에서는 볼수 없는 기술이였다. 속을 도려내는것 또한 마찬가지이다. 이와 같은 앞선 석재가공기술은 《새롭게 조선반도 등에서 도입된 기술》[1]인것이다. 그러한 기술이 갑자기 빙고 후꾸야마평야에 나타난것은 비교적 강력한 백제의 주민집단이 빙고 아나소국우에 덮쳤다는것을 말해준다. 《국조본기》에 아나국의 조상이 와니씨의 후예라고 밝혀져있는것도 그 사실과 관련될것이다. 와니씨는 백제계통이주민들이다.[2]

  [1] 《기비고대사의 미지를 풀다》 신인물왕래사, 151페지
  [2] 와니씨는 《일본서기》(권10 응신 15년)에 《…백제에 보내서 와니를 부르게 하였다.》라고 씌여져있는데서 알수 있는것처럼 백제계통의 사람임이 틀림없다.

또한 회를 바른 이 여러 횡구식돌곽무덤은 고구려-백제의 무덤으로 널리 알려진 야마또 아스까의 다까마쯔즈까무덤과 신통히도 같다는 사실을 지적할수 있다. 이것은 그 무덤떼의 조선적성격, 더 구체적으로는 백제적성격을 잘 보여주는 뚜렷한 실례의 하나이다.

본래 백제계통세력은 빙고 아나소국이 있던 후꾸야마평야의 린접인 미쯔기군과 도요다군일대에 할거해있었다. 《예번통지》(芸藩通志, 159권 19세기초 편찬)라는 일본의 지방

지에 쓰여진 미쯔기군항목에 의하면 고을안에 가라가와(加羅加波)라는 계곡이 있는데 거기에 가라가와신사가 있다고 한다. 그런데 주목할것은 그 신사는 오야마(大山)신사를 그렇게 부르기도 하고 또 지금은 가라가와대왕이라고 칭한다고 하며 본래는 그 마을 이름이던것이 어느때부터인가 작은 신사명으로 변하고말았다고 한것이다.

알다싶이 오마야신사는 백제신을 신으로 받드는 사당이다. 가라의 이름을 가진 그 고을에 백제신을 제사지내는 고을이 있다는것은 그 고을이 본시 백제-가라소국이였기때문이다.

이러저러한 사정으로 백제계통사람들이 세운 나라이름은 인멸되고말았으나 백제사람들이 남긴 유적들은 지금까지도 그곳에 남아 전한다.

백제사람들이 남긴 유적가운데서 대표적무덤은 현재 히로시마현 도요다군 혼고정 미마미가따산의 경사면에 있는 미도시로무덤이다.(둥근무덤) 횡혈식돌칸은 남쪽에 출입구가 나있으며 두 날개식의 현문달린 여러 칸의 평면구조이다. 무덤칸의 전체 길이는 10.8m, 뒤칸의 길이는 3.4m, 폭은 1.9m, 높이는 약 2.1m이다. 앞칸의 길이는 약 2.5m, 폭은 약 2m, 높이는 2.05m이다. 거기에 4m 남짓한 무덤길이 달려있다.

특징적인것은 앞칸과 뒤칸에 화강암을 까서 만든 집모양돌널을 안치한것이다. 벽은 화강암통돌을 미끈하게 따내서 축조했는데 안벽과 뒤칸우측벽, 앞칸좌측벽은 통돌을 썼으며 뚜껑돌은 앞뒤칸이 다 하나의 통돌로 되여있다.

화강암의 통돌벽면을 조성하는것은 6세기이후의 조선 특히 백제에 고유한 수법이다. 집모양돌널 또한 연원을 백제에 두고있다. 미도시로무덤의 집모양돌널은 백제계통소국이 있던 히고에다 후나야마무덤의 집모양돌널에 이어진다.

미도시로무덤의 횡혈식돌칸위 조성은 야마또 아스까의 이와야마(岩屋山)무덤과 오니노셋찐(鬼之厠)무덤 등에 드문히 몇기 보일뿐이다. 그것은 기술과 방법에 있어서 백제계통수공업기술자들의 수법을 채용하였다. 이미 본바와 같이 이와야마무덤이나 오니노셋찐무덤 등은 백제계통수공업기술자들의 손에서 만들어진것일것이다.

그 일대에 백제에서 건너간 세력이 자리잡았던것은 분명하다.

- 139 -

이 백제세력은 아나소국우에 덮쳐서 아나소국은 백제-아나소국으로 되고 마침내는 백제소국으로 불리웠을것이다. 또 때로는 아나소국이라고도 하였다. 《일본서기》〔안한천황 2년(535년) 5월〕에 야마또정권이 아나국에 이에미야께, 이또시 베미야께를 설치했다는것이 그것이다. 그러나 백제계통의 큰 무덤들의 존재, 백제사람 와니의 자손들의 번성은 백제세력이 그 일대를 타고앉았던 까닭에 백제라는 호칭으로도 그 일대가 불리웠겠다는것을 충분히 말할수 있게 한다.

기비지방에서 또 하나의 구다라-백제소국은 와께(和氣)군일대에 있었다.

와께군일대가 옛 구다라소국이였다는것은 거기에 구다라(백제)에서 유래된 마을이름이 있는것으로도 알수 있다. 와께군에는 근세까지만 하여도 여러개의 구다라마을이 있었는데 《대다라》라는것이 바로 그 하나이다.

자료에 의하면 오늘날 와께군에는 두곳에 《대다라》라는 지명이 남아있다. 옛 미구니촌(三國村大字多麻字大多羅)과 시오다촌(鹽田村大字北山方字大多羅)이 바로 그것이다.*¹ 그리고 《대다라》(大多羅)는 일명 《百濟》(구다라) 또는 《거다라》(居陀羅)라고 한다. 어떤 일본사람은 이에 대하여 《〈居〉(거)가 크다는 뜻이라면 〈거다라〉(居陀羅) 즉 〈大多羅〉(대다라, 구다라)이다.》라고 단언하였다.*² 《대다라》라는 지명이 조선적지명이고 보면 우의 추리는 십분 가능하며 타당하다.

    *¹, *² 《오까야마현통사》 1930년, 230페지, 《아까이와군지》 1940년, 301페지

오늘까지도 와께군에 전하는 《구다라》라는 지명이 옛 구다라소국의 유제이며 구다라소국을 구성했던 구다라마을일것이다. 또는 소국명이 세월의 흐름속에 향촌이름으로 둔갑했을지도 모른다.

후에 또 보겠지만 죠도군 가지촌에 있는 《대다라》(可知村大字大多羅)는 《다다라》라고 읽었다. 그것은 《大》자가 많을 다(多)와 통하기때문이다. 《일본서기》에 구다라가 남가라(南加羅)의 다다라를 타고 앉았다고 한것을 보면 후에 다다라도 구다라라고 부르게 되였

는지 모른다..

 8세기경까지의 와께군은 요시이강을 가운데에 끼고 요시이강 중류일대에서 옛 이와나시군과 와께군, 아까사까일대를 차지하고있던 비교적 큰 고을이였다. 무덤의 축조와 분포를 보아도 그 일대가 력사도 오래며 문화도 일정하게 발전한 곳이였음을 알수 있다. 하지만 《고사기》와 《일본서기》의 8세기이전의 력사에는 그 고을이 전혀 나타나지 않는다. 그러다가 갑자기 그 존재는 와께 기여마로의 중앙정계에로의 진출로 알려지게 된다.

 잘 알려진바와 같이 와께 기여마로는 누이 법균(히로무시)과 함께 야마또로 가자마자 법균은 당시의 녀왕의 총애를 받는 실력자가 되며 기여마로 역시 비젠과 미마사까를 통제하는 구니노미야쯔꼬(국조)가 된다. 법균은 야마또의 정계를 궁실안에서 좌지우지하며 기여마로는 헤이안경 천도와 오사까, 셋쯔, 가와찌 하천공사 등의 대토목공사를 맡아 추진하는 실권을 가진다. 이러한 출세는 어떻게 이룩되였는가. 그것은 당시 야마또(和-환무천황의 외가족속)씨와 력대로 야마또정권을 좌지우지하던 백제계통세력인 후지 하라씨(나까도미노가마다리계통)의 뒤받침이 있었기때문이다.

 환무천황의 어머니인 야마또씨는 백제 무녕왕 순타왕자의 후손일뿐아니라 후지하라-와께군의 토호였다. 말하자면 와께씨자체가 야마또씨와 동족인 무녕왕의 계통을 잇는 백제계통귀족의 후손이였다. 야마또씨가 후에 야마또에 살게 되여 야마또씨로 부르게 되기 전에는 바로 기비 구다라소국에 있었던것으로 보인다. 그렇게 말할수 있는 근거는 환무천황의 어머니 즉 중궁인 야마또(和)씨는 기요마로에게 지시하여 자기의 계보(족보)를 편찬해 바치게 하였다는데서 알수 있다. 기요마로가 직접 중궁(다까노황후)의 지시를 받아 야마또씨의 계보를 만들게 된 리면에는 비단 그가 서무에 밝아서뿐아니라 그가 야마또씨의 래력과 계보를 가장 잘 알기때문이며 그것은 또 나아가서 자기자신의 계보였기때문이다. 법균과 기여마로가 중앙정계에 갑자기 올라와 권세를 잡게 된것도 야마또씨의 뒤받침이 있었기때문이며 따라서 그가 야마또씨의 계보까지 만들게 된 사실을 결코 우연한것으로 볼수 없다. 심지어 《류취국사》에 의하면 그때 기요마로가 편찬하였다고 하는 야마또씨의 계보란 다름이 아니라 와께씨의 계보였다고 밝히고있는것이다.*

* 증보《륙국사》권5 아사히신붕사, 1940년, 26페지

와께씨의 조상이 일명 《이와나시노누데시꼬》라고 하는데서 알수 있는것처럼 처음에 기비 구다라세력은 이와나시고을에 있다가 후에 와께일대에 있던 작은 소국을 합친것으로 볼수 있다. 말하자면 백제(구다라)소국은 이와나시고을과 와께고을일대에 걸쳐 있었다고 보인다.

백제 무녕왕의 아들 순타왕자의 후손이라고 자칭한 야마또씨는 기내 야마또에 사당을 옮긴 다음부터 비로소 야마또씨라고 하였으나 그 이전은 무엇이라 불렀는지 옛 력사책에는 전하는 기록이 없다. 또한 그가 어디서 왔는지조차 분명치 않다. 하지만 야마또씨가 와께 기여마로에게 자기의 족보를 쓰게 했다는 사실, 야마또씨가 와께 기여마로와 같은 계보에서 나왔다는 기록 그리고 와께 기여마로의 중앙정계진출을 뒤받침해준것 등으로 보아 야마또씨가 분명 기비 요시이강일대의 와께와 이와나시고을에 있던 구다라소국에서 왔다는것이 틀림없다. 또 실지로 그 일대에는 백제왕자들이 정착했다는 여러 문헌기록들이 있는것이다.

16세기말 전국시대의 장수 우끼다 히데이에는 비젠일대출신의 장수인데 그의 조상은 그 일대에 정착한 백제왕자들이였다고 한다. 이것은 조선책인 정희득의 《월봉해상록》과 일본책인 《기비군서집성》 그리고 그밖의 고문헌의 여러 기록을 통해서도 알수 있다. 즉 현재의 오까야마시 사이다이지 오꾸향 홍안사에는 《우끼다 요시이에 입도상진화상》이라는 화상(94cm×48cm)이 소장되여있다. 그 그림에 교도 남선사의 중 구봉종성이 1524년에 쓴 《찬》을 기록하였다. 그 《찬》에 의하면 《그는 …지용이 겸비되여 공명을 독차지하게 되였다. 본관은 백제이다. …가만히 우끼다의 족보를 보니 그는 대대로 백제국에서 살았었는데 어느때 형제 세명이 배를 타고 비젠국의 한 섬에 도착하였다.…》라고 하였다. 여기서 말하는 섬이란 오늘의 고지마섬을 말한다. 우리는 이것을 통하여 그곳 일대에 백제왕자들이라고 하는 정치세력들이 정착했음을 알수 있는것이다.

와께씨는 《신찬성씨록》에 의하면 황벌에 속하는것으로 되여

있다. 그런데 《신찬성씨록》(우경 황별 하)의 와께아손조에는 그들이 수인천황의 아들인 누데시와께의 후손이라고 하였다. 일본사람들마저도 수인천황이 실재한 인물이였다고 보지는 않는다. 따라서 수인천황의 자손이기에 황벌에 포함시켰다는것은 사실상 아무런 력사적 근거도 없는 말이다. 그렇다면 왜 《신찬성씨록》에는 와께씨를 황벌에 포함시켰겠는가.

그것은 《신찬성씨록》편찬을 위하여 매 씨족별로 족보를 제출하게 하였을 때 당시의 집권자였던 환문천황(737년-800년)이 야마또씨의 계보와 같은 백제계통이였기에 와께씨가 그때의 집권층과 피줄이 같은것으로 족보를 써서 제출한것이였고 또 환무다음의 집권자들 역시 그것을 인정하였기때문에 와께씨는 《신찬성씨록》에 황벌로 그냥그대로 기록된것 같다. 또 와께란 고을명자체가 왕(황제)이라는 일본식표기인것이다.

와께군일대가 옛 구다라-백제소국이라는것은 거기에서 백제사람들이 수많이 살았다는 사실을 통해서도 그 일단을 엿볼수 있다.

《속일본후기》에 의하면 직강박사 정6위 상 가라베 히로기미의 조상은 백제사람이라고 한다. 또한 와께군 모또리베를 비롯한 비젠에 사는 모또리베와 야까베에 사는 8명의 사람들에게 이와노노무라지(石野連)라는 가바네(성씨)를 주었는데*1 이와노노무라지라는것은 백제사람(또는 그 후손)들에게 주는 가바네였다고 한다.*2 이 야까베, 모또리베는 일종의 부곡으로서 조선계통부곡(민)들이라고 한다.*3 말하자면 그들은 와께-구다라소국의 조선부곡민들이였던것으로 리해된다.

*1 《속일본기》 권29 신호경운 3년 6월 임술 계해
*2 《속일본기》 권23 천평보자 5년 3월 경자, 《신찬성씨록》 권22 사교제번 하, 구다라(백제) 이와노노무라지
*3 《대화전대 사회조직의 연구》 요시가와홍문관, 1969년, 45페지

또한 와께군에는 예로부터 질그릇을 구워온 력사가 오래며 여기서 굽는 질그릇을 보통 오늘날 《인베야끼》* 혹은 《비젠야끼》로 부른다. 그런데 그 질그릇의 연원을 따지면 백제에서 찾아야 한다.

* 고대 《인베》의 스에끼가마터는 와께군 구마야마정일대에 많은데 그 산에는 40여개소가 넘는 고대 스에끼가마터가 있어 일본사람들은 일본에서 가장 오랜 가마터의 하나이라고 한다.

인베(伊部)는 백제국 내리오미의 후손이라고 한다.(《신찬성씨록》권25 야마시로 제번 백제) 말하자면 스에끼를 비롯한 각종 질그릇을 굽는 큰 가마자리들은 그곳을 개척하고 그곳에 정착한 백제계통이주민집단이 남긴 유물인것이다.

《인베야끼》도 그렇게 시작되였으며 그 연원을 백제소국의 존재에서 찾아야 그곳 유물의 백제적색채를 설명할수 있다.

《일본서기》(권14 웅략 7년)에 나오는 기비도 아마노아따히 아까오들이 데리고 온 이마끼노스예쯔꾸리 고귀 등은 바로 본국인 조선의 백제에서 이들을 야마또로 데리고 간것이 아니라 조선에서 그 일대에 있던 백제소국에 일단 간 다음에 데리고 간 기술자들이였다. 이밖에도 후세에 그곳과 그 린근에 백제사람들의 후손들이 많이 살았다고 한다. 앞서 가라 죠도소국을 론할 때 본 이와따(岩田)무덤떼도 백제소국의것일수 있다.

이상에서 간단히 와께-구다라소국에 대하여 보았다. 앞으로 와께-구다라소국에 대해서는 령역문제와 가라(죠도)소국과 신라(오꾸)소국과의 호상관계 등에서 더 연구를 심화시켜나가야 할것이다.

제5절. 《일본서기》를 통하여 본 《임나일본부》의 위치

일본 근대사학이 발족한이래 맨 먼저 내세운 《학설》이 이른바 《임나일본부》설이였다. 이 사이비《학설》이 디디고 선 기본사료는 《일본서기》의 임나관계 기사이다. 거기에 광개토왕릉비의 신묘년기사, 백제칠지도의 명문, 에다 후나야마무덤칼명문 등이 억지로 리용되였다. 따라서 이 《학설》의 기본사료인 《일본서기》 임나관계 기사의 진면모가 밝혀짐에 따라 19세기말~20세기초 일본륙군참모부

작전과에 의하여 조작된 얼토당토치 않은 이 《학설》의 부당성은 폭로되고말것이다.

《임나일본부》설의 허황성은 그 조작자들이 유일한 자료적근거로 삼는 《일본서기》로써도 그 허위성이 드러난다. 즉 조선에서는 532년에 금관가야국이 망한 다음 562년에 마지막 가야국인 대가야국이 망하였다. 그럼에도 불구하고 《일본서기》의 기록에는 610년에 신라와 임나(가야)의 사신이 일본에 갔고 이듬해에는 임나에서 기내 야마또에 《조공》을 바친것으로 되여있다.[*1] 그리고 7세기에 와서도 신라와 임나가 싸움을 했다는 기록이 있다.[*2] 그 기록이 력사적사실을 반영하였다면 그것은 조선반도의 임나나 신라가 아니라 일본렬도에 있던 조선계통소국들에 대한 기록이라고 보아야 할것이다.

[*1] 《일본서기》 권22 추고 18년 7월, 9월, 10월조, 19년 8월조. 일본학자들은 이 기사들에 나오는 임나의 사신을 망명정부의 사신으로 또는 신라의 사신으로 설명하지만 자료적근거가 없는 구차한 변명에 지나지 않는다.

[*2] 《일본서기》 권22 추고 31년 是歲. 일본학자들은 이때의 전쟁기사를 년대로 끌어올리거나 내리잡거나 하는 등으로 부질없이 잡아휘두르지만 원문이 반영하고있는 진실은 결코 가리울수 없다.

제5절에서는 《임나일본부》설을 근거짓는 《일본서기》의 주요기사 몇가지를 묶어서 고증하기로 하였다.

1. 가미쯔미찌노오미 다사의 임나 (가야, 가라)파견기사

《일본서기》 웅략기 7년(463년)조에 실린 기사내용은 다음과 같다.

야마또의 왕은 미인인 안해를 가진 자기 신하를 《미마나노 미꼬또모찌》(임나국사)로 임명, 파견한다. 그해에 기비노 가미쯔미찌노오미 다사는 야마또의 왕궁에서 시위를 들면서 자기의 안해인 와까히메(稚姬)가 미인이라는것을 동료들에게 뽐내였다. 천황은 그 말을 멀찍이에서 듣고 좋아하였다. 천황은 와까히메를 자기 첩으로 삼고저 하여 다사를 임나(미마나 즉 가야)의 구니노미꼬또모찌(국사)로 임명하여 보냈다. 그리고나서 와까히메를 가까이하였다. 다사는 와까히메와의 사이에서 에기미와 오도기미의 두 아들을 보았다. 다사는 임명지에 가서 천황이 자기 안해를 첩으로 삼았다는 말을 듣고 신라로 들어가려 하였다. 그때 신라는 야마또에 복종하지 않았으므로 천황은 다사의 아들 오도기미와 기비노 아마베아까오(吉備海部赤尾)에게 신라를 치라고 명령하였다. 이때 옆에 있던 가와찌노 데히도아야노 관인지리(西漢才伎歡因知利)가 아뢰기를 자기보다 우수한 사람이 가라구니(韓國)에 많은 즉 불러다 쓰라고 하였다. 천황은 여러 신하에게 말하기를 《관인지리를 오도기미에게 붙여 백제로 들어가서 〈칙서〉를 전하여 기술이 훌륭한자들을 바치게 하라.》라고 하였다. 오도기미는 명령을 받고 군사를 거느리고 백제로 갔으나 그 나라의 귀신을 만나 곧 돌아갈 작정을 하였다. 백제가 보낸 기술자들을 오시마(大嶋)에 모아놓고 바람을 기다린다고 하면서 몇달동안 머물러있었다. 미마나노 구니노미꼬또모찌인 다사는 오도기미가 자기를 공격하지 않고 돌아간것을 기뻐하여 백제에 사람을 보내여 오도기미에게 《네 목이 얼마나 든든하기에 사람을 치겠다고 하는가. 듣건대 천황이 내 안해를 가까이하여 자식까지 있다고 한다. 너는 백제에 의거하여 야마또에 통하지 말라. 나는 임나에 의거하여 야마또에 통하지 않겠노라.》라고 하였다. 오도기미의 안해는 그의 남편을 죽이고 이어 아마노아따히 아까오와 함께 백제에서 보낸 기술자들을 거느리고 오시마에 와있었다.… 어떤 책에 쓰기를 기비노오미오도기미가 백제에서 돌아와서 아야노데히또베(漢手人部), 기누누히베(衣縫部), 시시히또베(宍人部)를 바쳤다고 한다.*

* 《일본서기》권14 웅략기 7년 시세(이해)

력대로 일본학자들은 이 기사내용을 가지고 야마또정권이 남부조선에 있던 임나가라에 가미쯔미찌노오미 다사를 보내여 지배한것으로 력설해왔다. 어떤 학자는 이 기사내용을 들어《상대(고대)에 있어서의 기비씨의 조선경영》따위의 요란한 제목을 달고 야마또정 권의 조선《통치》를 운운하였다. 하지만 그러한 견해는 그 시기에 벌써 서부일본이 기내야마또정권에 의하여 통일되여있었다는 독선 적판단에 기초한 그릇된 설이다. 5세기(웅략시기)의 력사적사실을 고려하지 않고 7세기이후의 시점에서 임나에 갔다고 하는 기사를 곧 조선의 임나로 갔다고 속단해서는 안될것이다.

이미 본바와 같이 6세기말 야마또정권에 의하여 서부일본이 통일되기 전의 기비 가야국(7세기이후의 가야국)은 독자적인 정치세력인 소국이였다. 고대에 우리 나라에서 가야를 임나라고 부른것처럼 일본에서도 가야를 임나(미마나)라고 불렀다. 그런데로부터 야마또정권이 가미쯔미찌노오미 다사를 기비지방에 있던 임나(미마나)에 파견했다는 기사를 남부조선의 임나 즉 가야지방에 파견한것처럼 꾸며대게 되였던것이다.

구니노미꼬도모찌(國司)란 6세기말이후 야마또정권이 그전에 구니노미야쯔꼬(國造)들이 지배하던 소국에 파견한 지방관이다. 그러므로 야마또정권이 기비지방의 가야국(미마나)에 그곳과 인연이 있는 다사를 구니노미꼬도모찌로 파견하였던것이다.

다사는 기비지방의 가미쯔미찌(上道, 지금의 죠도군)사람이다. 그리고 그의 안해는 역시 기비지방의 가미쯔미찌노오미의 딸 혹은 기비 구보야노오미(吉備窪屋臣)의 딸이라고 한다. 이런데로부터 다사를 가미쯔미찌와 구보야 등 지역을 포괄하는 미마나(가야)의 구니노미꼬도모찌(국사)로 파견하게 되였다고 볼수 있다. 가미쯔미찌노오미 다사가 갔다는 임나(가야)가 조선의 임나가 아니라 기비지방의 임나였음은 《일본서기》에 실린 다사를 파견하게 된 직접적계기를 통해서도 잘 알수 있다.

《일본서기》에는 웅략기 7년의 다사파견기사와 그후의 일련의 사건들을 유도한 내용을 서론격으로 적었다. 즉 도네리인 기비노유게베노오조라(吉備弓削部虛空), 기비노시모쯔미찌노오미 사끼쯔야(吉備下道臣前津屋) 등이 기내 야마또정권에 반감을 가지고 야마또의 천황은 기비노시모쯔미찌노오미사끼쯔야의 일족 70명을 잡아죽인다. 그 서술에 이어 곧 다사파견문제와 신라정벌기사가 나오는것이다.

기비노시모쯔미찌노오미는 다사와 마찬가지로 가야국을 구성한 고을인 시모쯔미찌사람이며 그의 조상은 가야국의 조상과 같다. 《국조본기》) 말하자면 기비 가야국출신의 토호인 사끼쯔야와 야마또국가와의 사이의 알륵의 결과 생긴 마찰을 풀기 위하여 야마또국가는 다사를 임나에 보내게 된것이다. 뒤이어 그의 아들 오도기미와 관인지리 그리고 기비노아마베 아까오를 보낸다. 후에도 또 보겠지만 관인지리와 함께 임나에 간 아까오 역시 기비지방의 토호인 아마베출신의 사람이다. 그는 기비지방사람이므로 야마또왕은 그를 기비의 임나(가야)에 붙여보냈다고 보는것이 보다 설득력이 있다.

이에 대해서는 관인지리의 경우를 놓고보아도 잘 알수 있다. 야마또국가는 가미쯔미찌출신귀족 오도기미와 아까오를 장수로 하여 신라정벌에 파견하기로 하였다. 그런데 임명할 때 곁에 있던 관인지리가 《자기보다 더 우수한 사람이 가라국에 가득하니 불러쓰도록 하는것이 좋을것입니다.》라고 말한다. 이것을 통하여 기비지방 죠도출신인 오도기미, 아까오, 관인지리가 모두 가미쯔미찌(죠도) 즉 가라국의 출신이라는것을 알수 있다. 오도기미의 부장수 관인지리는 그 이름부터가 명백히 조선이름이며 그의 출신 가와찌노아야(西漢, 河內漢)를 구태여 기내야마또에서 찾지 않아도 될것임은 자명하다. 《정창원문서》(빗쮸국대세부사망인장)를 비롯한 여러 기록에는 그 일대에 가와찌노아야씨가 수많이 살고있었음을 전하고있다. 말하자면 관인지리는 가와찌노아야라고 한데서 알수 있는것처럼 기비지방 가라국출신이였다. 가라국은 두말할것없이 기비 죠도의 가야국을 구성한 가라소국이라는것이 명백하다. 왜냐하면 정벌대장인 오도기미와 아까오는 기비 죠도(가미쯔미찌)사람이며 관인지리 역시 기비 죠도사람이였다. 관인지리 혼자 조선에서 불러들였다고 볼수 없다. 그가 나서서 한 말은 자기들의 출신지는 기비에 있는 가라국이였다는것을 시사한것이였다.

2. 가라의 다다라와 다사쯔의 위치

《일본서기》 계체기 23년(530년) 3월조로부터 24년 9월조까지에는 임나(가야)의 소국인 가라(아라)와 신라, 백제 그리고 야마또의 군사들사이에 벌어진 복잡한 전쟁과정이 기록되여있다. 그 기사들에 의하면 야마또국가는 임나(가야)-신라전쟁때 임나를 돕기 위하여 게누노오미를 대장으로 삼고 임나에 군대를 파견한다.* 그러나 신라는 대신(上臣) 이시부레지간기를 보내여 다다라와 와다 등 가라의 4개 마을을 탈취하였다고 한다. 또한 가라국에는 다사강과 다사쯔(다사나루)라는 곳이 있는데 다사쯔는 백제가 야마또에 조공할 때 항구로 리용하였다고 한다.

* 《일본서기》에는 계체기 23년의 이 기사들을 쯔꾸시노기미 이와이의 반란에 이어 인차 벌어진것처럼 함으로써 마치도 그때의 전쟁의 여러 사건이 규슈다음 조선에서 전개된듯 한 인상을 주도록 하였다. 그러나 야마또국가에서 파견한 장수 게누노오미가 진행한 임나가라에서의 군사행동은 조선에서 일으킨것이 아니라 기비지방에서 벌어진 사건이였다. 《일본서기》의 편찬자들은 먼저 있던 기비지방의 사건을 규슈의 이와이사건이후로 서툴게 배렬하였던것이다.

계체기에 나오는 가라의 다다라(多多良)와 다사(帶沙)강 및 다사쯔의 위치를 밝히는것이 아주 중요하다. 왜냐하면 일제가 만들어낸 《임나일본부》설이란 《일본서기》에 나오는 가라 다다라와 가라 다사쯔가 조선의 가야지방에 있었다는 전제밑에서 조작된 《학설》이기때문이다. 따라서 다다라와 다사쯔의 위치는 광개토왕릉비 신묘년의 기사 못지 않은 중요한 사료이며 《임나일본부》설을 구성하는 한 요소라고 말할수 있다. 그리하여 이마니시(今西龍), 쯔다(津田左右吉), 수에마쯔(末松和保), 이께우찌(池內宏)를 비롯한 《권위》있는 일본학자들이 많은 정열과 시간을 허비하면서 다다라와 다사쯔를 남부조선의 섬진강 하구(하동)부근 또는 합천부근으로 비정하였다. 그들이 《고증》한 다다라와 다사쯔의 위치는 모두 야마또의 남부조선지배설을 합리화하기 위한것으로서 허황한것들이다. 《일본서기》 임나관계 기사에 나오는 다다라와 다사쯔 등의 지명은 남부조선에 있은것이 아니라 일본렬도 특히 기비지방에 있던 지명으로 보아야만 그 위치를 정확히 밝힐수 있다.

다다라의 위치

가라국의 해변가에 있던 다다라는 본래 가라의 마을이였는데 후에 신라의 대신 이시부레지간기에 의해 빼앗긴 곳이다. 일본학자들은 한결같이 그 다다라를 부산남쪽 20km 지점에 있는 다대포로 단정하였다. 그러나 다다라와 다대포사이에는 아무런 련관도 없다.

우선 다다라와 다대포는 음이 다를뿐아니라 계체기에 나오는 다다라는 해변가의 마을로서 그것은 다다라벌(多多羅原)이였다. 그러나 부산남쪽에 있는 다대포는 도저히 벌이라고는 볼수 없는 매우 협착한 포구이다. 천변지이가 있었던것도 아닌데 1 000여년사이에 벌이 협착한 포구로 되였을리 만무하다. 계체기와 민달기에 나오는 다다라는 기비지방에서 찾을수 있다.

앞서 본바와 같이 가미쯔미찌일대가 기비 가야국을 구성한 소국의 하나인 가라였다.

다다라는 오늘의 죠도군의 중부, 오까야마시와 사이다이지(西大寺)와의 중간에 있는 다다라(大多羅)에 비정할수 있을것이다. 다다라는 《화명초》에 의하면 죠도군 가찌(勝, 수구라라고도 읽는다.)향으로서 지금은 고지마만에서 4~5km정도 떨어져있지만 고대에는 그 일대가 바다가였다. 천평 16(744)년의 《야마또국 다이안지류기 자재장(大和國大安寺流記資材張)》에 의하면 《비젠국 150정, …죠도(가미쯔미찌)의 고을 50정, 다다라아시하라(大多良葦原) 동쪽은 야마모리(山守)의 강하구, 남쪽은 바다, 서쪽은 이하마(石間)의 강 북은 산》이라고 되여있다. 여기서 보는바와 같이 고대의 다다라아시하라는 북쪽은 게시고산(芥子山)을 등지고 남쪽은 바다에 면하고 동서에 좋은 강어구를 끼고있었다. 여기서 말하는 야마모리강이란 스나하마의 하구이며 이하마강이란 아사히강지류의 강어구였다. 또한 아시하라는 현재의 요시하라(吉原)로서 갈대밭이 무성한 벌이라는 뜻이다. 다(큰대)는 많을다(多)와 음과 뜻에서 서로 통한다. 따라서 《大多羅》는 《多多羅》를 가리킨것이다. 다다라가 있는 마을은 가찌향인데 가찌(勝)는 스구리(勝, 村主)와 통한다. 말하자면 그 일대가 죠도군의 하다(奏)마을에 속하는 지역이다. 가찌향은 하다노 스구리베(勝部)에서 유래한 조선적지명이다. 그곳은 하다씨의 땅으로서 《일본서기》에 의하면 신라가 타고앉은 지대였다고 추측된다.

고대 아사히강과 요시이강사이에 자리잡은 죠도고을에 있는 미사오야마(操山)구릉지대와 다다라일대를 잇는 계선은 당시 해안선이였다. 그리고 바다를 면한 구릉지대에 작은 소국가들이 자리잡고 있었다. 그렇게 볼수 있는 근거는 미사오야마구릉지대가 하나의 고분밀집분포지역이라는 사실이다. 그곳에는 미나도 쨔우스야마무덤, 아미하마 쨔우스야마무덤, 소잔 제109호무덤과 제103호무덤, 기리기리야마무덤, 가나구라야마무덤 등이 밀집되여있다. 해안가에 축조된 그 무덤들은 임나국을 구성한 아라(安羅), 다라(多羅)와 같은 소국우두머리들의 무덤들이였으며 또 그 소국은 기노죠산성으로 대표되는 가야(임나)국보다 남쪽에 위치해있다고 하여 남쪽의 가라 즉 아리히시노가라(南加羅)라고 부르게 되였던것이다. 그러한 작은 소국가들이 미사오야마구릉지대와 다다라일대*에 있었기때문에 신라는 그곳을 타고앉았던것이다.

* 기비일대에는 그밖에도 다다라라는 지명이 또 몇군데 있다. 하지만 그것들은 다 내륙지대에 위치해있어 신라가 타고앉은 곳과는 거리가 멀다. 앞뒤의 여러 사실과 비추어볼 때 《일본서기》에 나오는 다다라는 바다가에 면한 죠도 가지향에 있는 대다라임에 틀림없다.

《일본서기》(권9 신공황후 섭정 5년 3월)에 의하면 다다라쯔(蹈鞴津)에서 4개 읍의 아야히도의 조상이 되는 포로들을 잡아왔다고 하였는데 그것은 바로 죠도의 다다라쯔(나루)에 비정된다. 《蹈鞴津》는 《多多羅津》이고 그것은 죠도고을의 《大多羅》이다. 신공황후가 잡아왔다는 사비, 오시노미 등의 아야히도는 야마또에서 퍼졌다. 따라서 야마또 가쯔라기고을에 그들의 이름에서 유래된 지명들이 남아있다. 그리고 앞으로 상세히 보게 되겠지만 고고학적으로도 제철, 단야기술자로서의 그들의 존재가 증명된다. 그런데 문제는 그들의 이름에서 유래된 지명들이 조선에는 없고 유독 기비 죠도근방에서만 찾을수 있다는 사실이다. 실례로 오시노미(忍海) 아야히도와

- 151 -

관련된 기록으로 천평 11(739)년의 《빗쮸국대세부사망인장》에 오시노미아야베 마마로(忍海漢部眞麻呂)를 비롯한 2명의 오시노미아야히도의 이름이 올라있다. 인명이 있다는것은 지명이 있다는것을 말해준다. 이와 같은 사실은 후에 야마또 가쯔라기고을에 정착했다는 오시노미를 비롯한 사비, 다가미야 등의 아야히도가 기비죠도의 다다라에 있던 조선계통장공인들이였다는것을 보여준다. 우에 말한 신공기에 실린 기사는 계체기 등 후세의 기록을 앞질러 삽입한 중복기사로 인정된다.

죠도군 가찌향에 있는 다다라가 《일본서기》에 나오는 신라가 타고앉은 다다라였음은 거기에 작은 규모의 조선식산성이 있는 사실을 통해서도 알수 있다.

죠도 다다라일대의 구릉지대인 미사오야마구릉에는 《기비쯔오까가라기(吉備津岡辛木)라는 신사가 있다. 여기서 말하는 가라기는 곧 가라끼(韓城)로서 조선성이란 뜻이다. 그 신사의 이름을 풀면 《기비나루의 언덕에 있는 조선성》으로 된다.*¹ 앞에서 본 다다라곁에 있는 오늘의 요시하라(아시하라)는 중세의 쯔끼(都岐)향이였는데 쯔끼는 쯔(津 나루)의 끼(城 성) 즉 나루성이란 뜻이다.*² 그 산성이 있는 구릉지대를 가라오(韓尾)라고 부르며*³ 거기에는 고대의 돌담과 흙담자리가 남아있고 큰 돌을 쓴 횡혈식돌칸무덤도 있다고 한다.*⁴ 그것이 다다라벌근방에 있던 조선식산성이다. 그 산성은 계체기를 비롯한 임나관계 기사에 나오는 성들가운데 하나였을것이다.

*¹, *², *³, *⁴ 《기비 아마베와 조선문화》, 《일본안의 조선문화》 1977년 35호

다다라벌의 뒤에 솟은 게시꾜산(芥子山, 232.8m)을 지금은 게시꾜산이라고 읽지만 고대에는 가라꾜산(韓子山)이라고 불렀다. 겨자 개(芥)자의 일본훈은 《가라시》 또는 《가라시나》인데 가라는 매울 신(辛)자를 쓰기도 한다. 고대일본에서는 매울 신(辛, 일본훈으로 가라)자가 한(韓, 일본훈으로 가라)자대신에 통용하였다는것은 구태여 례증을 들지 않아도 될것이다. 말하자면 본래는 《韓子》산이던것이 《芥子》산으로 써서 《게시꾜》산으로 읽었다는것은 《가라끼신

사》및 《가라오》라는 지명과 결부시켜보면 더욱 뚜렷해질것이다.

야마또정권이 파견한 게누노오미가 이끄는 병사들이 2~3년씩이나 임나에 머물러있으면서 임나의 녀자들에게 장가들어 아이를 낳았다. 이렇게 야마또의 남자(병사)와 임나의 녀자사이에 생긴 아이들을 가라꼬(韓子)라고 하였다. 실례로 《기비노 가라꼬 나다리》, 《기비노 가라꼬 시후리》는 야마또국의 병사와 임나의 녀자사이에 생긴 아이들인데 이름은 《기비노 가라꼬(吉備韓子)》, 다시말하여 《기비지방의 가라꼬》였던것이다. 물론 계체시기에 기비라는 이름은 아직 없었겠으나 어쨌든 《기비지방의 가라꼬》 아무개라고 씌여있는것이다. 이것은 《일본서기》 편찬당시인 8세기의 편찬자들이 기비지방을 념두에 두고 그렇게 썼으리라는것을 쉽게 짐작할수 있게 한다.

이상에서 본바와 같이 죠도 가찌향에 있는 다다라벌이라는 지명과 그 지대에서 가장 높은 산을 고대에는 가라꼬산이라고 부른 사실 그리고 거기에 조선식산성이 있는 사실 등을 념두에 두고 《일본서기》 계체기의 기사내용들을 해석하면 죠도가 바로 임나관계 기사에 나오는 가라소국이였음을 알수 있다.

다사쯔의 위치

《일본서기》에 의하면 가라국에는 후에 백제에 양도한 다사(多沙)의 나루(다사쯔)가 있었다고 한다. 일본학자들은 일치하게 다사의 나루를 전라남도와 경상남도의 경계인 섬진강하류부근(하동) 또는 합천근방으로 비정하지만 우리가 가라국이 있었다고 주장하는 기비지방의 죠도에 비정하는것이 보다 진실에 가깝다. 왜냐하면 임나국사로 되였다던 기비노오미 다사가 바로 가라 즉 죠도(가미쯔미찌)군 다사일대의 토호출신이기때문이다.

력대로 일본학자들은 《일본서기》(계체기 7년 11월조, 9년 2월조)에 나오는 다사(帶沙)와 계체기 23년 3월조에 나오는 가라의 다사쯔를 다같이 야마또가 끼여들어 백제에게 넘겨준 다사쯔로 보고있다. 즉 《다사(帶沙)는 다사강의 이름이 붙은것으로 보아 강기슭의 땅이였음을 미루어볼수 있는데… 다사는 대개 다사(多沙)와 같은 말일것이다. …다사는 다사쯔보다는 웃쪽에 있었을것이다.》*라고 한것이 그것이다.

* 《쯔다소기찌전집》 11권 이와나미서점, 1964년, 116페지. 이와 같은 립장에서 가라 다사쯔를 론한 학자는 한둘이 아니다. 《일본문화사》(1권 춘추사, 1955년, 134페지), 《임나흥망사》, 《조선고사의 연구》(《가라강역고》, 찌까자와서점, 1937년), 《일본서기》 (이와나미판, 하권, 37페지 두주) 등

다사(帶沙, 滯沙)강에 다사쯔(多沙津)가 있었던것으로 보고 또 다사라는 지명을 북쪽에서 찾고 다사쯔를 바다에 가까운 강기슭에서 찾으려는 일본학자들의 견해는 리치에 맞는다. 그러나 《다사(多沙)는 곧 다사(帶沙)로서 다사쯔가 섬진강의 하류임은 의심할바 없고 여러 선배들이 이것을 하동의 땅에 비정한것은 움직일수 없는 정설(定說)이다.》*라고 한것은 당치 않은 말이다.

* 《조선고사의 연구》 찌까자와서점, 1937년, 387페지

본래 일본학자들이 가라 다사쯔를 경상도와 전라도의 경계선에 있는 강인 섬진강하구로 비정하게 된것은 《삼국사기》(권34 지리지)에 있는 《하동군, 본래 한(韓) 다사(多沙)》라는 기사에 근거한것이였다. 그러나 《삼국사기》 지리지의 서술에 돌려맞출수는 없다. 왜냐하면 섬진강하류인 하동군땅이 경상북도 고령에 있던 가라(加羅)국의 판도로 되였던 일은 없었기때문이다. 그리고 그 어느 시기에도 섬진강을 다사강이라고 부른적은 없다.

그러면 《일본서기》(계체기)에 나오는 다사와 다사쯔는 어디에 있었는가.

그것은 다다라벌이 있는 가라 죠도에 있었다. 죠도의 세력가인 기비노오미 다사의 정식이름은 《기비노가미쯔미찌노오미 다사》(吉備上道臣田狹)이다. 《가미쯔미찌》는 죠도를 가리키며 그 뜻은 기비가야국의 웃쪽나루길이다. 여기서 말하는 《기비노가미쯔미찌노오미 다사》는 《기비(지방)의 웃쪽나루의 신하인 다사》라는 뜻이다. 죠도일대는 《야마또국대안사류기자재장》에 씌여있는것과 같이 가지강

들의 강어구들이 집중된 곳으로서 거기에는 좋은 나루들이 많았다. 죠도의 고쯔(古都)라는 지명은 고쯔(古津)에 유래된것이며* 조선계통귀족인 고쯔노무라지와도 관련이 있는 지명이다.

* 《기비군지》 상권, 144페지

죠도의 다사는 여러가지 한자로 표기되였다. 옹략기에는 《田狹》로 씌여있으나 《국조본기》에는 《多佐》로 되여있다. 그런데 다사란 개별적인물을 가리킨것이 아니라 죠도고을(옛 가라소국)의 지명에서 딴것으로 보인다. 다시말하여 《국조본기》에 가미쯔미찌노 구니노미야쯔꼬 나까히꼬노미꼬도의 아들 다사노오미를 비로소 구니노미야쯔꼬로 봉하였다고 씌여있다. 이것을 통하여 기비노오미 다사가 기비지방 죠도(가미쯔미찌)의 다사라는 곳의 토호였음을 알수 있다. 왜냐하면 다사노오미란 다사지방의 오미(臣, 신하)라고 읽어야 옳기때문이다.

고대일본의 사람(귀족층에 한해서)이름에서 《오미(臣, 大臣)》 앞에 붙은것은 대개 그 사람의 출신국 또는 고을명이나 향명 등 지명들이다. 쯔꾸시노오미, 가야노오미, 구보야노오미 등이 그것이다.

죠도고을에는 이미 본것과 같이 아사히강과 요시이강이 가지친 작은 강들이 집중되여있고 따라서 좋은 나루들이 많았다. 죠도에 다사라는 지명이 있었다는 사실 그리고 작은 강과 좋은 나루가 집중된 고장이라는 사실, 또한 다다라벌*이 있는 사실, 가라(韓), 가라우도(韓人, 唐人) 등 가라-조선과 관계된 지명이 많은 사실, 가나구라야마무덤과 같은 조선적유적과 유물이 밀집되여있는 사실 등은 죠도가 바로 기비 가야국을 구성한 소국들의 하나인 가라소국의 중심지였고 가라 다사쯔가 있던 곳이였다는것을 말해준다.

* 다다라라는 말(지명)이 철생산과 관련된 용어인 다다라(다리로 밟는 송풍장치, 고대로서는 매우 선진적인것으로서 조선적기술에 의해 만들어진것으로 알고있다.)에서 왔는지(이 죠도일대에는 작은 광산들이 많다.) 아니면 다라(多羅)소국에 유래하였는지 잘 알 수 없다.

그러면 죠도의 어느 강이 《일본서기》에 나오는 다사강이였겠는가.

그것은 현재의 오까야마시 죠도군을 흐르는 스나강이라고 생각된다. 모래 사(砂, 沙), 내 천(川)자를 써서 《스나가와》라고 부르는 그 강이 많을 다(多) 또는 띠 대(帶)와 모래 사를 써서 《다사》강이라고 부른 《일본서기》의 다사강이였다. 죠도의 그 강은 본시 다사 (多沙, 帶沙)강이던것이 세월이 지나면서 웃글자 《다》(多, 帶)가 떨어져나가고 아래글자 모래《사》자만 남아서 《스나가와》라고 읽게 되였던것이라고 본다.

다사는 《多沙》와 《帶沙》이외에도 《滯沙》, 《多佐》, 《田狹》 등으로도 표기되였는데 《多佐》의 《佐》와 《田狹》의 《狹》는 《沙》와 음이 서로 같은 글자를 망탕 갖다붙인것이라고 보아야 할것이다.

《일본서기》 웅략 7년부터 9년사이에는 기비 가미쯔미찌노오미 다사를 임나(가야)에 파견하는 기사로부터 시작하여 가야와 신라, 고마 그리고 야마또의 장수들이 서로 복잡하게 얽혀 싸우는 모습을 기록하고있다. 기사는 가야(가라)와 신라사이에 그리고 가야와 고마, 백제사이에 벌어진 전쟁에 야마또국가가 간섭한 내용에 대하여 서술한것이다. 그 전쟁이 조선에서 벌어진것이 아니라 기비지방에서 벌어졌음을 웅략기에 나오는 기사를 통하여 잘 알수 있다.

우네메 오시아마와 가라노비

야마또국가는 신라정벌에 기노오유미노 스꾸네와 오도모노 무로야노무라지의 두 장수를 대장으로 삼고 파견한다. 그런데 기노오유미노 스꾸네가 상처를 해서 시중드는 녀자가 없다는것을 오도모노 무로야노무라지가 야마또의 왕(이른바 천황)에게 말한다. 천황은 그에게 야마또에 와있는 궁녀(우네메)인 기비노가미쯔미찌노우네메 오시아마를 후처로 삼게 하고 신라에 들여보낸다. 대장군 기노오유미노 스꾸네는 싸움을 잘하여 공로를 세우지만 병에 걸려 죽는다. 그의 처 우네메 오시아마는 남편의 주검을 가와찌의 다무와라는 마을에 안장해준 오도모노 무로야노무라지에게 가라(韓)의 노비인 무로, 에마로, 오도마로, 미구라, 오구라, 하리 등 기비 가미쯔미찌의 가시마다마을의 가인부의 노비 6명을 바쳤다고 한다.

여기서 문제로 되는것은 신라정벌에 나갔던 기노오유미노 스꾸네의 후처인 기비노가미쯔미찌노우네메 오시아마의 출생지와 그가 바쳤다는 가라노비에 대한 문제이다.

처음 기노오유미가 자기는 상처해서 전장에 나가서도 자기 몸을 거들어줄 사람이 없노라고 하소연하자 그에게 곧 야마또에 가있던 기비 죠도(가미쯔미찌)출신의 우네메인 오시아마를 데리고 가게 하였다. 어째서 죠도출신의 우네메를 신라로 가는 기노오유미에게 주었겠는가. 그것은 바로 오시아마가 적대국인 신라의 지척에 있는 죠도 즉 가라사람이기때문이였다.

이미 본바와 같이 신라는 기비 오꾸군일대에 있는 소국이였다. 오꾸군으로부터 강 하나를 건너 맞은켠이 가미쯔미찌 즉 기비 죠도 땅이였다. 죠도는 임나(가야)를 구성한 하나인 가라소국이다. 임나가라를 도와 신라를 치는 기노오유미에게 가라소국 죠도출신인 우네메 오시아마를 주는것이 여러모로 편리하였기때문에 그를 주었다고 보는것이 자연스럽다.

또한 오시아마가 오도모노무라지에게 주었다는 6명의 노비 역시 조선땅에 있는 노비가 아니다. 《일본서기》에는 《기비노 가미쯔미찌노 가시마다마을의 가인부의 가라노비》라고 밝혀져있다. 6명의 노비들은 그 이름자체부터가 《조선에서 잡아》간 노비가 아니라 일본땅인 기비 죠도에 토착화된 노비들이다. 최근시기까지 그 노비들의 이름에 유래한 작은 마을(字)들이 죠도군 고쯔향 슈꾸(宿)에 있었다고 한다.* 그리고 슈꾸란 지대는 조선적유물들(특히 조선의 장식달린 스에끼)이 많이 나온 무덤들이 많은것으로 알려져있다.

* 이와나미강좌 《일본력사》 1, 《원시 및 고대》 이와나미서점 1962년, 28페지

그러면 왜 기비 죠도의 가인부의 노비를 가라노(韓奴)라고 하였겠는가. 그것은 죠도일대가 가라국이였기때문이다. 가라노는 곧 가라국의 노이다. 만일 일본사람들이 말하는것처럼 《이미 조선에서 노비로 되여있은자》*라고 한다면 조선에서 일단 잡아온 노비를 죠

도에 데리고 가서 그것을 또 오도모노무라지에게 주었다는것으로 된다. 하지만 그것으로써는 그 누구도 납득시킬수 없다.

    * 《일본서기》 상권 이와나미서점, 1982년, 484페지

기노오유미와 그의 후처 우네메 오시아마는 신라땅의 맞은켠인 가미쯔미찌(죠도 즉 오시아마의 출생지)에 갔던것이며 거기서 전사한 남편을 그의 출생지인 가와찌에 묻었고 또 오도모노무라지에게 남편의 시체를 안장해준 사례로 자기 고장의 노비 6명을 주었던것이다. 그것을 증명해주는것이 신라와 가라와의 경계선이다.

가라와 신라와의 경계선

《일본서기》(웅략기, 계체기, 흠명기)에 실린 신라, 가라, 야마또사이의 복잡한 전쟁행정을 서술한 기사가운데 신라의 서쪽에 가라(아라)국이 있으며 《신라와 아라의 두 나라 지경에 큰강이 있어 요해지이다.》[1]라고 하였다. 일본사람들은 한결같이 신라와 아라의 두 나라사이에 있는 큰강을 락동강이라고 단정한다.[2] 하지만 그것은 너무나도 허황한 독단이다. 그보다도 그 강을 기비지방에 있던 신라(오꾸군일대)와 가라(임나)사이의 요시이강(吉井川)으로 보는것이 합리적이다.

《일본서기》에 《두 나라 지경에 큰강이 있다.》(有大江水)라고 한것은 같은 8세기에 편찬한 《속일본기》의 필법 그대로이다. 즉 우리가 신라로 보는 오꾸군과 가라(아라)로 보는 죠도(가미쯔미찌)사이에 흐르는 강(요시이강)을 가리켜 8세기 기비출신의 귀족인 와께아손 기요마로(知氣朝臣淸廳臣)는 《…가운데에 큰강이 있다.》(有大河)라고 하였다.[3] 그 강은 근세까지만 하여도 동대천(東大川)으로만 불렀다.[4]

    *[1] 《일서서기》 권19 흠명기 5년 11월조·
    *[2] 《일본서기》(이와나미서점 1982년) 하권, 90페지
    *[3] 《속일본기》 권39 연력 7년 6월 계미
    *[4] 《일본지명대사전》 6권 일본서방, 1938년, 5690페지

여기서 잘 알수 있는것처럼 8세기말에는 요시이강을 그 어떠한 고유명사로 부른것이 아니라 그저 《큰강》으로만 불렀던것이다. 따라서 《일본서기》 흠명기의 큰강 운운의 기사는 락동강을 가리켰다고 볼수 없다. 전후의 사실로 미루어볼 때 그것을 요시이강을 가리킨것이였다고 보아 잘못이 없을것이다.

《일본서기》 웅략기를 비롯한 임나를 중심으로 한 전쟁기사의 무대가 조선이 아니라 기비지방이였다는것은 임나가라의 앞바다에 있다는 오시마(大嶋)의 존재를 두고도 말할수 있을것이다.

임나가라앞의 오시마

《일본서기》 해당 기사에서 임나가라앞에 있다는 오시마에 대하여 보면 다음과 같다.

웅략기 7년 기비 가미쯔미찌노오미 오도기미와 기비노아따히아까오가 임나가라에 파견되여 백제에서 보낸 수공업자들을 오시마에 모아놓고 몇달동안 지냈다고 한다. 또한 계체기 23년 3월조에는 가라 다사에 대한 기사가 나온 다음 야마또의 칙사 지찌네 등이 가라국으로부터 오시마에 잠시 머무른다.

그 기사들을 통하여 다음과 같은 사실을 알수 있다.

첫째로, 그것은 오시마라고 부르는 섬이 가라국의 다사쯔와 그리 멀리 떨어지지 않은 곳에 있었다.

둘째로, 임나가라가 백제의 앞바다에 있었다는 점이다.

일본학자들은 그 큰 섬을 남해도 또는 거제도 아니면 경상도나 전라도앞바다에 있는 이름모를 섬들에 적당히 비정하지만 찍어말하지 못하였다.

앞에서 본바와 같이 가라국이란 가미쯔미찌(죠도)이며 따라서 가라국에 있다던 다사쯔 역시 죠도군에 있었다. 그런데 계체기 23년 3월조 기사에는 다사쯔앞에 오시마가 있다고 전하고있다. 그리고 오시마는 후에 가라의 다다라 등 네 마을과 함께 신라의 수중에 들어갔다고 보인다.

기비 죠도(가라소국)앞바다에는 오늘 고지마(兒島)로 부르는 큰 섬(오시마)이 있었다.

현재의 고지마반도*는 적어도 10세기 이전시기에는 오시마로 불리운 큰 섬이였다. 고지마가 우리가 가라소국으로 비정하는 가미쯔미찌(죠도) 임나관계 기사에 나오는 오시마였다는것은 이곳 일대에 분포되여있는 신라적유적, 유물을 통해서 잘 알수 있다.

> * 고지마는 처음 섬이였다가 점차 반도가 되고 그후 고지마만이 계속 아사히강과 다까하시강 등의 충적에 의하여 이제는 반도의 형체도 없어지고 밋밋한 뭍이 되고말았다.

죠도고을 바로 맞은편에 해당하는 현재의 오까야마시 기다우라(北浦)에는 신라적무덤인 야하따오즈까야마(八幡大塚山) 제2호무덤이 있다. 1966년에 조사된 그 무덤은 중형의 횡혈식돌칸원형무덤(6세기 중엽경)으로서 돌칸안에서 당시의 일본에서는 보기 드문 호화찬란한 금귀고리가 발견되였다. 금귀고리는 구리로 된 고리에 금도금을 하고 보통고리에 직경 1.5cm의 가는 가락지모양의 금귀고리가 이어져있으며 거기에 3개의 작은 고리와 순금의 심엽형 그리고 작은 원형의 장식이 달려있다고 한다. 그 금귀고리는 조선 특히 신라 경주의 보문리(普門里)의것과 계통을 같이한다. 이 야하따오즈까야마 제2호무덤이 위치한 곳은 고대에 바다를 사이에 두고 죠도-가라에 면한 고지마의 최북단이다. 또한 그 무덤의 돌널은 히메지의 다쯔야마(龍山)의 돌로 만든것으로 인정된다.

이와 같은 사실들은 가라의 다다라벌을 신라가 타고앉았다는 《일본서기》의 기사와 잘 맞아떨어진다. 오꾸지역일대에 자리잡았던 신라는 서쪽으로 진출하여 요시이강을 건너 죠도의 오메구리고메구리산성을 중심으로 싸움을 벌리다가 후에 바다쪽에서 죠도 다다라, 다사쯔일대에 진출하여 죠도-가라소국을 타고앉았다. 신라는 가라-죠도를 타고앉기 전에 그앞에 있는 오시마(고지마)를 전초기지, 교두보로 삼았다고 인정된다.

그 고지마가 웅략기에 나오는 오시마였음은 기비노오미 오도기미가 수공업자들을 데리고갔다는 기록을 통해서도 알수 있다.

앞에서 본바와 같이 《일본서기》(권14 웅략기 7년)에 《어떤 책에 말하기를 기비노오미 오도기미가 백제에서 돌아와서 아야노데히도베, 기누누히베, 시시히도베를 바쳤다고 한다.》라고 씌여있다. 바로 임나가라, 구다라(백제) 등이 있는 기비, 오까야마에는 아야노데히도베 기누누히베, 시시히도베 등에서 유래한 지명이 많이 남아 있다. 아야노데히도베는 가야국의 주민인 아야히도를 론할 때 보았고 기누누히베 역시 가야국의 하또리와 기누누히를 말할 때 론하였다. 시시히도베는 《짐승고기를 조리하는 부곡민》[1]으로서 본래는 시시가이베(宍甘部)와 같았다. 오시마로 비정되는 고지마 맞은켠에 위치한 죠도군 고쯔(古都, 古津, 居都)촌에 시시가이라는 마을이 있다고 한다.[2]

[1], [2] 《오까야마현통사》상권 1930년, 248페지

이와 같은 사실들은 기비노오미 오도기미가 세 부곡민을 오시마에 데리고 갔다는것은 오도기미 등이 죠도 고쯔마을을 거쳐 오시마(고지마)에 들렸다가 그 다음에 야마또로 데리고 간것으로 짐작케 한다.

3. 임나관계 기사에 나오는 인물들

《일본서기》 임나관계 기사에는 임나가라에 가서 활약하는 인물들이 많이 나온다. 그가운데서도 제일 많이 나오는것이 기비노오미이며 그 다음이 가와찌씨, 모노노베씨이다. 일본학자들은 그 인물들이 조선에 와서 임나가라를 통치한것으로 설명해왔다. 그러나 《일본서기》에 실린 임나관계 기사란 조선반도에서 벌어진 사건사실을 적은것이 아니라 서부일본 기비지방에 있었던 조선소국들에서 벌어졌던 사건사실에 대한 기록이였음을 알수 있다.

그러면 《일본서기》 임나관계 기사에 나타난 인물들을 하나하나 따져보기로 하자.

《일본서기》 임나관계 기사에 등장하는 주요인물들은 다음 표와 같다.

《일본서기》 임나관계 주요인물표

번호	이 름	간단한 내용	출처
1	기비노 시모쯔미찌노 오미 사끼쯔야(일명 구니노미야쯔꼬 기비 노오미야마)	야마또의 왕에 대한 불경죄를 감행, 이 사건이후 기비노오미 다사를 임나에 파견하는 문제가 제기	《일본서기》 웅략기 7년 8월
2	기비노 가미쯔미쯔 노오미 다사	임나국사(미마나노 미꼬또모찌)로 임명되여 파견	웅략기 7년 이해
3	기비노 가미쯔미찌노 와까히메(일명 게히메)	기비노오미 다사의 처 기비 구보야의 딸	웅략기 7년 이해 및 웅략기 원년 3월
4	기비노 오미 오도기미	기비노오미 다사의 아들 신라정벌의 장수	웅략기 7년 이해
5	기비노 아마노아따히 아까오	기비노오미 오또기미와 함께 신라정벌장수로 가서 임나, 백제 등에서 활동	웅략기 7년 이해
6	가와찌노 아야노데히또 관인지리	기비노 아마노아따히아까오와 함께 신라로 가서 활동	웅략기 7년 이해
7	기비노오미 오나시	임나(가야)왕이 고마로부터 신라를 구원하기 위하여 나니와노기시 아까메고 등과 함께 파견	웅략기 8년 2월
8	야마또노아야노쯔까	백제로부터 여러 장공인들을 데리고 옴	웅략기 7년 이해
9	기노 오유미노스꾸네	야마또에서 신라정벌로 파견된 장수	웅략기 9년 3월
10	소가노가라꼬노스꾸네	야마또에서 신라정벌로 파견된 장수	웅략기 9년 3월
11	오또모노 가다리노무라지	야마또에서 신라정벌로 파견된 장수	웅략기 9년 3월

표계속

번호	이름	간단한 내용	출처
12	오가히노 스꾸네	야마또에서 신라정벌로 파견된 장수	웅략기 9년 3월
13	기비노 가미쯔미찌우네메 오시아마	기노 오유미노 스꾸네의 후처, 기비죠도출신	웅략기 9년 3월
14	오미노 게누노오미	신라정벌의 대장	계체기 23년 3월, 4월 등
15	호즈미노오미 오시야마	임나국의 부용소국 다리국의 통치자	계체기 6년 4월 및 12월 조 등
16	고노마따간기	임나국왕	계체기 23년 4월
17	아리시또	가라국왕	계체기 23년 3월
18	사리지	신라왕	계체기 23년 4월조
19	구지 후레	신라사람	계체기 23년 4월조
20	은솔 미도리	백제사람	계체기 23년 4월조
21	상신 이시부레지간기 (일명 이시부레지나마)	신라장수	계체기 23년 4월조
22	기비노 가라꼬 나다리	게누노오미가 이끄는 야마또의 병사들이 임나(가야)국에 가서 임나의 녀자에게 장가들어 낳은 아이, 게누노오미에게 죽음	계체기 24년 9월
23	기비노 가라꼬 사후리	게누노오미가 이끄는 야마또의 병사들이 임나(가야)국에 가서 임나의 녀자에게 장가들어 낳은 아이, 게누노오미에게 죽음	계체기 24년 9월

표계속

번호	이름	간단한 내용	출처
24	시간기 이돈계이, 대불손, 구수누리	아라사람	흠명기 2년 4월
25	상수위 고전계, 솔마간기	가라사람	흠명기 2년 4월
26	산반계간기	솔마국사람	흠명기 2년 4월
27	하간기 이따	다라국사람	흠명기 2년 4월
28	임나.일본부 기비노오미(이름은 모름)	야마또에서 임나에 파견된 사람, 기비노 오또기미 같기도 하지만 잘 알수 없음	흠명기 5년 2월 11월조
29	가와찌노아따히 및 에나시 마쯔라 등	아라의 일본부	흠명기 2년 7월, 4년 12월 흠명기 5년 11월
30	모노노베노 이세무라지 찌찌네	가라다사쯔를 백제에게 양도할것을 가라왕에게 강요한 야마또의 사신	계체기 23년 3월
31	쯔모리노 무라지	백제에 조서를 가지고간 야마또의 사신	흠명기 4년 11월

　　표에 실린 인물들은 《일본서기》 임나관계 기사(주로 웅략기, 계체기, 흠명기)에 나오는 주요인물들로서 임나가라, 신라, 백제 등지에서 활약한다. 30명에 달하는 그 인물들을 부류별로 보면 다음과 같다.
　　1부류 기비의 씨족명(지명)을 지닌 인물
　　2부류 가와찌의 씨족명(지명)을 지닌 인물
　　3부류 기내일대의 씨족명을 지닌 인물(기씨, 오또모씨, 모노노베씨 등)
　　4부류 백제, 신라, 다라, 가야(임나), 가라의 왕 또는 귀족들

4부류에 속하는 임나, 가라, 다라 등의 국왕과 귀족들의 이름은 《삼국사기》, 《삼국유사》를 비롯한 조선의 그 어느 문헌에도 없는 인물들이다. 단지 백제의 성명왕이 《삼국사기》에 나오는 성왕으로 비정되기도 하지만 확실한 근거는 없다. 그밖의 인물들에 대해서는 조선의 그 누구에게도 견줄수 없다. 일본학자들은 이시부례간기를 비롯한 인물들을 신라의 거칠부 등으로 비정하기도 하지만 그역시 비슷하지도 않다. 이와 같은 사실은 《일본서기》에 나오는 여러 나라 왕들과 귀족들이 조선밖의 땅 즉 일본렬도내에 있던 조선소국의 왕 또는 귀족들이였다고 볼수 있게 한다.

3부류의 인물은 기내 야마또에서 파견한 기내일대의 씨족들이기때문에 별반 큰 문제가 없다. 문제는 1부류와 2부류에 속하는 인물들에 대한 해석이다. 그것은 임나가라에서 활동하는 주요인물의 거의다가 이 두 부류, 다시말하여 기비와 가와찌 성씨를 가진 사람들이기때문이다. 특히 기비 성씨의 인물들이 수적으로 많을뿐아니라 사건전개에서도 큰 자리를 차지한다.

표에서 알수 있는것처럼 《일본서기》 임나관계 기사에서 기본핵이라고 하는 인물들이 모두 기비 성씨를 가졌다. 표 28의 인물이 명백하게 미마나(임나-가야)의 미꼬또모찌(《국사》 또는 《일본부》)이다.

야마또정권이 임나에 미야께를 두고 그 통치부를 가리켜 《미마나노 미꼬또모찌》(임나국사) 또는 《미마나노 야마또노 미꼬또모찌》(임나일본부)라고 불렀다. 《일본서기》는 한문자 《일본부》라고 쓰고 《야마또노 미꼬또모찌》로 읽히지만 기실 《일본부》의 일본이란 말자체가 당시(《일본서기》편년대로 한다면 6세기 중엽경)에는 없었다. 따라서 야마또라는 훈에 일본이란 한자를 돌려맞춘것은 8세기 《일본서기》편찬자의 조작이다. 여기서 국사, 일본부라고 한 《미꼬또모찌》가 어디에 있었는가 하는것이 초점으로 될것이다.

일본학자들은 한사코 《일본부》를 조선의 가야(임나-미마나)에 갖다불이려고 무진 애를 쓰지만 그것은 력사적사실과 전혀 맞지 않는다.

흠명기 2년 4월에 나오는 《임나일본부》는 틀림없이 《기비노오미》 즉 기비사람이다. 그리고 《임나국사》인 다사 역시 기비사람이다. 그 기비의 《미꼬또모찌》를 중심으로 아마베아까오를 비롯한 많은 기비지방 사람들이 임나관계 기사에 등장한다. 《임나일본부》, 《임나국사》에 쓰인 《미꼬또모찌》란 림시로 《칙명》을 받들고 다른 나라 또는 다른 지방에 가서 일을 보는 직함을 가리키는 말이다. 따라서 《미꼬또모찌》라고 읽고 여러가지로 한자로 표기한다는것은 알려진 사실이다. 일본고문헌들에 쓰인 《太宰, 國宰, 総領, 國司, 監察, 天使》 등에 모두 미꼬또모찌란 훈을 단다는것은 잘 알고있는 사실이다. 그와 같은 미꼬또모찌는 8세기에 와서 비로소 나타나는 직함으로서 기비국에도 후에 《기비노미찌노시리노구니노미꼬또모찌》(기비 빙고국사), 《기비노오미 미꼬또모찌》(기비태재) 등이 배치되였다. 이와 같은 사실들은 임나관계 기사란 《일본서기》편찬당시의 시점(8세기의 시점)에 서서 기비의 력사를 서술하였다는것을 보여준다.

다 아는바와 같이 기비라는 나라이름, 지방이름은 7세기이후에 비로소 생긴것으로서 아무리 빨라도 6세기 중엽이전에는 기비란 이름이 없었다. 그러므로 《일본서기》에 나오는 《임나일본부》의 임나는 기비에 있는 임나(가야)로 해석하는것이 옳다. 《미마나노미꼬또모찌(임나일본부) 기비노오미》를 웅략기에 나오는 미마나노미꼬또모찌인 기비노오미 다사의 아들 오도기미로 추측할수 있게 하는 기록도 있는 조건에서 《임나일본부》가 기비에 있었다는 사실은 더욱 더 확정적이다.

이것을 더 실증해주는것이 《아라일본부 가와찌노아따히》(표번호 29)의 인물이다. 《일본서기》에는 임나국사, 《미마나노미꼬또모찌 기비노오미》이외에 《아라일본부》인 가와찌노아따히라는 인물이 등장한다. 그 인물 역시 기비땅의 사람이다. 《아라일본부》(安羅日本府)는 아라소국에 파견된 야마또의 미꼬또모찌이며 가와찌노아따히(河內直)는 기비지방에 집중되여 사는 씨족명이다. 가와찌씨는 《신찬성씨록》(권28 가와찌 제번 백제)에 백제계통씨족으로 밝혀져있는 사람들이다. 어떤 사람은 가와찌*를 기내지방의 고유한 지명이나 성씨로 아는 모양인데 사실은 그렇지 않다.

> * 가와찌(河內)는 오사까평야일대를 통털어 가리킨 지명이다. 후에 몇갈래로 행정적으로 갈라졌다. 7~8세기이후 오래동안 《가후찌》로 발음하다가 일제시기에는 《고오찌》로 발음하였으며 지금은 대체로 《가와찌》로 읽는다. 《西》라고 쓰고 《가와찌》로 읽는 경우도 있다.

기비지방에도 가와찌의 성씨를 가진 사람이 많았다. 앞서 여러번 본 《정창원문서》(천평 11년)의 《빗쮸국대세부사망인장》에는 가와찌(西, 河內)아야히도의 성씨를 가진 사람이 세명씩이나 되고, 야마또(束, 大和)의 아야히도의 이름도 올라있다. 그리고 기비지방에는 실지로 가와찌(河智)라는 향명을 본관으로 삼은 귀족들도 있었다. 《삼대실록》(권7 정관 5년 정월 20일)에 《종 5위상 행조교 지젠노스꾸에 종인의 본 성씨는 가와찌노데히도인바 빗쮸국 시모쯔미찌(下道)가 본관이다.》라고 한것이 바로 그것이다.

이밖에도 임나관계 기사에 나오는 인물들을 기비지방에서 얼마든지 찾을수 있다. 실례로 기비 가미쯔미찌노오미 오도기미와 함께 신라정벌장수로 따라간 기비 아마베노 아따히 아까오를 조선에서는 찾을수 없지만 기비지방에서라면 찾을수 있다. 즉 요시이강중류인 오까야마현 구마야마정(熊山町)에 있는 아까오(赤尾)산이 그것이다. 기비 아마베노 아따히 아까오라는것은 기비지방의 아마베의 우두머리*¹인 아까오라는 뜻이다. 임나에 갔다고 하는 아까오의 이름이 조선의 임나에 없고 기비지방의 임나에 지명화되여있다는 사실은 그들이 간 임나란 조선의 임나가 아니라 기비지방의 임나였음을 웅변으로 보여준다.*²

> *¹ 기비쯔신사에는 기비 아마베노아따히의 조상을 제사지내는 사당[다쯔미온자끼 (巽御崎)]이 있다.(《기비군지》 상권 1937년, 192페지)
>
> *² 조선의 그 어디에도 《임나일본부》 기비노오미를 비롯하여 《일

본서기》임나관계 기사에 나오는 인물에 해당한 지명이 없다. 도대체 남부조선에서는 그런 지명은 고사하고 고대의 일본적유적이나 유물을 찾을래야 찾아볼수 있겠는가.

결론적으로 말하여 《일본서기》 임나관계 기사에 나오는 주요인물들의 이름을 조선에서는 그림자도 찾아볼수 없지만 천수백년이 지난 오늘에 와서도 서부일본 기비지방의 지명들에서는 찾아낼수 있다. 이것은 《일본서기》에 실린 임나관계 기사가 최근 일부 일본학자들이 말하는것처럼 결코 《허황한 문학적서술》이 아니라 서부일본 기비지방에 있었던 력사적사실을 반영한 기사였다는것을 뚜렷이 보여준다.

4. 《임나일본부》(미마나노 미야께)의 위치

일제의 조선침략수행에 적극 복무한 《임나일본부》(미마나노 미야께)설은 《일본서기》 임나관계 기사에 대한 잘못된 인식과 견해에서 출발한것이였다. 《일본서기》에 단편적으로 나오는 《미야께》에 대한 그릇된 인식과 의도적과장이 《임나일본부》설의 바탕에 깔려있다. 따라서 《미야께》의 본질을 정확히 리해하는것이 중요하다.

《미야께》는 《屯倉, 御家, 三宅, 屯家, 官家》로 표기한다. 그 뜻은 고대 황실(야마또국가의 왕실)에 직속하는 둔전이 있는 땅에 설치하는 창고 또는 관청건물이다. 《일본서기》에는 야마또국가가 일본땅 여러곳에 《미야께》(둔창)를 설치하였다고 하는데 다른 곳에 설치하였다는 《미야께》는 론의의 대상이 아니다. 문제는 《일본서기》에 고마(고구려), 구다라(백제), 미마나(가야), 시라기(신라)에 모두 미야께를 두었다고 한데 있는것이다.* 그 기사를 절대시하여 일본사람들은 고대일본의 야마또국가가 남부조선을 타고앉아 공물을 바치게 한것으로 설명한다. 바로 그 미야께들을 총체적으로 관할하고 통치한것이 《임나일본부》(미마나노 미야께노 야마또노미꼬도모찌)라는것이다.

* 조선에 두었다는 미야께는 우찌미야께(內官家), 와다시미야께(渡屯家)라고 한다.

《일본서기》의 이러한 기사가 황당무계하다는것은 고구려까지 야마또에 《조공》을 바쳤다고 한 거록만으로써도 알수 있다. 《임나일본부》설을 주장하는 일본학자들도 고구려가 야마또국가에 《조공》을 바쳤다는 기사에 대해서는 부정한다. 그러면서도 야마또국가가 가야(임나)를 지배하고 백제와 신라로부터 《조공》을 받았다는 기록은 한사코 물고늘어진다. 《미마나노 미야께》와 그 장관인 《야마또노미꼬도모찌》(日本府, 倭宰)에 관한 《일본서기》의 기사는 임나(미마나)를 기비지방에 있었던것으로 보면 아무런 무리가 없이 순조롭게 해석된다.

기비지방에 있었던 고구려, 백제, 신라, 가야의 소국들은 다같이 6세기 중엽이후에 서쪽으로 세력을 뻗치는 기내 야마또세력에 의하여 병합되였다. 따라서 그 나라들이 완전히 병합되기 전에 일정한 기간 기내 야마또국가가 임나에 설치했다던 《미야께》와 관련이 있는 지명도 조선땅에는 없지만 기비지방 옛 가야소국의 중심지에는 바로 그 미야께가 남아있게 되는것이다.

빗쮸국《풍토기》*에 의하면 가야군(국) 마쯔오까(나가라근방이라고 한다.)로부터 동남으로 20리쯤 간 곳에 미야께(御宅)가 있다고 하였다. 이 미야께야말로 《일본서기》 임나관계 기사에 나오는 미야께일것이다. 소쟈시 나가라(長良, 아나가라의 간략화된 지명)에 있는 미야께와 흠명기 16년 7월조, 17년 7월조, 안한기 2년 5월조, 민달기 3년 10월조 등에 나오는 미야께가 어떤 관계에 있는가는 앞으로 더 연구해보아야 할 문제이다.

* 《풍토기》(이와나미서점, 《일본고전문학대계》 2) 1976년, 487~488페지. 여기서 말하는 마쯔오까라는 곳은 현재의 소쟈시 나가라(아나가라의 전화된 말)근방으로서 그곳은 옛 가야국의 중심지대였다.

이상에서 본바와 같이 《일본서기》 응략기, 흠명기, 계체기를 비롯한 기사들에 나오는 임나가라, 신라, 백제와 야마또국가사이에 벌어진 전쟁에 관한 복잡한 기사들은 그 편찬자들이 날조한 부분을 갈라내면 일정한 력사적사실들을 반영하고있다는것을 알수 있다. 《일본서기》에 쓰인 삼한(임나, 백제, 신라)땅이란 조선이 아니라 기비지방이였으며 그곳을 6세기이후 야마또의 집권자들은 《도나리구니》 즉 《이웃나라》라고 불렀던것이다.

이미 본바와 같이 기비지방에는 7개이상의 조선식산성*이 있다는것이 이미 확인되였거나 조사중에 있다. 그리고 계체기, 흠명기의 전쟁기사들과 관련이 있는 후기고분시기의 무덤들에서는 조선식무기, 무장과 마구류들이 수많이 나왔다. 실례를 들어 오까야마시 잇뽕마쯔(一本松)무덤에서는 조선식단야공구들과 채양달린 투구, 단갑, 조선식띠고리, 징박이철판 등이 나왔으며 가사오까시 야마구찌의 다께노우찌(竹之内)무덤, 쯔야마시 나가우네야마(長畝山) 제2호무덤, 마니와군 야쯔까촌 요쯔즈까 제1호무덤 등에도 잇뽕마쯔무덤에서 발굴된것과 비슷한 조선식단야공구들이 나왔다고 한다.

* 기비지방의 조선식산성을 정리하면 다음과 같다.
  ① 기노죠산성(오까야마현 소쟈시)
  ② 오메구리고메구리산성(오까야마시 구사가베)
  ③ 쯔네끼(아시시나군과 후쮸시에 걸침)
  ④ 우바라끼(후꾸야마시 죠오정)
  ⑤ 오까야마시 다까마쯔지구와 아시모리지구에 걸친 돌담
  ⑥ 오까야마현 세도정과 구마야마정에 걸친 대평산일대의 큰 규모의 돌담
  ⑦ 오까야마시 다다라정의 게시고야마산성(《성》, 《세또우찌지방의 고대산성》 사회사상사, 1984년에 근거함)

마구류로서는 신라소국의 땅으로 추정되는 오꾸군 오사후네(長船)정의 쯔끼야마(築山)무덤과 깅게이즈까(金鷄塚)무덤에서 신라의 경주에서 출토된것과 같은 계통의것들이 나왔다. 그밖에 기비군 마기비(眞備)정 아따오즈까무덤, 쯔야마(津山)시 사라나까미야(皿中宮)

제1호무덤, 아까이와군 산요정 이와따(岩田) 제1호무덤에서도 조선식마구류(경판, 띠고리, 행엽 등)가 나왔다. 특히 기비군 마기비정 가와베리촌 뎬구야마(天狗山)무덤에서 완비된 패갑이 나온것은 특기할만 한 사실이다. 그리고 최근에는 죠도군(上道 北方)에서 6세기 중엽~7세기초의 쯔까단(塚段)제1호, 제2호무덤에서 구리거울과 함께 조선식의 장식달린 스에끼와 철제마구류들이 나왔다고 한다. 특히 제2호무덤에서는 철제말자갈과 경판(직경 10cm), 쇠활촉 등과 함께 질좋은 마노, 히수이, 굽은구슬, 유리목걸이, 팔찌, 귀고리 등이 나왔다고 한다. 이렇듯 6세기경에 와서 큰 무덤에서가 아니라 작은 무덤들에서도 우수한 조선식마구류와 갑옷류가 나오는것은 주목되는 일이다. 왜냐하면 그러한 사실들은 그 일대에서 고분문화시기 후기(6세기)에 들어와서 전쟁 특히 기마전투가 치렬하게 벌어졌다는것을 보여주기때문이다.

제7장. 깅끼(기내)지방 가와찌와 야마또의 조선계통소국들

　　일본렬도의 중심부에 자리잡고있는 깅끼지방(교토부, 오사까부, 나라현과 효고현의 동부)은 고대일본의 중심지였다. 그것은 대체로 6세기이후의 일일것이다.
　　고대일본에는 정치, 문화적중심지가 여러개 있었다고 본다. 북 규슈와 기비지방과 함께 깅끼지방도 적어도 4세기이후에는 그런 정치, 문화적중심지의 하나였을것이다. 4세기 일본에서 고분문화시기가 시작되면서부터 깅끼지방에는 무덤들이 집중적으로 분포되였다. 수천기나 되는 무덤들의 집중적분포는 그 지방이 일본렬도의 큰 중심지의 하나였음을 말해준다.
　　하나의 봉분의 길이가 100m도 넘는 큰 무덤들의 존재는 그 무덤주인공들의 권력을 상징한다. 무덤의 주인공들은 일본에 통일국가가 서기 전까지 그 일대에 존재하고있던 소국들의 우두머리(왕)들이였다.
　　깅끼지방에도 4세기이후에 수많은 소국들이 존재하였으며 그가운데는 조선계통소국들이 적지 않았다. 특히 초기무덤들과 큰 무덤들을 남긴 많은 사람들이 조선계통소국 사람이라는것이다. 여기서는 깅끼지방가운데서 대표적인 큰 무덤이 있는 가와찌(오사까부)일대와 그 이웃인 야마또(나라현)일대의 조선계통소국들에 대하여 보기로 한다.

제1절. 가와찌지방의 백제-가라왕국

고대에 가와찌평야는 가운데에 큰 호수(가와찌호)를 끼고 야마또강, 이시가와강(石川), 요도가와강 등의 강하천이 집중된 고장이였다. 이런데로부터 가와찌와 이웃한 지방에는 이즈미, 셋쯔와 같이 물과 강, 나루와 관련된 이름들이 많다. 그 고장일대의 기후는 온화하며 벼농사에 유리한 조건을 지어주었다. 따라서 그곳에는 일찍부터 조선이주민들이 많이 모여들었다. 야요이문화시기부터 고분문화시기에 이르는 오랜 기간 그곳에 조선적유적유물들이 면면히 이어지고있는것은 바로 일찍부터 가와찌평야를 개척한것이 조선이주민집단이였음을 잘 말하여주고있다.

그곳에서는 오랜 기간에 걸쳐 이주민들의 토착화와 새 이주민에 의하여 새로운 조선문화의 전파가 거듭되였을것이다. 아무튼 거듭되는 조선사람들의 이주와 그들의 창조적로동으로 그 일대는 개척되여나갔다.

가와찌지방을 개척하고 가와찌지방에 소국을 형성한것은 백제-가라계통이주민이 위주였다. 그 지방에서 대표적으로 큰 무덤인 다이센무덤과 곤다야무덤의 백제-가라적성격이 이를 잘 말해준다고 생각한다.

이 절에서는 먼저 일본학자들이 가와찌왕권의 상징이라고 하는 다이센무덤(인덕천황릉이라고 한다.)과 곤다야마무덤(응신천황릉이라고 한다.)을 비롯한 모즈, 후루이찌무덤떼의 조선(가야-백제)적성격을 밝힌 다음 가야세력이 그곳에 이미 있던 백제계통세력과 어떤 과정을 거쳐 결탁해나갔는가 하는것을 보기로 한다.

1. 고고학적으로 본 가와찌의 백제-가라왕국

한마디로 말하여 가와찌에 있는 무덤떼들에서 나오는 물건들가운데서 조선적성격을 띠지 않은것은 별로 없다. 그만큼 조선것이 많다. 이런데로부터 일본학자들은 그 모든 조선적인 물건을 《야마또정권에 귀순해온 귀화인이나 포로들의 물건》으로 규정짓고있다.

우선 이 억지공론부터 반박할 필요가 있다.

가와찌에 있는 조선적유적, 유물을 백제적인것과 가야적인것으로 갈라서 말하기는 힘들다. 워낙 백제-가라무덤들이 한곳에 몰켜있는데 그것은 가야세력이 백제세력밑에서 통합되였기때문일것이다.

1) 후루이찌, 모즈무덤떼의 범위

후루이찌무덤떼는 오사까부 하비끼노시의 북서쪽으로부터 후지이데라시일대에 걸친 남북 약 4km, 동서 약 3km의 지역에 분포되여있다. 거기에는 길이 416m에 이르는 전방후원무덤(일본에서 두번째로 큰 무덤)인 곤다야마무덤을 비롯하여 오까 니산자이무덤(길이 240m), 이찌노야마무덤(길이 228m), 나까쯔야마무덤(길이 283m) 등의 전방후원무덤이 19기, 전방후방무덤이 1기, 방형무덤이 11기이상, 원형무덤이 25기이상 있다.

모즈무덤떼는 오사까부 사까이시의 남쪽인 모즈들판에 전개되여있는 14기의 전방후원무덤을 기본으로 하여 구성된다. 무덤떼는 북쪽에 이른바 반정릉(길이 150m), 다이센무덤(길이 475m), 이른바 리중릉(길이 265m), 동쪽에 이다스께무덤, 니산자이무덤(길이 290m) 등으로 전개되여있다. 모두 합해서(없어진것까지 포함) 92기나 된다.

모즈무덤떼에서 가장 큰 맹주적존재는 다이센무덤이고 후루이찌무덤떼에서 맹주적존재는 곤다야마무덤이다. 지난날 일본학자들은 그 최대규모의 무덤을 가지고 야마또정권의 《조선출병》을 《증명》하려고 애썼다. 그들은 《대국적으로 보아 웅신릉을 중핵으로 하는 후루이찌무덤떼, 인덕릉을 중핵으로 하는 모즈무덤떼의 두개 큰 무덤떼가 오사까평야에 출현하는것이 호태왕비에서 보여준 4세기말, 5세기초 두 왜의 대규모적조선침략이라고 하는 동아시아력사상의 중대사건과 관련이 있다고 하는것은 움직이지 않는것으로 생각된다. 야마또분지로부터 오사까평야에로의 왕릉의 이동, 무덤축조기술의 혁신과 왕릉의 규모의 거대화, 마구, 금동제장신구의 출현, 신예무기, 무구(武具)의 대량부장 등 어느것이나 그 사실을 안받침하고있다.

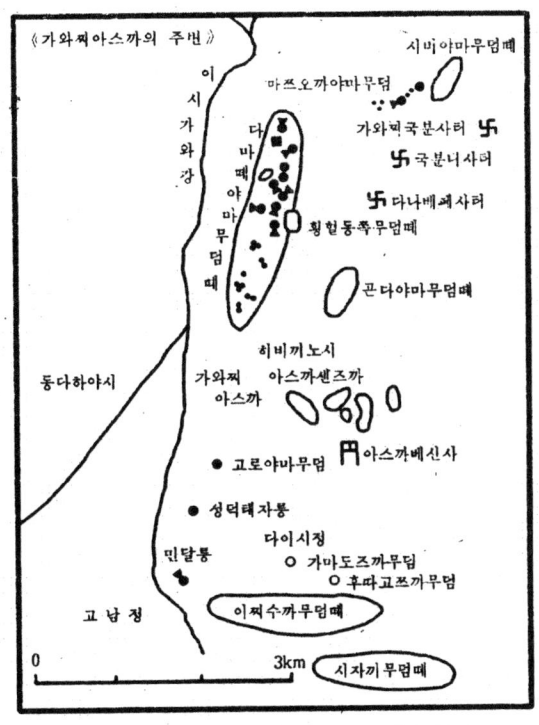

가와찌 아스까주변의 무덤떼유적들

 이렇게 보면 응신릉, 인덕릉에 의하여 대표되는 저 큰 무덤들이 출현하는 시기는 역시 5세기 전반기경으로 된다.》*라고 주장하였다.

 * 심포줌《고분시대의 고고학》가꾸세이사, 1971년, 64～65폐지

 여기서 다이센무덤, 곤다야마무덤을 잘못 보는 일본고고학자는 한둘에 그치지 않는다. 그 잘못이란 첫째로, 다이센무덤, 곤다야마무덤의 축조시기를 5세기초로 본다는데 있으며 둘째로, 후루이찌무

덤때, 모즈무덤때의 일련의 조선적유적유물을 가지고 《야마또정권의 조선지배》를 단정하려는것이며 셋째로, 야마또세력이 오사까평야에로 진출하였다는 터무니없는 리론을 들고나온데 있다. 그와 같은 잘못은 틀에 박힌 야마또중심사관에서 헤여나지 못한데 그 원인이 있다. 그런데 비극은 그와 같은 잘못을 저지른것이 한둘이 아니라 그것이 일본학계를 대표하는 견해라는데 있으며 또한 그와 같은 잘못된 견해와 판단이 출토된 실물을 가지고 력사적사실을 론증평가한다는 고고학자들가운데서 나타나고있다는 사실이다.

먼저 무덤의 크기에 대하여 보기로 한다.

다이센무덤은 현재 오사까부 사까이시(옛 국명으로는 이즈미국 센보꾸군)의 바다가 가까운 대지우에 있다. 무덤의 크기는 측정자에 따라 조금씩 다르다.*

* 《릉묘관계 론문집》궁내청서릉부릉묘과편 가꾸세이사, 1980년, 21페지. 무덤의 측정치에 대해서는 학자마다 다르다. 따라서 다이센무덤, 곤다야마무덤의 크기는 비교적 신빙성이 있다고 하는 이 책에 의거하였다.

　　　다이센무덤의 주축의 길이 475m,
　　　　　　　전방부의 폭 300m,
　　　　　　　전방부의 높이 약 27m,
　　　　　　　후원부의 직경 245m,
　　　　　　　후원부의 높이 약 30m.

다이센무덤의 축조는 일본학자들의 계산에 의하면 《가령 1㎥의 토량운반거리를 평균 250m로 보고 그것을 하루 1명이 한다면 전체 토양운반에 쓰일 인원은 대체로 140만 6 000명에 가까운것으로 될것이다. 따라서 하루에 1 000명을 쓴다 해도 4년에 가까운 세월이 토양운반에 드는것으로 되며 실제상으로는 그것을 또 정미(整美)한 모양으로 만들지 않으면 안된… 다.》*고 한다.

　　* 우와 같은 책, 24페지

곤다야마무덤은 현재 후루이찌 곤다에 있다. 무덤은 이시가와강기슭 가까운 대지우에 있다.

곤다야마무덤의 주축의 길이 415m,

후원부의 언덕 267m, 높이 36m,

전방부의 폭(복원) 330m, 높이 35m

곤다야마무덤의 넓이는 23만 8 611평이며 무덤의 토량은 143만 3 960㎥이다. 주축의 길이는 비록 다이센무덤이 더 길지만 토량에 있어서는 곤다야마무덤이 2만 8 094㎥만큼 더 많다는 사실을 지적할수 있다.

다이센무덤과 곤다야마무덤을 맹주적존재로 하면서 그 주위에 수많은 배총적지위의 무덤들이 있다. 모즈무덤떼와 후루이찌무덤떼는 위도(북위)상 거의 같은 선상에 있는것으로서 본래 하나의 생활단위에 있었다고 하는 주장도 있다.*

* 《거대고분의 세기》 이와나미서점, 1981년, 104~105페지

알려진바와 같이 후루이찌무덤떼와 모즈무덤떼는 거의다 5세기부터 6세기 전반기경까지에 축조된 무덤들로 형성되여있다. 이 두 무덤떼를 통일적생활단위, 생활규모로 보려는 흥미있는 견해가 있다. 그것에 대하여 보면 다음과 같다.

① 고대의 도로로서 이름높은 오쯔도로(大津道)와 다지히도로(丹比道)가 거의 평행으로 동서로 뻗어있어 마치도 두 무덤떼를 이어주는것 같다. 이것은 우연이라고 생각하느니보다 거의 동시적으로 넓은 범위를 대상으로 한 토지리용의 설계가 진행되였다고 보는것이 옳다.

② 후루이찌무덤떼, 모즈무덤떼에서 각각 가장 큰 무덤인 곤다야마무덤(동쪽)과 다이센무덤(서쪽)은 거의 동서의 선상에 정확히 나란히 서있다. 북위선상에서 비교하면 약 11㎞ 떨어진 두 무덤의 무덤무지의 목부분은 거의 같은 선상에 있다.

③ 두 무덤떼의 북쪽끝에 위치한 무덤과 남쪽끝에 위치한 무덤이 각각 동서의 선상에 거의 줄지어 위치해있다.

④ 두 무덤떼의 중간에도 가와찌 오즈까무덤과 구로히메야마무

덤이 있어 무덤분포의 조밀도를 따지지 않는다면 후루이찌무덤떼와 모즈무덤떼라는 구별은 없어지고 동서로 긴 하나의 큰 무덤떼의 양상을 그려볼수 있다.

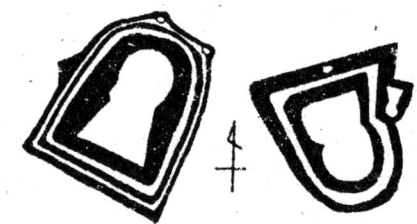

동일한 북위선상에 있는
다이센무덤(좌)과
곤다야마무덤(우)

⑤ 결론적인 가설로서는 후루이찌무덤떼와 모즈무덤떼는 본래 별개의 무덤떼가 될 성격의것이 아니였다. 동서 약 12km, 남북 약 3km의 범위가 대왕가의 묘지로서 그 내부에 무덤이 구축되고 점차 그 수가 불어 밀집도는 높아갔다. 그런데 어떠한 사정으로 6세기 중엽경에 그 묘지에는 무덤이 만들어지지 않게 되여 가운데가 듬성듬성 비여있게 되였다. 따라서 후루이찌무덤떼와 모즈무덤떼는 어디까지나 겉보기의 무덤떼일뿐 본래는 하나의 큰 무덤떼를 이루고있었다고 생각된다.*

* 신판《고분문화소고》사회사상사, 1979년, 53~54페지,《거대 고분의 세기》이와나미서점, 1981년, 104~106페지

2) 후루이찌, 모즈무덤떼의 조선적성격

후루이찌와 모즈무덤떼의 조선적성격이라는것은 4세기 말경 가와찌일대에 존재한 백제계통왜소국에 가야(가라)세력이 덮쳐 백제-가야적성격을 띠게 된 무덤양상을 말한다.

먼저 후루이찌무덤떼의 조선적성격에 대하여 보기로 한다.

후루이찌무덤떼의 조선적성격은 현재까지 발굴조사된 곤다야마무덤주위의 배총적위치에 있는 마루야마(丸山)무덤, 구라즈까(鞍塚)무덤과 그리고 이찌노야마(市之山)무덤의 배총이라고 하는 가라비쯔야마(唐櫃山)무덤, 나가보찌야마(長持山)무덤, 아리야마무덤 등을 보면 일목료연하다. 그 무덤들에서 나온 유물들은 모든것이 조선적인것인데 좀 과하게 말하면 흙과 돌을 내놓고는 다 조선제이거나 조선식이다.

마루야마무덤은 곤다야마무덤의 전방부바깥둑에 접하여 축조된 직경 약 45m의 원분이다. 1848년에 이 무덤에서 여러가지 유물이 나왔다. 유물내용을 보면 다음과 같다.*

* 원색판《국보》편람 마이니찌신붕사, 1969년, 21페지

금동룡음새김말안장쇠붙이 2안장분, 금동자갈경판, 금동꽃모양 십자형장식쇠불이 일괄, 록각장도잔결 일괄, 마구, 쇠활촉, 등자 등의 잔결 일괄이다.

슈낑즈까(珠金塚)무덤은 오사까부 후지이데라시에 있던 방분이다. 한변의 길이 28m, 높이 4m로서 곤다야마무덤과 접해있다. 1955년의 조사에 의하면 무덤에서 주축을 동서에 놓고 병렬된 길이 6.2m와 4.6m의 점토곽이 나왔다. 유물로는 구슬류와 각종 거울(신수경, 사신경, 수형경), 쇠칼, 검, 쇠활촉, 징박이식단갑, 어깨 갑, 경갑, 배머리모양투구, 방패, 손칼, 도끼, 끌, 송곳, 가래, 창 대패 등이 나왔다. 특히 갑옷류는 다 징박이식으로서 기술적수준이 매우 높은것들이였다.

우의 두개 무덤은 징박이식단갑, 말안장장식 등으로 보아 그 축조시기는 극상 올라가야 5세기 후반기경으로 인정된다.

아리야마무덤은 오사까부 후지이데라시에 있던 한변의 길이 45m, 높이 4.5m의 방분이다. 1961년의 조사에 의하면 가운데의 내부매장시설은 목관직장이다. 유물로서는 창끝 40개, 쇠활촉 70개, 쇠도끼 5개, 고사리모양손칼 5개, 쇠낫 6개이상, 쇠보습 2개(이상은 가운데의 매장시설에서 나옴), 쇠칼 77개, 철겸 8개, 쇠창끝 8개, 쇠활촉 1 542개, 쇠도끼 34개, 고사리모양손칼 151개, 창대패 14개, 쇠톱 7개, 쇠낫 201개, 쇠보습 49개, 갈구리모양 철기 412개(이상은 북쪽시설에서 나옴), 띠고리모양철판 15개이상(남쪽시설에서 나옴)이 나왔다. 이 무덤은 곤다야마무덤의 배총적지위에 있는 무덤으로서 출토유물들로 보아 5세기 후반기경에 축조된것으로 인정되고있다.

구라즈까무덤은 오사까부 후지이데라시에 있던 직경 39m, 높이 5m의 원분이다. 곤다야마무덤의 동북쪽에 위치하고있다. 1955년

의 조사에 의하면 유물로서 사신경과 벽옥제굽은구슬, 관옥, 유리구슬, 쇠칼, 검, 창, 쇠활촉, 도끼, 쇠낫, 삼각판가죽엮음단갑, 어깨갑, 경갑, 삼각판징박이배머리모양투구 등 일련의 투구갑옷과 자갈, 나무판에 철판씌운 둥근등자, 말안장쇠붙이, 운주 등이 나왔다. 특히 안장은 철판을 씌워 만들었는데 그 솜씨가 마루야마무덤에서 나온 금동제룡문뚫음새김안장쇠붙이와 꼭 같은 조선제물건이다.

야쮸(野中)무덤은 오사까부 후지이데라시에 있던 방분 (한변의 길이 27m, 높이 4m)이다. 곤다야마무덤과 좀 떨어진 대지우에 하까야마무덤 (223m)으로부터 북쪽으로 50m

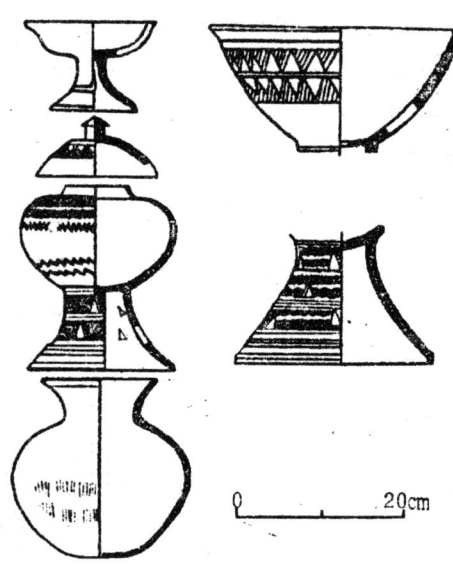

오사까 야쮸무덤의 가야질그릇

지점에 있다. 무덤에는 5개의 목관이 5렬로 묻혀있었다. 무덤에서는 여러가지 형태의 스에끼와 많은 무기, 무장류가 나왔다. 나온 유물들을 계렬별로 보면 다음과 같다.

1렬에서는 쇠판에 금동을 씌운 삼미철달린배머리모양투구(鉄地金銅張製三尾鉄付革製衝角付冑) 3개, 쇠찰갑징박이채양달린투구(小札鉄留眉庇付冑) 7개, 삼각판징박이단갑 4령, 횡신판징박이단갑 3령, 삼각판가죽엮음깃달린단갑 3령, 어깨갑 8령, 경갑(頸甲) 3령, 허리갑(草摺) 1령 기타 칼, 검이 나왔다.

2렬에서는 600개이상의 쇠활촉을 기본으로 하면서 벽옥제관옥, 쇠철갑징박이채양달린투구 1개, 삼각판징박이단갑 1령, 손칼, 창대패 8개, 소형손잡이달린질그릇(스에끼), 소형단지 3개가 나왔다.

3렬에서는 칼 140개이상, 쇠도끼 30개, 검, 쇠덩이(철정) 36kg 이상 나왔다.

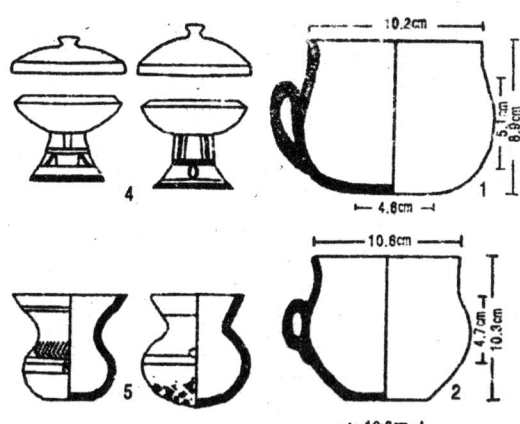

가야 도질토기

1, 2. 창녕, 계성지구
3. 대구, 구암동 제56호무덤
4. 성주, 성산동 제6호무덤
5. 가야지방

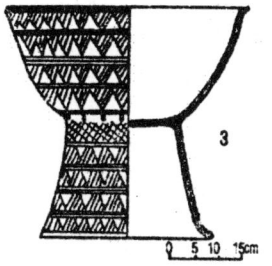

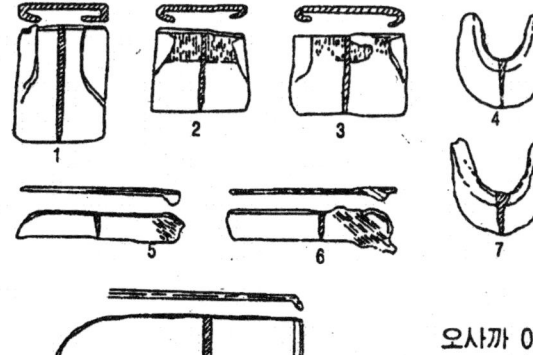

오사까 야쭈, 아리야마무덤에서
나온 조선제쇠농구

1~3. 괭이날
4~5. 쇠보습
6~8. 쇠 낫

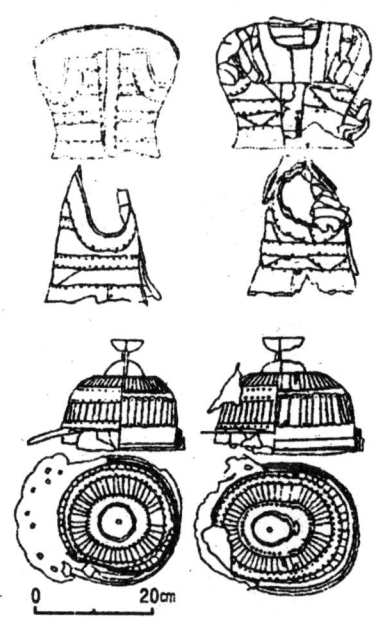

오사까 야쮸무덤에서 나온
루구와 갑옷

 5렬에서는 농구, 공구를 기본으로 하면서 쇠낫 35개, 보습날 (鉄先) 11개이상이 나왔다. 이것들은 다 조선제물건들이다.
 나가모찌야마무덤은 오사까부 후지이데라시에 있던 원분(40m)이다. 이찌노야마무덤(윤공릉)의 후원부서남쪽에 있다. 1946년의 조사에 의하면 높이 약 7m의 무덤꼭대기에 2개의 집모양돌널이 있었다고 한다. 돌널(석판)은 몸길이 2.05m, 너비 75cm, 뚜껑을 합친 높이 약 1m이며 뚜껑과 몸채량끝은 바줄을 걸수 있게 불룩 나왔다. 그 재료는 규슈에 있는 아소산의 용결응회암으로서 깅끼지방에는 가장 오랜것의 하나라고 한다. 무덤칸은 강돌을 쌓아올려 만든 수혈식돌칸으로서 길이 3.4m, 너비 1m이다.
 유물로는 돌칸안의 돌널북쪽에서 배머리모양투구 1개, 패갑 일식, 쇠판에 금동씌운 말안장쇠붙이, 둥근등자, 자갈, 행엽, 운주 등의 마구류, 쇠칼, 쇠창, 쇠활촉, 쇠낫, 쇠보습이 나왔고 돌널남쪽에서 단갑 1개, 배머리모양투구 1개가 나왔다. 그밖에 띠고리와 유리 등이 나왔다.
 또 하나의 집모양돌널은 가와찌와 야마또사이에 있는 니죠산

(二上山)에서 나는 안산암질의 응회암으로 만들어져있다. 이 무덤에서 특기할 사실은 패갑 일식이 나온것이다. 어깨갑, 깃갑, 무릎갑, 손등갑(籠手), 정갱이갑 등 부속갑옷류가 일식으로 모두 갖추어져 있었다. 말하자면 단갑보다 더 발달한 최신형기병장구가 묻혀있었다. 또한 마구류가운데서 f자형의 경관을 쓴 자갈과 소형의 검릉형행엽, 나무에 철판씌운 둥근둥자 등은 아주 실용적인것으로 추측된다. 이 무덤은 5세기 후반기에 축조된것으로 인정되고있다.

가라비쯔야마무덤은 오사까부 후지이데라시에 있는 전방후원무덤(밥조개형무덤)으로서 길이 53m, 후원부 38m, 높이 8m, 전방부 너비 21m, 높이 3.6m이다. 이찌노미야무덤의 바깥둑에 위치해있다. 거기에 있는 집모양돌널은 나가모찌야마무덤의 돌널과 거의 같은 모양을 하고있으며 그 석재 역시 규슈 아소산의 돌이다. 유물은 돌칸(수혈식석실)남쪽공간에서 징박이식배머리모양투구 2개, 채양달린투구 2개, 삼각판가죽엮음단갑 2개, 쇠활촉 수십개가 나왔고 북쪽에서 쇠관에 금동씌운 f자형의 경관이 달린 자갈 1개, 대갈못, 유리알 수백개가 나왔다. 5세기 후반기에 축조된 무덤으로 인정되고있다.

다음으로 모즈무덤떼의 조선적성격에 대하여 보기로 한다.

다이센무덤에서는 1872년 가을 전방부중단의 흙이 무너져내려 길죽상자모양돌널과 그것을 에워싼 수혈식석실이 발견되여 그것이 그림으로 남아 전한다. 거기서 나온 유물은 이러저러한 경로를 거쳐 현재 미국 보스톤미술관에 소장되여있다.

보스톤미술관에 등록된 유물(《인덕릉출토 5세기》라고 밝힘)은 다음과 같다.

청개작영세선식수대경 1면, 금동제단봉환두대도의 칼자루, 마탁과 환령 등이다.

그밖에도 돌널과 돌칸사이의 짬에서 나온 철제대도 20개, 금도금한 삼각판징박이단검과 채양달린투구 일식이 있다.

시찌깐(七觀)무덤은 오사까부 사까이시의 낮은 대지우에 있던 원분(직경 50m)이다. 3차에 걸친 조사에서 나온 유물은 다음과 같다.

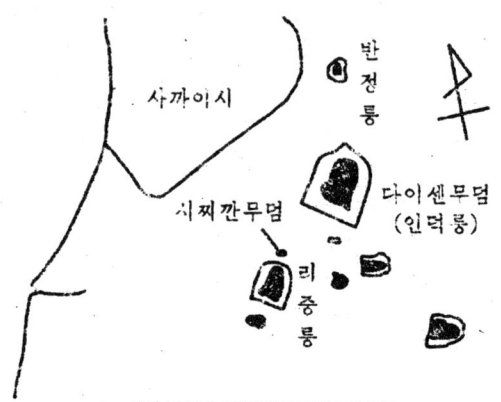

오사까 시찌깐무덤의 위치

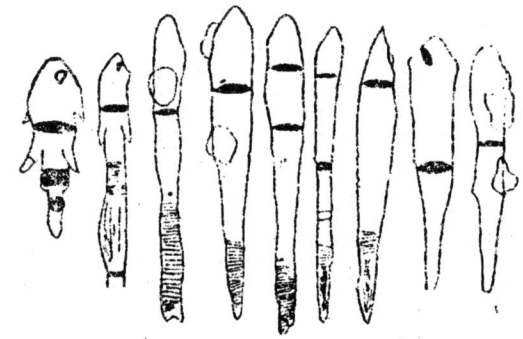

오사까 시찌깐무덤에서 나온 기마전투용활촉

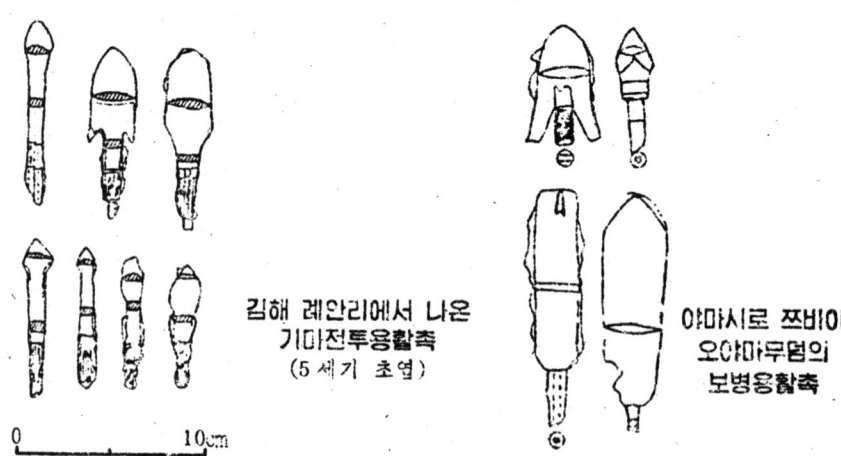

김해 례안리에서 나온
기마전투용활촉
(5세기 초엽)

야마시로 쯔비이
오야마무덤의
보병용활촉

1913년의 조사(《고고학져날》 23권 5호)때 나온것은 가죽엮음과 징박이의 배머리모양투구와 단갑, 단갑부속물, 창, 쇠활촉, 도끼, 창대때, 철로 된 말자갈, 말등자쇠붙이(兵庫鎖付鐙金具)이다.
    1947년의 조사때 나온것은 쇠칼, 쇠활촉, 철로 된 말자갈, 나무에 철판씌운 둥근등자(木芯鉄張輪鐙), 환령, 가죽엮음배머리모양투구, 금동제띠고리달린가죽엮음단갑, 단갑에 달린 부속품, 자귀 등이다.
    1952년의 조사때 나온것은 백수십개의 쇠칼(고리자루 2), 수십개의 칼이다. 이것들도 다 조선제유물들이다.
    사까이 오즈까야마(堺大塚山)무덤은 사까이시의 대지우에 있는 전방후원무덤(길이 166m, 후원부 직경 96m, 높이 14m)이다. 후원부(제1~제4호곽)와 전방부(제5~제8호곽)에 간략화한 점토곽이 존재한다.
    매 호곽에서 나온 유물은 다음과 같다.
    1호곽에서는 거울, 구슬류, 도검, 창, 깃달린 단갑, 배머리모양투구, 자귀, 손칼이, 2호곽에서는 방패, 단갑, 배머리모양투구, 허리갑, 손등갑, 자귀, 검릉모양의 석제품이, 3호곽에서는 단갑, 검, 빗이, 4호곽에서는 도검 약 100개와 공구류만, 5호곽에서는 도검, 창이 100개정도, 6호곽에서는 단갑, 허리갑의 쇠찰갑, 쇠활촉, 창, 쇠칼 등이, 7호곽에서는 거울, 구슬류, 검, 자귀 등이, 8호곽에서는 공구류 등이 나왔는데 그것들은 조선제유물들이였다.
    니시고야마(西小山)무덤은 오사까부 센난군에 있는 원분(직경 40m, 높이 5m)이다. 내부시설은 판석을 쌓아올린 수혈식석실이다.(길이 3.3m, 너비 0.7m, 높이 0.75m) 석실안에서 금동씌운 챙양달린 투구 1개, 삼각판징박이단갑 2령; 경갑 1령, 어깨갑 1령, 패갑의 철편 800매정도, 쇠칼 23개, 쇠창 2개, 쇠활촉 107개, 띠고리 1개 등이 나왔다.
    구로히메야마(黒姫山)무덤은 오사까부 남가와찌군(南河内郡)에 있는 전방후원무덤(길이 114m, 후원부 직경 64m, 높이 11m, 전방부 너비 65m, 높이 11.6m)이다. 이 무덤은 다이센무덤과 곤다야마 무덤사이에 있다.

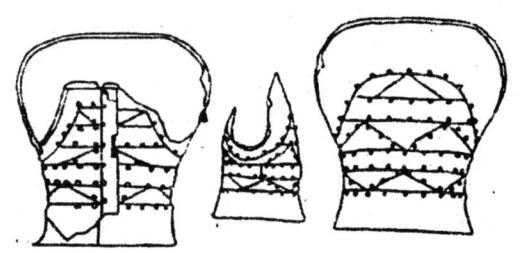

오사까 구로히메야마무덤의 삼각판징박이단갑

전방부는 부장품을 넣었던것으로 생각되는데 강돌로 쌓은 수혈식석실이 있다.(4.03m, 동쪽끝의 너비 0.75m, 서쪽끝의 너비 0.83m, 높이 1.03m)

나온 유물은 다음과 같다.

단갑 24령, 배머리모양투구 11개, 채양달린 투구 13개, 경갑 11령, 어깨갑 12령, 허리갑 4령, 쇠칼 14개, 검 10개, 창 9개, 창자루에 끼는 원추형의 쇠붙이(鐏) 7점, 쇠활촉 56개, 손칼 5개 등이다.

저기서 특히 주목되는것은 갑옷류인데 다같이 징박이식단갑이다. 24령의 단갑에는 깃달린 단갑 등 조선에 고유한 형태의 갑옷이 많다는 사실이다. 그것들은 5세기 말엽의 제작으로 편년되고 있다.

우에서 모즈와 후루이찌 두 무덤떼의 성격을 규명할수 있는 대표적무덤들에 대한 자료 몇가지를 제시하였다. 다음으로 이 무덤떼들의 조선적성격을 횡혈식무덤, 기마전투용무기, 무장, 스에끼 등으로 나누어보기로 한다.

횡혈식무덤의 출현

가와찌지방에서 가장 오래된 대표적횡혈식무덤은 후지노모리(藤之森)무덤, 시바야마(芝山)무덤, 또즈까(塔塚)무덤이다. 이 세 무덤에 이어 횡혈식무덤은 중형, 소형의 전방후원무덤 그리고 원분, 방분으로 퍼져갔다. 그 시기는 대체로 5세기 중엽으로부터 5세기말이며 기본적인 보급은 6세기이라고 한다. 따라서 이 세 무덤의 형편을 자세히 볼 필요가 있다.

또즈까무덤은 오사까부 사까이시의 이시쯔강하구에 있는 앞뒤의 1변이 45m인 방분이다. 나온 유물을 보면 금동제말안장쇠붙이, 금동제말안장꽃모양장식쇠붙이, 나무에 철판씌운 둥근등자, 말자갈 등 고식의 마구류와 여러 도검들과 단갑 등이 나왔다고 한다. 1958년 조사에 의하면 아주 오래된 횡혈식돌칸구조를 가지고있는것으로 판명되였다. 무덤무지우에 돌칸과 나란히 목관이 묻혀있었다. 출토된 마구류가 마루야마무덤의것과 공통성이 있는데로부터 이 무덤은 5세기 중말엽에 축조된것으로 보인다고 한다.

돌칸구조는 길이 2.4m, 너비 2.2m인 방형에 가까운 돌칸평면설계이며 또 바닥부분에 판돌은 세우고 그우에 깬돌을 쌓아올려 네 벽을 만든 다음 뚜껑돌을 걸었으며 돌들에는 빨간 칠을 하였다.

후지노모리무덤은 오사까부 남가와찌군에 있는 원분(직경 24m, 높이 3.2m)이다. 무덤무지가운데에 있는 횡혈식석실은 왼쪽으로 치우친 한쪽날개모양의 평면구조를 가졌는데 옹근 길이 4.5m, 무덤칸의 길이 3.5m, 너비 1.5m, 높이 1.5m, 무덤길 길이 1m, 너비 0.8~0.9m, 높이 1.1m이다. 무덤은 심한 고임천정으로 되여 천정면의 너비는 0.2m에 지나지 않는다. 유물로는 구슬류, 가죽엮음단갑, 쇠활촉, 말자갈 등이 나왔다. 돌들에는 빨간 칠을 했다.

시바야마무덤은 오사까부 히가시

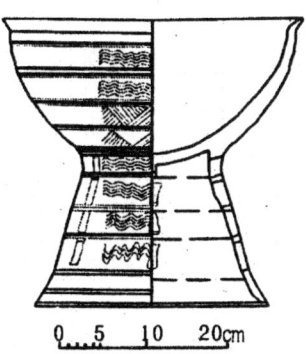

부산 복천동제10호무덤에서 나온 도질토기
(굽높은 기대)

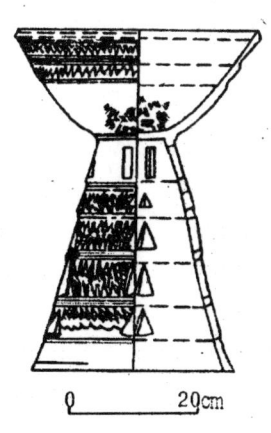

가와찌 시바야마무덤에서 나온 도질토기(굽높은 기대)

오사까에 있던 소형전방후원무덤이다.(길이 26m) 내부는 무덤길이 짧으며 무덤칸이 자기 모양을 채 갖추지 못한 두날개식의 횡혈식돌칸이다. 무덤칸은 길이 3.55~4.14m, 너비 2.41(앞벽)~3.17m(안벽), 높이 3.12m이며 무덤길은 길이 1.8m, 너비 1m, 높이 1.5m이다. 고임천정식의 이 무덤에는 곁벽면과 천정돌아래면, 바닥돌들에 산화철을 빨갛게 칠했다.

무덤칸안에는 목관이 있었으며 벽옥제관옥, 유리로 된 둥근구슬 등 각종 구슬류들과 행엽, 쇠판에 금동씌운꽃무늬달린운주 그리고 굽높은 그릇(스에끼)이 나왔다.

우에서 본 가와찌지방에서 가장 오래다고 하는 세 횡혈식무덤은 비단 가와찌에서 가장 오랠뿐아니라 야마또지방을 포함한 깅끼지방에서 가장 오랜 횡혈식무덤들이다.

깅끼지방에서 가장 오래다고 하는 이 가와찌의 세 횡혈식무덤의 출현은 과연 무엇을 보여주는가.

첫째로, 5세기 중말엽경에 횡혈식무덤형식을 가진 이주민집단이 돌연히 이 지방에 나타났다는것을 보여준다.

둘째로, 세 횡혈식무덤은 일단 완성된 형태를 가진 온전한 횡혈식돌칸무덤으로서 과도적단계를 거치지 않은 시기적으로 좀 후세의것이라는 사실이다.

앞에서 본바와 같이 조선에서 수혈식돌칸무덤으로부터 횡혈식돌칸무덤으로 넘어가는 시기 그 과도적형태로서의 수혈계횡구(횡혈)무덤의 성행시기는 대체로 4세기말~5세기초였다. 그것이 북규슈에 옮겨진것도 그와 비슷한 시기였다. 옮겨진 지대는 북규슈의 이도지마반도와 나까천을 중심으로 한 지대(스끼사끼무덤, 로오지 제3호무덤)와 사가현 가라쯔만연안지대(요꼬다시모무덤)였다. 이 일대에서는 5세기 중엽경까지 과도적단계로서의 수혈계횡혈식의 무덤이 성행하였다. 그러나 깅끼지방에서 가장 오래다고 하는 가와찌의 세 횡혈식무덤은 불규칙적이고 잘 다듬어지지 못하기는 했으나 어쨌든 구조상 완성된 평면구도를 가진 횡혈식무덤이다. 이와 같은 사실은 그 무덤들의 축조가 시기적으로 보아 북규슈에 비해볼 때 반세기이상쯤 떠진다는것을 보여준다. 이것은 가와찌의 횡혈식무덤이 4세기말～5세기초의 광개토왕릉비문의 왜와 관련이 없다는것을 말한다. 가와찌횡혈식무덤의 주인공의 세력이 조선반도에 출병했다는 설은 성립될수 없는것이다.

세 횡혈식무덤의 축조시기는 그 무덤발굴자들이 추측했듯이 광개토왕릉비문의 왜와 관련이 없는 5세기 중엽의것으로 인정된다. 시바야마무덤에서 나온 스에끼는 가야계통스에끼이며 그 제작년대는 일본 고고학계에서도 5세기 후반기경으로 의견일치를 보는것같다. 다만 또즈까무덤만이 초기의 마구류가 나온데로부터 무덤축조년대를 5세기 중엽으로 끌어올리는 경향이 있으나 마구류에서 마루야마무덤에서 출토된것과 공통성이 있는것 등으로 보아 5세기 중엽에 축조된 무덤으로 보아 잘못이 없을것이다.

셋째로, 그것은 조선(가야-백제)사람들의 가와찌진출을 보여준다. 다시말하여 지금까지 본 이른바 기내형의 초기횡혈식돌칸무덤(정방형에 가까운 무덤칸을 가졌고 길지 않은 무덤길이 달렸으며 무덤칸 네 벽이 지나치게 안으로 휜 천정고임형식의 무덤, 석실은 깬돌로 쌓고 벽면을 산화철로 빨갛게 칠한다.)이란 곧 백제식횡혈돌칸무덤이기때문이다.

참고적으로 백제의 횡혈식돌칸무덤을 보면 다음과 같다.

서울 방이동 제1호무덤, 제4호무덤, 가락동 제3호무덤, 제5호무덤의 특징은 ① 무덤칸이 정방형의 평면도를 가진다. ② 네 벽은 어느것이나 기초부는 수직이지만 웃쪽은 천정고임형식이다. ③ 천정부분은 큰 뚜껑돌이 아니면 판돌을 얹는다. ④ 전체적으로 둥근 모양을 이룬다. ⑤ 깬돌과 자연돌(강돌 등)을 사용한다.*

* 《가시하라고고학연구소론집》 6권 요시가와홍문관, 1984년, 359～360페지

이처럼 백제 초기의 횡혈식무덤의 특징은 바로 북규슈(특히 사가현 가라쯔만연안)와 깅끼(우에서 말한 가와찌의 세 무덤)의 횡혈식무덤과 완전히 일치한다. 그것은 백제-가야사람들의 가와찌지방에로의 적극적진출을 뚜렷이 보여주는것으로 된다.

기병용무기, 무장 및 마구류의 출현

가와찌의 고분문화에서 5세기 중엽(고분문화시기 중기중엽이후)에 이르러 갑자기 변화가 일어난다. 그것은 종전에 쓰이던 보병용무기들 대신에 기병전을 위주로 하는 무기, 무장이 출현하는데서 특징적으로 나타난다. 이것은 앞에서 자료적으로 제시한 여러 무덤들에서 보는바와 같다. 야쮸무덤과 아리야마무덤에서 각각 740개, 1 500개의 쇠활촉이 나왔다는 사실은 그 시기에 이미 쇠활촉을 대량 생산하였다는것을 보여준다. 그리고 그 쇠활촉들이 끝이 납작한 보병용활촉인것이 아니라 목이 긴 버들잎모양의 관통력이 센 기병용쇠활촉이라는 사실이다.

투구, 갑옷류 역시 가죽엮음식의 단갑이 아니라 징박이식단갑이 기본으로 되여있고 특히 나가모찌야마무덤에서는 여러개의 철편으로 정교하게 엮은 쇠찰갑이 나왔다.

그러면 이와 같은 기병용무기, 무장이 가와찌의 주민들자체내부에서 발생했는가 아니면 외부로부터 들어왔겠는가, 기마전(기병전)과 관련한 일련의 무기, 무장 및 마구류의 출처가 어데인가 하는것이 문제로 제기된다.

최근에 발굴된 부산시 동래 복천동에서 나온 유물들은 북규슈와 가와찌를 비롯한 일본의 여러 무덤들에서 나온 마구류, 무기, 무장 등의 원산지가 어디인가를 똑똑히 보여주었다. 이 무덤떼들에서 나온 유물들가운데서 특히 갑옷류와 마구류가 많은것이 특징적이며 철제단갑, 철제투구, 패갑, 마면갑, 안장, 행엽, 말방울 그리고 고식의 나무에 철판씌운 둥근등자가 인상적이다. 이 모든것은 실용성이 아주 강한 5세기 전반기의것이다.

지난날 많은 일본학자들은 가와찌지방에서 나오는 일련의 투구와 갑옷류가 조선에서도 나오는것을 보고 그것은 《기내 야마또정권이 벌린 정복전쟁에 출정한 야마또병사들이 가지고간것》으로 묘사하였다. 하지만 그와 같은 넉두리는 새로운 고고학자료의 출현으로 여지없이 론박당하고말았다.

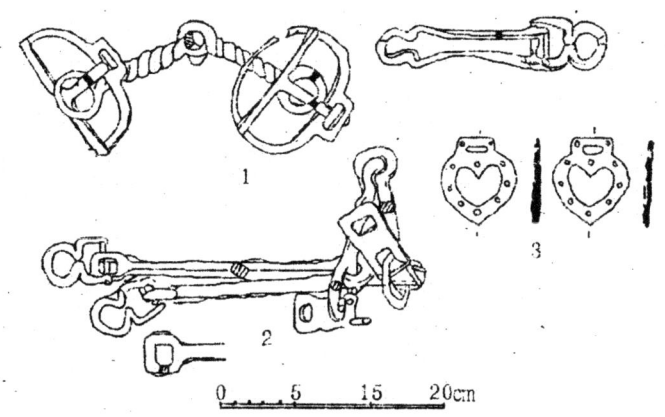

부산 복천동 제10호무덤에서 나온 마구류

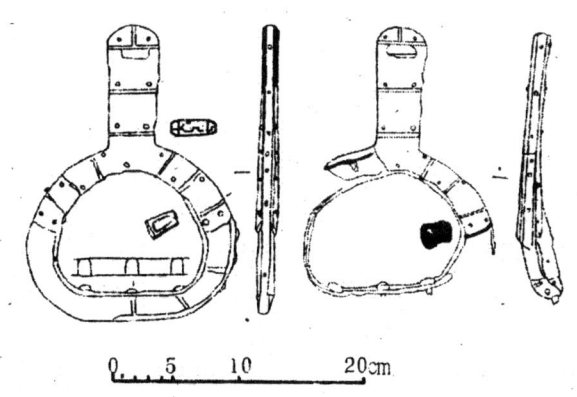

부산 복천동 제10호무덤에서 나온 나무에 철판씌운 등자

　우선 종전(1970년대 중엽까지)에 조선에서 나온 투구, 갑옷류*는 일본에서 나온것과 거의 차이가 없었다. 실례로 옛 가야국땅인 함양 상백리에서 나온 삼각판징박이단갑은 구로히메야마무덤에서 나온 제7호무덤의 단갑과 신통히도 같다. 이런데로부터 어떤 일본 학자는 다음과 같은 몇가지 《결론》을 내렸다.

　　* 1970년대초까지 조선에서 나온 갑옷류(투구포함)는 다음과 같다.

① 부산시 동래 련산동에서 나온 수신관징박이채양달린투구
② 삼각판징박이단갑
③ 철편엮음허리갑
④ 출토지미상의 금동제수신판징박이(투구?)
⑤ 출토지미상의 채양달린투구
⑥ 출토지미상의 채양달린투구
⑦ 출토지미상의 채양달린투구
⑧ 경상남도 함양군 수동면 상백리무덤떼에서 나온 삼각판징박이단갑
(《조선학보》 76집 1975년, 《남부조선출토의 철제징박이갑주》에 근거함)

①《조선반도에서 나온 징박이갑옷류에는 일본에서 나온 징박이갑옷과 거의 같은것(련산동, 상백리의 실례)과 차이나는것을 볼 수 있다. …현재 리용가능한 고고학적자료로부터는 5세기초의〈대륙계 갑옷투구공인〉의 일본도래를 명확히 안받침하는 자료는 아직 조선반도에서는 발견되지 않았다고 말하지 않을수 없다.…》

②《…조선반도에서 나온 징박이갑옷투구가운데서 그전의 동래 련산동에서 출토된 채양달린투구, 삼각판징박이단갑과 함양 상백리에서 나온 삼각판징박이단갑은 어느것이나 5세기 후반기의 일본고분의 출토품과 거의나 차이를 볼수 없으며 특히 우의 두개의 단갑은 일본의 기내무덤에서 나온것과 거의 같은 형식이라고 할수 있는 류사품이다.》*

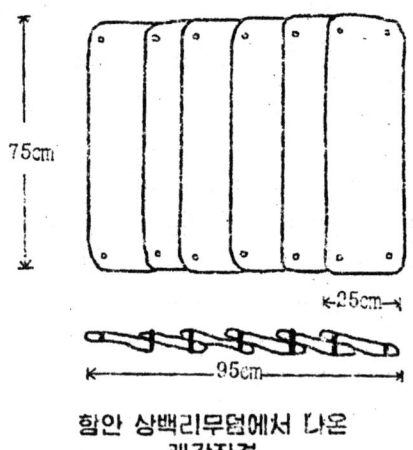

함안 상백리무덤에서 나온
괘갑잔결

* 《조선학보》 76집 1975년, 28~29페지

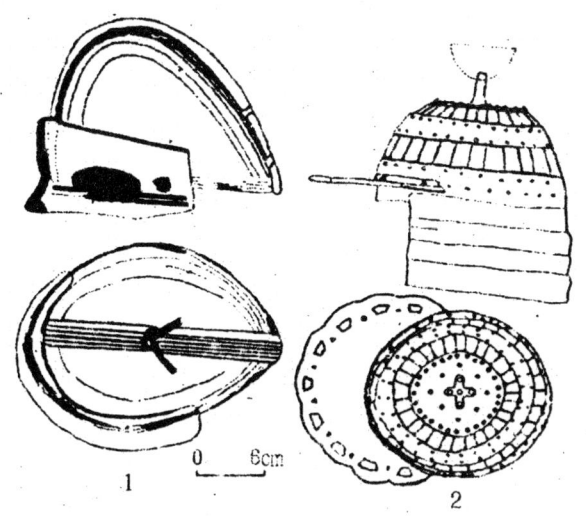

가야의 투구
1. 창녕무덤 2. 부산 동래 련상동무덤

1978년에 조사된 경상남도 고령 지산동무덤떼의 제32호무덤의 수혈식돌칸에서 배머리모양투구, 사발모양징박이투구, 횡신판징박이단갑이 나오고 1980년에는 부산시 동래 복천동 제4호무덤의 수혈식돌칸에서 삼각판가죽엮음단갑이, 제10호무덤에서는 이미 앞에서 본바와 같이 수신판징박이단갑, 수신판가죽엮음투구가, 제11호무덤의 돌칸에서는 패갑 1식과 경갑, 무릎갑, 거꾸로 덮은 사발모양가죽엮음투구 등이 나왔다. 거기서 나온 질그릇의 편년에 의하면 그 유적이 5세기 초중엽의것임을 보여주고있다. 동시에 이 사실은 조선반도의 가야세력도 기마군단을 가지고있었으며 시기적으로 가야보다 늦은 가와찌의 일련의 마구류의 기마전투용무기, 무장은 바로 조선의 가야-백제에 계보가 잇닿아있다는것을 보여준다.

계속하여 마구류를 보기로 한다.

앞에서 본바와 같이 모즈무덤떼와 후루이찌무덤떼에서는 고식의 마구류(나무바탕에 철판씌운 둥근등자)와 함께 장식용색채가 강한 호화로운 마구류(례를 들면 마루야마무덤에서 나온 말안장 등)가 나왔다. 그러한 마구류의 원산지는 직접적으로 가야였으며 간접적으로는 백제였다.

안장에 달린 나무에 철판씌운 등자는 시기적으로 앞서 고령 지산동 제32호무덤, 제33호무덤, 제35호무덤과 동래 복천동 제10호무덤, 제22호무덤에서 류사한것이 나왔다. 시찌깐무덤(오사까부)에서 나온 두 고리자갈은 조선의 의성 탑리무덤의 출토품가운데서 볼 수 있으며 나가모찌야마무덤에서 나온 S자경판자갈은 창녕교동 제11호무덤의 유물가운데서, 마루야마무덤에서 나온 룡문뚫음새김말안장쇠붙이와 류사한것은 대구 내당동 제55호무덤, 경주 호우무덤, 천마무덤에서 나왔다.

마루야마무덤에서 나온 마구류는 곤다야마무덤의 성격규명에서 아주 중요한 자리를 차지하기때문에 좀더 자세히 보기로 한다.

마루야마무덤에서 나온 마구류가운데서 말안장에는 형태가 각이한 2구(1호안장과 2호안장)가 있다. 1호안장은 Ω자형을 이루며 앞과 뒤부분에 룡무늬뚫음새김을 한 금동판을 씌웠는데 그 무늬는 세련된 곡선을 이루었고 룡의 몸체, 네다리, 꼬리가 거의 같은 폭의 뚫음새김으로 되여있으며 여러곳에 인동무늬특유의 곡선이 가해져있다.

2호안장은 바깥틀이 안쪽으로 기울어진 특이한 형태이다. 무늬새김 1호안장에 비하여 거칠기는 해도 룡의 발톱표현 등 룡몸전체가 아주 사실적이면서 인동무늬의 영향은 느낄수 없다. 두 안장에서 룡무늬의 기본적구도는 공통하며 2호안장의 무늬에는 인동무늬의 요소가 더해져서 1호안장의 룡무늬에서 보는바와 같은 규칙성이 높은 무늬가 완성되여있다고 보인다.

말안장과 함께 나온 금동자갈경판은 크고작은 2개의 네모난 판을 접철로 엮어 만들었다. 표면에는 인동모양의 뚫음새김을 붙이고 바깥두리에 장식용징을 박았다.

이처럼 마루야마무덤에서 나온 마구류는 장식적요소, 색채가 대단히 높다. 그러나 그것은 어디까지나 그 소유자의 개인적특권을 표시하는데 불과할뿐 실용적가치가 있는것은 아니다. 이와 같은 사실들은 곤다야마무덤의 배총적지위에 있는 마루야마무덤을 아무리 올려잡는다 하더라도 5세기 말엽이상 더 올라가지 못한다는것을 보여준다. 또한 지적할것은 마루야마무덤에서 나온 유물이 순전히 조선것 그대로이라는 사실이다. 이에 대해서는 모든 일본학자들이 일치하게 인정한다. 그러한 대표적실례 한가지를 들어보기로 한다.

《웅신천황의 배총인 마루야마무덤에서 나온 금동뚫음새김의 말안장쇠붙이나 금동의 자갈경판, 금동꽃모양십자장식쇠붙이들에 도금된것은 시대적으로 보아 국내에서 만들어진 금이라고는 도저히 생각할수 없기때문에 아무래도 반도(조선-인용자)로부터의 박래품이라고 생각하지 않을수 없다.》*

* 《기마의 력사》강담사(講談社), 1971년, 44페지. 일본에서는 나라시대(8세기)에 처음으로 동을 캐냈다. 본래 일본에는 금을 캐는 기술이 없었으며 고구려왕이 황금을 보내준 일이 있었다.(《일본서기》추고 13년 4월) 그후 조선계통수공업자인 오시아마베(俊忍海部 三田首五瀬)가 쯔시마(대마도)에 가서 금을 얻게 되였으며 7세기이후 백제왕 경복이 무쯔국의 장관을 할 때 비로소 금을 캐기 시작한 사실들이 전한다. 말하자면 7세기이전의 일본에서는 자체로 금을 캘줄 몰랐으며 따라서 마루야마무덤의 유물을 비롯한 모든 금동제품은 조선이주민들이 가지고간것이거나 토착주민들의 수장층들에게 준것이라고 할수 있다.

마루야마무덤에서 나온 금동제말안장 일식 특히 그가운데서 룡무늬의 형상을 세부에 이르도록 연구한 한 일본학자는 1호안장이 고구려의 만보정 제78호무덤이나 고령에서 출토된것과 공통하다는데 대하여 주목을 돌리였다. 즉 《고구려의 집안 만보정 제78호무덤에서는 룡무늬뚫음새김안장쇠붙이와 더불어 나무판에 금동판을 씌운 둥근등자, 2종의 심엽형행엽과 타원형경판 그리고 보요가 달린 장식쇠붙이 등이 나왔다. 안장쇠붙이의 무늬에 룡무늬가 새겨져있는 점은 마루야마무덤 1호안장에서와 같으나 그 세부의 표현에서는 인동무늬화가 현저한것으로 보아 그것은 1호안장보다 후에 나온것이다. 룡의 네다리에 발톱을 형상한것이 없고… 같은 실례를 고구려제로 생각한것은 타당한것으로 보인다.》*라고 하였다. 그러면서 유물들가운데는 가야적인것이 있다는것을 다음과 같이 지적하였다.

* 《가시하라고고학연구소론집》 6권 요시가와홍문관, 1984년, 328페지

《가야의 고령 고아동벽화무덤은 백제의 영향을 받은 6세기 후반기로부터 7세기 전반기경의 벽돌관식무덤으로서 출토된 부장품가운데 안장쇠붙이도 들어있었다고 한다. 그 룡무늬는 안장의 가운데를 계선으로 하여 좌우 대칭되게 새겼는데 마루야마무덤 1호안장과 동일한 계보로 누를수 있지만 여러곳에 인동무늬에 특유한 곡선이 가해져서 같은 종류의 룡무늬가운데서는 가장 늦은 시기의 제작으로 생각할수 있다. 다만 안장의 형체로부터 받는 인상은 이 벽화무덤이 보이는 년대처럼 늦은 시기의것으로는 생각할수 없다. 또 룡무늬의 기본모양이 정확하게 계승된 점에서 고구려나 고(전기-인용자)신라와 같은 이른 시기에 인동무늬의 영향을 빨리 받은 지역의 제품과는 명백히 차이난다.》[1]라고 하였다. 계속하여 그는 전라북도 정읍군 영원면 운학리 C호무덤에서 나온 쇠판에 금동을 씌운 띠고리장식판[2]에 있는 뚫음새김룡무늬와 비교연구한 끝에 일본에서 나온 조선적룡무늬뚫음새김띠고리 등의 무늬와 기본적으로 같은 계보로 보았다.[3] 이로부터 그는 《…마루야마무덤의 2호안장과 1호안장 및 무늬가 류사한 띠고리제작지를… 룡무늬뚫음새김품에 쌍엽고리무늬뚫음새김의 띠고리나 마구가 같이 나오는 점을 중시한다면 그것들의 제작지로 상정되는 락동강류역의 가야지역을 경유해서 일본에 들어왔다고 생각하는것이 타당할것이다.》[4]라고 결론지었다. 다시말하여 룡무늬뚫음새김의 계보는 백제→일본, 백제→가야→일본, 고구려→백제→일본이라는 경로를 추정할수 있다고 한다.

[1] 우와 같은 책, 328페지
[2] 전라북도 정읍군 운학리 C호무덤에서 나온 띠고리장식판(50×3.5cm 두장)은 가로 긴 장방형으로서 주위에 물결모양렬점무늬(波狀烈点文)가 있고 네 모퉁이와 각 변의 가운데 8개소에 징을 박아놓았다. 내부에 룡무늬를 뚫음새김하였다고 한다.
[3] 《가시하라고고학연구소론집》 6권 요시까와홍문관, 1984년, 325페지

*⁴ 우와 같은 책, 332~333페지

 이렇게 본것은 문제를 비교적 공정하게 본것이라고 할수 있을 것이다.
 마루야마무덤에서 나온 말안장의 롱무늬뚫음새김은 가와찌의 시찌깐무덤에서 나온 롱무늬뚫음새김띠고리의것과 같다. 그것은 마루야마무덤의것과 계보를 같이한것으로 생각된다.
 마루야마무덤에서 나왔다고 하는 유물들은 곤다야마무덤에서도 나왔을것이라는 견해도 있다. 그리고 마루야마(丸山)는 말의 산(馬山)으로서 조선말인 말산이 마루야마로 되였다는 설도 있다. 그 무덤에서 조선적유물들이 나오고 그 지대가(후지이데라시와 하비끼노시일대) 오늘까지도 조선식이름인 가루노사도(輕里)라고 불리우는것을 고려한다면 그럴듯 한것으로 수긍이 된다. 가루(輕)의 사도(里)는 곧 가라(韓)의 사도이다.

새 질그릇의 출현

 가와찌지방에는 일본에서 가장 크다고 하는 질그릇(스에끼)가마터지대가 있다. 가마터에는 크게 두개의 질그릇생산집중지가 있는데 하나는 오사까북쪽에 있고 또 하나는 남쪽에 있다. 그가운데 오사까남쪽가마터지대는 초기 스에끼생산지로 유명한데 특히 이즈미시, 사까이시, 사야마정일대가 그렇다. 오사까북쪽의 가마터지대 (도요나가시와 스이따시에 걸치는 구릉지대)는 주로 고분문화시기 후기(6세기)의것이다.
 오사까가마터의 성격을 규명하는데서 야쮸무덤에서 나온 스에끼는 중요한 자료를 제공해준다.
 앞에서 본바와 같이 야쮸(노나까)무덤에서는 갖가지 갑옷과 투구 11령, 철제무기, 농구, 공구, 쇠덩이(철정)와 함께 총 6 800여편에 이르는 스에끼쪼각이 나왔다. 또한 무덤에는 소형손잡이달린단지(小形把手付壺) 4개, 뚜껑 3개 등이 부장되여있었다. 그 스에끼가 조선의 가야에서 만들어진 도질그릇이라는것은 거기에 새겨진 물결무늬(波狀文), 빗긴격자무늬(斜格子文), 점선무늬(点線櫛歯文), 별모양사행선무늬(星形斜行線文) 등으로 보아 잘 알수 있다. 그 여러가지 무늬와 스에끼의 형태는 조선의 가야에 고유한것이다. 그 질그릇들의 제작원산지는 조선남부의 가야지방이며 특히 락동강중 류류역으로부터 하류에 걸친 지역이였다고 보아 틀림이 없다.

야쮸무덤에서 나온 갖가지 질그릇은 굽높은그릇인데 그와 같은 유물이 나온 곳으로는 부산시 동래 복천동 제1호무덤과 경상남도 함안군 함안 제34호무덤이 있고 같은 뚜껑이 나온 곳으로는 함안 제34호무덤, 진주, 경주시 황남동 제109호무덤이 있다. 기대(器台) 로서는 경상남도 창녕군 창녕읍-술정리와 창녕군 계성면 계남리에 서 나온 질그릇이 있다. 특히 손잡이가 달린 작은 단지는 부산시 화명동무덤떼 제7호무덤, 복천동무덤떼 제26호무덤 등의 5세기 전 반이전의 무덤들에서 많이 나왔다.

결론적으로 말해서 야쮸무덤에서 나온 온전한 질그릇과 무덤쪽 대기부분에서 나온 질그릇쪼각과 같은 유물을 그 제작수법과 무늬 등으로 보아 함안, 진주, 합천 등 옛 가야지역에서 찾아볼수 있다 는 사실이다. 그리고 야쮸무덤에서의 첫 스에끼의 제작은 함께 묻 힌 갑옷과 투구 등의 제작수법으로 보아 5세기 중엽이상 더는 올라 가지 않는다. 바로 그 시기를 기점으로 하여 이즈미, 사까이, 사야 마를 중심으로 한 오사까남부지대에 스에끼의 가마터가 만들어지기 시작하는것이다.

본래 스에끼란 조선식질그릇을 말하는것으로서 주로 제사용질 그릇을 념두에 둔것이다. 스에끼제작기술은 철생산과 관련된 중요 한 기술로서 스에끼의 제작은 곧 철의 생산을 의미하였다.

일본에서의 질그릇은 고분문화시기에 들어와서도 1~3세기의 가야와 신라의 와질토기인 하지끼라는 질그릇이였다. 그것은 평로 나 로천의 장작더미우에 올려놓고 구워만드는것으로서 기껏해야 700~800°C밖에는 열을 받지 못한다. 따라서 강한 열을 받지 못한 질그릇은 질이 몹시 무르며 물이 샌다. 하지만 스에끼는 경사진 가 마터를 산탁 또는 산기슭에 설치하고 열이 분산되지 않게 조절하면 서 1 200°C정도의 환원열로 가열하여 구워낸다.

가마터에서 구워진 질그릇은 높은 열로 가열되여 진흙안의 불 순물이 밖으로 나온 상태에서 잘 구워지므로 물이 새지 않는다. 그러면서 야무진 쇠소리가 난다. 색갈은 검고 회색티를 낸다.

일본에서 만들어진 초기의 스에끼들 특히 북규슈와 가와찌지방에 처음으로 나타난 스에끼는 조선의 남부 그가운데서도 가야계통의 질그릇이 많다.

스에끼제작의 수법은 와질토기인 하지끼제작수법과는 계승성이 없는것으로서 그것은 높은 기술을 요하였다. 우선 질그릇원료인 진흙의 선택이 힘들었고 다음으로 가마터의 조성과 열조절에서 높은 기능과 숙련이 요구되였다. 스에끼의 제작은 1 200°C이상의 열을 올릴수 있어야만 가능하므로 그것은 철을 뽑을수 있는 기술과 직접 련결되여있다. 야쭈무덤, 구로히메야마무덤 등에서 나온 많은 량의 징박이식철갑갑옷류와 아리야마무덤에서 나온 목이 긴 버들잎모양의 기마전투용쇠활촉의 대량생산은 바로 그와 같은 제철기술과 관련되여있는것이다.

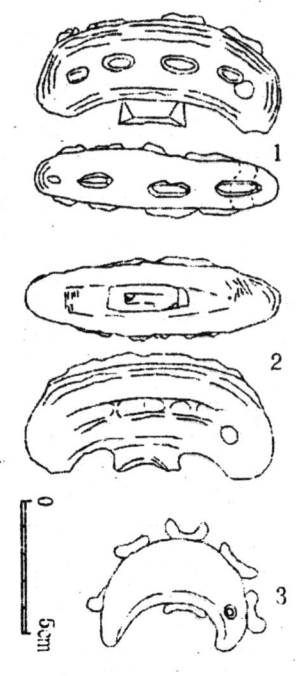

조선에서 나온 혹달린 굽은구슬

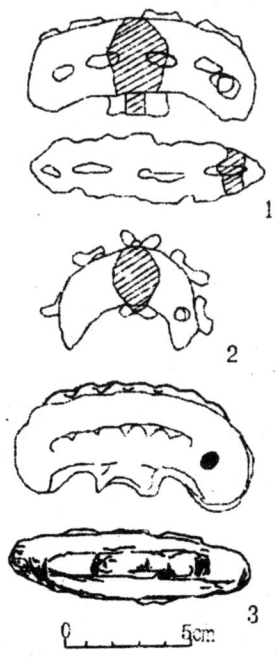

일본에서 나온 혹달린 굽은구슬

스에끼와 함께 말하고 넘어가야 할것으로 혹달린 굽은구슬(子持勾玉)이 있다. 이 굽은구슬은 고분문화시기 중기경부터 후기까지의 무덤재사용으로 쓰인 유물이다. 그것은 6세기 후반기에는 없어진다. 현재까지 일본전국에서 약 130개정도 나왔는데 그가운데서 9개가 가와찌남부의 가마터자리주변에서 나왔다. 혹달린 굽은구슬은 구로히메야마무덤의 해자밖에서 우수한것이 나왔고 또 모즈무덤떼의 가똥보무덤에서도 4개가 나왔다.

혹달린 굽은구슬은 주술적색채가 아주 강한 제사용장식물이다. 그것은 조선에 기원을 둔 물건으로서 이미 부여 군수리터와 부산시 주변에서 여러개가 나왔다. 바로 곧 무덤들을 축조한 조선이주민집단이 일본렬도에 가서도 조선식으로 제사를 지냈으며 그때 쓴 물건들이 후에 퍼진것이다. 그리고 야마또 미와야마무덤일대와 사꾸라이시일대에서 가와찌의것과 꼭 같은 혹달린 굽은구슬이 나온것은 가와찌에 진출한 조선이주민집단이 야마또에 진출한 결과이다. 일본학자들이 말하는것처럼 야마또의 굽은구슬이 가와찌에로, 나아가서 조선에로 전파된것은 결코 아니다. 사람(세력)의 움직임과 함께 제사용물건들도 옮겨간것이다.

최근에 조선으로부터 진출한 집단속에 있던 질그릇재작수공업자들의 집자리가 사까이시의 가마터에서 발견되였는데 거기에서는 조선식시루가마를 비롯하여 조선고유의 일용질그릇들이 발견되였다고 한다.[*1] 그 집자리는 주변의 가마터와 집자리에서 발견된 질그릇들로 보아 가와찌에서 가장 오랜 5세기 중말엽경의 유적이라고 한다.[*2] 가야계통이주민세력의 가와찌에로의 진출을 보여주는 자료라고 생각된다.

[*1, *2] 《아사히신붕》(오사까) 1986년 9월 29일 석간

새 농구, 공구의 출현

모즈무덤떼와 후루이찌무덤떼에서는 많은 농구와 공구들이 나왔다. 거기서 주목할것은 쇠톱과 자귀, U자형보습 등 황무지를 보다 능률적으로 개간하기 위한 농구, 공구의 출현이다.

앞에서 본바와 같이 U자형보습의 제작에는 고도로 높은 단철술이 안받침되여있다. U자형보습은 나무자루에 쉽게 끼워맞출수 있을뿐아니라 굳은 땅에 세게 박으면 박을수록 그만큼 나무자루에 꽉 맞물리게 되여있다. 또 U자형보습은 력학적으로도 받는 힘과 땅에 부딪칠 때 생기는 힘을 잘 분산조절함으로써 힘이 덜 들면서도 쉽게 그리고 깊이 땅에 박을수 있게 되여있다. U자형보습과 쌍을 이루는 쇠낫(매부리모양쇠낫)은 벼를 밑뿌리에서 벨수 있는 도구였다.

이미 자료적으로 든 대표적무덤들에서 나온 유물을 통하여 알수 있는것처럼 5세기 중엽이후의 무덤들에서는 큰 나무들을 찍을수 있는 탄탄한 쇠도끼들이 수많이 나왔다. 그것은 울창한 숲이 우거진 가와찌의 원야를 개척할수 있는 강유력한 수단이였다.

이와 관련하여 말할수 있는것은 그 시기에 집중적으로 만들어진 관개용, 저수지들이다. 《고사기》와 《일본서기》는 가와찌에 사야마못(狹山池),*1 다까시못, 찌누못,*2 와니못, 요사미못*3이 만들어지고 마무다의 제방둑이 축조된데 대해 전하고있다.

*1 《일본서기》 권5 숭신 62년 7월. 사야마못은 가와찌대지에 있는 130개가 넘는 못에 물을 대주며 주변논에 물을 대주는 《어머니》못이다. 숭신기에 《농사는 천하지대본》이라고 하여 이 못을 만들었다고 한것은 《일본서기》편찬당시에 삽입된 글이다. 또 숭신기와 같은 이른 시기에 그 못이 만들어진것도 물론 아니다.

*2 《일본서기》 권6. 수인 35년 9월. 다까시못은 오사까 이즈미 센보꾸군 다까시정근방에, 찌누못 역시 이즈미에서 가까운 곳에 있었을것으로 추측된다.

*3 《고사기》 인덕기조

그 저수지들이 천황이라고 하는 숭신, 수인, 인덕통치시기에 만들어졌다는것은 믿을수 없고 바로 5세기 중엽이후부터 점차 만들어진것으로 생각된다. 그와 같은 큰 공사는 당시로서는 매우 높은 관개수리기술을 요하는것으로서 그것은 조선계통이주민집단의 힘에 의해서만 할수 있었다. 실례로 사야마못은 남부가와찌의 대지에 있는 관개용저수지로서 그 규모는 8세기에 수리하는데만 8만 3 000공수가 들었다고 할 정도로 크고 중요한 저수지였다. 그 저수지는 가와찌지방의 층층으로 된 저수지와 평야(생산지)에 물을 대는 못으로서 그 축조에는 상당한 정도의 높은 수리공학적지식과 기술이 안받침되여있었다. 그러한 지식과 기술은 당시의 토착주민들에게는 없었다. 《고사기》에 하다히도(秦人) 즉 조선사람들이 마무다의 제방둑과 요사미못을 만들었다고 기록한것도 그와 같은 사정을 반영한것이라고 볼수 있다.

농구, 공구의 출현과 우수한 기마전투용무기, 무장의 출현은 스에끼의 제작을 위한 경사진 가마터(노보로가마 – 등요)의 출현, 단야공구의 생산, 사용과 떼여놓고 생각할수 없다. 가와찌지방에서는 앞에서 본 사까이 오쯔까무덤들에서 조선제단야공구가 나왔는데 그와 같은 단야공구는 새로운 농구, 공구류와 일련의 무기제작을 가능케 한 단련기술과 징박이식기술을 배경으로 하여 이루어진것이다.

이처럼 가와찌지방에서는 스에끼생산의 시작, 선진적농구, 공구류와 기마전투용무기, 무장의 보급 등 일련의 새로운 문물들이 밀접한 련관속에서 나타난다. 그 시기는 대체로 5세기 중엽이다. 5세기 중엽에 기마풍습을 가진 이주민집단이 가와찌평야에 정착하였다고 볼수 있다. 그 집단은 스에끼와 마구류, 무기, 무장의 가야적성격으로 보아 가야계통세력이었다고 말할수 있다. 덧붙여 말한다면 6세기이전의 모든 축조에서 그러했던것처럼 가와찌평야의 무덤떼들가운데 있는 대표적무덤들도 다 그 축조에서 조선자인 고마자*¹(高麗尺)를 썼다. 나가쯔히메노미꼬또무덤, 곤다야마무덤, 리쮸천황릉, 구로히메야마무덤, 하지무덤(사까이시 하지정), 시라도리릉(白鳥陵) 등이 바로 그것들이다.*²

    *¹ 고마자는 1자=약 35.6cm이다.
    *² 《전방후원분》 가꾸세이사, 1972년, 87~101페지

이상에서 모즈고분떼와 후루이찌고분떼의 조선적성격을 간단히 살펴보았다.

3) 다이센무덤, 곤다야마무덤의 축조시기와 가와찌평야 의 떼무덤

다이센, 곤다야마무덤의 축조시기

앞에서 본바와 같이 고고학적으로 보아 후루이찌무덤떼와 모즈무덤떼는 조선적성격을 띠였다. 마루야마무덤에서 나온 마구류를 비롯한 일련의 조선적유물들은 곤다야마무덤이 5세기말 또는 6세기초에 축조된것이라는것을 보여준다. 지질학적조사에 의하더라도 비록 무덤무지밖이기는 하지만 곤다야마무덤의 범위안의 지층조사에 의하여 그 무덤의 축조시기는 5세기말부터 6세기초로 계산된다고 한다.*

* 《거대고분의 세기》 이와나미서점, 1981년, 194~196페지

다이센무덤에 대해서도 같은것을 말할수 있을것이다.

다이센무덤의 세번째 해자에 해당하는 곳에서 원통하니와가 발굴되였는데 그것은 대개가 《5세기말로부터 6세기초쯤》으로 편년되여있다고 한다. 그리고 최근에 동쪽의 목부위의 혹(쯔꾸리다시)에서 독쪼각 스에끼가 나왔는데 이것이 그 무덤의 축조시기를 5세기 후반기 또는 말기로 보게 되는 유력한 증거로 이야기되고있다 한다.

그뿐아니라 다이센무덤에서 나온 횡신판징박이단갑은 6세기초의것으로 추정되고있는 구마모또현 에다 후나야마무덤의 단갑과 형태적으로 아주 류사하다. 더우기 그 단갑은 도금을 한 금동단갑으로서 당시의 일본에서는 만들지 못하던 조선적물건이다.

이밖에도 다이센무덤의 축조시기를 규명할수 있는 자료로서 거울이 있다.

다이센무덤에서 나온것으로 전해지는 거울이 미국의 미술관에 보존되여있다. 그런데 그 거울이 백제-무녕왕릉에서 나온 거울과 같은 계렬의 거울이라는 사실이다. 1971년에 발견된 무녕왕릉에서는 거울이 5면씩이나 나왔다. 그가운데는 세선수큰거울이 있는데 이것과 다이센무덤의 거울은 같은 거푸집으로 만들었다고 할 정도로 아주 류사하다. 다이센무덤에 묻혔던 거울과 백제 무녕왕(통치

년간 501년-523년)릉에 묻힌 거울이 같은 시기의 물건이라는 사실은 바로 그 두 거울이 묻힌 시기, 두 무덤의 축조시기도 비슷하다는것을 말할수 있는 하나의 자료로 될수 있겠다고 본다. 다이센무덤에서 나왔다고 하는 룡대가리새김칼은 조선에서 그것과 류사한것을 찾을수 있다.

다음으로 다이센무덤에서 나온 길죽상자모양돌널(長持形石棺)에 대하여 보기로 하자. 다이센무덤의 앞부분 돌칸에서 금동판징박이단갑과 함께 길죽상자모양돌널이 나왔다. 그 돌널은 백제의 나무널을 돌로 본따서 만든것이다.

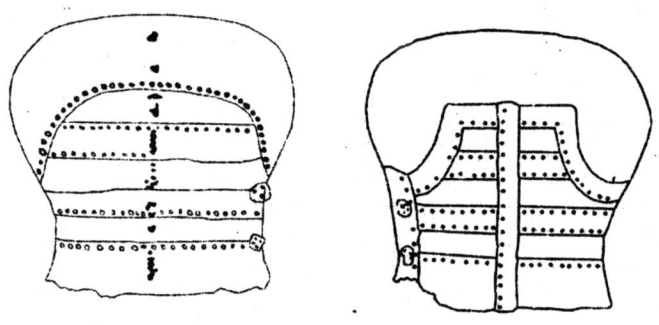

다이센무덤(인덕릉)에서 드러난 조선제단갑

가와찌 가시와라시 마쯔오까야마(松岳山)무덤에서 나온 돌널이 초기의 조형적형태를 갖추고있다고 한다면 다이센무덤에서 나온 돌널은 발전사적견지에서 본다면 완성된 정형화된 형태를 가진다. 이를테면 길죽상자모양돌널로서는 마지막단계에 있는 돌널이다. 조형적형태를 가진다는 마쯔오까야마무덤의 돌널이 4세기 후반기의것이라는 사실은 완성단계에 이른 다이센무덤의 돌널이 그보다 시기적으로 퍽 후세의것 즉 금동삼각판징박이단갑과 시기적으로 일치하는 6세기초쯤의것으로 추측할수 있게 한다.

일본의 전방후원무덤은 전방부에도 유해가 묻히는 경우가 많았다. 다이센무덤에서 나온 전방부의 길죽상자모양돌널과 거울을 비롯한 일련의 유물 등은 그 무덤의 축조보다 좀 늦은 시기의것일수 있다. 하지만 그 시기는 이제까지 본 모든 고고학적자료를 종합해보아 5세기말이나 6세기초이며 그 이상은 올라가지 않는다.

경지면적을 다치지 않고 구릉지대에 위치한 다이센무덤과 곤다야마무덤이 축조될 때 그 큰 무덤과 같이 또는 그보다 앞서 수많은 떼무덤들이 일본사람들의 표현대로 한다면, 가와찌평야의 여러곳에서 《폭발적》으로 축조되기 시작하였다. 6세기이후 이꼬마산서쪽기슭으로부터 남가와찌 이즈미에 이르는 광대한 평야의 구릉지대들에 출현한 수많은 떼무덤들 즉 야마하따(山畑)무덤떼(가와찌군), 다까야스센즈까(高安千塚 다까야스군)무덤떼, 히라오야마센즈까(平尾山千塚 오아가따군)무덤떼, 아스까센즈까(飛鳥千塚 아스까군)무덤떼, 이찌스까(一須賀 아스까군)무덤떼, 또오끼센즈까(陶器千塚 오도리군)무덤떼, 시노다센즈까(信太千塚 이즈미군)무덤떼 등이 그것이다.

그 일대에 이처럼 수많은 떼무덤들이 만들어졌다는것은 달리 말하면 종전에는 황무지였던 그곳에 사람들이 와 살면서 개척되였고 생활단위가 꾸려져나갔다는것을 말해준다. 그 떼무덤들의 간단한 형편을 보기로 한다.

가와찌평야의 떼무덤

다까야스센즈까는 야오시 다까야스산의 서쪽기슭인 야마하따, 하또리가와(服部川), 고오리가와(郡川)에 걸치는 표고 50~200m의 지대에 분포되여있는 가와찌에서 가장 큰 떼무덤이다.(동서 약 800m, 남북 700m) 떼무덤의 무덤들은 대체로 고분문화시기의 전기, 중기, 후기 등 전기간에 걸치는것들인데 주로는 직경 10~20m, 높이 3~4m정도의 봉분이 작은 후기횡혈식무덤들이 많다. 그리고 그곳의 무덤축조는 7세기에 이르러서는 완전히 끊어진다. 하또리강의 동쪽인 다까야스산의 중턱에서는 큰 돌칸이 나타났는데 거기에서는 구슬류와 스에끼가 나왔고 고오리강의 어느 한 전방후원무덤에서는 은장식귀고리가 나왔다고 한다.* 그밖에도 횡혈식돌칸무덤들에서는 이러저러한 모양을 한 스에끼와 마구류 그리고 금귀고리들이 수많이 나왔다고 한다.

* 《일본지명대사전》 4권 일본서방, 3829페지

히라오야마센즈까는 이꼬마산지의 남쪽끝인 야마또강이 눈아래로 흐르는 가시와라시 다까이다의 히라오산에 있다. 이 센즈까의 남서쪽으로 약 500m 떨어진 곳에는 다까이다의 횡혈떼(시루식가마 둥의 조선물건들이 나왔으며 횡혈안벽에는 배와 인물을 새겨그린 선화가 있다.)가 있고 야마또강을 끼고 마쯔오까야마무덤이 있다.

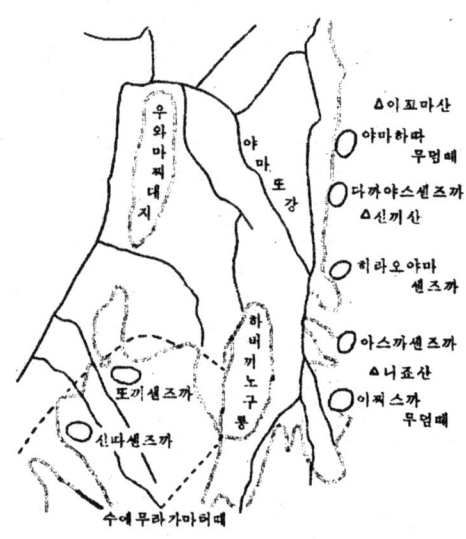

가와찌지방의 떼무덤분포도

지금까지 확인된 무덤총수는 207기이다. 해발 239m의 히라오산 서쪽에서 남쪽으로 파생한 작은 산등성이우에 구축된 그 무덤떼는 동서 0.7km, 남북 1km, 해발 50~220m에 걸쳐 분포되여있다. 무덤떼는 주로 횡혈식돌칸으로 된 전방후원무덤이나 큰 원형무덤은 없고 작은원형무덤(직경 12~15m, 높이 2~3m)이 태반을 차지한다.

무덤떼는 6세기초부터 만들어지기 시작하였고 6세기 후반기에 갑자기 증가되다가 7세기 중엽경에는 자취를 감춘다. 돌칸의 형태는 날개가 없으며 무덤칸과 무덤길의 구별이 없는것이 일반적이다. 근처에는 제철과 관련한 쇠찌끼 둥이 가린도오바따(雁多尾畑)에서 나왔다. 거기에는 조선계통제철집단의 제사신을 모신 가나야마(金

(비)신사가 있다. 1983년 2월 가시와라시의 오아가따(大縣)유적에서 퇴적된 철제품과 목탄층의 로자리 7기가 발견되였는데 거기서 약 100kg의 철제와 송풍장치 등이 드러났다고 한다.*

* 《일본의 고대유적》 11 오사까중부 보육사, 1983년, 190~193 페지

야마하따(일명 야마다께)무덤떼는 동오사까의 시죠정과 갸꾸보정에 걸쳐있는 표고 50~170m의 이꼬마산기슭경사지에 축조된 후기떼무덤이다. 6세기 중엽부터 산 웃쪽에서 만들어지기 시작하였다고 한다. 무덤들은 원형무덤, 원형쌍무덤, 방형무덤 등 그 형태가 다양한데 특색이 있다. 제일 높은 곳인 표고 150m에 있는 제2호무덤은 길이 16.7m의 돌칸으로 되여있으며 제22호무덤은 길이 약 30m나 되는 원형쌍무덤으로서 동서에 두개의 횡혈식돌칸이 있다. 두개의 돌칸이 있는 방형무덤도 있다.(제30호무덤) 무덤들에서 나온 유물로는 스에끼, 하지끼, 철제무기, 철제농구, 귀고리 등이 있다. 거의 모든 돌칸들에서 행엽과 말자갈 등 조선제마구류가 나오는것이 그 무덤떼의 특색이라고 한다. 그 지대가 오래동안 말사육이 성행한 지대로 이름을 떨친것은 이와 같은 고고학적사실을 반영한것이라고 본다.*

* 우와 같은 책, 166~167페지

이찌스가무덤떼는 니죠산의 서쪽기슭에 있는 시나가다니(磯長谷)의 배후에 있다. 가와찌에서 3개의 큰 떼무덤가운데 하나인 이 무덤떼는 세갈래로 나뉘여있으며 모두 150기로 구성되여있다. 대부분이 원형무덤으로서 내부를 알수 있는 약 20기는 다 횡혈식돌칸무덤이다. 축조시기는 6세기초로부터 7세기 전반기에 걸치며 산등성이아래로부터 시작하여 차츰 산꼭대기로 올라가면서 축조된것 같다. 제1호무덤에서는 금귀고리, 금동판, 금불이달린룡무늬 고리자루큰칼이 나왔으며 제17호무덤에서는 은불이달린금은상감환두큰칼, 쇠판에 금동장식한 안장쇠붙이, 검봉형행엽, 장식한 굽높은그릇달린 기대 등이 나왔다. 그리고 제6호무덤에서는 시루식가마 등

조선식밥가마가 나왔다.*

* 《가와찌고고학산보》기무세이사, 1975년, 99페지

아스까센즈까는 가와찌 아스까의 동쪽구릉지대에 있다. 거기에서는 약 70기의 무덤이 확인되였다. 이 두덤때는 일본에서 때무덤이 만들어지지 않을 때에 집중적으로 축조된 횡구식돌널, 돌곽과 같은 특수한 구조를 가진 무덤들이다. 이와 같은 현상이 야마또아스까에서도 류사한 형태로 나타나는것이 주목된다. 아스까센즈까는 크게 4개 부류로 나누어진다. 대표적인 무덤은 오쯔무덤과 간논즈까무덤이다.

또오끼센즈까는 오사까부 사까이시 쪼지에 있는 약 100기에 이르는 대표적떼무덤이다. 거의다 나무널곧추묻기무덤이다. 그러한 대표적인것으로서 원형무덤인 하이즈까(杯塚)가 있다. 두개의 관이 나란히 놓인 그 무덤에서는 6세기 전반기의 스에끼와 소형구리거울, 구슬류, 쇠칼, 마구류가 나왔다. 가마도즈까무덤(6세기 후반기～7세기초)으로 유명해진 가마터곽도 거기에 있다.*

* 《오사까부 센보꾸군 또오끼센즈까》일본고고학년보 9 1961년 일본고고학협회

시노다센즈까는 오사까부 이즈미시의 시노다구 남서쪽에 있으며 이즈미지방에서 가장 큰 떼무덤이다. 그것은 남동으로 길이 2.5km, 너비 800m의 구릉안에 약 100기가량의 무덤들로 이루어져있다. 1963년현재 전방후원무덤 2기, 원형무덤 약 80기가 확인되였다고 하며 가장 크다는 마루가사무덤(제61호무덤, 전방후원무덤)은 길이 96m이다. 그리고 오즈까무덤(제66호무덤)은 직경 80m의 대형의 원형무덤이다. 그밖의 많은 무덤들은 직경 15～20m안팎의 원형무덤들이다. 매장시설로서는 수혈식돌칸, 횡혈식돌칸, 상자형돌널, 나무널곧추묻기 등 여러가지가 있다.

또오끼센즈까와 시노다센즈까는 가와찌평야에서 스에끼생산이 시작되는것과 때를 같이하여 축조되기 시작한것으로서 그 일대(오사까 남부가마터일대)에 정착한 조선계통수공업자들의 무덤으로 생

각된다. 《일본서기》(권14 웅략기 7년)에 보이는 이마끼노 아야노 스에쯔꾸리 고귀 등은 바로 조선에서 맨 먼저 가와찌땅에 진출, 정착한 사람들이였을것이다.

다이센무덤, 곤다야마무덤이 축조되던 시기를 전후하여 그 주변들에는 떼무덤들이 형성되였다. 그 떼무덤들은 대부분 구릉지대에 축조되였는데 그것은 앞벌에 전개된 농경지를 보존할것을 고려한데서 오는 처사였을것이다. 그것은 한편으로 이미 본 여러 무덤떼들에 묻힌 사람들의 적극적인 창조적활동에 의하여 가와찌의 넓은 충적대지가 개척되여갔다는것을 말해준다. 그리고 가와찌평야의 중심에 틀고앉은 다이센, 곤다야마의 두 무덤의 주인공은 여러 떼무덤에 묻힌자들을 지배하고 통제한 우두머리 즉 국왕이였다고 할수 있다.

이상에서 필자는 주로 고고학적자료를 통하여 후루이찌무덤떼와 모즈무덤떼 및 그 주변의 떼무덤들에 대하여 보았다. 그것을 간단히 묶어보면 다음과 같다.

첫째로, 다이센무덤과 곤다야마무덤은 현재 발굴조사를 할수 없는 형편에 있으나 그 배총적위치에 있는 무덤들에서 나온 유물들을 통하여 추정하건대 그 축조시기는 5세기말~6세기초로 내려간다는것이다.

둘째로, 모즈무덤떼, 후루이찌무덤떼의 대표적무덤의 발굴조사에 의하면 거기서 나온 마구류와 무기, 무장, 스에끼류들은 가야(가라)계통의것이 지배적이며 매장시설(횡혈식돌칸과 돌판류 등)에는 백제적요소가 강하다는것이다.

셋째로, 대체로 5세기 중엽이후 가와찌평야는 새로운 농구, 공구의 출현과 함께 급속히 개간되며 그에 따라 그 지방은 사회경제적으로 한층더 높은 발전단계에로 톺아오르게 되였다는것이다.

다시말할것은 다이센무덤과 곤다야마무덤을 비롯하여 모즈무덤떼와 후루이찌무덤떼에서 나온 유물들은 그 압도적다수가 조선적물건이라는 사실이다.

그러면 5세기 중엽이후 가야출신의 기마풍습을 가진 이주민들의 가와찌평야에로의 진출은 과연 무엇을 보여주는것이겠는가. 그것은 가야세력의 가와찌지방에로의 정착을 보여주는 고고학적자료인것이다.
우리 학계는 이미 오래전에 《일본서기》에 반영되여있는 신무동정설화를 분석한데 기초하여 크게 몇가지 평가를 내린바 있다.*

    * 《초기조일관계연구》 사회과학원출판사, 주체 55(1966)년, 252~254페지

그것은 우에서 본바와 같은 고고학적자료들에 의하여 안받침되고있다. 물론 《일본서기》에는 신무집단이 곧바로 야마또에 쳐들어간것으로 되여있으나 그것은 력사적사실과 맞지 않는다. 왜냐하면 세또나이해로부터 야마또에 들어가자면 반드시 가와찌를 거쳐야 하는데 가와찌에는 모노노베(物部)라는 강한 세력이 있었기때문이다.
《일본서기》편찬자들은 편찬당시(8세기)의 시점에서 신무동정으로 대변되는 가라계통세력의 가와찌진출을 곧바로 야마또에 들어간것으로 묘사하였다. 가와찌에 진출한 세력은 다시한번 야마또에로 거처를 옮기는것만큼 표현에서 곧바로 야마또에 들어갔다고 말할수 있을것이다.
신무와 다투고 후에 신무와 결탁하는 니기하야히노 미꼬도를 조상으로 받드는 모노노베의 본관은 본래 가와찌 가시와라 및 야오시일대이다. 고고학적으로 볼 때에도 가야계통의 기마전투무기류들은 일단 가와찌에 나타난 다음 야마또에서 발견된다. 따라서 신무동성설화에 반영된 가야(가라)세력의 깅끼지방에로의 진출이란 그들이 일단 가와찌에 진출, 정착한 다음 야마또에 들어간것으로 보는것이 모든 측면에서 합리적이다. 그리고 후루이찌무덤떼와 모즈무덤떼들에서 드러난 5세기 중엽의 마구류와 무기, 무장 및 스에끼는 직접적으로 조선의 가야가 원산지이며 북규슈의 이도지마, 나까천일대의 가야계통유물들(이께노가미유적포함) 및 히무까의 가야계통유물과 계보를 같이한다는 사실이다.
이와 같이 《일본서기》의 신무동정로정은 고고학적유적유물과 맞아떨어진다.

그러면 구체적으로 신무동정을 대변하는 가라계통세력이 가와찌의 어떤 세력과 결탁했으며 그 세력이란 어떤 집단이였던가.

2. 5세기 중엽이전의 가와찌의 백제소국

1) 마쯔오까야마무덤떼를 통하여 본 백제소국

가와찌평야에 백제계통세력이 형성되는것은 4세기 중엽경으로 추측된다. 《고사기》에 인덕천황의 처가 가라히도의 누리오미의 산성안에서 살았다는 기록이 바로 그것이다. 누리오미는 백제사람[1]으로서 그의 자손은 가와찌에 본관을 둔 아마노무라지(水海連)이다.[2] 그리고 이른 시기(4세기경)에 조선이주민집단이 가와찌에 진출하였음은 가와찌평야의 중앙부(바다가)의 구보지(久寶寺)유적에서 고분문화시기초기의 파도막이판자가 달린 준구조선의 배머리와 조선식질그릇이 나온것으로도 잘 알수 있다.[3]

[1] 《속일본기》권27 천평신호 2년 2월 정미
[2] 《신찬성씨록》권28 가와찌제번 백제 아마노무라지
[3] 《마이니찌신붕》(오사까) 1986년 2월 22일부

인덕천황이 실재한 인물은 아니지만 《일본서기》기년에 의하면 그는 4세기 사람이다. 누리오미에 대한 기사는 대체로 4세기경의 가와찌를 비교적 진실하게 반영했다고 보인다. 이와 같이 가라와 백제가 구별없이 일본 옛 기록에 쓰이고있는것은 그 시기 일본렬도에 이주한 백제사람, 가라사람들이 문화적으로 같고 정치적으로도 행동을 같이한 사정과 관련될것이다.

본래 가시와라시일대는 야요이문화시기 후기경에 조선이주민집단이 수많이 진출한 곳이다. 이꼬마산지의 남쪽에 있는 다까오산 (高尾山)의 가시와라시 오아가따 동쪽(해발 227.8m)산등성이에 있는 고지성집락유적에서 조선제잔줄무늬거울이 나왔다. 그 산꼭대기에는 두개의 큰 바위가 솟아있는데 거기에 조선신을 제사지내는 오랜 사당이 있다고 한다.* 그리고 산아래의 온지강(恩智川)일대에는 야요이문화시기에서 고분문화시기에 걸친 오아가따유적이 있다.

* 산꼭대기에 있는 바위의 사당을 누데히꼬신사, 남쪽계곡의 큰 바위사당을 누데히메신사라고 한다. 이 신사는 《연희식》에도 밝혀진 오랜 사당이라고 한다.

잔줄무늬거울은 1925년 다까오산의 산꼭대기로부터 남쪽으로 뻗은 산등성이의 30°가까운 급경사면에서 발견되였다. 이미 본바와 같이 잔줄무늬거울은 많은 경우 좁은놋단검과 짝을 이루고 나온다. 그리고 그것은 조선물건이다. 이꼬마산남쪽기슭일대에 10개가량의 고지성집락이 있으며 잔줄무늬거울은 그와 같은 고지성집락터에서 발견되였다. 이것을 예로부터 신산으로 숭배받던 다까오산과 결부시켜볼 때 아주 이른 시기부터 조선이주민집단이 그곳에 정착하였음을 알수 있게 한다. 그곳 일대는 후세에도 백제이주민세력의 거점으로 되였는데 그것은 7세기이후 그 일대가 오아가따고을이 된것을 보아도 알수 있다. 오아가따는 와도꾸노후히도(和德史), 오사또노후 히도(大里史) 등의 본관지이다. 그들은 725년(신구 2년)에 오아가따후히도의 성씨를 받았는데 와도꾸노후히도는 백제 무녕왕의 후손이라고 한다.

아무튼 백제사람들이 가와찌에 이른 시기부터 많이 진출하였으며 그 진출의 시작은 4세기경으로 볼수 있다. 이것을 증명해주는것이 이꼬마산 서쪽기슭에 자리잡은 다마떼야마무덤떼와 마쯔오까야마무덤 등 일련의 4세기의 무덤들이다.

다마떼야마무덤떼는 야마또강(大和川)과 이시가와강이 합쳐지는 곳에서부터 시작되며 남북 2.8km에 이르는 구릉언덕우에 전방후원무덤 17기를 중심으로 원형무덤 7기와 동서 2개의 횡혈떼로 구성되여있다. 무덤떼는 표고 50∼70m의 언덕우에 있다. 무덤떼의 형성은 4세기 후반기경으로부터 6세기경까지 계속된다.

횡혈무덤은 고구려-백제에 시원을 두고있다. 다마떼야마무덤떼에는 북쪽에 안복사횡혈이 약 20기 있고 남쪽에 35기이상의 횡혈무덤이 있다. 안복사횡혈에는 고구려사람이나 백제사람 비슷한 말 탄 무사를 그려놓았다. 이것은 그 무덤떼의 백제적성격을 잘 보여준다.

오사까 가시와라시 다까이다
횡혈의 선각벽화

(제2가지때 제6호 횡혈무덤길)

다마떼야마무덤떼에서 1km 남짓하게 떨어진 곳에 마쯔오까야마무덤이 있다. 그 무덤은 표고 110.5m의 시바야마를 거점으로 하여 북동쪽에서부터 서남쪽으로 약 1km가량 되는 독립언덕의 서남끝가까이에 있다. 무덤은 길이 146m, 후원부의 직경 82m이며 전방부의 폭은 35m이다. 매장시설은 후원부에 길죽한 돌널관이 있고 그 바깥주위에 판돌로 수직으로 쌓아올린 돌칸이 있다. 유물로는 1877년의 발굴당시 거울 2면, 구슬류, 구리활촉과 많은 량의 철편이 나왔다. 또한 1954년 4월의 조사때에는 경옥, 굽은구슬, 벽옥, 관옥, 유리구슬, 돌팔찌, 추형석, 거울쪼각, 쇠활촉, 구리활촉, 쇠칼, 쇠검, 쇠낫 등이 나왔다고 한다.*

* 《가와찌고고학산보》 가꾸세이사, 1975년, 65페지, 신판《고고학강좌》 11권 유잔가꾸, 122페지

일본학자들은 마쯔오까야마무덤을 다이센무덤들과 억지로 결부시키면서 많은 철과 철제농구, 공구가 나왔으니 그 무덤은 틀림없이 5세기의것이라고 하면서 그 축조년대를 끌어내리려고 한다. 그러나 무덤의 축조형식과 유물 등으로 보아 그것은 대체로 4세기말경의것으로 보는것이 타당할것이다. 철편과 철제농구, 공구에 대하여 말한다면 그것들은 그 무덤을 쓴자가 바로 많은 량의 철을 가질 수 있었던 조선-백제계통인물이였다는것을 보여줄뿐 그것이 결코

이 무덤의 축조년대를 5세기이후로 볼 근거로는 되지 않는다.

그러면 마쯔오까야마무덤떼가 백제계통이주민집단이 남긴것이라는 근거는 무엇인가. 그것은 그 무덤떼의 국적을 밝힐수 있는 중요한 금석문이 있기때문이다. 에도시대(17~19세기)에 발굴된 후나씨왕후(船氏王後)의 묘지명판이 바로 그것이다.

그 묘지명판은 길이 29.4cm, 너비 6.7cm, 두께 1.5mm이며 금동판에 앞뒤 4행씩 계 8행, 162자가 새겨져있는 일본에서 가장 오랜 묘지명판이다.*

* 《나라유문》하권 도쬬당출판, 1965년, 964페지 및 《일본고대의 묘지》 국립나라문화재연구소 아스까자료관, 1977년, 10~11페지. 묘지명의 대체적내용은 다음과 같다.

흠명 14년(533년) 후나의 후히또의 가바네(성씨)를 받은 왕진이(王艮㑄, 王智仁)의 아들 나패고의 오비또(肖)의 아들 후나왕후는 민달천황년간(572-585)에 태여나고 추고왕(592-628)과 서명(629-641) 두 왕대에 벼슬하다가 대인품계를 받았으며 서명 13년(641)에 죽었으므로 천지 7년(668)에 그의 부인 안리고능도자와 그의 맏형 도라꼬의 오비또의 무덤옆에 묻었다.

후나씨는 백제계통이주민집단의 후손으로서 백제 귀수왕의 후손이라고 한다. 이에 대해서는 기록에 밝혀져있다.

790년(연력 9년)에 백제왕(《구다라노기미》라는 가바네) 인정, 백제왕 원신, 백제왕출신 쯔노무라지(津連) 진도 등은 련명으로 다음과 같은 편지를 천황에게 보냈다.

《진도 등은 본래 백제국 귀수왕에서 나왔습니다. 귀수왕은 백제시조왕의 제16세손되는 왕이였습니다. 백제 태조 추모왕은 해신이 내려와 부여를 타고앉아 나라를 세우고 여러 조선을 총괄하여 왕이라고 일컬었습니다. 근초고왕에 이르러 처음으로 귀국(일본을 말함-인용자)과 래왕하였습니다.… 그후 응신천황이 게누노오미의 먼 조상인 아라다와께를 백제에 사신으로 보내여 유식한 사람을 찾았더니 우리 국왕인 귀수왕이 친척가운데서 손자벌 되는 진손왕(일명 지종왕)을 보냈습니다. 천황은 매우 기뻐하여 그에게 특별히 은

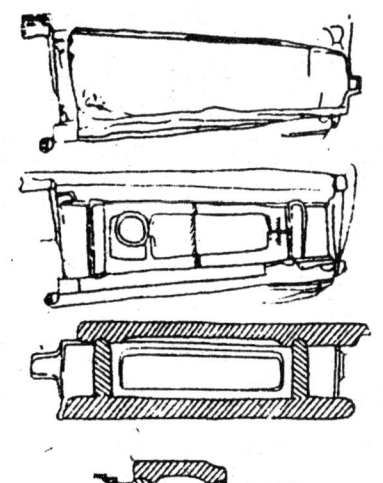

가와찌 마쯔오까야마무덤의 변형 길죽상자모양돌널

총을 베풀고 그를 황태자의 스승으로 삼게 하였습니다. 이렇게 되여 이 땅에 비로소 서적이 전해졌습니다. 문화가 크게 떨치게 된것은 참으로 우리 조상이 이 땅에 왔기때문이였습니다. 그후 인덕천황이 진손왕의 맏아들인 태아랑왕을 근시로 삼았으며 태아랑왕의 아들은 해양군이고 해양군의 아들은 오정군인데 오정군은 아들 셋을 낳았습니다.

맏아들을 미사, 둘째는 진이, 막내를 마로라고 하였습니다. 이로부터 그 세 아들이 각기 자기 맡은 직업을 따서 세가지 성씨를 삼았는데 후지이(葛井), 후나(船), 쯔(津)의 무라지(連)들이 바로 그것입니다. 먼달천황 시기에 고구려국이 사신을 보내와 까마귀날개에 글자를 적어서 표문을 바쳤습니다. 뭇신하들과 여러 학자들은 읽을수 없었으나 진이 한사람만은 나가서 잘 읽었습니다. 천황이 그의 독학을 높이 평가하고 칭찬하며 표창하였습니다.…》*

* 《속일본기》권40 연력 9년 7월 신사. 귀수왕(貴須王)은 흠명기와 《신찬성씨록》에는 《貴肖》로, 《삼국사기》에는 《仇肖王, 貴須》로 표기하였다. 그리고 《속일본기》에는 귀수왕을 백제 16손이라고 하였지만 《신찬성씨록》에는 추모왕의 10세손으로 되여있고 《삼국사기》(백제본기)에는 6세손(구수왕)으로 되여있다. 어느쪽이 옳은지 잘 알수 없다. 《까마귀날개에 작은 표문》이란 민달기(원년 5월)에 실린 고사로서 까마귀새깃에 글자를 적은것을 그 누구도 해득하지 못하던것을 진이가 나가서 까마귀새깃을 밥김에 쪄서 해득했다고 한다. 여기서 말하는 고구려의 《표문》이란 물론 거짓말이다. 강대한 고구려가 일본에 표(表)를 바칠 까닭이 없다.

그리고 여기에 보이는 미사, 진이, 마로들은 실재한 인물로 볼수 있다. 후나씨가 왕진이의 조상이라는것은 《일본서기》(권19 흠명 14년 7월)의 기록에도 밝혀져있다.

후나씨의 계보를 이 기록과 그밖의 기록들을 종합하여보면 다음과 같다.

```
백제 근구수왕─침류왕─아신왕─전지왕─구이왕
          \진사왕─진손왕─태아랑왕
                        │
                       해양군
                        │
                       오정군─┐
```

→미사─담진(胆津, 시라이노후히도)…후지이씨
→진이─나패고(那沛故, 후나노후히도)…후나씨
→마로─추주(秋主, 쯔노후히도)…쯔씨

후나, 후지이, 쯔의 세 성씨는 본관을 후에 야쮸지(野中等)일대로 삼는다. 하지만 그들이 일본땅에 첫발을 들여놓고 본관으로 삼은 곳은 마쯔오까산일대였다. 그것은 금동판묘지명에서 알수 있다. 같은 진손왕에서 나왔다고 하더라도 마쯔오까야마에 묘를 쓴 집단(갈래)이 있었는가 하면 또 따로 야쮸지일대를 선산으로 삼은 집단(갈래)도 있었다는 사실이다. 문제는 어떤 씨족집단이 계속 마쯔오까야마일대에 묻혔는가 하는데 있다. 물론 후나씨의 자손들이 《속일본기》(연력 9년)에 밝힌 자기네 조상이야기가 통채로 다 맞는다고는 할수 없지만 기본상 그것이 력사적사실을 근사하게 반영한것이 아니겠는가 생각된다. 앞뒤를 잘 따져볼 때 우리는 마쯔오까야마무덤과 후나씨와의 관계를 다음과 같이 추론할수 있다.

우선 마쯔오까야마의 무덤들은 진사왕─진손왕에서 갈라져나온 백제계통 왕족집단이 남긴것이라는것이다.

다음으로 후나씨의 조상들이 진사왕(385년─392년)시기에 일본에 갔다고 한데서 알수 있는것처럼 그 시기는 4세기말이였을것이다.

마지막으로 후나씨의 집단이 야쮸지로 본관을 옮기는 바람에 마쯔오까야마의 무덤은 대대적으로 쓰이지 않았지만 특수한 경우에는 례외적으로 그의 자손들이 묻힐수 있었다는것 등이다.

마쯔오까야마무덤이 백제계통이주민(왕족)집단의 무덤이였고 그들이 가와찌에 소왕국을 세웠으리라는것은 짐작하기 어렵지 않다.

가와찌에 진출한 백제왕족들이 그곳에서 왕노릇을 하였다고 보아지는 근거를 들면 다음과 같다.

첫째로, 기록에 진사왕의 후손들이 왕이나 왕비슷하게 취급되고있는 사실이다.

앞에서 본바와 같이 후나씨의 조상은 진사왕의 아들인 진손왕이며 가와찌에 진출한 진손왕의 아들인 태아랑왕은 인덕천황의 측근으로 있었다고 한다. 그의 아들과 손자는 군(君)이라는 왕자격칭호를 지니고있었다. 가와찌를 본관으로 삼은 누리오미는 산성을 짓고 살았으며 인덕천황의 처는 거기서 없혀살았다. 인덕천황이란 《일본서기》편찬자들이 지어낸 왕이름이라고 보면 또 《고사기》에 나오는 누리오미관계 기사에서 《인덕천황의 처》라는 허울을 벗기면 거기에는 백제왕이 산성을 짓고 왕노릇을 하였다는 력사적사실이 남게 된다. 그리고 《속일본기》에서 진손왕의 아들이 《인덕천황의 근시》라는 허울을 벗기면 태아랑자체가 왕노릇을 하였다는 사실이 드러난다. 백제왕의 아들, 손자가 높은 기술집단과 무력을 거느리고 왜땅에 갔을진대 그곳에서 얼마든지 왕노릇을 했을수 있다.

둘째로, 4세기말 가와찌지방에 백제소국이 있었다고 할수 있는것은 그곳에 4세기의 백제무덤이 있기때문이다.

마쯔오까야마언덕의 원형무덤에서 가장 큰 무덤은 챠우스야마(茶臼山)무덤이다. 그 무덤은 오래동안 내부매장시설이 잘 알려져있지 않았다. 최근에 조사가 진행된 결과 방형의 판석돌각담무덤이라는것이 알려졌다.

챠우스야마무덤은 바닥부분이 남북 22m, 동서 18m의 장방형으로서 무덤무지는 높이 2m이다. 바깥벽은 안산암의 판석(길이 30cm, 너비 20cm, 두께 10cm)을 수직으로 쌓아올렸다. 돌칸은 거의 무덤무지의 가운데에 있으며 바깥벽처럼 안산암의 판석으로 쌓은 수혈식무덤칸이다. 유물은 평면사수경 1면과 돌팔찌 25개, 차륜석, 낫, 검 등이 나왔다.

무덤구조는 고구려에 연원을 둔 초기 백제의 무덤형식이다. 초기 고구려의 무덤칸구조는 판석을 수직으로 쌓아올리는것이 특징이다. 이로부터 챠우스야마무덤과 류사한 무덤들은 서울근방의 백제무덤들에서 찾을수 있다. 특히 서울 석촌동제3호무덤과 제4호무덤은 챠우스야마무덤과 신통히도 같다.

석촌동제4호무덤은 4세기를 전후한 시기에 축조된것으로서 바닥부분의 한변의 길이는 23~24m이다. 3단축성의 기단식돌각담방형무덤으로서 구조상 고구려무덤을 답습하였다. 석촌동제4호무덤은 제3호무덤과 함께 1974년과 1984년에 발굴조사되였다. 내부매장시설은 횡혈식돌칸형의 수혈식돌칸이다. 제4호무덤은 제3호무덤과 함께 구조상 고구려돌각담무덤과의 관계가 깊으며 특히 제4호무덤에서는 집안 장군무덤에서 볼수 있는 바닥단 바깥벽면에 세워진 돌이 확인되여있다. 제4호무덤가까이에서 금귀고리 등이 나왔으며 축조된 시기는 4세기 후반기~5세기 초경으로 추측되고있다. 석촌동제3호무덤과 제4호무덤은 규모와 유물을 통하여 볼 때 백제의 왕릉임에는 틀림없다고 한다.

고구려왕실에서 갈라져나와 나라를 세운 백제가 한성에 도읍하고있던 시기에 고구려계통의 돌칸무덤을 썼다는것은 잘 알려진 사실이다. 그리고 챠우스야마무덤 또한 출토된 유물과 무덤구조로 보아 4세기말의것이다. 이것은 앞에서 본 진사왕의 아들 진손왕이 일본에 건너간 시기와 맞아떨어진다. 챠우스야마무덤은 바로 진손왕 또는 그의 족속들인 어느 왕족의 무덤임에 틀림이 없다.

무덤축조에서 고구려에 연원을 둔 백제적수직쌓기는 비단 챠우스야마무덤에만 있는것이 아니다. 마쯔오까야마무덤떼의 맹주적존재인 마쯔오까야마무덤도 또한 그와 같은 수직쌓기를 하고있는것이다. 마쯔오까야마무덤은 최근의 조사에 의하여 무덤무지의 바닥부분의 바깥에 세로, 가로 각기 30~40cm, 높이 3~5cm의 판자모양의 넙적한 돌을 10단정도 수직으로 쌓아올렸다는것이 확인되였다. 그 수직으로 쌓은 돌우에 안길이 2.6m인 평면이 있고 거기서 약 45°의 경사를 가진 판석이 쌓아져있다. 또한 수직벽의 아래쪽에도 안길이 2m정도의 평면이 있고 그아래에 지반을 안정시킬 목적으로 너비 6.7m에 걸쳐 돌이 나란히 놓여있었다고 한다.*

* 《요미우리신붕》(오사까) 1986년 11월 28일부

셋째로, 4세기말 가와찌지방에 백제세력이 있었다는것은 가와찌의 이른바 대왕무덤에 길죽상자모양돌널이 쓰인 사실이다.

가와찌지방의 4세기말~5세기초의 대왕무덤이라고 부르는 무덤들은 마쯔오까야마무덤, 쯔도 죠야마무덤(전방후원무덤 길이 약 170m), 지노오까무덤(전방후원무덤 224m) 등이다. 그 무덤들은 일치하게 수혈식돌칸안에 길죽상자모양돌널을 쓰고있다.

길죽상자모양돌널은 가와찌지방에 집중적으로 분포되여있으며 그밖에 기비지방과 야마또나라분지의 서쪽인 가쯔라기일대에도 분포되여있다. 길죽상자모양돌널은 6장의 판석을 짜서 만드는것이 기본형식이지만 돌재료의 가공정도에 따라 속을 파서 도려내서 만든것도 있다. 이 길죽상자모양돌널이 전라남도 익산에서 나온 장방형나무널의 변형이라는것은 앞에서 이미 보았다. 조선의 익산에 있는것은 재료가 나무이고 일본에 있는것은 돌이라는 차이가 있을뿐이다. 마쯔오까야마무덤에서 《조형적》형태의 길죽상자모양돌널이 나온것은 바로 그 무덤이 시기적으로 아주 오랜것이라는것을 보여줄따름이다.

대왕무덤이라고 하는 무덤들에서는 야요이문화시기의 주술적색채를 띤 차륜석, 파형동기 등이 많이 나왔다. 하지만 길죽상자모양돌널은 그 어떤 전통이 야요이문화시기에 이어지는것이 아니다. 무덤들은 원주민 수장급의것이며 그들이 마쯔오까야마무덤의 백제돌널을 본따서 만든것으로 짐작된다.

우에서 몇가지 근거를 들어 5세기 중엽이전의 가와찌의 백제세력에 대하여 보았다. 5세기 중엽이전에 가와찌땅에 백제소국이 있었다는것은 백제 칠지도를 통하여 잘 알수 있다.

2) 백제칠지도와 모노노베를 통하여 본 백제소국

5세기 중엽이전의 가와찌 백제국을 리해하는데서 백제 칠지도 (七支刀)는 아주 중요한 자리를 차지한다. 현재 나라(야마또)에 있는 백제 칠지도를 문제로 삼는것은 바로 그것이 야마또로 가있기 전에 가와찌에 있었으며 그 칼을 모노노베씨가 가지고있었을것이라고 보이기때문이다.

그러면 백제 칠지도와 모노노베와의 호상관계에 대하여 보기로 한다.

백제칠지도

현재 나라현 덴리시의 이소노가미(石上)신궁에는 일명 백제 칠지도라는 칼이 전해오고있다.

칼은 길이 74.9cm, 칼몸의 길이 65cm로서 단철로 되여있다. 칼몸은 좌우로 세개씩 가지를 치고있으며 칼몸의 앞뒤에는 금상감으로 된 60여자의 글이 새겨져있다. 칼은 실용적인것은 못되고 주술적인 기념으로 삼기 위하여 제작되였다.

지난날 일본학자들은 이 칼의 명문을 그릇되게 읽으면서 백제가 왜왕에게 《진상》하는 《복속》의 증거로 보낸것이라고 하면서 반동적《임나일본부》설의 《증거품》의 하나로 들었다. 하지만 우리 학계의 정당한 비판과 문제제기로 하여 칼 명문은 옳은 방향에서 해득되였다.

백제 칠지도가 왜왕에 대한 하사품이였는가 아니면 진상품이였는가 하는 문제와 함께 그 글에 나오는 년호인 태화가 어느 나라의 것인가에 이 부문 연구에서의 초점이 있다. 최근 우리 학계의 연구성과에 의하면 칠지도의 년호는 백제년호로서 태화 4년이란 408년이며 그 이듬해인 409년에 왜땅의 왜왕에게 하사한것으로 인정된다. 그리고 금상감문의 독법은 하행식형식의 문체로 보는것이 어느모로 보나 합리적이다.

백제 칠지도명문은 어떻게 읽어야 가장 합리적인가. 우리 학계가 거둔 성과에 기초하여 보기로 하자.

(앞면의 원문)
泰和四年五月十三日丙午正陽
造百練鉄七支刀世辟百兵宣供
供侯王□□□□作

(뒤면의 원문)
先世以來未有比刀百滋王由益
壽出學旨故爲侯王备造傳示
後世

태화 4년 5월 13일 병오일 한낮에 백번 단련한 철로 된 칠지도를 만들었다. 이것은 대대로 모든 무기들을 물리칠것이니 후왕에게 줄만 하다.… 이전에는 이런 칼이 없었는데 백제왕이 수명의 연장과 관련하여 어진 지시를 내렸기에 후왕을 위하여 만든것이니 후세에 전해서 보이도록 하라.*

* 《력사과학》 주체72(1983)년 4호, 29페지

칠지도가 하행문으로 되여있고 백제왕이 하사하였다는것은 이밖에도 백제에서 만든 여러 자루의 명문새긴 칼을 보더라도 알수 있다.

《진대》(塵袋, 1264~1287년)라는 책에 다음과 같은 흥미있는 기록이 있다.

960(천덕 4)년 9월 24일에 왕궁의 화재로 폐허속에서 찾아낸 대도 48자루속에는 령검 2자루가 있는데 다같이 백제국에서 보내온것이라고 한다.

그 한자루에는 다음과 같은 명문이 있었다 한다.*

* 《나라유문》 하권 도꾜당출판, 1965년, 991페지

歲在庚申正月百濟所造 三七練刀 南斗北斗
左青龍 右白虎 前朱雀 後玄武 避深不祥
百福會尨 年齡延長 万歲無極

여기서 말하는 경신년이란 300년, 360년, 420년의 어느것에 해당될것이다.

또 하나는 오사까(가와찌)사천왕사에 소장되여온 성덕태자가 사용했다는 《칠성검》이다.

사천왕사의 칠성검도 상감수법과 글자체로 보아 조선에서 보낸 것이 틀림없고 《진대》에 전하는 파적검, 호신검도 명백히 《백제에서 만들어 보낸》 검에는 틀림없다. 그리고 법륭사의 칠성검 역시 백제에서 보내주어 받은것이다. 이렇게 칠지도를 포함하여 깅끼지방의 왜왕조가 백제로부터 받은 도검은 자료에 명백한것만도 5자루나 된다. 칼들은 일관하여 백제와 깅끼지방의 왜왕과의 어떠한 관계를 암시하듯 상서로운 좋은 말들이 쓰이고있다.

4~6세기까지의 일본은 상감하는 수법을 몰랐으며 거기에 여러가지 무늬와 글을 새길 정도의 기술문화적수준에 오르지 못하고 있었다. 높은 문화는 곧 높은 국력을 의미한다고 보아야 한다. 칠지도를 비롯한 여러개의 칼의 명문들에서 그것을 읽을수 있다. 바로 백제는 높은 국력을 배경으로 하여 칠지도뿐아니라 여러 자루의 칼을 왜왕에게 하사하여 보물로 전하게 한것이라고 보인다.

백제왕은 지방후국적존재인 가와찌에 있던 백제소국의 후왕에게 칠지도를 하사하였다고 보인다. 백제 칠지도는 모노노베씨가 후세에 이르기까지 관리하였다. 따라서 모노노베씨의 정체를 정확히 밝히는것은 백제 칠지도뿐아니라 가와찌에서의 주되는 세력이 누구였는가도 알수 있게 될것이다.

모노노베씨

모노노베(物部)씨는 야마또정권에서 군사와 형벌을 맡은 세력가로서 그 지위는 세습되였다. 오도모(大伴)씨가 실각한 후에는 소가씨와 나란히 야마또국가를 운영하였다. 모노노베계통으로 력사에 기록된 인물로서는 모노노베노 아라까히, 오고시, 모리야 등이 있다. 그런데 모노노베노 아라까히와 모리야가 활동한것은 정치의 중심지가 가와찌로부터 야마또에 옮겨간 이후의 일로서 그전에는 그 문벌이 세력을 크게 떨친것은 아니였다.

본래 모노노베씨는 야마또에 자리잡기 전에는 현재의 오사까 가시와라시와 야오시로부터 동오사까시에 걸친 지대에서 살았다.

무덤떼로 말한다면 다까야스쎈즈까, 히라오야마쎈즈까에 해당되는 지역이다.

그러나 모노노베씨의 거주지를 다시 더 소급하면 그것은 야요이문화시기의 동검, 동창의 분포지와 거의 일치한다. 즉 북규슈의 지꾸고평야(고라신사를 중심으로 한 지대), 옹가강하구류역, 규슈동부 나오이리(直入)지역, 이요의 슈소군(周桑郡) 후쯔(布都)신사일대가 그 대표적지역이다. 즉 북규슈의 그 일대에 살던 모노노베씨가 가와찌로 간것으로 보아 잘못이 없다. 더 소급하면 모노노베씨는 조선의 서해안지대(마한, 백제)에서 북규슈로 이주하였다.

모노노베씨가 야마또지방에서 오래동안 조선이름을 그대로 달고 지낸것도 이와 관련된다. 사람들은 모노노베를 보통 《모노노베노 가라구니》(物部韓國) 아무개로*1 불렀으며 간략해서 부를 때는 그저 가라구니노 무라지(韓國連) 아무개*2 또는 모노노베노아마노 무라지(物部海連)*3아무개로 불렀다. 이와 같은 사실들은 모노노베가 가라구니 즉 조선-백제국을*4 항상 제 이름에 달고 지냈다는것을 보여준다. 그런데 이러한 모노노베가 8세기말에 와서 가라구니라는 말을 이름에서 지워버리기 시작하였다.

*1 《속일본기》권40 연력 9년 11월 임신, 권11 천평 3년 정월 병자, 권40 연력 8년 정월 기사 등

*2 《속일본기》권40 연력 8년 정월 기유

*3 《속일본기》권40 연력 9년 10월 정사

*4 일본에서 가라구니(韓國)란 칭호는 가야(가라)와 신라, 백제 등 당시 세 나라에 대한 공통칭호이기도 하였다.

《속일본기》〔권40 연력 9년(790년) 11월 임신〕에는 외종(從) 5위하 가라구니노 무라지 미나모도(源)가 자기들은 모노노베노 오무라지의 후예인데 자기들의 조상이 사신으로 조선에 갔었기때문에 본시는 모노노베노 무라지이던것을 가라구니노 무라지(韓國連)로 고쳤다고 하였다. 그러니 가라구니라는 두 글자를 빼게 해달라고 하였다. 미나모도의 조상은 모노노베노 에고노 무라지(物部監牛連) 이다. 가라구니노 무라지는 무렬천황(498년-506년)때에 가라구니

에 사신으로 갔기때문에 복명한 날에 가라구니노 무라지의 성씨를 받았다고 한다. 가라구니에 사신으로 갔었기때문에 가라구니라고 불렀다는것은 후세의 조작이고 원조상이 가라구니에서 왔기때문에 가라구니를 이름에 달고있었던것이다.

모노노베는 오래된 조선-백제계통이주민의 후손이다. 이에 대해서는 모노노베의 조상설화인 신무동정설화에서도 명백히 밝히고 있다. 신무동정설화에 나오는 니기하야히노 미꾜도설화가 이를 말해주고있다.

동정하는 신무에게 적대해나선 나가스네히꼬(長髓彦)는 자기는 아마의 이와부네(磐船)를 타고 아마에서 내려와 사는 구시다마 니기하야히노 미꾜도(櫛玉饒速日命)를 섬기고있으며 그는 자기의 누이 미가시기야히메(三炊屋媛)에게 장가들어 아들까지 낳았다고 하였다. 그도 천신의 아들이라고 하니 신무와 서로 천신의 표식을 가지고 맞쪼아보자고 하였다. 천신의 표식은 《깃달린 화살》 한개와 전통이였다. 신무는 이를 보고 거짓말이 아니라고 말하고 자기가 찬 아마의 화살과 전통을 보였다. 천신의 표식이란 《아마》의 물건이라고 하며 《아마》의 물건이란 조선물건이다. 표식을 서로 대보고 같은 《아마》사람 즉 같은 백제, 가라사람인것을 알고 니기하야히노 미꾜도는 신무(천왕)에게 무리를 거느리고 귀순하였다. 신무는 일찍부터 니기하야히노미꾜도가 아마에서 내려온자임을 들은바 있었고 충성스러운 공을 세웠다 하여 그를 표창하고 총애하였다. 이것이 모노노베씨의 먼 조상이다.*

* 《일본서기》 권3 신무천황 즉위전기

신무동정설화에서 모노노베는 천신 즉 아마(조선)에서 간 사람이며 나가스네히꼬라는 원주민우두머리의 누이에게 장가간 사람(집단)이였다. 이를테면 조선이주민집단과 토착원주민사이에 결합된 후예들이 모노노베라는 사실이다. 더우기 흥미있는것은 《구사본기》 천손본기에 니기하야히노 미꾜도가 하늘의 보물 10가지를 받고 하늘의 반석같이 든든한 배를 타고 가와찌국의 강우쪽 고봉(河內國河上哮峰)이라는 곳에 내렸으며 얼마 있다가 야마또국에 옮겨간것으로 되여있다는 사실이다. 이것은 모노노베의 조상이 이른 시기에 조선에서 북규슈로, 가와찌지방으로 진출, 정착한 다음 또다시 이동하여 야마또로 갔다는것을 보여준다.

그러면 모노노베의 조상인 니기하야히노 미꼬도가 내렸다는 《가와찌국의 강우쪽 고봉》이란 도대체 어디였겠는가.

일설에 의하면 오사까부 남가와찌군 히라이시(南河內郡 平石)에 있는 반주(磐舟)신사라고 한다. 그것은 그 신사명이 《반주》라는 데서부터 《신무동정》설화에 니기하야히노 미꼬도가 《아마(하늘)에서 반주(반석같이 든든한 배 즉 이와부네)를 타고 내려왔다.》라고 한것과 결부시킨데로부터 나온 설이다. 하지만 그보다도 오사까부 하비끼노시에 있는 다까야(高屋)신사와 히비끼노시 니시사까다(西坂田)촌에 있는 도가리(戶雁)신사근방으로 비정하는것이 더 옳을것 같다. 왜냐하면 그 두 신사가 니기하야히노 미꼬도를 조상신으로 받들고있을뿐아니라 《구사본기》의 모노노베계보중에 다까야아와라히메(高屋阿波良姬), 사까도유라히메(坂戶由良姬)의 이름이 있기때문이다. 그 두 신사는 우메강(梅川)과 이시가와강이 합류하는 지점에 있다. 따라서 《강우쪽의 고봉》이란 이시강상류의 근방일수 있다. 아무튼 모노노베의 조상인 니기하야히노 미꼬도들이 반석같이 든든한 배를 타고 내려간(건너간) 곳이 바로 가와찌땅이였음은 틀림없다. 그러면 모노노베와 백제 칠지도와의 관계에 대하여 좀더 구체적으로 보기로 하자.

모노노베와 백제칠지도

《일본서기》(권9 신공황후 섭정 52년 가을 9월 병자)에는 구데이(久氐) 등이 백제에 가서 일곱가지의 칼(칠지도) 하나와 거울 1면 그밖의 여러가지 보물을 받아가지고 와서 바쳤다는 기사가 나온다. 그 기사가 어느 정도 력사적사실에 가까운가 하는것은 앞으로 더 따져보아야 할 일이지만 현재 이소노가미신궁에 있는 칠지도와 이름과 모양이 일치하다는 사실, 다같이 백제에서 보냈다는 사실 등에서 량자에는 공통점이 있다. 바로 이소노가미신궁에 소장된 백제 칠지도를 모노노베씨가 관할한다는 사실에 류의해야 할것이다.

백제 칠지도는 처음부터 지금 있는 나라현 이소노가미신궁에 보관되여있었다고 볼수 없다. 왜냐하면 이소노가미신궁은 본래 이곳을 타고앉았던 진한 즉 신라계통의 이주민들의 신궁이였기때문이다.

이소노가미신궁의 관리자가 모노노베였고 모노노베는 이미 본바와 같이 처음 가와찌에서 야마또로 간 세력이였다. 모노노베씨의 야마또진출과 함께 칠지도도 야마또에 왔었다고 보아야 할것이다. 이리하여 미와야마-신라세력대신 모노노베가 이소노가미신궁의 제사권을 틀어쥐게 되였다고 말할수 있다. 이와 같은 제반 사실들로부터 칠지도명문에서 말하는 백제의 후왕이란 모노노베의 조상이 아니겠는가고 생각한다. 앞에서 본 후나씨의 조상이야기와 신무동정설화에서 나온 모노노베의 조상인 니기하야히노 미꼬도가 아마에서 내려온 인물이며 임금노릇을 했다는것, 그가 아마에서 내려온것이 가와찌국이였다는 《구사본기》천손기의 기사 그리고 실지로 모노노베씨가 가와찌의 조선계통이주민들의 정착지를 본관으로 삼고있었다는 사실 등을 종합해볼 때 가와찌일대에는 백제 칠지도를 보관하는 모노노베를 비롯한 조선계통이주민집단과 원주민들로 이루어진 백제-왜소국(왕국)이 있었다고 볼수 있을것이다. 바로 그들이 조선 백제의 후국이였던 왜국이였다고 보아진다.

이러한 백제-왜련합세력우에 신무동정설화에 반영되여있듯이 강력한 기마군단을 가진 가야(가라)계통세력이 덮쳤다. 량자는 호상 융합되였다.

가와찌에는 그뒤에도 이주민세력의 이주가 또 있었을수 있다. 그 경우 그들사이의 융합은 거듭되였을것이다. 이렇게 진출과 정착과정이 여러번 되풀이되는 과정에 가와찌의 백제-가라-왜련합세력은 서로 융합되여 하나의 큰 세력을 형성하게 되였다. 그것이 절정에 이른 시기에 다이센무덤, 곤다야마무덤과 같은 큰 무덤들이 축조되였던것이다. 그러던 가와찌지방에서 6세기 초중엽 가야본국이 최종적으로 멸망하면서 가라계통과 그 후손들은 백제세력으로 일원화되였을것이다.

가와찌의 백제-가라-왜정권은 가와찌에 자기 세력을 확장하는 한편 이꼬마-가쯔라기산지를 뚫고 야마또 나라분지에 적극 세력을 뻗쳤다. 야마또에 일정한 세력지반을 구축한 다음 가와찌세력은 자기의 본거지를 아예 야마또에 옮기고말았다. 모즈무덤떼와 후루이찌무덤떼에서 무덤축조가 대체로 6세기 전반기로 종결지어지게 되는것은 정치적중심지의 이행이라는 력사적배경이 있었기때문이다.

3. 지명 및 문헌을 통하여 본 가와찌의 백제소국

1) 지명유적을 통하여 본 가와찌의 백제소국

가와찌일대에 진출, 정착한 조선이주민집단은 상륙한 여러곳에서 마을을 이루고 고국의 이름을 그대로 마을이름으로 삼았다. 가야(가라), 아야, 시라기, 구다라 등의 이름이 그것이다. 가와찌지방에는 백제계통이주민집단이 수적으로 가장 많았기때문에 필연적으로 백제마을이 많이 존재하였다. 따라서 백제마을이 합쳐져 백제고을이 되였으며 여러개의 백제고을은 또 합쳐서 백제소국이 되였다. 5세기의 가와찌의 조선계통세력은 신라, 왜, 백제, 가라 등의 련합형태였으나 6세기에 이르러 백제가 크게 강성하여 백제판으로 되였다.* 지금 옛 기록들에 전하는 지명유적에는 6세기이후의 지명유적이 많이 남게 되였다. 가와찌백제국의 자취는 1 400년의 세월이 지난 오늘날에도 지명이 그 옛 모습을 전하여준다.

* 일본에 진출한 가라계통이주민집단가운데는 오래동안 고국의 이름을 성씨로 삼아왔으나 고국의 멸망과 더불어 자기 조상을 백제에 용해시키는 경우가 많았던것으로 보인다. 실례로 가라노미야쯔꼬(賀羅造)는 가라국에서 왔는데 오래동안 조선이름대로 부르다가 늦게야 일본식으로 미야쯔꼬(造)라고 하게 되였다. 그러나 그는 고국의 국호를 버리지 않았던것이다.(《속일본기》 권21 천평보자 2년 10월 정묘) 그런데 《신찬성씨록》(권30 우교 미정잡성)에는 가라노미야쯔꼬는 백제국 쯔구노기미(都玖君)의 후손으로 되여있다. 이것은 하나의 실례에 불과하다. 이것을 통하여 가라사람들이 백제사람에게 용해되였음을 알수 있다. 아야히도(漢人) 역시 처음에는 아야히도(阿耶人)이던것이 거기에 백제사람이 덮쳐 오히려 백제사람들까지 아야히도가 된것이다.

북쪽의 구다라(백제)고을

현재 오사까 히가시나리, 이꾸노일대에는 중세기 전기간 구다라고을(百濟郡)이 있었다.

오사까 셋쯔의 백제고을은 《화명초》에 구다라(久太良)로 표기되였으며 동부, 서부, 남부의 세개 향(鄕)이 있었다고 하였다. 그후 그 고을은 오래동안 궐고을(闕郡)로 불리웠다. 그것은 그 고을의 후칭이였다.[*1] 여기에서 나오는 동부, 서부, 남부라는 행정단위는 일본의 그 어디에도 없다. 오직 조선의 고구려와 백제의 5부에서 찾아볼수 있을뿐이다. 그것은 동서남북과 가운데(중)의 5방(五方)을 상, 중, 하, 전, 후의 5부에 맞춘것으로 리해된다. 바로 가와찌의 백제국은 고을의 행정단위까지도 고국의것을 그대로 본땄던것이다. 세개의 향은 작은 고을(오고오리)에 해당될것이다. 물론 이 구다라고을이란 이름은 대화개신(645년)이후의 국군제도에 따라 정해졌을것이다.

셋쯔 구다라고을일대는 고을이름뿐아니라 들판이름까지도 구다라계통으로 되여있는데 이꾸노구일대의 들판을 총칭해서 구다라들판(百濟野)이라고 하며 그곳을 지나는 강을 구다라강(현재 히라노강)이라고 하였다.[*2] 그리고 그 일대에는 오래동안 기다구다라(북백제), 미나미구다라(남백제)라는 마을이 있어 옛 자취를 더듬어볼수 있다고 한다.

> [*1] 《일본지명대사전》 2권 일본서방, 1938년, 1477페지. 이 고을을 궐고을이라고 하게 된것은 아마도 이 고을의 북부행정구획이 없어진데서부터 나온 말이라고 생각된다.
>
> [*2] 《일본지명대사전》 3권 일본서방, 1938년, 2395페지. 히라노강은 현재는 운하이다. 그 강류역에는 백제신사(현재 八王寺神社), 백제절간터 등이 있다. 그리고 현재도 구다라의 이름을 지닌 화물역, 뻐스정류소 등 그곳 지명에 유래한 이름들이 많다.

남쪽의 구다라고을인 니시고리

오늘날의 가와찌 나가노시를 중심으로 하는 니시고리고을(錦部郡)은 가와찌 백제의 남쪽지경에 위치한 고을이라고 할수 있을것이다. 《화명초》에 의하면 니시고리고을에는 니시고리, 구다라(백제), 다까무꾸(高向)의 세개 향과 여호 하나가 있다고 한다. 니시고리고을이 백제고을이라고 하는것은 비단 그 고을의 중심마을이 백제의 이름을 지니고있다는데만 있는것이 아니다. 그것은 니시고리라는 이름자체가 백제와 불가분리의 밀접한 관계에 있기때문이다.

《속일본기》(권26 천평신호 원년 12월 을사)에는 가와찌 니시고리고을 출신귀족 26명에게 니시고리베노무라지(錦部連)라는 성씨를 주었다고 한다. 그런데 《신찬성씨록》에 의하면 니시고리베노무라지는 백제 속고대왕의 후손이라고 한다. 말하자면 니시고리라는것은 백제계통이주민 또는 그 후손들과 깊은 인연을 가진 지명(인명)으로서 량자가 서로 통하는 관계에 있었다고 말해야 옳을것이다.

동쪽 가와찌 아스까의 백제고을

가와찌의 고대사에서 중추적지위를 차지하는 아스까(飛鳥, 安宿)고을은 현재의 하비끼노시(羽曳野市)와 후지이데라시(藤井寺市), 가시와라시(柏原市)에 걸쳐있었다. 오늘날 하비끼노시 아스까의 지명으로 남은 아스까고을은 《飛鳥戶郡, 安宿郡》으로 쓰이였다.* 아스까라는 말뜻에는 여러가지 설이 있으나 그것이 조선말에 유래하며 특히 백제와 밀접한 관계에 있다는데 대해서는 공통한 의견인것 같다. 가와찌 아스까가 백제고을이였다는것은 다음과 같은 사실을 통해서 잘 알수 있다.

* 《일본서기》 권14 웅략기 9년 7월조. 웅략시기라는 이른 시기에 아스까고을이란 없었을것이니 이것은 서기편찬당시의 사관의 추서(追書)로 인정된다.

우선 아스까라는 말자체가 백제와 관련이 있는데 그곳에는 오늘날까지도 《연희식》에 밝혀진 아스까베(飛鳥戶)신사가 있다. 그 신사는 백제 곤지왕(毘支王)을 제사지낸다. 《신찬성씨록》에 아스까베노 미야쯔꼬는 《백제국주(국왕) 비유왕(427-455)의 아들 곤기왕(琨伎王)의 후예》로 또는 《백제국 말다왕의 후손》으로 전한다. 그뿐아니라 《속일본기》(천평신호 원년 정월 기해)에는 아스까노기미(安宿公) 나도마로가 구다라노아스까나도마로(百濟安宿奈登麻呂)로 되여있다. 또 같은 《속일본기》(천평보우 5년)에 나오는 아스까미야쯔꼬 오히로가 구다라노아스까노미야쯔꼬(百濟安宿造)로 되여있다. 그리고 백제왕과 아스까베를 결부시켜 부르는것은 여러 기록에도 나온다. 경사로 활약한 아스까노기미 히로나리가 백제아스까노기미(公, 王) 또는 백제아스까베노기미(百濟飛鳥戶伎美)로 칭한 사실이 있다.* 이것은 아스까-백제라는 사실을 웅변으로 보여준것이라고 생각된다.

* 《대일본고문서》 5, 6, 17, 《정창원문서》 천평신호 원년(765) 2월. 구다라(백제)를 아스까로 부른것과 반대로 아스까의 성씨를 가진 사람에게 구다라노스꾸네(百濟宿禰)의 가바네를 준 실례도 있다.(《일본후기》 권22 홍인 3년 정월 신미)

서쪽 모즈의 백제

일본에서 가장 크다는 다이센무덤이 있는 지대를 모즈 구다라(百舌鳥 百濟)라고 불렀다. 1945년경까지도 구다라촌이 있었으며 오늘날도 그냥 백제 지명으로 현존한다.

다이센무덤이 있는 모즈 하찌만구(百舌鳥 八幡宮)의 본명은 구다라신사(百濟神社, 和泉國神明帳에 의함)였다. 그 일대는 고대에 구다라(백제)라는 이름으로 불리운 곳이다. 오늘날도 그 유제로 구다라강(百濟川)이라는 작은 시내가 흐르고 또 그 강에는 백제다리가 걸려있다. 구다라라는 오늘날의 촌명이 고대에는 모즈무덤떼를 총칭하는 말이였을것이다. 하지만 무덤떼의 백제, 가라적성격으로 보아 구다라라는 지명이 이즈미지방을 가리키는 말이였다고 보아 큰 잘못은 없을것이다. 후루이찌무덤떼에도 가루(輕)라는 지명이 있는데 이것도 조선이란 뜻인 가라(韓)에서 왔을것이다. 이에 대해서는 이미 보았다.

가와찌에서 구다라라는 지명이 널려있는 곳은 비단 모즈-후루이찌일대뿐이 아니다. 그밖에도 요도강이남의 전체 평야지대에 구다라라는 지명은 널리 퍼졌다. 현재의 네야가와시와 시죠나와떼시일대는 6세기이후 백제이주민들이 집중적으로 정착한 지대이다. 이 지역은 오사까북부가마터자리로서 그 시기는 오사까남부가마터

지구보다 좀 뒤진다. 대체로 6세기경부터 가마터는 일을 시작하였을것이다.

현재의 네야가와시와 시죠나와떼시일대는 옛 사라의 고을로서 《讚比, 沙羅, 更荒, 佐良良》로 쓰이였다.*¹ 거기에는 신라사람이 있다는 기록*²도 있지만 그보다도 백제사람이 더 많이 산 고장이였다. 그것은 《사라라》라는 고을이름자체가 백제의 남단, 해남현 사라향(紗羅鄕)*³에서 온 말로서 사라향사람들이 사라라에 많이 건너가 살면서 고국의 고장이름을 그대로 딴것 같다. 본래 사라 또는 살라(사라라)라고 하던것이 사라라고을로 된것 같다. 그 고을에 백제사람들이 많이 살았기때문에 보는바와 같이 후에 《신찬성씨록》에 사라라의 조상은 백제사람이라는 기록이 나오게 되는것이며 《사라라는 삼한의 부락명이다.》*⁴라고 하게 된것이다.

*¹ 《일본지명대사전》 4권 일본서방, 1938년, 3073페지, 사라라
*² 《일본서기》 권19 흠명기 23년 7월
*³ 《신증동국여지승람》 권37 전라도 해남현고적, 해남현은 물길로 부상(일본)과 접해있다고 할 정도로 일본과 가까운 옛 백제국의 최남단에 위치한 고을이다. 한자로 사라(紗羅)로 표기되는 그곳은 본래 살라(사라라)로 불리웠을 가능성이 강하다.
*⁴ 《일본지명대사전》 4권 일본서방, 1938년, 3073페지

7세기 후반기 백제망명왕족들이 옛 사라라고을의 린접지대인 가다노(交野)일대에 살게 된것은 예로부터 그 지대에 백제사람들이 수많이 정착하여 살고있었다는 력사적배경이 있었기때문이다.

우에서 가와찌지방의 백제계통지명을 살펴보았다. 백제지명이 오래동안 남아있게 된것은 바로 그곳에 백제사람들이 지울수 없는 발자취를 남겼기때문이다. 이로부터 그 고장들을 백제의 마을(鄕), 백제의 고을(郡), 나아가서 백제의 나라라고 부르게 된것이다. 이미 앞에서 본바와 같이 백제멸망후 백제왕족과 귀족들은 오미지방과 가다노고을에 그리고 인민들은 주로 동국지방에 살았다. 따라서 다이센무덤떼, 곤다야마무덤떼가 만들어질 때 그곳에 백제지명을 남긴 사람들은 7세기 후반기의 백제망명귀족들인것이 아니라 아직 일

본에 통일정권이 서기 전인 5~6세기에 가와찌의 원야를 개척한 백제-가라이주민집단의 사람들이였다.

우리는 가와찌지방의 백제계통지명 및 그밖의 자료를 통하여 다음과 같은 사실을 확인할수 있다.

우선 4세기말 가시와라시일대를 차지하였던 오랜 백제계통이주민(모노노베씨의 조상)들은 5세기 중엽경 가와찌에 진출한 가라계통이주민집단과 련합하여 다이센, 곤다야마무덤떼에서 볼수 있는것처럼 강력한 백제-가라계통왕국을 형성하였다. 그 세력의 정치적 중심지가 바로 백제지명들이 몰켜있는 지역들이다. 다시말하여 북쪽으로는 오사까시 히가시나리와 이꾸노, 남쪽으로는 돈다바야시, 가와찌나가노, 동쪽으로는 가시와라, 하비끼노, 서쪽으로는 사까이 등을 포괄하는 지역이다. 그 지대의 중심지에 모즈무덤떼와 후루이찌무덤떼가 있다.

백제이주민집단은 그후 6세기를 전후한 시기에 또 한차례 그 지역에 들이닥쳤다. 6세기초에 이르러 백제-가라련합은 더욱더 세력을 뻗쳐 북쪽으로는 요도강이남까지 차지하였고 동쪽으로는 점차 야마또에 큰 힘을 뻗쳤던것으로 짐작된다.

2) 기록을 통하여 본 가와찌의 백제

7세기이후 일본에서 귀족들은 자기가 사는 고장이름(나라이름, 고을이름, 마을이름)을 따서 성씨로 삼는것을 관례로 하였다. 따라서 일본에서는 사람의 성씨이자 곧 지명이고 본관이였다. 그것은 조선의 세나라시기와도 공통된 현상이다. 그러므로 옛 기록들에 전해오는 지명을 잘 따져보면 주민들의 래력과 주민들의 국적을 밝힐수 있게 한다. 가와찌지방도 례외로 될수 없다.

이제부터 대표적인 지명과 인명 몇가지를 들어 고대 가와찌를 개척한 백제-가야사람들의 모습을 부각시켜보려고 한다.

① 아스까베고을과 옛 가와찌고을일대

《일본서기》에 다음과 같은 기록이 실려있다.

《가와찌국이 말하였다. 〈아스까베고을의 사람 다나베의 후히도 하꾸손의 딸은 후루이찌고을의 사람 후미노오비도 가룡(書首加龍)

의 처이다. 하꾸손은 딸이 아이를 낳았다는것을 듣고 사위집에 가서 축하해준 다음 달밤에 돌아왔다. 곤다야마룽(무덤)아래에서 빨간 말을 탄자를 만났다. 하꾸손이 가까이 가보니 말이 마음에 썩 들었다. 그리하여 타고있는 말을 채찍질하여 말머리를 나란히 하였다. 그러자 빨간 준마는 앞서 달리는데 먼지구름을 일구며 냅다뛰여 보이지 않았다. 그가 탄 말은 멀리 떨어져 뒤쫓을념도 못하였다. 그때 준마를 탄자가 하꾸손이 원하는바를 알고 말을 바꾸어주었다. 서로는 인사를 나눈 다음 이내 헤여졌다. 하꾸손은 준마를 얻어 자못 기뻐서 빨리 말을 몰고 마구간으로 들어갔다. 안장을 풀고 말을 먹인 다음 잤다. 다음날 아침 빨간 준마는 변하여 하니마(진흙으로 빚어만든 말)가 되였다. 하꾸손은 이상히 여겨 곤다룽에 가보니 자기 말이 하니마의 사이에 매여있었다. 그리하여 자기 말과 하니마를 바꾸어놓았다.)》*

* 《일본서기》권14 웅략기 9년 7월조. 이 설화는 다나베(田邊)씨의 조상설화로《신찬성씨록》에도 같은 내용이 실려있다. 설화에 나오는 곤다룽이라는것이 곤다야마무덤을 가리켰음은 곤다라는 이름이 일치할뿐아니라 곤다야마무덤의 바깥뚝을 헐어 수영장을 만들 때 아주 훌륭한 하니마 한개분이 나왔다는 사실을 통해서도 알수 있다.

우리는 이 설화를 통하여 현재 오사까부 하비끼노시의 지명으로 남은 아스까라는 이름이 곤다야무덤이 존재할 당시에 벌써 아스까베고을이라고 하였다는 사실을 알수 있다. 아스까베의 고을(飛鳥戶郡)은 아스까고을(安宿郡)이라고 쓰지만 아스까의 고을이라고 부르게 된것은 645년의 대화개신이후의 일일것이다. 그전에 어떻게 불렀는지는 자세하지 않다. 하지만 아스까베고을사람들이 조상신으로 숭배한 아스까베신사가 백제국 곤기(昆支, 琨伎)왕을 제사신으로 받드는데서 알수 있는바와 같이 고을전체가 백제고을이였다. 이미 본바와 같이《신찬성씨록》(가와찌 제번)에 아스까베노 미야쯔꼬를 백제국 말다왕의 후손으로 한것이나 정6위 상 오하루노수꾸네 하루나들이《백제왕의 자손이며 아스까베 등의 후손*》이라고 한것은 아스까베의 땅이 백제사람들의것이였음을 보여준다. 이에 대해서는 이미 언급한바와 같다.

* 《속일본후기》 권8 승화 6년 11월 계미

다나베노후히도 역시 백제사람으로 보인다.

아스까베의 고을출신 다나베는 후히도(史)라고 한데서도 알수 있는것처럼 그는 문헌, 문서를 맡은 백제계통중소귀족이다. 원주민들은 글을 몰랐기때문에 조선이주민들이 문서를 맡았으며 일본에서 통일국가가 형성된 다음에도 사관(史官)벼슬은 세습되였다. 《고어습유》에도 와니씨가 아찌노오미와 더불어 우찌구라(內藏) 즉 재정출납을 맡았다고 씌여있다. 이처럼 후히도는 백제계통씨족인 와니의 자손으로 칭하는자들만이 국가문서, 문필사업에 관여할수 있었다.

다나베노후히도가 백제계통사람이라는것은 《홍인사기서》(弘仁私記序)라는 책에도 그가 백제에서 갔다고 밝히고있다는것으로써도 알수 있다.

다나베씨로 대변되는 집단이 백제계통집단이였음은 그들이 본거지로 삼은 다나베폐사터를 보아도 잘 알수 있다.

다나베페사터는 현재 가시와라시의 가스가(春日)신사 경내에 있다. 1971년에 조사된 다나베절터의 동쪽탑에는 벽돌로 쌓은 기단이 있고 서쪽탑에는 기와로 쌓은 기단이 있다. 두 탑의 중심기초사이의 거리는 28.455m라고 한다. 조사에 의하여 남문, 중문, 금당의 위치가 밝혀졌다. 금당자리로 추정되는 절간의 중심축선상에 부처를 안치한것으로 인정된다. 특히 동쪽탑의 기단을 쌓은 수법은 백제의 부여군수리터에서와 같은 형식이라고 한다. 이와 같은 사실은 다나베씨가 백제계통씨족집단이였음을 말해준다. 그리고 절터주변 구릉지대에는 과거 수많은 무덤들이 있었다고 한다.*

* 《가와찌고고학산보》 가꾸세이사, 1975년, 71페지

이처럼 다나베노후히도는 백제계통이주민집단의 후손이다. 이에 대해서는 일본학자들도 인정한다.

다나베폐사터앞의 언덕에는 다마데야마무덤떼가 있다. 이 무덤떼를 일본사람들은 모노노베씨 또는 시끼노아가다누시(志貴縣主)의것으로 추정하는것 같다. 그것은 후루이찌무덤떼에 곤다야마무덤이 축조되기 전인 고분문화시기 전기의 무덤떼로서 가와찌를 지배하고있던 집단의것으로 생각되기때문이다. 그후 곤다야마무덤의 출현으로 하여 다이센무덤, 곤다야마무덤으로 상징된 강력한 권력체계는 신분적으로 재편성되였다고 볼수 있다. 다마데야마무덤떼의 주인공을 니기하야히노 미꼬도를 조상으로 하는 모노노베씨로 볼수 있는것은 신무동정설화에 반영된 가라-백제와의 결탁관계이다.

《일본서기》에 실린 다나베씨에 대한 기록은 또 아스까베의 다나베씨가 후루이찌의 후미노오비도와 사돈관계에 있었음을 보여주었다. 그뿐아니라 량자는 다같이 후히도(史), 후미노오비도(書首)라고 한데서 잘 알수 있는것처럼 문필을 맡은 조선계통씨족집단이였다. 즉 《일본서기》(권10 웅신기 15년, 16년조)에는 《15년… 백제에서 보내서… 와니(王仁)를 불렀다.… 16년 봄 2월 와니가 왔다. 곧 태자 우지노와까이라쯔꼬의 스승으로 삼았다. 여러 서적을 와니에게서 배웠다. 모르는것이 하나도 없었다. 이른바 와니는 후미노오비도 등의 시조이다.》라고 하였다.

다 아는바와 같이 후루이찌의 땅(현재 하비끼노시일대)은 5~6세기에 걸쳐 백제-가라에서 건너가 정착한 와니의 자손들인 가와찌의 후비또베(西文部, 河內史部)의 본거지였다. 거기에는 그의 조상신을 제사지내는 절간인 서림사*가 있다.

  * 서림사는 흠명기 20년(559년) 와니씨의 자손인 가와찌의 후히도(西文)의 씨족집단에 의해 세워졌다고 하는 큰 절간이다.

이처럼 후루이찌일대는 조선계통이주민집단의 후손들이 본관지로 삼은 고장이였다. 가와찌의 후히도들의 조상이 정말로 《일본서기》에 기재된것처럼 와니씨였는지는 잘 알수 없다. 하지만 그들 가와찌의 후히도베들이 와니씨라고 불리우는 백제집단에 의해 통합된 이주민집단이였음에는 틀림없다. 후루이찌일대가 백제이주민집단의 집중정착지이고 그 자손들이 서림사와 같은 큰 절간을 만들었다는 사실을 통하여 무덤을 비롯한 후루이찌무덤떼를 남긴 집단이 백제계통(가라 포함)이주민세력이였다는것을 확인하게 되는것이다. 그리고 후루이찌무덤떼주변의 하비끼노구릉지대에는 백제에 연원을 둔 나무널곧추묻기무덤이 수많이 있는것이다. 제반 사실은 아스까베의 다나베노후히도나 후루이찌의 후미노오비도나 다같이 혈연관계로 굳게 얽히고 뭉친 백제계통이주민집단이였던것이다.

옛 가와찌고을이 백제사람들의 고을이였다는것은 가와찌고을의 장관의 출신과 그곳일대에 존재하는 백제계통무덤을 통해서도 잘 알수 있다.

옛 가와찌고을일대는 야마하다무덤떼와 다까야스센즈까를 포괄하는 지역이다. 거기에는 7세기이후 큰 세력을 떨쳤던 가와찌노아따히(河內直)가 할거하고있었다. 가와찌노아따히는 가와찌고을의 장관직을 한 씨족으로서 682(천무 10)년에는 무라지의 가바네(신라골품 비슷한것)를 받았으며 669년에는 가와찌노아따히 구지라가 견당사로서 중국(당)에 갔다. 가와찌노아따히는 《신찬성씨록》(가와찌 제번)에 백제국 추모왕의 아들 옴태귀수왕으로부터 나왔다고 밝혀져 있다. 그리하여 그가 명백히 백제계통집단의 씨족이였음을 알수 있다. 특히 그는 가와찌군 다까야스촌 고오리가와 니시구루마즈까(郡川 西市塚)의 무덤*에서 나왔다고 하는 구리거울에 새겨진 인물과 같은 족속이였다고 인정된다.

* 고오리가와 니시구루마즈까무덤은 무덤무지의 길이 약 54m, 무덤안길 약 5m이다. 한쪽 날개의 횡혈식돌칸을 가진 무덤칸안에서 5면의 동경이 나왔다.

현재 기이국(와까야마현) 수미다 8반궁에 소장된 화상경명문*은 다음과 같다.

* 《나라유문》하권 1965년, 961페지

発末朱 八月日十 大王朱男弟王 在意柴沙加 宮時
斯麻念長 奉遣開中費直穢人 今州利
二人等 取白上同 二百旱 作此竟

그 뜻은 대체로 아래와 같다.

《계미년 8월 대왕과 남제왕(동생왕?)이 의시사가궁에 있을 때 시마(백제 무녕왕)가 그의 장수를 념원하여 가와찌의 아따히와 예인 아마수리 두명을 보내여 백상의 구리로 이 거울을 만들게 하였다.》

이 거울에 새겨진 명문은 조선리두식으로 씌워져있기때문에 開中費直는 가와찌의 아따히 즉 河內直로 읽어야 옳다. 예인(穢人)은 일본학자들이 가라히도(가라사람), 에히도(오랑캐사람), 아야히도(아야사람), 고마히도 등 여러가지로 읽는다. 어떻게 읽든 그들이 조선사람임에는 틀림없다. 이것은 가와찌고을의 가와찌아따히가 백제계통사람이였음을 웅변으로 보여준다.

가와찌노아따히일족은 저들의 할거지역에 《곤데라》(河內寺)라는 큰 절을 지었다. 그런데 주목할것은 그 절터에서 백제계통기와장뿐아니라 고구려계통형식의 기와막새가 나온다는 사실이다.

그 지대는 《화명초》에 나오는 오아가따고을 고마향(大縣郡 巨麻鄕)이 있던 곳으로서 《연희식》에는 그곳에 오고마신사가 있었음을 전하고있다. 오고마신사는 오고마노무라지(大狛連)의 조상신을 받들었다. 오고마씨가 고구려계통집단인지 백제계통집단인지는 앞으로 더 따져보아야 할것이다. 아무튼 가와찌노아따히가 세웠다는 《곤데라》에서 고구려계통형식의 기와장이 나오는것은 고구려의 강한 영향을 엿보게 한다.

그 근방에서의 고구려-백제적색채는 그밖에도 횡혈무덤의 선각그림에도 반영되여있다.

선각그림이란 무덤벽화처럼 회를 발라 그우에 채색그림을 그린것이 아니라 자연바위우에 직접 선을 새기면서 그린 그림을 말한다. 그 근방에서 그와 같은 그림이 여러기의 횡혈무덤에서 발견되였다.

이꼬마산지의 최남단 가시와라시 다까이다부근에 구릉의 낭떠러지에 가로 구멍을 뚫고 횡혈식돌칸무덤의 무덤칸이나 무덤길비슷한 무덤칸을 만들었다. 그것이 다까이다횡혈무덤이다. 그밖에도 다마데야마구릉 동쪽경사면에 다마데야마동쪽횡혈무덤떼가 있고 서쪽에는 다마데야마안복사횡혈무덤떼가 있다.

다마데야마의 안복사횡혈무덤에 선각의 인물상이 3개정도 있다. 하나는 기마상이고 둘은 남자상이다. 그런데 문제는 인물상들이 다같이 고구려나 백제식으로 변을 쓰고 웃저고리로 통옷을 입고 있다는 사실이다. 그 횡혈무덤은 대체로 6세기의것으로 추정되고있다.

　　또한 다까이다횡혈무덤떼에는 배, 인물, 나무, 꽃, 집 등의 선각그림이 새겨져있으며 최근에는 다마데야마 안복사횡혈무덤떼와 꼭 같은 기마상과 함께 천정에 채색을 한것, 큰 새를 천정에 그린 것 등을 발견하였다 한다. 앞으로 그 횡혈무덤떼에 새긴 사람들이 고구려사람이였는지 백제사람인지 더 두고봐야 할것이다.

　　가와찌고을이 백제계통의 고을이라는것은 그곳에 있는 대표적 무덤을 보더라도 잘 알수 있다. 이시가와강좌안의 신도(新堂)에 있는 오까메이시(御龜石)무덤은 백제식횡구돌곽무덤으로서 가장 오랜것이다. 그 무덤은 하비끼노구릉의 동쪽끝 가까운 곳에 위치해있으면서 구릉남쪽 경사면의 평탄한 면을 리용하여 구축하였다. 직경 15m, 높이 약 3m의 원형무덤이다. 내부구조는 무덤무지가운데로부터 약간 북쪽으로 치우쳐있으며 남향으로서 길이 2.8m의 잘 만든 집모양돌널이 안치되여있다. 그 집모양돌널은 완전히 백제의것 그대로이다. 그 주변은 백제적기와가 나오는 등 백제적색채가 아주 강한 지대로서 백제사람들이 많이 살던 고장이였다.

② 야쮸지, 후지이데라 등 하비끼노구릉지대

　　《일본후기》〔권8 연력 18년(799년) 3월 정사〕에는 진손왕을 조상으로 하는 후나씨, 후지이씨, 쯔씨의 세 씨족의 조상대대의 묘가 가와찌 다지히고을의 야쮸지남쪽에 있다고 하였다.

　　야쮸지남쪽의 절산(寺山)이라는것은 하비끼노북쪽끝의 선정사(善正寺)자리주변이다. 말하자면 저들의 거주지배후에 있는 하비끼노구릉을 《자손》들이 지켜내려오는 대를 두고 써온 묘역으로 삼았던것이다. 거기에는 가루니 시야마(輕西山)무덤, 오까메이시무덤 등 백제적횡구식돌널무덤이 많이 분포되여있다. 그것은 백제의 부여 룡산리무덤떼의 왕릉들과 같은 구조들이다.

　　진손왕의 후손들이 자리잡은 고장과 신사, 절간들을 갈래별로 보면 다음과 같다.

　　후지이씨 — 가라구니신사, 후지이사

　　후나씨 — 국분신사, 야쮸사

　　쯔시 — 오쯔신사, 선정사

　　후지이씨의 본거지였던 후지이사근처에는 가라구니신사가 있다. 본래 조선나라란 뜻인 《韓國》으로 씌여있던것이 음은 그대로 두고 매울 신(辛)자나 당나라 당(唐)자를 쓰게 되였지만 사실은 伽羅이다. 가라구니신사의 연혁은 복잡하지만 한마디로 말해서 백제이주민집단의 후손인 후지이노무라지일족이 저들의 본거지로 삼은 거기에 조상의 제사를 지내기 위해 세운 사당이라는 사실이다. 그 신사에는 후세의것인지 아니면 7세기이전것인지 잘 알수 없으나 지금도 조선식석탑이 서있는것이 매우 인상적이다.

　　여기서 한가지 언급하고 넘어갈 문제가 있다. 그것은 후루이찌일대에 정착한 와니씨의 후손들이라고 하는 가와찌의 후미노오비도와 진손왕의 후손이라고 하는 후지이, 후나, 쯔의 3씨들의 호상관계이다.

　　그들가운데서 어느 씨족집단이 먼저 가와찌에 진출, 정착했는지는 잘 알수 없다. 3자가 다 웅신시기에 아라따와께가 데리고 가와찌에 간것으로 주장하고있으나 《일본서기》에는 진사왕의 자손이 일본에 갔다는 기록은 없다. 그리고 후나씨들은 자기의 조상을 와니의 일본도래에 맞추기 위해 진사왕의 손자 태아랑을 인덕왕의 근시로 만들었으나 원래 《일본서기》의 편년대로 한다면 량자는 서로 맞지 않는다. 즉 진사왕은 그 재위기간이 385년 — 392년이라면 웅신천황은 270년 — 310년, 인덕천황은 313년 — 399년이다. 진손왕과 태아랑왕이 실재한 인물이였다면 그들은 5세기에 일본에 건너간것으로 된다. 웅신, 인덕이라는 허울을 집어치우고 《속일본기》(연력 6년)의 후나씨의 상서내용대로 한다면 앞뒤의 기록은 비교적 사리에 맞게 된다. 말하자면 4세기 말경 백제 진사왕의 아들 진손왕계렬의 왕족들이 일본 가와찌땅에 진출한것을 긍정할수 있다고 보인다.

　　이렇게 문제를 놓고보면 후나씨일족들이 먼저 일본으로 건너간것으로 된다. 물론 뒤늦게 5세기 말경에 진출, 정착한 후나씨일족들이 자기의 조상을 잘 꾸미기 위하여 마쯔오까야마무덤일대의 백제왕족에 저들의 계보를 잇게 하고 거기를 후나씨의 본관으로 삼을수 있다고 생각하는것 같다. 하지만 이제까지 보아온것처럼 고고학적자료를 비롯한 여러가지 사실들은 후나씨의 조상이야기를 기본적으로 믿을수 있게 한다. 어떻든 그 집단들이 시기적으로 얼마간 차이를 두면서 가와찌땅에 진출하여 가와찌황야를 개척한 조선의 백제계통이주민집단이라는것은 확실하다. 7세기이후에도 후지이, 후나쯔, 후미(書), 다께후(式生), 구라(藏)의 6씨의 남녀 200여명이 조선옷차림으로 야마또(和)춤*이라는 조선(백제)의 가무를 궁중의 진혼제와 춘일(春日)제때 추는것이 하나의 풍습으로 되다싶이 하였다. 그것은 두 집단이 진출시기에 관계없이 동족의 집단으로 호상 융합되여 내려왔음을 보여준다.

* 《속일본기》권30 보구 원년 3월 신묘. 야마또(和)춤은 조선-백제계통의 춤으로서 순일본식춤인 야마또(大和, 大倭)춤과 구별되였으며 그것은 한자표기가 서로 달랐다.

그밖에도 후지이데라시일대에는 하지(土師)씨가 할거하였다. 《화명초》에는 시끼(志紀)군과 다지히(丹比)군에 하지향이 있었음을 밝히고있다. 하지라는것은 질그릇과 관련한 물건들을 만드는 집단을 가리켰다고 보기도 하고 또 토목공사를 맡은 집단으로 보면서 깅끼지방의 큰 무덤떼의 주변에는 대체로 하지씨가 존재한 사실을 지적하는 일본학자들도 있다. 8세기경의 하지씨가 자기들은 이즈모 (시마네현)에서 온 노미수꾸네의 후손이라고 주장하나 하지씨의 조상이 아마노호니찌노미꼬도(天穗日命)에서 나왔다고 한것으로 보아 조선계통이주민집단의 후손임이 분명하다. 왜냐하면 큰 무덤을 축조하는 토목공사란 당시의 원주민들로써는 할수 없는 일이였기때문이다. 그런 토목공사는 당시로서는 고도의 높은 공학지식이 요구되였기때문에 권력을 휘두른다 해서 될수 있는것이 아니였다. 그리고 가와찌의 대표적무덤축조에서는 조선자인 고마자(高麗尺)가 쓰이였다. 더우기 1978년 5월 후지이데라시 도오메이지(道明寺)의 이른바 나까쯔히메무덤곁에 있는 미쯔즈까무덤의 해자의 감탕속에서 큰

돌을 나르는데 쓰인 길이 8.8m의 대형나무썰매가 발견된것으로 하여 하지씨의 국적은 더 확정적으로 되였다. 당시 운반설비에 대한 착상과 응용은 오직 조선이주민집단들만이 할수 있는 《특기》였다. 그리고 운반용나무썰매가 나온 곳은 후지이씨와 하지씨 등이 사는 《조선인거주지역》이였던것이다.

③ 남가와찌군과 가와찌나가노, 돈다바야시의 삼각주변지대

《일본서기》[권20 민달 12년(583년) 기해]에는 규슈 중서부의 백제계통호족출신으로서 백제왕정에 복무하던 니찌라(日羅)와 그의 처자를 이시가와 구다라(石川 百濟)촌에 두었다는 기록이 나온다. 앞에서 본바와 같이 《화명초》 가와찌국 니시고리군에는 구다라향이 있었다고 하였다. 그곳은 대체로 남가와찌군 태자정(太子町) 야마다일대쯤으로 보인다. 거기는 6세기이후 야마또국가의 세도대신으로 행세하던 소가씨의 본고장이다. 다시말하여 오늘의 가와찌군과 돈다바야시시의 오도모촌, 이시가와촌 등에 구다라향이 있었다고 말할수 있는것이다. 그리고 그 구다라향은 《일본서기》에 남백제(南百濟)도 있는 조건에서 범위가 상당히 넓은 지역을 차지하고있었던 것으로 추측된다.

구다라향에 니찌라와 그의 처자들을 두었고 그곳이 또한 소가씨의 원고장이라고 하리만큼 거기에서는 백제사람들이 많이 살았다. 백제사람들이 집중적으로 살았기때문에 구다라향이라고 한것이다. 7세기 중엽 백제사신으로 일본에 간 백제왕자 교기가 처자를 거느리고 구다라의 오이(大井)의 집에 옮겨살면서 죽은 자기 아이를 이시가와에 묻은것도 거기에 백제사람들이 수많이 살았기때문이다.

그곳에 정착한 백제이주민집단은 이미 ①, ②에서 본 이주민집단들과는 달리 좀 후세에 진출한것으로 추측할수 있다. 이시가와 구다라마을에 정착한것은 곤지왕과 소가씨가 거느리는 집단이였다고 생각된다.

먼저 곤지왕에 대하여 보기로 하자.

곤지왕은 앞에서 본 아스까베신사의 제사신이다. 가와찌 아스까를 대표한다고 말할수 있는 곤지왕에 대하여 《삼국사기》 백제본기에는 그가 일본에 갔다고 밝혀져있지 않다. 하지만 《일본서기》에는 곤지왕이 형인 개로왕의 명령에 의하여 일본에 갔다고 기록되여있다.*

* 《일본서기》 권14 웅략기 5년 4월, 6월

《일본서기》의 기록을 따른다면 곤지왕은 백제 개로왕의 동생이며 고구려군의 남진에 의하여 수도가 함락되자 백제의 왕족, 귀족들과 함께 일본땅에 간것으로 되여있다. 《삼국사기》(백제본기)에 의하더라도 곤지는 개로왕의 둘째아들로, 문주왕의 동생으로 되여있다. 그리고 《일본서기》에 의하면 곤지에게는 다섯명의 아들이 있었다고 하며 그중 한명이 무녕왕이라고 한다. 《삼국사기》(백제본기)에 의하면 무녕왕은 문주왕의 동생 곤지의 손자이라고 한다. 그런데 《일본서기》에 실린 《백제신찬》에 의하면 무녕왕은 곤지왕의 아들이며 말다왕의 배다른 동생이다. 《일본서기》편찬자는 무녕왕을 개로왕의 아들이라고 추측하였다. 또 말다왕은 곤지왕의 아들이라고 한다. 이처럼 개로왕의 후계자들의 계통에서 출입이 있는것은 개로왕, 문주왕, 곤지왕 등을 둘러싸고 아주 복잡한 판국이 벌어져 개로왕의 왕자들이 뿔뿔이 흩어지는 비극이 산생된데 기인한것이 아니겠는가고 생각된다.

곤지왕을 제사지내는 아스까베신사로부터 멀지 않은 곳(남쪽으로 약 3km)인 이시가와강류역에는 떼무덤인 이찌스까(一須賀)무덤떼가 있다.

이 무덤떼에는 백제적무덤인 마쯔이즈까(松井塚)무덤 등의 백제적횡구식돌관이 있다. 그리고 횡혈식돌칸으로 되여있는 제1호무덤에서는 왕족들밖에는 가질수 없는 금동제관모와 금동제 단룡환두 등이 나왔다. 이 환두큰칼이 무녕왕릉에서 나온 환두큰칼과 신통히도 꼭 같다는 사실은 결코 우연하지 않다. 그 무덤이 위치한 이시가와다니(石川谷)는 니시고리 스구리(錦部村主), 다까무꾸(高向) 스구리, 사미(佐味) 스구리 등 백제출신 수공업자들의 집중거주지역이다. 더우기 주목하게 되는것은 이찌스까마을에 있는 이찌스까신사의 제사신이 소가 이시가와스꾸네(宗我石川宿禰)라는 사실이다.

다음으로 소가씨에 대하여 보기로 하자.

소가씨의 조상은 본래 백제사람으로서 개로왕때 일본으로 간 사람이다. 백제적무덤들의 집결처인 이찌스까무덤떼주변에 소가씨를 제사신으로 받드는 사당이 있고 또 거기로부터 멀지 않은 곳에 개로왕의 동생인 곤지왕을 제사지내는 아스까베신사가 있는것은 자못 의미심장하다. 이찌스까마을에 이찌스까신사와 아스까베신사가 있다는것은 통털어 가와찌 아스까라고 부르는 백제계통이주민집단의 생활거점, 생활단위를 최종적으로 두 사당으로 대변되는 강력한 백제이주민집단이 총 관할하게 되였음을 보여준다.

다시말하여 각이한 시기에 그곳에 정착한 백제계통이주민집단들은 6세기를 전후한 시기에 그곳에 진출한 가장 강력한 백제이주민집단에 의하여 최종적으로 통합되였다고 보인다. 《고어습유》에 가와찌노후미노오비도(西文首)들이 맡아보던 삼장(三藏)을 소가만치가 검열하게 되였다고 한것은 바로 그런 사정을 반영한 기사라고 보인다.

가와찌는 또한 말기르기를 맡아보는 우마가히(馬飼)씨족집단이 집중적으로 정착한 지대이기도 하였다. 그런 사실을 전하는 일본의 옛 기록들은 실례들지 않아도 될것이다.

이처럼 가와찌땅에는 백제계통이주민들이 압도적으로 많았다. 그 백제계통이주민집단이 자기의 조상신으로 숭배하고 제사지내기 위해 세운것이 지금도 그곳에 남아있는 여러 신사, 신당들이다.

일본에서의 신사는 그곳 주민들이 조상신을 집단의 수호신으로 여겨 숭배하기 위하여 세운 사당으로서 그곳 주민들의 래력을 아는데 일정하게 참고가 된다. 현재 오사까부에는 오래된 신사가 약 700여개나 있다고 한다. 그런데 흥미를 끄는것은 와니를 제사지내는 다까이시(高石)신사와 곤지왕을 제사지내는 아스까베신사를 비롯하여 그 많은 신사의 태반이 조선사람 특히 백제사람을 제사지낸다는 사실이다. 그것은 가와찌땅에 백제사람들이 아주 많이 살고 있었다는것을 단적으로 말해준다. 물론 그가운데는 본래는 임나(가라)사람인데 후에 백제에 융해되여 백제사람으로 된 사람도 있었을것이다. 하지만 백제사람들이 많았다는 사실은 부정하지 못한다.

셋쯔와 가와찌(이즈미포함)의 백제계통씨족들을 《신찬성씨록》, 《륙국사》를 통하여 개괄해보면 다음표와 같다.

표에서 일목료연하듯이 가와찌의 조선계통지명, 인명은 많은 경우 백제적색채를 띠였다. 그리고 그 성씨는 후루이찌, 아스까, 니시고리, 시노다 등 가와찌(이즈미포함)의 주요지점들을 거의다 망라하는 씨족이였다.

성씨명 종합일람표

나라(지방) 별이름	성씨명	내 용	출 처
셋 쯔	이찌기 (市往)	백제국 성명왕에서 나옴	《신찬성씨록》 권24 우교 제번하
	이나베 (爲奈部)	백제국사람 나까쯔하데의 후손	《신찬성씨록》 권27 셋쯔 제번
	쯔(津)	백제국 염군의 아들 마로왕의 후손	《신찬성씨록》 권24 우교 제번하
	구다라 (백제)	구다라군(고을)	《화명초》《속일본기》 권40 연력 10년 8월 임자
	스구리 (勝)	백제 다리수수의 후손	《신찬성씨록》 권27 셋쯔 제번
	다까쯔끼 (高槻)	백제국사람 달솔명진의 후손	《신찬성씨록》 권22 사교 제번하
	하야시 (林)	백제국사람 목귀의 후손	《신찬성씨록》 권22 사교 제번하
	히로이 (廣井)	백제국 피류왕에서 나옴	《신찬성씨록》 권27 셋쯔 제번
	히로다 (廣田)	백제국사람 신국군 (가라구니왕)에서 나옴	《신찬성씨록》 권22 사교 제번하

표계속

나라(지방)별이름	성씨명	내용	출처
셋쯔	후네 (船)	백제 태아랑왕의 후손	《신찬성씨록》 권27 셋쯔 제번
	미야 (三野)	백제국사람 포수마내고 의미에서 나옴	《신찬성씨록》 권27 셋쯔 제번
	무고 (牟古)	백제국사람 평계고시에서 나옴	《신찬성씨록》 권27 셋쯔 제번
	아사다 (麻田)	백제국 조선준왕부터 나옴	《신찬성씨록》 권24 우교 제번하
	아시야 (葦屋)	백제국 의보하라지왕에서 나옴	《신찬성씨록》 권29 이즈미 제번
	스구리 (村主)	백제국 의보하라지왕에서 나옴	《신찬성씨록》 권29 셋쯔 제번
가와찌	스가노 (菅野)	백제국 추모왕 10세 손인 귀수왕에서 나옴	《신찬성씨록》 권24 우교 제번하
	아스까베 (飛鳥部)	백제왕의 후손 아스까베 등의 후손 백제국왕 비유왕의 아들 곤지왕에서 나옴	《신찬성씨록》 권28 가와찌 제번
	후지이 (葛井)	진손왕의 후손 미사를 시조로 함	《신찬성씨록》권24 우교 제번하등
	후네 (船)	진손왕의 후손으로 왕진이를 조상으로 함	《신찬성씨록》권24 우교 제번하등
	후나꼬 (船子)	백제국 구이왕의 후손	《신찬성씨록》권30 미정잡성 가와찌
	미후네 (御船)	백제귀수왕에서 나옴	《삼대실록》권7 정관 5년 8월 9일

표계속

나라(지방)별이름	성씨명	내용	출처
가와찌	미하루 (御春)	아스까베의 후손 백제왕의 후손. 아스까베 등의 후손	《속일본후기》권8 승화 6년 11월 계미
	나가다 (長田)	백제국 위군왕의 후손	《신찬성씨록》권30 미정잡성 가와찌
	요사미 (依羅)	백제국사람 소미지야 마미버왕의 후손	《신찬성씨록》 권28 가와찌 제번
	야마가와 (山川)	백제국사람 소미지야 마미버왕의 후손	《신찬성씨록》 권28 가와찌 제번
	미요시 (三善)	니시고리씨의 후손 백제 국 속고대왕에서 나옴	《신찬성씨록》 권24 우교 제번하
	우에노오사 (上日佐)	백제사람 구미농고 오미에서 나옴	《신찬성씨록》 권28 가와찌 제번
	쯔(津)	후나노후히또에서 나옴 가와찌를 본관으로 삼음	《신찬성씨록》 권24 우교 제번하
	구다라 (백제)	① 백제의자왕의 자손 ② 니시고리군·백제향 의 씨족	
	나까시나 (中科)	쯔씨의 후손 백제염왕의 손자 우지의 후손	《신찬성씨록》 권24 우교 제번하
	도요무라 (豊村)	백제국사람. 덕솔고로 좌부의 후손	《신찬성씨록》권30 미정잡성 가와찌
	도네리 (舍人)	백제국사람. 리가지귀의 후손	《신찬성씨록》권30 미정잡성 가와찌
	니시고리 (錦織)	백제국속고대왕의 후손	《신찬성씨록》 권28 가와찌 제번

표계속

나라(지방) 별이름	성씨명	내용	출처
가와찌	고시 (古志)	백제 왕인(와니)의 후손	《신찬성씨록》 권28 가와찌 제번
	하야시 (林)	백제국사람. 목귀공의 후손 백제국 전지왕(주왕)에서 나옴	《신찬성씨록》 권22 사교 제번하 《신찬성씨록》 권28 가와찌 제번
	후루이찌 (古市)	백제호왕에서 나옴	《신찬성씨록》 권28 가와찌 제번
	구레하도리 (呉服)	백제국사람. 아지후히도에서 나옴	《신찬성씨록》 권28 가와찌 제번
	사라라 (佐良久) (娑羅久)	백제사람. 구메쯔히꼬에서 나옴	《신찬성씨록》 권28 가와찌 제번
	우노 (宇奴)	백제사람. 미나자부의서의 후손	《신찬성씨록》 권28 가와찌 제번
	오아가따 (大縣)	백제사람. 화덕의 후손	《신찬성씨록》 권24 우교 제번하
	오까하라 (岡原)	백제국진사왕의 아들 지자(종)에서 나옴	《신찬성씨록》 권28 가와찌 제번
	가와찌 (河内)	백제국추모왕의 아들 음태귀주왕에서 나옴	《신찬성씨록》 권28 가와찌 제번
	우마 (馬)	우마후히도… 그 선조는 백제국사람	《속일본후기》 권5 승화 3년 3월 신유
	오도모 (大友)	백제국사람. 백저 (시라이)나세의 후손	《신찬성씨록》 권30 미정잡성 가와찌

표계속

나라(지방)별이름	성씨명	내 용	출 처
이즈미*	시노다 (信太)	백제국사람. 백오(천)의 후손	《신찬성씨록》 권29 이즈미 제번
	도리이시 (取石)	백제국사람. 아마의미부터 나옴	《신찬성씨록》 권29 이즈미 제번
	무도베 (六人部)	백제주왕의 후손	《신찬성씨록》 권29 이즈미 제번
	기누누히 (衣縫)	백제신로에서 나옴	《신찬성씨록》 권29 이즈미 제번
	구다라 (百濟)	백제주왕에서 나옴	《신찬성씨록》 권29 이즈미 제번
	스구리 (村主)	백제국의보하라지왕의 후손	《신찬성씨록》 권29 이즈미 제번

* 이즈미는 본래 가와찌에 속해있던것이 8세기초(716년)에 일단 떨어져나갔다가 8세기 중엽 다시금 가와찌국에 편입되였다. 그러다가 754년에 또 이즈미국으로 분립되였다.

이와 같은 사실은 가와찌를 차지한 사람이 바로 백제사람들이였다고 생각케 한다. 가와찌에서는 백제사람들이 원주민에게 동화된것이 아니라 원주민들이 백제사람들에게 동화되였다고 말할수 있을것이다.

백제사람이 가와찌에서 압도적, 지배적지위를 차지하였다는것은 거기에 조선사람이 세운 나라가 있었다는것을 말해준다.

어떠한 나라였는가? 그것은 백제사람을 위주로 한 소국(왕국)이였다.

이미 본바와 같이 가와찌의 후루이찌 모즈일대에는 왕권을 상징하는 큰 무덤들이 있었다. 일본에서 가장 크다고 하는 2개의 큰 무덤떼가 있다는것은 거기에 강력한 국가가 존재하였다는것을 말해준다. 하지만 그것은 일본렬도의 모든 토지와 인민을 지배한 왕권이 아니라 가와찌를 중심으로 한 주변지대를 통치한 6세기초의 국가권력에 지나지 않았다. 왜냐하면 무덤이 크다는것은 지방적, 국가의 권력의 상징으로는 될수 있어도 통일국가의 징표로는 될수 없기때문이다. 기비지방에 있던 두 쯔꾸리야마무덤이 전국을 통일한 국가권력의 상징으로는 될수 없듯이 가와찌의 곤다야마무덤과 다이센무덤 역시 서부일본을 통합한 《통일국가》의 표징으로는 되지 못한다.

일본학자들은 기내야마또정권에 의하여 서부일본이 통일된것을 기화로 마치도 태고적부터 기내야마또를 중심으로 일본력사가 시작되고 그것을 축으로 해서 사회력사가 발전해온듯이 말해왔다. 하지만 그것은 아무런 과학적(고고학적)근거도 없는 궤변에 지나지 않는다. 이미 여러번 보았지만 야마또를 중심으로 파장식으로 야마또 세력이 뻗어갔다고 볼 아무런 근거도 없는것이다. 백보를 양보해서 다이센무덤, 곤다야마무덤이 통일국가 일본을 상징하는것이라고 하자. 그러나 그 두 무덤은 어디까지나 가와찌땅에 있지 야마또땅에 있지 않다. 야마또를 중심으로 한 지대를 기내라고 정하게 된것은 645년이후의 사실*이였다.

   * 《일본서기》권25 효덕 대화 2년 정월

다이센무덤, 곤다야마무덤은 고고학적자료(유적유물)와 고문헌에 전하는 지명, 인명 등을 통하여 알수 있는바와 같이 조선사람이 남긴 창조물이다. 종래 일본사람들은 그 무덤들에서 나온 모든 조선적유적, 유물을 《귀화인》의것이라고 떠들어댔다. 하지만 그것은 허사이다. 왜냐하면 앞에서 본것처럼 가와찌의 무덤들은 조선것이지 일본것이 아니기때문이다. 그와 같은 조선적인 큰 무덤들이 야마또에서 스스로 생겨나지 않았을뿐아니라 《야마또권력의 상징》이라고 하는 그 큰 무덤에서 《일본적》인것이 과연 얼마나 있겠는가.

가와찌땅에 백제국이 있었음은 《일본서기》에도 반영되여있다.

《(인덕)41년 봄 3월에 기노쯔노스꾸네를 백제에 보내여 처음으로 나라와 고을의 지경을 가르고 향토소출을 자세히 기록하였다. 그때 백제왕의 족속인 주왕(酒君)이 무례하였다. 이로 하여 기노쯔노스꾸네가 백제왕을 책망하였다. 그때 백제왕이 황송해서 쇠사슬로 주왕을 묶어 소쯔히꼬에게 달려보냈다. 그러자 주왕은 곧 이시가와니시고리노오비도 고로시(石川錦織首許呂斯)의 집에 도망쳐 들어갔다.… 천황은 그의 죄를 용서하였다.》

일본학자들인 쯔다나 이께우찌도 이 기사는 아무래도 사실같지 않다고 보는것 같다. 그들이 이 기사를 사실로 보기 힘들다고 한것은 거기에 나오는 백제를 조선에 있는 백제로 끌고왔기때문이다. 가와찌에 있던 백제로 보면 통할수 있다.

《일본서기》에 나오는 이 기사야말로 비록 년대는 허황하다 하더라도 가와찌백제국에 대하여 전한 기록이라고 본다.

무엇보다먼저 이 기사에 나오는 백제가 조선의 백제가 아니라는것은 주왕이라는 백제왕의 족속이 《삼국사기》를 비롯한 조선의 그 어느 옛 문헌에도 나오지 않는다는 사실이다. 하지만 가와찌의 백제국에는 주왕이란-인물이 있었음을 전한다. 《신찬성씨록》의 우교 제번과 이즈미 제번에 의하면 오사까베(刑部), 구다라노기미(百濟公-백제왕), 무도베노무라지(六人連)는 다같이 《백제국 주왕에서 나왔다.》고 한다. 그리고 실제한 력사적인물 구다라노기미 풍정(百濟公豊貞)의 본관은 본래 가와찌의 오도리군(河內 大鳥郡) 즉 다이센무덤이 있는 이남지역이였다고 한다.*1 풍정의 조상은 바로 백제국왕 주왕(사께노기미)이다. 그런데 다이센무덤이 위치한 곳은 오도리군 구다라촌이며 다이센무덤앞에는 사당이 있어 구다라사(백제사)라고 부른다. 구다라사는 백제왕인 주왕을 조상신, 제사신으로 받들고있다. 다시말하여 다이센무덤은 백제라고 부르는 곳에 축조되였으며 그곳에서 제사신으로 받들린것이 백제 주왕이였다는 사실등을 《일본서기》 인덕 41년의 기사와 맞추어보면 스스로 대답이 나올것이다. 더우기 백제 주왕이 도망쳐 들어갔다는 곳이 다이센무덤이 있는 곳에서 얼마 멀지 않은 이시가와 니시고리향이다. 이시가와 니시고리고로시는 《스미요시신대기》(住吉神代記)에 나온다고 한다.*2 말하자면 백제국 주왕은 다이센무덤이 있는 백제국에서 끌려나오다가 니시고리고을의 이시가와 백제향에 뛰여들어갔을수 있다. 이처럼 인덕기 41년의 기사는 완전히 허무맹랑한것이 아니라 인덕왕의 허울을 벗기면 기사내용이 비교적 진실하게 안겨온다.

*¹ 《속일본후기》 권8 승화 6년 8월 무인
*² 《일본서기》(상) 이와나미서점, 1982년, 408페지

가와찌(이즈미) 오도리군에서 백제계통왕자의 자손들이 수많이 살았다는것은 산 보살로 소문난 중 교끼(行基, 668-749)를 통해서도 알수 있다. 《대승정사리병기》에 의하면 대승정 교끼는 성이 고시(高志)씨이며 지법왕의 맏아들이라고 한다. 그는 본래 백제왕자 와니(王爾, 王仁)의 후손이라고 한다. 그의 어머니 하찌다고니하메는 가와찌 오도리군의 하찌다노오비도(蜂田首)의 맏딸이였다고 한다.* 이것은 그 근방에서 백제왕족들이 수많이 살았다는것을 보여주는 단적인 사실이다. 그리고 센보꾸군 오노사(泉北郡大野寺)에서 발굴된 글자있는 기와장에는 백제왕 도신고(百濟君刃身古)의 이름이 보인다.

* 《나라유문》 하권 도꾜당출판, 1965년, 970페지. 이 《교기대승정묘지》는 야마또국 이꼬마군 남이꼬마촌 죽림사에서 나왔다고 한다.

교끼는 동대사(東大寺)대불건립에 큰 공로가 있어 대승정이 되였다. 그는 조상으로부터 물려받은 조선기술로 동대사대불을 건립하는데 성공할수 있었다.

이상의 모든 자료를 종합해볼 때 가와찌의 모즈, 후루이찌를 중심으로 조선계통이주민국가인 백제소국(왕국)이 있었다는 결론을 얻게 된다.

이 백제소국(왕국)은 다이센무덤과 곤다야마무덤 등의 주인공들과 떼여놓고 생각할수 없으며 또 중국사서의 5세기 왜 5왕의 나라와도 무관계할수 없다. 바로 왜 5왕의 나라는 5세기 중엽이전에 있어서는 가와찌에 자리잡았던 백제소국(왕국)이였으며 5세기말이후는 다이센, 곤다야마무덤 등에 묻힌 사람들이 그 왕국의 왕자였을것이라고 생각한다.

그러면 그 나라의 중심지는 어디였겠는가. 그것은 가와찌 아스까일대였다고 생각된다.

앞에서 본바와 같이 가와찌에는 여러 가닥의 조선계통소국들과 원주민들의 나라가 있었기때문에 시기적으로 그 작은 나라들의 중심지는 서로 달라졌을것이다. 하지만 다이센무덤, 곤다야마무덤에 의하여 상징되는 백제-가라국의 중심지는 역시 가와찌 아스까일대였다고 생각된다. 거기에는 왕관을 비롯한 왕국의 국왕급의 유물이 나온 이찌스까무덤떼와 히라오야마센즈까 등 후세에 이르도록 련이어 무덤떼들이 만들어졌다. 또한 그 일대에는 농업생산지에 대한 정연한 토지구획〔일본에서는 그것을 지할(地割)이라고 한다.〕이 되여있어 국가통치의 자취를 엿볼수 있다. 특히 태자정, 시나가다니를 포괄하는 지대는 토지구획이 전반적으로 고마자에 의해 되여있는 고장들이다.

가와찌아스까가 가와찌백제왕국의 정치적중심지였음은 의심할 바 없다. 이에 대하여 일본사람들이 쓴 글을 들어보기로 하자.

《…하비끼노시의 아스까를 지나서 지금의 남가와찌군 태자정 가스가나 야마다(山田)를 지나고 니죠산남쪽의 다께우찌고개를 넘어가는 길은 나니와(오사까-인용자)와 야마또의 아스까나 후지와라경을 맺는 간선도로였던것이 큰 리유로 되지만 다께우찌거리를 동쪽으로 꺾어들어가면 후지와라경의 가로 지른 큰 길에 이르는것이 주목된다. 다께우찌거리에 접하여 후루이찌무덤떼를 비롯하여 성덕태자묘, 용명릉, 추고릉, 효덕릉의 여러 무덤들, 전(傳)오노노이모꼬무덤으로부터 전 소가구라야마다이시가와마로무덤에 이르기까지 시나가다니에는 소가씨계렬의 천황릉이 집중되여있다. 이와 같은 사실은 그 고장이 니죠산을 배경으로 하는 장송의 장소로서의 의미도 생각할수 있지만 그보다도 더 중요한것은 조선이나 중국대륙부터 선진문화를 이식한 수많은 도래인들의 거주지였다는데 있다.》*

* 《가와찌고고학산보》가꾸세이사, 1975년, 60페지

우에서 본바와 같이 가와찌아스까가 가와찌땅에서 정치적중심

지로 될수 있었던것은 조선에서 건너간 이주민집단의 집중정착지였기때문이다.

가와찌에 있던 국가가 조선계통의 국가였음은 거기에 있는 조선계통소국의 상징인 조선식산성을 보더라도 잘 알수 있다.

현재 확인된 조선식산성은 이꼬마산남쪽에 위치한 다까야스(高安)성이다.

다까야스성에 대해서는 《일본서기》와 《속일본기》 등 여러 기록들에 전한다. 하지만 그 위치는 잘 밝혀져있지 않았다. 산성유적은 대체로 나라현 이꼬마군과 오사까부 야오시의 지경인 다까야스산의 동서 및 남북 각 2km에 가까운 산간을 차지하고있는것으로 지목되여왔다. 최근에 어떤 학자는 그곳에 전해오는 전설과 돌담, 흙담자리 등을 종합하여 다까야스성을 《신귀산을 중심으로 6km에 걸치는 광대한 성새였다.》라고 하면서 연구결과를 묶었다고 한다.* 그 산성이 조선식산성이며 기록에 나오는 다까야스산성이라는것은 지명과 산성의 립지조건, 돌담 등으로 보아 틀림없다.

* 《요미우리신붕》 1977년 10월 8일부

산성은 초기에 그 근처에서 조선계통의 작은 소국을 형성한 조선이주민집단에 의하여 구축되였으며 후에 여러번 개축되였던것으로 보인다. 그러다가 7세기 중엽에 와서 신라와 당나라의 련합세력의 일본공격이 예상되자 백제망명귀족들에 의하여 야마또아스까의 현관문이라고 할수 있는 그 산성이 대대적으로 수축된것으로 인정된다.

이밖에도 가와찌땅에는 여러 신라계통소국이 백제-가라계통국가주변에 존재하였다.

3) 왜 5왕의 상표문에 반영된 왜-백제, 가라련합왕국

중국사서인《송서》에는 이른바 왜의 5왕이 보낸 상표문이 실려있다. 중국에 사신과 편지를 보낸 왜왕은 《사시절도독》을 자칭하였다. 왜왕이 자칭한것은 자칭《사시절도독 왜, 백제, 신라, 임나, 진한, 모한 6국 제군사 안동대장군왜국왕》, 《사시절도독 왜, 백제,

신라, 임나가라, 진한, 모한 7국 제군사 안동대장군왜국왕》이였다.
그러나 중국이 왜왕에게 준 칭호는 《사시절도독 왜, 신라, 임나가라, 진한, 모한 6국 제군사 안동장군왜국왕》이였다.
중국사서들에 나오는 왜왕의 사신파견을 표로 작성하면 다음과 같다.

왜 5왕의 사신파견표

회수	년 대	기사내용	출 처
1	413. 의희9(동진)	왜오랑캐가 방물을 바치다.	진서(본기)
2	421. 영초2(송)	왜왕 찬이 조공하다.	송서(동이전)
3	425. 원가2(송)	왜왕 찬이 조공하다.	송서(동이전)
4	430. 원가7(송)	왜국왕이 조공하다.	송서(본기)
5	438. 원가15(송)	왜왕찬의 동생 진에게 안동장군 왜국왕의 칭호를 주었다.	송서(본기, 동이전)
6	443. 원가20(송)	왜왕제가 조공하다. 안동장군의 칭호를 주었다.	송서(본기, 동이전)
7	451. 원가28(송)	왜왕제에게 사시절도독 왜 신라 임나가라 진한 모한 6국제군사의 칭호를 주었다.	송서(본기, 동이전)
8	460. 대명4(송)	12월 정미 왜국왕이 사신을 보내여 조공하다.	송서(본기)
9	462. 대명6(송)	왜왕 세자흥에게 안동장군 왜국왕의 칭호를 주었다.	송서(본기, 동이전)
10	477. 승명1(송)	왜국이 사신을 보내여 조공하다. 승명 1년이전에 세자흥이 죽고 동생 무가 서다.	송서(본기)
11	478. 승명2(송)	왜왕 무가 상표하다. 사시절도독 왜 신라 임나가라 진한 모한 6국 제군사 안동대장군 왜왕의 칭호를 주었다.	송서(본기, 동이전)
12	479. 건원1(제)	왜왕 무에게 진동대장군의 칭호를 주었다.	남제서 (동남이전)

먼저 상표문에 나오는 조선계통국가들이 일본땅에 있었다는데 대하여 보기로 한다.

일본학자들은 상표문에 나오는 백제, 신라, 임나, 가라, 진한, 모한 등의 조선국가들을 왜왕이 타고앉았다고 하면서 그 상표문을 이른바 《임나일본부》설의 중요《근거》로 삼아왔으며 오늘날에도 그렇게 고집하고있다. 그런데 5세기에는 진한, 모한과 같은 나라는 조선에 존재하지 않았다는 사실만으로써도 그것들이 조선에 있는 백제, 신라, 임나(가라), 진한, 모한이 아니였다는것을 알수 있다.

상표문에서 주목할 사실은 중국측에서는 일관하게 백제를 빼놓고있는데 왜왕은 백제를 부득부득 포함시키고있다는것이다. 그것은 그 왜왕조가 백제와 깊이 융합된 왜왕조임을 말해준다. 그것은 상표문에서 《황제께 영광을 드리려 해도 길은 백제보다 먼데 배의 장비를 잘해도…》라고 한 말에서도 잘 나타나고있다. 왜왕은 상표문에서 중국에 가려고 해도 백제보다 더 멀다고 함으로써 그 왜왕국이 조선의 백제와 래왕이 잦은 왜임을 시사하고있다.

다음으로 왜 5왕의 위치에 대하여 보기로 하자.

왜왕의 상표문에 나오는 6~7국을 기내지방(야마또 포함)에 비정하면 어느 정도 사리에 맞게 해석이 된다.

앞에서도 말한바와 같이 가와찌에는 5세기에는 백제, 가라국가도 존재하였다. 그리고 그 주변에는 신라소국도 존재하였다.

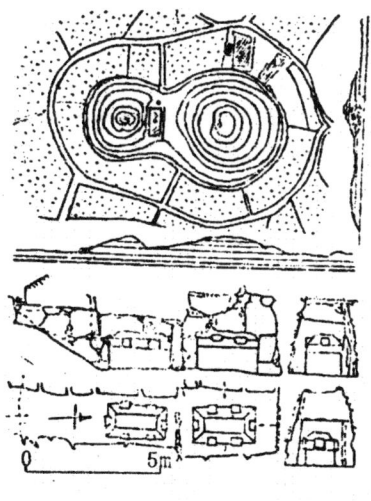

오사까 가나야마무덤의 신라적쌍구분과 석실

오사까 가와찌국 남가와찌 군의 동쪽에는 시라기(白木, 新羅)마을이 있는데 옛날에는 시라기, 나가사까(長坂), 곤도(今堂)의 세 부락을 총칭해서 시라기 3향이라고 하였다. 그 시라기마을의 시라기는 스미요시신사의 신대기에도 나오는 아주 오랜 지명으로서 천수백년전

- 255 -

에는 그 일대의 땅에 대한 명칭이였다. 그리고 나가사까의 북쪽에 있는 다다라(多多良)라는 작은 마을은 신라왕족의 자손인 다다라씨가 할거해있었다고 한다. 그 마을에 있는 다다라신사는 일명 시라기신사라고 한다.

　남가와찌의 시라기땅에 신라계통소국이 있었다는것은 거기에 고분문화시기의 중기로부터 후기에 걸쳐 축조된 무덤떼가 있는것을 보아도 잘 알수 있다. 그와 같은 무덤떼를 대표하는 무덤이 가나야마(金山, 일명 가마야마)무덤이다.

　현재 가와찌정 세루다니(芹生谷)에 있는 가나야마무덤은 곤고(金剛)산지의 서쪽기슭의 이시가와강의 지류인 도죠강(束條川)의 동쪽기슭언덕우에 있다. 모양은 둥근쌍무덤으로서 신라의 둥근쌍무덤과 대동소이한것이 특징적이다.

　무덤은 주축을 거의 남북방향을 잡았는데 길이는 77.9m이다. 남쪽은 직경 44.8m, 북쪽은 직경 30.9m의 둥근무덤 2기가 합쳐져 쌍무덤을 이루었다. 북쪽무덤무지에서 2개의 집모양돌널을 안치한 횡혈식돌칸이 발견되였다.

　유물로는 유리알, 은고리 2개, 금동제쇠붙이쪼각, 철제혁띠고리 3개, 쇠칼, 쇠활촉 10여개와 질그릇이 나왔다.

　그 규모에 있어서 소국왕자급의 무덤으로 볼수 있으며 무덤형태 기타의 요소들로 미루어보아 신라계통소왕국의 왕자의것으로 볼수 있을것이다.

　가와찌와 그 주변에는 그밖에도 신라소국이 있었을 가능성이 강하다. 요도강하류에는 신라소국이 있던 혼적들이 지명과 기록들에 전한다.

　《束大寺封戶庄園代寺日帳》, 《束大寺庄園目錄》, 《束大寺印藏文書目錄》, 《束大寺文書返納用帳》, 《新羅江庄文書》 등에 의하면 요도강하류역근방에는 신라의 이름을 단 장원들이 적지 않다고 한다. 그리고 요도강하류의 현재의 이께다시(옛 셋쯔국 도요시마군)일대에는 하다시모(秦下)향, 하다가미(秦上)향이라는 신라와 관계되는 하다란 말이 들어있는 지명이 적지 않다. 또한 그 주변에는 신라왕이 보냈다고 하는 장공인 이나(猪奈)와 관련된 지명도 있다. 옛 도

요시마군 하다향에는 수많은 하다, 신라사람들이 살았는데 그것은 《속일본기》를 비롯한 여러 기록에 나온다.

그리고 《화명초》에 의하면 마무다군(茨田郡)에 하다향(幡多鄕)이 있으며 가라무로(韓室)라는 마을도 있다고 한다. 마무다의 하다향에 있는 하다씨란 《일본서기》(권11 인덕 11년 10월)에 나오는 마무다의 뚝을 수축한 하다히도 즉 신라사람일것이다.*

> * 《일본서기》(인덕 11년 10월)에는 《마무다의 뚝을 쌓았다.》고 하였다면 《고사기》(인덕)에는 《또 하다히도를 사역하여 마무다의 뚝 및 마무다의 미야께를 만들었다.》라고 하였다. 그런데 《일본서기》(인덕 11년 이해)에는 《신라사람이 조공하였다. 이 역사에 부렸다.》로 되여있다. 이 역사란 마무다의 뚝을 쌓는 로역이다. 따라서 《고사기》에 나오는 하다히도란 곧 신라사람을 가리켰음이 명백하다. 같은 인덕 13년에는 마무다의 미야께기사가 나온다.

요도강하류일대에 신라소국이 있었다는것은 단편적이기는 하지만 《일본서기》(응신 31년)에 실린 이나베의 조상설화를 통해서도 엿볼수 있다. 그 내용을 간단히 보면 다음과 같다.

인덕천황의… 지시에 따라 여러 나라들에서 일시에 500척의 배를 바쳐 모두 무고(武庫)의 항구에 집결시켰다. 그때 신라의 사신이 무고에 머물러있었는데 때마침 불이 일어 많은 배가 불탔다. 이로 말미암아 신라사람이 추궁을 받았다. 이것을 들은 신라왕은 크게 놀라 곧 우수한 창공인을 보냈다. 이것이 이나베의 시조이다.

이 기사에 나오는 신라왕이란 조선에 있는 신라왕이 아니라 요도강하류류역일대의 신라적지명들이 있던 곳의 신라소국의 왕이였을것이다. 당시의 조건에서 조선의 신라왕이 일본왕을 위하여 일부러 이나베의 조상되는 장공인을 보내서 배를 만들어줄 까닭이 없다. 기록에 나오는 무고의 위치는 아마가사끼주변이며 또 그 근방에 신라적지명들이 집중적으로 분포되여있다.

이와 같은 제반 사실들은 모즈무덤떼와 후루이찌무덤떼의 북쪽과 남쪽에 각각 신라소국이 있었음을 시사해준다. 5왕의 상표문에 나오는 신라와 진한이란 바로 그런 신라를 가리켰을 가능성이 강하다.

다른 한편 왜의 5왕 당시 가와찌와 야마또가 하나의 련합호족 왕국을 이루었을 경우를 생각할수 있다. 야마또의 동쪽에는 진한-신라소국이 있었다. 중국에 사신을 보낸것은 가와찌의 백제, 임나, 가라, 신라(남가와찌군) 및 야마또의 진한, 모한들을 타고앉은 호족련합왕국의 왜왕이였을것이다.

이미 본바와 같이 5세기의 왜왕 즉 백제소국(왕국)왕은 가와찌를 중심으로 하는 기내지방을 통제하는 정도의 통합사업을 이룩했을것으로 보인다.

왜의 5왕을 가와찌와 야마또를 포괄하는 련합왕국의 왕으로 보면 《동으로 모인(毛人) 55국을 치고 서쪽으로 중이(衆夷) 66국을 정복하고 바다건너 해북(海北) 95국을 평정하였다.》라고 하는 478년(송 순제승명 2년)의 상표문의 글뜻이 비교적 쉽게 통한다고 본다. 거기서 말하는 55국(동), 66국(서), 95국(북) 도합 216국이란 수자는 물론 과장된것이겠지만 대체로 그것은 가와찌-야마또와 그 주변의 그만한 수의 부락을 말한것으로 볼수 있다. 실례로 모인이란 당시 일본의 동부지역에 할거한 아이누족을 가리키겠는데 그들의 55개정도의 부락을 쳤을것이라고 볼수 있다.

서쪽으로 66국이라는것도 가와찌주변의 하리마, 기비지방 등으로 볼수 있으며 해북 95국 역시 가와찌에서 본다면 와까사만 일대가 해북에 해당될것이다. 5세가에 한 왜왕의 상표문에는 가와찌에 있던 왜왕조는 일정한 범위에로 세력을 확장하여 주변의 여러 소국들을 통합한 내용들이 반영되여있다고 보아 잘못이 없을것이다.

이상 가와찌지방의 백제-가라왕국에 대하여 보았다. 다이센무덤떼, 곤다야마무덤떼에 의하여 대변되는 가와찌왕권은 6세기 전반기까지 존재하다가 그 중심지를 옮겼다. 그것이 바로 가와찌의 백제-가라-왜왕조의 야마또지방에로의 진출이다. 가와찌에 형성된 백제-가라왕국이 야마또지방에로의 진출을 시도한것은 벌써 5세기 중말엽부터이다. 그러다가 6세기 중엽에 이르러서는 기본적으로 야마또에로의 진출이 달성되였다. 그리하여 가와찌정권은 가와찌아스까로부터 야마또(남부)아스까지방에로 천도하였던것이다. 그에 따라 가와찌의 수많은 주민들이 야마또에 옮겨갔다. 이와 같은 력사적배경은 모즈, 후루이찌무덤떼의 무덤축조의 종식(6세기 전반기), 가와찌, 야마또에 같은 지명(마을이름)이 있는 사실 등을 낳게 하였다. 야마또에 중심지를 옮긴 백제－가라－왜세력은 수도로 정한 남부야마또의 아스까지방을 중심지로 하고 서부일본통합의 길에 올랐다. 거기서 가장 중요한 역할을 한것이 백제계통귀족인 소가씨와 그 지배밑에 있던 야마또노아야씨(東漢)씨였다.

제2절. 야마또지방의 백제－가라왕국

1. 5세기 중엽경까지의 야마또분지의 정치세력

5세기 중엽까지의 야마또세력은 야마또분지에 할거한 여러 호족들의 련합정권이였다. 호족들가운데는 백제계통도 있었고 진한－신라계통 그리고 또 원주민계통도 있었을것이다. 그가운데서 가장 강력한것이 백제계통과 진한－신라계통이였다. 진한－신라계통이 백제계통에 앞서 그 고장에 자리잡고 살았던것으로 보이지만 서술의 편의상 백제계통인 가쯔라기씨부터 먼저 보기로 한다.

1) 가쯔라기씨의 세력

가쯔라기(葛城)는 공고산과 가쯔라기산의 동쪽기슭지역에 위치한 곳이다. 현재 지명으로는 야마또 다까다(高田)시와 고세(御所)시 그리고 다이마(当麻)정, 신죠(新庄)정을 중심으로 한 지역이다. 말하자면 나라 야마또분지의 서남면 남북 약 16∼17km에 미치는 지역이 고대의 가쯔라기지방이다. 9세기∼10세기경의 가쯔라기는 가쯔라기노가미(上)군, 가쯔라가노시모(下)군 그리고 오시미(忍海)군으로 나뉘여져있었다.

가쯔라기지방에는 앞에서 본 4세기 가와찌의 백제소국과 동계렬의 백제계통세력이 할거해있었다. 가쯔라기지방은 다께노우찌(竹之內) 다이마길이 통해있는 평야지대를 거쳐 가와찌의 백제와 쉽게 통하는 위치에 있는 가와찌의 백제와 련결된 지역이였다.

가쯔라기에는 구다라(백제)향, 구다라촌, 구다라들판이 있으며 구다라못, 구다라궁, 구다라강, 구다라대사(대관대사) 등 백제와 관련한 지명들이 집중적으로 분포되여있다. 물론 그렇게 백제와 관련된 지명들이 토착화된것은 6세기이후 백제사람들이 거기에 왕궁을 지은데도 기인하겠지만 그보다도 그 이전부터 그곳이 백제사람들이 집중적으로 정착해살던 고장이였던 사정과 관련될것이다. 그런 실례로 《고사기》(응신조)에 다께우찌노 스꾸네가 신라사람들을 데리고 구다라못을 만들었다고 한 기사는 바로 그 가쯔라기의 백제못을 만든것으로 리해할수 있다.

알고있는것처럼 6세기이후 백제계통이주민집단은 나라(奈良)의 야마또분지를 타고앉아 실질적인 국가를 형성하였다. 하지만 야마또분지에 골고루 백제사람들이 정착한것은 아니였다. 백제사람들이 많이 산 곳은 다까이찌고을 아스까일대와 가쯔라기근방이였다. 가쯔라기일대가 4세기 말경부터 백제계통이주민들의 세력권안에 있었기때문에 5세기말~6세기에도 거기에서 수많은 백제사람들이 살게된것이고 따라서 그것이 지명화된것이다.

가쯔라기출신의 인물로 가쯔라기 소쯔히꼬라는 사람이 있다. 그는 신라에 사신으로 가는 등 조선과의 관계에서 활약하는것으로 묘사되고있다. 그뿐아니라 웅략천황이라는 인물의 첫번째 처인 가쯔라기노 쯔부라노 오미의 딸을 가라히메(韓媛)로 부르는데 그것은 가쯔라기의 백제적성격을 반영한것이라고 말할수 있다. 왜냐하면 가라히메란 가라(백제)의 아씨 또는 딸이라는 뜻이기때문이다.

가쯔라기가 백제계통세력권안의 땅이였다는것은 후세(7세기 초중엽)에 소가노마꾜(馬子)가 《가쯔라기노 아가따(縣)는 본래 자기의 본거지이다. 때문에 그 아가따로 성씨를 삼았다. 원컨대 그 아가따를 주기 바란다.》[1]라고 제기한데서도 잘 알수 있다. 소가노 에미시는 조상의 무덤을 가쯔라기에 정했다는[2] 기록도 있다. 소가노 오미는 일명 가쯔라기노 오미라고 한것으로 보아 가쯔라기지방은 오래전부터 백제사람들의 생활기반이였고 까즈라기씨가 소가씨와 같은 계렬의 집단이였음을 알수 있다.

*¹ 《일본서기》 권22 추고 32년 10월
*² 《일본서기》 권24 황극 원년

고고학적으로 볼 때에도 가쯔라기에는 5세기 중엽경까지는 백제적영향이 미치고있었음을 알수 있다.

가쯔라기산과 공고산을 구분하는 미즈고에고개(水越峠)로부터 남쪽으로 분지를 향해 얼마동안 내려간 표고 176m 지점에 있는 고세시 나가라(名柄)에서는 마한-백제적인 오랜 잔줄무늬거울이 나왔다. 그리고 근처의 마미(馬見)구릉에 있는 신야마(新山)무덤(전방후원무덤 길이 127m)에서는 백제적요소가 강한 금동제룡문무늬룕움새김띠고리와 34면의 거울이 나왔다. 또 같은 마미구릉에 있는 다까라즈까(寶塚)무덤(전방후원무덤 길이 100m)에서는 36면의 거울이 나왔다. 5세기의 대왕묘라고 하는 고세시 무로(室)에 있는 미야야마(宮山)무덤(전방후원무덤 길이 238m, 일명 무로노 오하까)에서는 560개의 굽은구슬이 나왔을뿐아니라 뒤부분의 수혈식돌칸에서 길죽상자모양돌널이 발견되였다. 신야마무덤, 다까라즈까무덤은 4세기 말경에 축조된 무덤이지만 무로노 오하까는 5세기 전반기의것이다. 5세기 전반의 무덤에서 가와찌지방을 론할 때(제1절) 이야기한 백제 익산 대왕무덤의 나무관을 본딴 길죽상자모양돌널이 나왔던것이다. 그것은 가쯔라기지방이 원주민세력과 백제세력이 결탁되여있던 지역이라는것을 보여준다고 생각한다. 왜냐하면 그 무덤들에는 백제적왕의 무덤에서 볼수 있는 돌널이 나오는 한편 주술적인 구슬과 거울 등이 많이 나오기때문이다.

가쯔라기지방에는 산성에 유래하였다고 볼수 있는 이와끼(磐城)라는 지명이 전해오며 또 이와끼마을에는 야마또노 아야씨의 한 갈래인 나가오(長尾)씨를 제사지내는 사당인 나가오신사가 있다고 한다.

제반 사실들은 가쯔라기지방이 4세기 말경부터 가와찌에 잇닿은 오랜 백제계통세력의 할거지역이였음을 보여준다. 바로 가와찌에 있던 백제세력이 가쯔라기를 발판으로 해서 야마또분지의 동쪽과 남쪽으로 세력을 뻗쳤던것으로 보아지는것이다.

2) 야마또분지 동쪽의 신라소국

일반적으로 야마또분지에서 와니씨와 소가씨 그리고 가쯔라기씨가 가장 유력하였다고 하는데 그것은 이 호족들이 이른바 《천황》씨와 사돈관계를 맺고 그 딸들을 후궁에 넣어 외척으로 행세하였다고 하기때문이다.

와니씨는 개화에게 1, 응신에게 2, 반정에게 2, 인헌에게 1, 흠명에게 1, 민달에게 1 모두 여섯천황에게 총 8명의 후비를 보냈고 가쯔라기는 개화에게 1, 응신에게 1, 인덕에게 1, 리중에게 1, 웅략에게 1, 계 다섯천황에게 5명의 후비를 넣었다. 그리고 소가씨는 흠명에게 2, 용명에게 1, 서명에게 1, 훈덕에게 1, 천지에게 3, 천무에게 1, 문무에게 1, 계 일곱천황에게 총 10명의 후비를 들이밀어 사돈관계를 맺었다. 이와 같이 세 호족은 야마또분지에서 큰 호족세력을 이루고있었다. 문헌에 전해지는 이 세력들의 할거구역과 무덤분포는 기본적으로 맞아 떨어진다. 그런데 소가씨는 5세기 말엽경 야마또에 진출한 백제세력으로서 본래부터 야마또분지에 할거하던 호족세력이 아니였다. 그리고 가쯔라기세력 역시 가와찌에 있던 백제계렬의 호족세력이였다. 따라서 야마또분지의 호족세력의 기본은 와니세력이였으며 와니씨는 보통 미와야마(三輪山)세력이라고 한다.

야마또분지 동쪽지역에 비교적 큰 호족세력이 있었다는것은 그 지역에 형성된 5세기 초중엽까지의 무덤떼를 보아도 잘 알수 있다. 분지 동쪽지역에 조성된 사끼다떼나미(佐紀楯列)무덤떼, 미와야마산을 중심으로 한 시끼(磯城)무덤떼들이 그러한 대표적무덤떼들이다. 특히 미와야마를 중심으로 한 시끼고을일대에 있는 경행릉(전방후원무덤, 길이 310m), 저가락무덤(하시하까, 길이 278m), 숭신릉, 사꾸라이, 챠우스야마무덤(이시즈까) 등이 미와야마세력을 대변하는 대표적무덤들이라고 할수 있다.

4세기의 큰 무덤들이라고 일본사람들이 말하는 시끼일대의 무덤들이 후에 야마또(大和, 大倭, 大義德)의 구니노 미야쯔꼬(국조)로 되는 야마또씨와 관련이 있는것이다.

나라현 야마또분지의 동쪽은 일찍부터 진한-신라세력이 진출, 정착한 고장으로 보인다.

그렇게 말할수 있는 근거는 첫째로, 《고사기》, 《일본서기》에 반영된 미와야마세력의 정체가 진한-신라세력이였음을 보여주고있기때문이다.

먼저 《고사기》의 미와야마설화를 보기로 한다.

《고사기》에 의하면 오나무찌(大穴虫犀, 大國主神)와 스꾸나히꼬나(少名毘古那)는 다같이 나라를 만들고있었는데 스꾸나히꼬나는 도꼬요(常世)의 나라에 가버리고 오지 않았다. 그래서 오나무찌는 《내 혼자 어찌 능히 이 나라를 이룩할수 있겠는가, 어느 신과 내가 이 나라를 함께 이룩할수 없겠는가.》라고 한탄하였다. 이때 바다를 환히 비치며 오는 신이 있어 말하기를 《나를 잘 받들어모시면 함께 나라를 이룩하겠다.》라고 하였다. 어떻게 제사지내라는가 하는 오나무찌의 물음에 그는 《나를 야마또의 푸른 동쪽산우에 잘 받들어모시고 제사를 지내라.》라고 말하였다. 바로 그것이 미와야마에 있는 신이라고 한다.*

* 《고사기》.이와나미서점, 1967년, 109페지

《일본서기》에도 이와 류사한 내용의 기록이 실려있다. 그리고 노리또(축사)의 하나인 《이즈모노 구니노 미야쯔꼬 가무요고도》에도 오나무찌가 자기의 령혼을 야따의 거울에 달려서 야마또의 오모노누시(大物主)노 미꼬도의 이름으로 오미와의 감나비산에 진좌한다고 하였다. 말하자면 이즈모에서 건너간 신이 미와야마의 제사신으로 진좌한것이라고 한다. 이것은 미와야마의 오모노누시신과 이즈모의 오나무찌신(大國主神)이 다같은 신이라는것을 보여준다. 즉 오구니누시의 신이나 오모노누시의 신은 다같이 구니쯔꾸리(나라만들기)의 오나무찌신인것이다.

그러면 어떻게 이즈모의 신이 미와야마에 앉아있다는 신화전설이 생겨났으며 그것이 《고사기》나 《일본서기》에까지 실리게 되였겠는가 하는것이다. 그것은 바로 이즈모지방을 중심으로 한 조선동해연안지역에 진출한 진한-신라계통이주민집단이 여러 경로를 거쳐 야마또동쪽지역에 진출하였다는 력사적사실을 반영한것으로 리해된다.

미와야마의 전설을 좀 더 따져보자.

《이꾸다마요리히메는 자색이 아름답고 단정하였다. 그에게는 한 남자가 있어 용모가 의젓하여 다른자와 견줄바가 아니였다. 밤마다 갑자기 나타나 서로 만나 좋아서 같이 사는 사이에 얼마 안있어 미인은 아이를 뱄다. 부모들이 아이밴것을 의심하여 딸에게 〈네 혼자 저절로 아이를 밸 까닭이 없다. 남자없이 어떻게 아이를 밴단 말인가.〉라고 따지였다. 딸이 〈아름다운 웬 남자가 있어 주소성명은 알수 없으나 밤마다 함께 와서 사는 사이에 자연히 아이를 뱄노라.〉라고 대답하였다. 그의 부모들은 그 남자가 어떤 남자인가를 알기 위해 딸에게 〈빨간 흙을 잠자리옆에 뿌려놓고 실을 바늘에 꿰여 그 바늘을 남자의 옷소매에 꽂아놓으라.〉라고 가르치였다. 과연 딸이 부모가 가르친대로 하니 이른아침에 바늘에 꿴 실은 문의 열쇠틈을 통해 지나가고있었다. 이리하여 열쇠구멍을 통하여 나간것을 알고 실을 따라 찾아가니 미와야마의 신사에 다달았다.》*

* 《고사기》 이와나미서점, 1967년, 181~183페지

《일본서기》에 실린 미와야마전설은 다음과 같다.

《야마또또도비 모모소히메노 미꾜도가 오모노누시신의 안해가 되였다. 그런데 그 신은 늘 낮에는 보이지 않고 밤에만 왔다. 안해가 남편에게 〈그대는 늘 낮에는 보이지 않으니 그 존귀한 얼굴을 볼수가 없구려. 원컨대 잠시 머물고서 래일 아침 우러러 아름다운 모습을 보여주소서.〉라고 말하였다. 신(남편)이 〈마땅한 말이요. 래일 아침 내가 빗을 넣는 함에 들어가있겠노라. 원컨대 그대는 내 모습에 놀라지 말지어다.〉라고 대답하여 다짐받았다. 이것을 들은 안해는 마음속으로 이상하게 여겼다.

다음날 아침 빗함을 열어보니 아름답고 작은 뱀이 들어있었다. 그 길이와 굵기가 노끈만 하였다. 안해는 놀라 소리질렀다. 그러자 신은 부끄러워 곧 사람의 모습으로 변하여 안해를 꾸짖었다.
 〈그대는 나에게 수치를 안겨주었다. 나는 돌아가 그대에게 수치를 안겨주리라.〉라고 말하고 큰 걸음으로 미와야마에 올라갔다. 안해는 후회하여 풀썩 주저앉았는데 앉으면서 저가락이 찌르는통에 그만 죽어버렸다. 오찌에 그를 안장하였는데 그때 사람들이 그 무덤을 보고 저가락무덤(하시하까)이라고 불렀다.》*

 * 《일본서기》 권5 숭신 10년 9월

 《일본서기》에 실린 미와야마전설은 비단 그 산에 대한 전설일뿐아니라 나라현 사꾸라이에 있는 시끼무덤떼의 저가락무덤과도 관련된 이야기이다. 그런데 《고사기》와 《일본서기》에 실린 그 전설은 일본고유의것이 아니라 신라를 비롯한 조선동해연안일대에 전하는 조선전설이 바다를 건너 미와야마에 옮겨진것이라는데 문제가 있다.
 조선동해연안에는 오랜 전설들이 적지 않게 전해온다. 함경북도 김책시 광적사에 전해오는 오랜 전설을 보면 다음과 같다.
 《옛날도 먼 옛날에 광적사라고 하는 큰 절이 있고 그 절에 한마리의 거미가 살고있었다. 절의 주지는 그 거미를 사랑해서 매일 밥찌끼를 먹였다. 거미는 점점 커서 끝내 아름다운 처녀로 변하였다. 그런데 처녀는 어느때부터인지 아이를 뱄다. 배는 날마다 커져 남의 눈에 띄우게 되였다. 그러자 주지는 크게 놀라 처녀에게 어떻게 되여 그렇게 되였는가고 따져물었다. 처녀가 말하기를 매일밤마다 주소성명을 알수 없는 어떤 아름다운 청년이 자기에게 오는데 그 청에 못이겨 같이 잤더니 이 지경에 이르렀노라고 하면서 그 남자는 아무때건 밤에 와서 새벽되기 전에는 돌아가므로 그 모습을 볼수가 없다고 하였다. 그래서 주지는 그렇다면 그 남자가 오면 실을 뀐 바늘을 남자의 옷 어디엔가에 꽂아놓고 남자가 간 다음 그 실을 밟아보라, 그러면 그 남자의 주소도 알고 남자의 정체도 알수 있는것이 아니겠는가고 가르쳐주었다.
 그날밤 과연 여느때처럼 그 남자가 오자 처녀는 주지가 가르쳐

준대로 남자가 알지 못하게 실을 꿴 바늘을 그의 옷에 꽂아놓았다. 남자는 그것을 모르고 실을 끌면서 가버렸다. 처녀가 그 실을 밟아가자 실은 절 뒤에 있는 설봉산이라는 산속의 못속에 들어가있었다. 이리하여 처녀는 처음으로 남자의 정체를 알수 있었는데 그는 그 못에 사는 룡이였던것이다.》*

  * 《유사이전의 일본》이소베갑양당 간행, 1918년, 140~141페지, 이와 비슷한 전설은 《삼국유사》(권2 후백제 견훤)에도 실려있다.

여기서 보는 광적사전설은 아주 오랜 형식의 전설로서 그와 비슷한 전설은 함경북도의 회령에도 있다고 한다. 그런데 그와 같은 전설은 조선의 여러 지방에 널리 분포되여 전해내려온다는 사실이다. 광적사전설과 미와야마전설은 어느모로 보나 《영향》관계 하나만으로는 처리될수 없는 성격을 가지고있다. 그것은 량자가 너무나도 류사하기때문이다. 두 전설을 대비하면 다음과 같다.
— 녀자가 곱고 아름답다.
— 밤마다 찾아오는 남자 또한 아름답다.
— 밤마다 같이 지내다가 아이를 밴다.
— 부모(중)격의 사람이 딸(처녀)에게 훈계한다.
— 실을 꿴 바늘을 옷에 꽂는다.
— 남자는 날밝기 전에 산으로 가버린다.
— 남자의 정체는 실을 밟아가서 비로소 밝혀진다.
— 남자의 정체는 뱀 또는 지렁이나 《룡》이다.

《고사기》와 《일본서기》에 전하는 미와야마전설은 조선의 광적사전설내용을 둘로 갈라놓은것과 같은감이 난다. 일본(야마또동쪽지방)에 전하는 전설은 8세기에 문헌으로 정착한것이다. 량자는 시간과 공간차이는 크다고 할수 있으나 내용은 거의 일치한다.

아무튼 두 지역에 전해오는 전설은 바로 조선동해연안에 살던 그와 같은 전설을 가진 사람(집단)들의 야마또분지동쪽에로의 이주, 정착이라는 력사적사실에 근거하여 발생되고 전승되여온것이라고 보아야 옳다.

《일본서기》숭신기에 실린 저가락무덤을 미와야마의 신과 결부시킨것은 그 무덤에 묻힌자가 미와야마전설을 가진 신라계통이주민집단의 우두머리였기때문일것이다.

미와야마세력이 진한-신라계통세력이라고 보는것은 둘째로, 미와야마주변에 신라에서 유래한 지명이 남아있다는 사실이다.

《화명초》에 의하면 야마또국 야마배고을에 쯔게(都介, 都祁)향이 있고 또 8세기에는 《쯔게산의 길》이라는 곳이 있었다. 쯔게의 땅은 미와야마, 마끼무끼산동쪽에 뻗어있는 고원과 산지의 총칭이다. 쯔게일대에는 신라에 유래한 시라기(白木)마을이 있고 또 쯔게란 말은 신라의 별호인 《계림》과도 관련이 있는것으로서 《闘鶏, 竹鶏》로 표기하여 《쯔게》로 읽는다. 이렇게 그 일대를 닭과 관련된 지명으로 부르게 된것은 거기가 오래동안 신라와 관련있는 땅이였기때문일것이다.

오래전부터 일본학계는 미와야마세력을 이즈모(시마네현)족의 그곳에로의 진출로써 설명해왔는데 그것은 일정한 근거가 있었다. 이즈모족이란 다름아닌 진한-신라계통이주민집단으로 인정되기때문이다.

그리고 미와야마일대에는 시라기(新木) 등 신라에서 유래한 지명들이 남아있다고 한다.

《일본서기》(권5 숭신 6년)에는 야마또의 가사누히노무라(笠縫邑)에 시가다끼(磯堅城)의 히모로기(神籬)를 세웠다고 하였다. 《고어습유》에는 이에 대하여 이와이베씨를 시켜 아메노히도쯔신의 후예 등을 거느리게 하고 거울과 검을 만들어 그것을 호신의 표징으로 삼아서 시가따끼의 히모로기를 세워 종사하게 하였다고 하였다.

여기서 말하는 《히모로기》라는것은 하늘이 내리는 곳에 만든 령역으로서 그것은 조선 특히 신라에 연원을 둔 신궁으로 볼수 있다. 바로 《히모로기》는 신라왕자 천일창이 가져간 8가지 보물가운데 하나이다. 또 이와 같은 《히모로기》를 시가따기에 설치하고 검과 거울을 거기에 안치하였다는 사실을 통하여 중요한 력사적사실을 알수 있는것이다.

검과 거울 등은 야요이문화시기 말기에 진한-신라계통이주민들이 일본땅에 가지고 간 상징적물건들이였다. 신라계통왕자 천일창이 바로 검과 거울과 구슬을 가지고갔다는것은 이미 앞에서 보앉다. 신라적물건을 가진 아메(아마-조선)의 히또쯔신의 후예들이 《히모로기》 즉 조상의 사당을 지켰다고 한것이다.

시가따끼는 시(磯)가 돌, 바위이며 가따는 굳다는 뜻이며 끼는 성이란 조선말이다. 다시말하여 시가따끼란 돌 또는 바위로 된 견고한 성이란 뜻이다. 시가따끼는 후에 고을명인 시끼(師木, 磯城)로 된다.

이상의 사실을 종합해보면 미와야마일대에 아주 견고한 조선식산성이 있고 그안에 아마(하늘)에서 내린 조선신을 받드는 사당이 있었던것을 추측할수 있다. 바로 미와야마는 진한-신라이주민집단의 본거지였던 곳으로서 필자가 조선식산성으로 보는 감나비산이다.

특히 주목을 끄는것은 앞에서 본 쯔게라는 향명이다. 야마베군 쯔게촌은 현재의 텐리시가까이에 있는 마을로서 오래동안 《쯔게》로 불러왔으며 오늘날까지도 그냥 그 명칭으로 존재한다. 그런데 《쯔게》란 말은 신라 영일현의 딴이름인것이다.

《삼국유사》에 의하면 영일현의 신라사람(연오랑과 세오녀)이 일본으로 가서 왕노릇을 하였다고 전한다. 그 옛 기록이 바로 나라현 야마또분지동쪽의 시라기-신라땅에 이어지는것이다. 《삼국유사》에는 신라 영일현을 다르게는 도기야(都祈野)라고 부른다고 하였다. 《도기야》의 《도기》는 일본말발음으로는 《쯔게》이다. 나라현에 있는 《쯔게》는 현재 《都祁》로 표기하지만 그것은 《祁, 祈》와 완전히 같은 음이다. 다시말하여 《쯔게》란 본래는 《도기》, 《두게》에서 나온 조선식발음에 유래한다. 말하자면 미와야마세력이란 신라 영일현의 《도기》에 살던 신라사람들이 진출하여 정착한 세력이였을것이다. 연오랑이 일본에 건너가 원주민들의 추대를 받아 왕노릇을 하였다는것도 아주 의미심장하며 그것은 적지 않게 력사적사실을 반영한것이라고 보인다.

나라 야마또분지에 신라계통국왕이 존재하였다는것은 《신찬성씨록》(우교 황별) 시라기(新良貴)조항을 보아도 잘 알수 있다. 그것에 의하면 시라기는 《히꼬나기 사다께우가야 후끼아헤즈노 미꼬도》의 아들 《이나히노 미꼬도》의 자손이라고 하였다. 그의 조상 《이나히노 미꼬도》는 신라국주(新良國主)와 관련되는 인물로 설명되고 있다. 《新良》는 《新羅》이며 국주는 곧 국왕이다. 그리고 그들이 황별에 소속되게 된것은 오래동안 야마또분지에서 왕노릇을 하였기때문일것이다.

앞에서 본바와 같이 혼슈 서부해안(이즈모, 와까사 등)과 그와 잇닿은 오미 그리고 야마또분지동쪽의 고분문화시기전기의 무덤(4세기)들에서는 신라적요소가 강한 구슬과 철검, 거울 등이 수많이 나온다. 그것 역시 무심히 지내보낼수 없다. 최근에는 사꾸라이 다데무꾸(纏向)유적의 4세기무덤에서 조선에 고유한 삼익(三翼)화살이 2개씩이나 나왔다*고 한다. 그것은 비록 큰것은 아니지만 고분문화시기 전기라는 이른 시기에 조선제화살촉이 나온다는것자체가 미와야마와 잇닿은 다데무꾸유적의 성격을 보여주는것으로서 의의가 큰것이다.

   * 《나라신붕》1986년 11월 28일호

이상과 같은 제반 사실들은 미와야마세력에 의하여 대변되는 진한-신라계통호족세력이 서쪽에 위치한 가쯔라기호족세력과 더불어 야마또분지를 지배하고있었다는것을 알수 있게 한다.

그리고 조선동해연안의 와까사(후꾸이현)일대에 진출한 진한-신라이주민집단의 일부는 비와호량쪽기슭을 따라서 남하하였다가 야마또분지에 이르러 그곳에 정착한것으로 보인다.

아무튼 야마또분지의 동서에 위치해있는 두 무덤떼는 주술적색채가 강한 4세기(고분문화시기전기)의 무덤떼들이다. 그 주술적색채가 강한 무덤떼의 주인공들이 야마또분지를 벗어나는 그 어떤 강력한 정치세력이였다고는 볼수 없다. 그것은 무덤들이 빈약하고 원시적이기때문이다.

그러던것이 6세기 야마또분지가 강력한 경제력과 군사력을 가진 정치적중심지로 되는것은 전시기의 권력지반안에서 일어난 변동이 아니라 전적으로 외부에서 들어온 세력이 그곳에 정착한 결과였다.

이와 관련하여 한 일본학자는 《5세기 후반기경에 와서는… 큰무덤(5세기 초엽까지의 큰 무덤-인용자)에 직속하는 대형의 무덤은 만들어지지 않게 되였다.… 이와 같은 사실은 5세기 중엽경에 분지남부에서 중요한 정치적변동이 생겼음을 보여주고있다.》*라고 하였다.

* 《대왕과 고분》가꾸세이사, 1973년, 245페지

　일본학자들이 지적하고있는것처럼 5세기 후반기경에 와서 가쯔라기고을과 시끼고을일대에 있는 큰 무덤떼는 갑자기 그 축조가 멈추어진다. 그것은 나라 야마또분지에 커다란 정치적사변이 일어나 분지를 크게 동서로 분할지배하던 두 호족세력이 자기의 지배권을 상실하게 되였다는것을 의미한다.
　그것은 가와찌에 세력을 구축한 가라-백제세력의 야마또분지에로의 진출이였다.

2. 가와찌 가라-백제세력의 나라분지에로의 진출

　가와찌의 가라-백제계통세력이 5세기 후반기경에 야마또분지에 진출하였다는것은 제반 고고학적사실로써 증명이 된다. 하지만 일본의 고대사학계는 가와찌에 있는 조선계통세력의 야마또분지에로의 진출과 정착을 잘 인정하려고 하지 않는다.* 그러나 그것은 엄연한 력사적사실이였다.

> * 일본고대사학계에서는 1945년 해방후 일부 학자들속에서 《가와찌왕조》라는것을 인정하는 움직임이 나타나고있다. 그들의 주장은 가와찌에 발생한 왕조가 야마또에 진출하였다는것이다. 이러한 주장은 학계에서 일정한 주목을 끌었으나 학계적정설로는 되지 못한것 같다.

　5세기 후반기에 들어서면서 미개척지인 야마또분지 남쪽지역이 선진영농기술에 의해 급속히 개간되여갔다. 그와 때를 같이하여 그 시기에 이르러 전시기에는 볼수 없었던 횡혈식무덤과 나무판끝추묻기 등 백제무덤과 같은 무덤형식이 나타나기 시작한다.
　그러다가 6세기이후 나라 야마또분지의 정치적중심지는 남쪽의 야마또분지로 옮겨지기 시작한다. 그리하여 깅끼지방에서의 정치적중심지가 가와찌로부터 야마또남쪽으로 옮겨지게 된것이다.
　가와찌의 가라-백제계통세력의 야마또에로의 진출로정의 기본은 가와찌와 야마또아스까를 련결하는 다께노우찌길이다. 이 길은

모즈무덤떼와 후루이찌무덤떼로 가는 다지히(丹北)길에로 이어진다. 그 길은 가와찌평야의 남쪽을 횡단하면서 하비끼노시의 후루이찌에 이른다. 다치히길은 아스까강을 거슬러오르는 다이마거리를 거쳐서 다께우찌고개를 넘어 곧바로 평야를 횡단하여 야마또 아스까에 이른다. 다께노우찌길은 5세기 가와찌로부터 야마또분지남쪽으로 진출한 가라-백제계통세력에 의해 개척되였으며 그후 모든 조선의 선진문화는 그 길을 거쳐 야마또의 아스까에 들어가게 되였다.

　　가와찌의 가라-백제세력의 또 하나의 진출로정은 보조적성격을 띠지만 다쯔다길을 거쳐 분지의 동쪽일대에로 진출하는것이였다.

　　가와찌에 있는 백제-가라계통사람들의 야마또분지에로의 진출은 이렇게 크게 두개 방향에서 진행된것으로 생각된다.

　　가와찌에 세력지반을 구축한 가라-백제계통집단은 충돌과 마찰을 되도록 피하면서 큰 호족세력이 없는 지역을 택하여 원야를 개척하면서 분지남쪽 일대에 진출한것으로 보인다.

　　가라-백제계통이주민집단의 이와 같은 진출로정은 고고학적자료가 잘 보여주고있다.

　　앞에서 말한바와 같이 다께노우찌길은 가와찌가라-백제계통세력의 남부 야마또분지에로의 주요진출로정이였다. 그 길연변에는 전시기 야마또분지에서는 볼수 없는 무덤떼들이 면면히 이어져 있다. 그러한 대표적실례로서 신죠 히라오까 니시가따(新庄 平岡 西方)무덤떼를 들수 있을것이다.

　　가쯔라기고을 신죠정에 있는 히라오까무덤떼는 가쯔라기산기슭에 있는 분지를 내려다보는 경개좋은 위치에 자리잡고있다. 5세기 후반기경으로부터 6세기 말경까지의 약 100년간에 걸쳐 축조된 무덤들로서 현재 170기이상의 무덤이 확인되였다고 한다. 그곳에는 오시미(忍海)라는 지명이 남아있어 가라-백제계통 단야수공업자집단의 집중적인 정착지로 추측되고있다. 특히 주목되는것은 모든 무덤이 횡혈식돌칸무덤이라는 점과 껴묻거리가 가야적단야공구 및 마구류 등 조선적(가야적)색채가 확연한 유물들이라는 사실이다.

　　무덤떼의 제12호실 돌칸에서는 길이 23cm의 쇠집게와 근대의 쇠망치와 꼭 같은 망치의 대가리부분이 나왔다고 한다. 쇠망치대가리는 너비 10cm, 두께 2×3cm이며 가운데부분에는 자루를 낄수 있는 구멍이 나있다.[1] 그리고 5세기말에 축조된것으로 보이는 H12호무덤에서는 큰칼을 비롯한 단야공구, 금귀고리 등과 함께 그 기법을 가야에서 찾을수 있다는 경판달린 말자갈이 나왔다고 한다. 경판은 8×13cm로서 거기에 2대의 쇠대로 꼬아 만든 굴레(15cm)를 달았다. 또한 H6호무덤에서는 가야에서 제작된 주철제쇠도끼가 나왔다고 한다. 그밖에도 H3호무덤에서는 철제가락바퀴가 나왔는데 직경 4cm의 바퀴에 17cm의 철로 된 축이 달려있었다고 한다. 그리고 보습날, 낫 등의 철제품들도 많이 나왔다[2]고 한다.

 [1] 《나라신붕》 1986년 5월 3일호
 [2] 《나라신붕》 1986년 5월 24일호

 그밖에도 이 무덤떼에서 조선제목걸이, 시루식밥가마 등 조선특유의 물건들이 나와 당시의 가야이주민들의 그곳으로의 진출을 더욱 확고한것으로 만들어준다.
 H30호무덤(둥근무덤 직경 10m)의 횡혈식돌칸(길이 9.8m)에서는 마구류와 칼, 활촉 등과 함께 19개의 벽옥제목걸이구슬이 나왔다. 시루식밥가마는 H43호무덤(둥근무덤 직경 약 10m)에서 유리알, 활촉과 더불어 나왔다.* 거기서 나온 목걸이, 유리알과 축소형시루식가마는 다같이 조선고유의 껴묻거리들이다.

 * 《나라신붕》 1986년 5월 28일호

 가와찌로부터 다까이찌(야마또분지남쪽)로 가는 길목에 해당한다고 볼수 있는 신죠정일대에 이와 같은 조선-가야(가라)적무덤들이 5세기 후반기경부터 나타나 1세기나마 존속한다는 사실은 가와찌로부터 야마또에로 진출한 가라-백제계통주민들의 발자취를 엿보게 한다. 히라오까무덤떼의 지척인 셋꾜산(石光山)무덤떼에서 조선의 가야지방에서 나는 사철로 만든 철제도검이 나온 사실도 결코 우연하지 않다. 셋꾜산무덤떼는 5세기 후반기부터 7세기초에 걸쳐 축조된 약 100기의 무덤들로 이루어진 떼무덤이다. 그가운데서

52기가 조사되였다. 대부분이 백제계통주민들의 나무관곧추묻기무덤으로서 제43호무덤에서 백제계통의 도질토기가 나왔다. 그 신죠일대가 분지남쪽에 진출할 교두보로 확보되였다는것을 생각하게 한다. 그것은 오시미땅에 있는 가야적유적유물들이 《일본서기》(권9 신공황후 섭정 5년 3월)에 나오는 4읍의 아야히도의 기록과 맞아떨어진다. 그러나 그렇다고 하여 이 기록이 개별적으로 그 일대에 와서 정착한 단야수공업자집단에 대한 기록이라고는 볼수 없다. 신무동정설화와 중복되면서 그 기사가 《일본서기》편찬당시에 삽입된것으로 볼수 있을것이다.

가와찌의 가라-백제계통세력의 야마또분지남쪽으로의 진출을 보여주는 고고학적자료로서 또한 다까이찌군의 다까도리(高取)정 오기따무덤떼(약 100기)와 오찌(越智)무덤떼를 들수 있을것이다. 오기따무덤떼에서는 최근에 횡혈식돌칸무덤인 제2호무덤에서 스에끼 20점이 온전한 모양으로 나왔으며 말안장의 일부인 마구류가 나왔다고 한다. 그리고 무덤안길(연도)에 가까운 돌칸남동쪽에서는 축소형시루식가마 등이 나왔다고 한다.*

* 《나라신붕》, 1986년 5월 24일호

오찌구릉에 있는 니이자와센즈까(新沢千塚)로 부르는 무덤떼는 5세기 후반기경부터 백제적나무관곧추묻기무덤이 축조되는 일대 떼무덤이다. 이 떼무덤은 조선-백제적성격이 확연한 무덤떼로서 유명하다.

이상과 같은 사실들은 가와찌에 있던 가라-백제계통세력이 5세기 후반기경부터 가와찌의 아스까강을 거쳐 야마또의 아스까강을 거슬러올라가서 야마또분지남쪽지역에 진출하였다는것을 보여주고있다. 진출로정은 가와찌의 아스까강-다께노우찌고개길-가쯔라기-신죠정일대-다께이찌군(아스까)의 행로를 밟았다고 생각된다.

야마또지방에로의 가라-백제세력의 진출은 가쯔라기땅의 백제세력과 련합하여 진행되였다고 보이며 그들은 일단 가쯔라기땅에 확고한 세력기반을 다진 다음 분지남쪽에로의 진출을 기도했다고 보인다. 소가 우마꼬가 스이꼬녀왕에게 《가쯔라기는 본래 자기의 본거지》였다고 한것은 그와 같은 사실을 념두에 둔것이라고 리해된다.

가와찌 가라-백제계통세력의 또 하나의 진출로정은 북쪽길이였다. 그 북쪽길연변에는 사끼다떼나미무덤떼가 있다. 그 무덤떼는 아마도 기쯔(木津)강을 거슬러올라가 나라분지동북쪽으로 진출한 가라-백제세력 또는 그의 직접, 간접적인 영향밑에 만들어진 원주민계통의 무덤으로 추측된다. 무덤떼는 동쪽무덤떼가 서쪽무덤떼보다 축조시기가 보다 뒤늦다고 한다.

사끼다떼나미무덤떼가 가와찌의 백제, 가라계통세력의 직접, 간접적영향밑에 축조되였다는것은 여러 고고학적사실로써도 증명된다. 그러한 연구의 하나로《전방후원무덤의 평면설계의 형식학적연구》가 있다. 론문은 전방후원무덤의 크기의 비례를 각이한 지역에 존재하는 전방후원무덤의 류사성에서 발견하는것이다. 그 방법은 모든 무덤들의 내부시설이 발굴조사되지 못한 조건에서 일정한 의의가 있다.

어떤 일본학자의 연구에 의하면 무덤의 평면설계의 비률 (BC:CP:PD)이 고나베무덤에서는 6:1:3이라면 우와나베무덤에서는 6:3:3이라고 한다.* 이것은 가와찌평야에 있는 곤다야마무덤이 6:1:3이며 다이센무덤이 6:3:3이라는것과 대응한다는것이다. 이와노히메(磐之媛)릉은 6:1.5:3이라면 리쮸릉(履中陵) 역시 6:1.5:3이다. 이것은 가와찌평야의 대표적무덤들과 나라분지북쪽의 대표적무덤들의 평면설계의 비률이 같다는것을 보여준다. 다시말하여 가와찌의 가라-백제세력의 직접, 간접적영향밑에 그 무덤들이 만들어졌다고 말할수 있는것이다.

  * 《나라》이와나미서점, 87페지. BC:CP:PD의 비률이란 전방후원
   무덤들의 주축선을 중심으로 계측점을 설정한 비례를 말한다.

가와찌의 가라-백제계통세력의 야마또분지에로의 진출을 근거짓는 자료로서 야마또 제6호무덤의 껴묻거리문제가 있다. 나라현 호렌시 기따정에 있던 그 무덤은 우와나베무덤(전방후원무덤, 길이

255m)의 배총(뒤부분의 북쪽 해자밖에 위치한다.)이던것이 1945년 12월에 미제침략군에 의해 파괴되였다.

무덤은 직경 30m정도의 둥근무덤으로서 길이 2m의 진흙을 깐 바닥우에서 많은 철제품이 나왔다. 철제품으로서 낫 134개, 작은 손칼 284개, 창대패 9개, 쇠도끼 281개, 그중 횡형도끼 179개, 종형도끼 102개, 대형철판(길이 40cm, 너비 9cm) 282대, 소형철판(길이 12~15cm) 590매 등이 나왔으며 철판의 중량은 모두 해서 약 130kg이라고 한다.* 대량적으로 나온 철판(쇠덩이)은 운반에 편리한 모양으로 묶어져있었다고 한다. 사끼다떼나미무덤떼의 동쪽무덤떼에 속하는 이 무덤은 대체로 5세기 말경에 축조된것으로 추측되고 있으며 그와 같이 많은 량의 쇠덩이가 그토록 집중되여나온것은 일본에서는 아주 드문 일이라고 한다. 그리고 야마또 제6호무덤에서 나온 쇠덩이는 금속화학적실험분석의 결과 조선에서 가져간것으로 추정된다고 한다.

* 우와나베무덤의 배총인 야마또 제6호무덤에서 나온 철정(쇠덩이)은 자료출처에 따라 약간씩 다르다. 그 무덤에 대한 자료는 그 무덤이 파괴될 당시 직접 립회한 모리(森造-)라는 사람이 쓴 자료와 그밖의 자료들을 참고하였다. 그러면서도 철정자료는 주로 《룽묘관계론문집》(궁내청 서릉부 릉묘과편, 가꾸세이사, 1980년)에 실려있는 《우와나베릉묘참고지배총고총 출토철정의 금속고고학적조사》에 준하였다. 여기서 나온 쇠도끼 281개가운데서 179개는 팽이날(鍬先)이라고 한다.

조선에서 쇠덩이가 나온 무덤으로서는 경상북도 경주 금관무덤, 금방울무덤 등의 10개 례, 대구 달서면무덤 등의 3개 례, 경상남도 창녕지구 교동리 31호무덤의 례, 안변지구 룡성리무덤 등의 2개 례, 부산 복천동 제1호무덤에서 100매, 서산 대산면 백제 토광무덤B호무덤 등의 례를 들수 있다.

일본에서 쇠덩이가 나온 무덤은 다음과 같다.*

* 《우와나베릉묘참고지고총출토철정의 금속고고학적조사》《룽묘관계론문집》 1980년

쇠덩이가 나온 무덤일람표

무 덤 명	현소재지명
구라즈까무덤	오사까부 남가와찌군 도메이정
기따 기쯔네야마무덤	오사까부 사까이시
안요지 신까이무덤	시가현 구리따군 구리또정
후꾸오까현 오끼노시 마제사유적	후꾸오까현 오끼노시마(섬)
야쮸무덤	오사까부 후지이데라시
가끼우찌무덤	교또부 후나이군 소노베정
야마또 후따쯔즈까	나라현 고세시 신죠
구리수무덤	히로시마현 후쮸시
고오리야마(니시)무덤	시마네현 오끼군 까이죠촌
시모야마무덤	오이따현 우스끼시

보는바와 같이 일본에서 쇠덩이가 나온것은 의례히 조선이주민 집단의 정착지와 일치한다. 그리고 조선과 일본사이에 있는 오끼노시마제사유적에도 그와 같은 쇠덩이가 있다는 사실은 조선의 쇠덩이를 일본으로 가져가면서 두어둔것으로 생각된다. 아무튼 야마또 제6호무덤에 묻힌 쇠덩이는 조선것이며 앞의 표에서 보는바와 같이 쇠덩이가 가장 많이 묻힌 곳은 가와찌땅이였다. 야마또 제6호무덤의 쇠덩이는 조선(백제, 가라)-가와찌-야마또동쪽의 로정을 거친것으로 추측된다. 조선적쇠덩이가 나라 야마또분지동쪽에로 건너가게 된 직접적계기는 가와찌의 가라-백제세력의 나라분지에로의 진출로써 설명될것이다.

그러면 어떻게 되여 무덤들에 시체를 매장하지 않고 1차가공을 한 아직 쓴 일이 없는 쇠덩어리를 묻었겠는가 하는것이다.

아마도 그것은 경제력, 군사력을 과시하려는 의도에서 그렇게 한것이라고 생각된다.

앞에서 본바와 같이 5세기 초중엽까지의

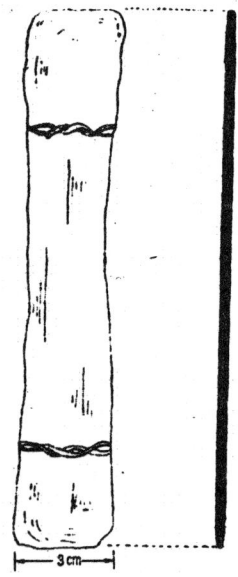

부산 동래 복천동
제1호무덤에서
나온 철정

사끼다떼나미무덤떼 및 시끼무덤떼 등 나라분지의 무덤들에는 주술적색채가 강한 유물들이 많으며 쇠로 된 껴묻거리로는 무기, 무장은 거의 없고 있다면 농기구 몇점이 있을뿐이였다. 이런 조건에서 나라분지북쪽에 진출한 백제, 가라계통의 정치집단은 이미 그곳에 도착한 호족세력들과 위협과 회유의 방법으로 접촉하면서 차츰 그곳에 침투되여갔다. 원주민들과 원주민화한 진한-신라계통세력은 새로 건너간 조선이주민세력의 군사, 경제력앞에 굴복하였을것이다. 거기에서도 가와찌의 모노노베씨의 조상인 니기하야노 미꼬도의 세력이 가라세력과 타협한것과 같은 일들이 되풀이되였을것이다.

872개의 쇠덩이를 무덤에 묻은것은 그곳 호족들에게 강한 충격과 자극을 주었을것이다. 그런데 그 쇠덩이가 어디서 났겠는가 하는것이 또 하나의 문제이다.

일본학계에서는 같은 모양, 같은 질의 쇠덩이가 백제무덤에서도 나오는데로부터 일본의 무덤들에서 나온 쇠덩이에 대하여 그것은 조선에서 가져간것이라는 견해와 기비지방의 쥬고꾸산맥의 사철로 만든것일것이라는 견해가 있다고 한다. 가와찌에 가라-백제계통의 국가가 있던 조건에서 그것은 본국 가라나 백제에서 가져갔다고 보는것이 어느모로나 더 타당하다고 보인다. 설사 쥬고꾸산맥의 사철로 만들었다고 하더라도 그것은 백제, 가라계통세력의 손을 거처 무덤들에 묻혔을것이 분명하니 조선적쇠덩이임에는 틀림없다. 야마또 제6호무덤에 묻힌 가라, 백제에 연원을 둔 많은 량의 쇠덩이는 그 일대에 백제, 가라계통세력이 진출하였다는것을 여실히 보여주는 물질적자료이다.

이렇게 가와찌의 가라-백제세력은 아래, 우 두 길을 거처 야마또분지에 진출해갔다. 그러나 그 과정은 《정복》이라는 요란한 말로 표현되는 피비린내나는 류혈적싸움이 동반된것이 아니라 강한 세력의 힘의 과시로 계속된 점차적침투과정이였으며 원주민 또는 원주민화한 진한-신라계통세력에 대한 회유와 포섭, 련합의 과정이였다고 말할수 있을것이다. 물론 원주민 또는 원주민화한 진한-신라계통세력도 새로 나타난 세력의 지배를 감수하고만 있지 않았다. 자기의 리익과 저촉될 때에는 때로는 마찰이 있었을것이다. 그것에 대해서는 《일본서기》*에 다음과 같은 이야기가 전해오고있다.

* 《일본서기》 권14 웅략기 7년 7월

　웅략천황은 지이사꼬베노무라지 수가루에게 《내가 미와야마의 신의 모습을 보고싶다. 너는 힘이 세기때문에 직접 가서 잡아오너라.》라고 말하였다. 수가루는 《가서 잡아오겠습니다.》라고 대답하고 곧 미와야마에 올라가 뱀을 잡아서 천황에게 보였다. 뱀은 우뢰같은 소리를 내였으며 또 눈에서는 무서운 빛이 번쩍번쩍하였다. 천황은 기겁을 해서 손으로 눈을 가리우고 이내 집안에 숨어버렸다. 이어 뱀을 산에 놓아주었다.

　이 이야기는 설화적으로 꾸며져있기때문에 사실여부를 따지기는 곤난하다. 하지만 그 단편적인 설화내용을 통하여 뱀모양으로 나타난 미와야마세력은 5세기 후반기경에 진출한 가라-백제계통세력에게 있어서도 호락호락한 세력이 아니였다는것을 알수 있다. 이와 같은 설화전승에서도 미와야마세력이 만만치 않은 세력이였음을 간취하게 되는것이다.

　이렇게 오래전부터 나라분지에 할거해있던 호족세력과의 회유, 포섭, 련합 등의 과정을 통하여 가라-백제계통세력은 나라-야마또분지를 자기의 세력밑에 둘수 있었다. 5세기 후반기경부터 나라야마또분지동쪽지역에 가야적이며 백제적인 지명, 인명이 생기게 된것은 그것을 잘 보여준다. 가시하라시 미나미야마(南山)무덤떼의 제4호무덤에서 가야적스에끼가 나온 사실, 분지동쪽지역에서 백제의 후손으로 자처하는 씨족들이 나타난 사실 등은 그와 같은 사실을 반영한것으로 볼수 있다.

　본래 나라 야마또분지의 북쪽지역에는 《소우》(曾化)라는 지명이 있어 나라시대(8세기)에는 소우가미, 소우시모의 두 고을로 나뉘여있다. 《소우》란 왕도(王都)라는 뜻인 서울, 서벌(소벌)과 통하는 조선말이다. 《소우》지역은 오늘날의 나라시와 고오리야마(郡山)시를 포괄하는 비교적 넓은 지역으로서 와니씨, 가스가씨가 살던 지역이다.

　《소우》라는 지명이 진한-신라계통의 와니씨의 전성기에 붙은것인지 아니면 가라-백제계통세력의 진출이후에 생긴것인지 잘 알수 없으나 어쨌든 그것이 조선적지명임에는 틀림없다.

《나라》라는 지명은 와니(和爾)땅 서쪽에 있다. 《나라》는 《楢, 奈良, 奈羅》 등으로 표기하는 고유조선말로서 《국가》라는 뜻이다. 그 지명이 《소우》와 함께 신라세력에 의하여 지어진것인지 아니면 백제, 가라세력에 의하여 생긴것인지 그것 역시 알수 없다. 일본학자들의 연구에 의하면 나라(奈良, 楢)씨는 하다(秦), 고지(巨智)와 통하는 신라계통성씨라고 한다.(《대화전대 사회조직의 연구》 요시가와홍문관, 1969년, 167페지) 다만 나라(楢)의 땅에서 묘지명판이 나와 《나라》라는 성씨를 가진 집단이 그곳에 집중적으로 정착하고 있었다는것을 알수 있을뿐이다.

묘지명판의 곁면에는 《佐井寺僧 道藥師 族姓大楢君 素止奈之遜》이라고 썼으며 뒤면에는 《和銅七年歲次甲寅二月卄六日 命過》라고 하였다.

묘지명에서 알수 있는바와 같이 좌정사의 중도약사는 대나라군(왕) 소지 나의 손자이며 그는 화동 7년(714) 2월 26일에 죽었다고 한다.

《연희식》에는 나라즈히꼬(奈良豆比古)신사의 이름이 실려있으며 력사기록에도 나라씨가 나온다. 즉 《대야마또국 소우노 시모고을사람 나라 고지마로…》[1]라고 한것이 그것이다. 이 나라씨는 백제계통사람인것이다. 《속일본후기》에 《나라고지 풍계 등 5명에게 오다끼스꾸네의 성씨를 주었다. 그들의 선조는 백제국사람이다.》[2] 라고 하였다.

[1] 《속일본기》 권6 화동 7년 11월 무자
[2] 《속일본후기》 권13 승화 10년 12월 을묘

백제계통의 나라씨가 야마또분지 북쪽지역에 할거하고있었다는 사실은 5세기 후반기 그 일대에로의 백제, 가라세력의 진출과 그들의 정착을 웅변으로 보여주는것이라고 생각한다. 가라세력의 규슈로부터 가와찌에로의 이동은 5세기 중말엽에 있은 큰 사변이였다. 본래부터 있던 백제세력과 새로운 가라, 백제세력의 주도밑에 신라세력, 원주민세력과의 련합으로 이루어진것이 가와찌-야마또의 가라-백제계통의 왕국이였다. 이 가와찌-야마또왕국은 야마또에 중심이 옮겨지게 된 다음에는 야마또국가라고 불리우게 된다. 가와찌에서 모즈무덤떼, 후루이찌무덤떼의 축조가 정지된 직후시기인 6세기 초중엽부터 서부일본통합사업에 착수한것으로 인정된다.

그들의 분지에로의 진출은 가와찌에 본관을 둔 수많은 사람들(백제, 가라계통이주민집단과 원주민들)이 야마또분지 특히 정치적 중심지(거점)로 된 남부 야마또의 아스까지방에로 이동, 정착하게 된것으로 일단 완성되였다. 신라계통세력의 거점이던 이소노가미신궁에 가와찌 야오시일대에 본관을 둔 모노노베씨가 옮겨가게 되고 신궁관리자로 들어앉게 된것도, 백제칠지도의 소장지가 모노노베씨의 이동과 함께 이동되게 된것도 그때였다고 보인다.

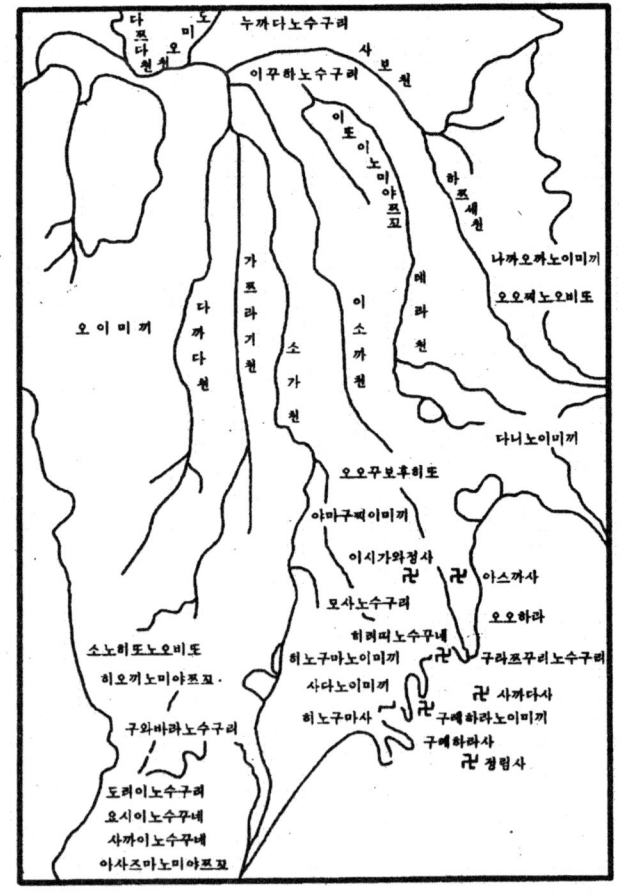

가야-백제이주민집단의 분포(야마또남쪽분지)

사람의 이동은 고장명칭의 이동을 동반하게 되였다. 야마또의 여러 지명들이 가와찌의것과 꼭 같은것은 백제-가라계통세력의 그와 같은 가와찌로부터 야마또에로의 이주, 정착이라는 력사적사변을 배경으로 하고있다. 실례로 같은 아야씨를 동녘 동(東)자를 써서 《야마또의 아야씨》로 부르고 서녘 서(西)자를 쓰고 《가와찌의 아야씨》로도 부르는것은 다같이 백제-가라계통의 아야씨인데 본 고장인 가와찌에 눌러앉아있는 아야씨를 가와찌에 있는 아야씨라고 하여 서녘 서자를 써서 가와찌로 읽게 되고 새로 야마또에 이주한 아야씨는 동쪽에 있다고 해서 동녘 동자로 표기하고 아야씨로 부르게 된것 같다. 말하자면 그 시기부터 가와찌와 야마또는 하나의 국가세력권 가라-백제, 백제-가라계통의 가와찌-야마또왕국의 세력권밑에 들어가게 되였으며 따라서 그 왕국의 통치자들은 동, 서의 아야씨를 가와찌, 야마또로 구분하게 된것으로 인정된다.

야마또의 아스까도 본래부터 야마또지방에 있던 고장이름이 아니라 백제-가라사람들이 가와찌로부터 그곳으로 옮겨가면서 가와찌왕국의 수도였던 가와찌 아스까의 이름을 따서 붙인것이였다. 《일본서기》(권25 대화 5년 3월)에 나오는 가인(歌人)노나까노가하라노후히도 미쯔 역시 그 이름에서 알수 있는바와 같이 가와찌의 노나까(야쮸)를 본관으로 한 백제, 가라계통의 인물이였다.

이밖에도 가와찌의 중심지대와 야마또의 중심지들에는 같은 지명들이 적지 않게 있다.

《일본서기》(권14 웅략기 7년 이해)는 마치도 이마끼노아야 스에쯔꾸리, 구라쯔꾸리, 에가끼, 니시고리, 오사 등 백제로부터의 이주민수공업자들이 곧바로 야마또의 모모하라(桃原)에 가서 정착한것처럼 써놓았다. 하지만 그 기사는 가와찌 이시까와군 모모하라에 일단 정착한 이주민수공업자집단이 야마또에 옮겨간것으로 리해된다. 거기에 나오는 구라쯔꾸리 겐끼(고귀)는 6~7세기 법흥사(아스까사)를 비롯한 수많은 절간을 세우고 불상을 조각한 꾸라쯔꾸리 도리의 조상으로 보이는 인물이다. 오사까시 동수미요시구 가미에는 구라쯔꾸리(鞍作)정이 있다. 에가끼(畵師) 역시 《신찬성씨록》(권28 가와찌 제번)에 나오는 가와찌에가끼(河內畵師)와 통하는 사람일것이다. 니시고리 또한 본관이 가와찌였는데 《신찬성씨록》(권28

가와찌 제번)에 《니시고리노무라지… 백제 속고대왕의 후손》이라고 밝혀져있다. 가와찌에 니시고리고을, 니시고리향 등의 지명이 있었다는것은 앞에서 보았다.

《사까노우에계도》(坂上系圖)에 나오는 적지 않은 《스구리》(村主, 勝)의 성을 가진 작은 집단의 본관이 가와찌에 있다는것도 간과할수 없다. 실례로 구와하라(桑原)스구리의 본관은 오사까부 이바라기시 구와하라이고 소가씨의 본거지인 야마또 이시가와(石川)는 가와찌 이시가와에서 시작되였다는것은 의심할 여지가 없다.

백제, 가라계통세력의 가와찌로부터 야마또에로의 진출을 강하게 밀고나간것은 다름아닌 소가씨였다. 다른 한편 소가씨는 야마또노아야씨집단의 강력한 경제적, 군사적힘에 의거함으로써만 그와 같은 이동, 진출을 성과적으로 추진할수 있었다.

야마또남쪽분지에 거점을 두게 된 백제, 가라계통세력은 야마또와 가와찌의 넓은 지역을 지배, 통제한데 기초하여 점차 사방으로 힘을 뻗쳐 6~7세기 중엽까지에 서부일본을 통합하는데 성공하였으며 소가씨는 실질적인 국왕행세를 하게 되였다. 야마또국가에서의 소가씨의 독판치기는 곧 야마또 아스까정권의 조선적성격을 보여주는것이였다. 왜냐하면 소가씨와 소가씨가 의거하였던 야마또노아야씨란 틀림없이 조선(백제, 가라)계통의 주민집단이였기때문이다.

우리는 6~7세기 야마또국가의 조선-백제적성격을 밝히기에 앞서 소가씨와 야마또노아야씨의 정체를 규명해야 할것이다. 그것은 야마또 아스까국가가 그 량자를 디디고서있었기때문이다.

3. 소가씨의 계통

소가씨의 계통을 밝히는것은 야마또 아스까정권의 정체를 밝히는데서 가장 중요한 문제의 하나로 제기된다. 왜냐하면 6세기부터 7세기 전반기까지 야마또아스까정권을 쥐고흔든것이 바로 소가씨였기때문이다.

소가씨의 계보는 《고사기》(중권 효원기)에 의하면 효원의 증손인 하다, 고세, 헤구리, 기, 가쯔라기, 와까고의 제씨와 함께 다께우찌 스꾸네로부터 갈라져나왔다고 하였다. 다께우찌 스꾸네의 아들이 소가 이시가와 스꾸네이고 그가 소가노오미, 가와베노오미, 다나까노오미, 다까무꾸노오미, 오와리다노오미, 사꾸라이노오미, 기시다노오미 등의 조상이라고 하였다.

《소가 이시가와 량씨계도》*에 의하면 소가씨의 계보는 다음과 같이 되여있다.

소가씨의 계보

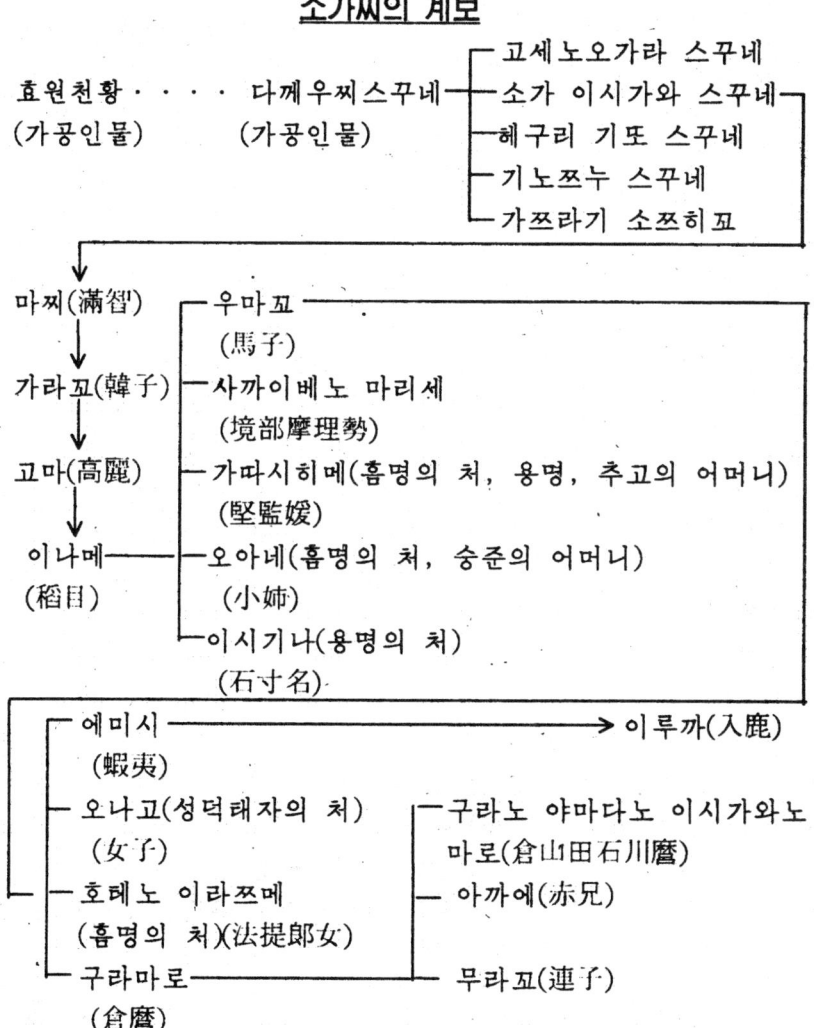

* 《소가 이시가와 량씨계보》는 속《군서류종》 7집 상 167권 경제사판, 175페지의것을 참고하였다.

여기서 말하는 효원천황이 가공적인물이라는것은 두말할것없다. 다께우찌 스꾸네 역시 경행, 중애, 신공, 응신, 인덕의 여러대에 걸쳐 벼슬을 하면서 300년씩이나 장수한 가공적인물이다. 따라서 소가씨가 다께우찌 스꾸네의 후예라는것은 꾸며낸 이야기이다. 하지만 다께우찌 스꾸네의 자손이라고 하는 소가를 포함한 5명의 인물들이 한결같이 조선계통인물이라는 사실은 주목할만 한것이다. 가쯔라기씨, 헤구리씨, 소가씨는 물론이고 고세노오가라 스꾸네 역시 조선계통인물로 볼수 있다.

고세노오가라는 《고사기》(효원단)에는 《고세오가라》(小勢小柄)로 되여있으나 《삼대실록》(권5 정관 3년 9월 26일 정유)에는 《오가라》(男韓)로 되여있다. 그리고 고세노오가라 스꾸네는 가루베노오미(輕部臣)의 조상이라고 하였는데 다까이찌군의 한 고장이름인 가루(輕)는 가라(韓)에서 전화된 말이다. 이렇게 놓고보면 효원이 궁전을 두었다는 가루도 가라에서 왔을것은 짐작하기 어렵지 않다. 아무튼 효원과 다께우찌 스꾸네는 조선과 관계가 깊은 문벌의 조상으로 《고사기》, 《일본서기》에 꾸며진것만은 틀림없다.

소가씨의 계보를 통하여 우리가 알수 있는것은 소가 이시가와 스꾸네 – 마찌 – 가라꼬 – 고마 – 이나메 – 우마꼬 – 에미시 – 이루까의 계보일것이다. 일목료연한것은 그 계보에서 가라꼬니, 고마니 하는 조선에 직접 이어진 이름들이다. 그가운데서 마찌는 중요한 자리를 차지한다.

마찌는 일본학자들이 말하는것처럼 백제의 목(木)씨일수 있다. 만지(滿智)는 《일본서기》(권10 응신기 25년)에 나오는 목만지(木滿致)와 같은 동음동명의 인물이다. 목(木)씨는 백제의 대성 8족의 하나로서 목례(木荔) 목라(木羅)성이다.[1] 필연인지 우연인지 이 마찌는 《삼국사기》 백제본기 개로왕대에 나오는 목협(木劦 – 木劦의 오기인듯 하다.)만치(滿致)와 신통히도 일치한다.[2]

[1] 중국책들인 《북사》나 《수서》, 《신당서》에는 백제에 8개 성이

있어 협씨(劦氏), 목씨(木氏) 등이 있다고 하였다.《일본서기》에 의하면 목씨는 6세기 전반기인 계체, 흠명통치시기의 백제관료들이다. 거기에는 목협성을 가진 마나, 불마, 문차, 매순, 금돈 등의 이름이 올라있다.

*² 최근시기 일본고대사학계에서는《삼국사기》(백제본기 개로왕)에 나오는 목협마지를 소가마찌로 보려는 견해가 급속히 높아졌다. 그러한 대표적학자가 가도와끼라는 학자이다. 우리 나라 세나라시기에는 흔히 한자에 있는 받침을 읽지 않았으므로《만찌》는 곧《마찌》로 된다.

백제의 목협마지에 대해서는《삼국사기》에 다음과 같이 적혀 있다.

장수왕이… 백제를 치려고 장수들에게 군사를 나누어주었다. 근개루(개로왕)가 이 말을 듣고 아들 문주에게 말하기를《내가 어리석고 총명하지 못하여 간사한 사람의 말을 신용하다가 이렇게 되였다. 백성들이 령락하고 군사가 약해지니 아무리 위급한 사태가 있은들 누가 나를 위해 힘들여 싸우려 하겠는가. 나는 당연히 나라를 위해 죽어야 하지만 너는 여기 있다가 함께 죽어도 유익함이 없으니 어찌 난을 피하여 왕통을 잇지 않겠느냐?》하니 문주가 곧 목협만지와 조미걸취 등을 데리고 남쪽으로 떠났다.

《삼국사기》의 기록에서 명백한바와 같이 만지는 실재한 력사적인물이였으며 소가씨의 계보 및《고사기》등에 실린 소가 마찌와 한자와 음들이 같다. 이것은 백제수도가 함락되면서 백제왕자 문주와 더불어《남으로 갔다.》고 한 목례만지가 일본에까지 갔을수 있다는것을 보여준다. 그때 개로왕의 동생인 곤지왕도 함께 일본으로 건너갔을수 있다.

일본땅에 건너간 만지는 맨 처음 가와찌 이시가와일대에 정착한것으로 생각된다. 물론 일본학계에는 야마또 다까이찌군 소가(曾我)를 소가씨의 발상지로, 본거지로 보려는 견해가 강하다. 하지만 그것은 6세기이후의 일이고 소가씨의 첫 본거지는 역시 가와찌 이시가와의 구다라촌일대였을것이다. 왜냐하면 바다로 해서 갔던 소가씨가 야마또분지의 소가의 땅에 들어가려면 가와찌평야를 거치게 되기때문이다. 《삼대실록》(권32 원경원년 12월 27일조)에도 소가 이시가와가 가와찌국의 이시가와의 별장에서 태여났다는 기록도 있다. 그리고 소가씨는 자기의 본거지를 가쯔라기라고 말하고 있다.(《일본서기》 추고왕 32년) 소가씨는 일명 소가 가쯔라기노오미 라고도 말한 사실(《상궁성덕법왕제설》)에 주목을 돌려야 할것이다.

남가와찌군 태자정 야마다에는 《일본서기》(민달기 등)를 비롯한 여러 옛 기록에 나오는 이시가와 구다라마을이 있다. 다께노우찌길에 있는 이와야고개(岩屋峠)에서 지척이 구다라촌이다. 백제에서 건너간 만찌는 먼저 그곳일대를 본거지로 삼았을것이다. 가와찌를 첫 본거지로 삼았을것은 《일본서기》에 개로왕의 동생이라고 전하는 곤지왕이 그곳에서 멀지 않은 곳에 있는 가와찌 아스까의 총사(아스까베신사)로 받들린 사실과 결부되기때문이다.

소가 마찌는 나라 야마또분지에로의 진출의 첫 사업으로 이미 나라분지 서쪽일대에 정착해있던 오랜 백제계통호족세력인 가쯔라기를 복속시켰을것이며 그를 발판으로 하여 점차 남하하여 분지 남쪽아스까일대에까지 진출하였을것이다. 그리고 소가와 가쯔라기의 녀자사이에 생긴 아이가 《일본서기》(웅략기 9년)에 나오는 소가 가라꼬(韓子)였을것이다.

가와찌 아스까로부터 야마또 아스까로 가는 길에 조선(백제, 가라)적지명들과 조선계통고고학적유적, 유물들이 있게 된 력사적사실은 바로 이러한 과정을 반영한것이기도 하다. 물론 소가씨가 가루로부터 오와리다와 아스까지방에로 세력을 뻗치게 된것은 그의 중손자벌 되는 이나메때인 6세기 중엽경이지만 어쨌든 마찌때는 소가씨가 일본땅에 진출한 첫 시기로서 이미 오래전에 그곳 일대에 진출한 조선계통이주민집단과 원주민들을 휘여잡고 복속시키는데 주되는 힘을 기울였을것이다. 그리하여 그와 그의 집단은 그 지역에로의 진출 첫 시기부터 가와찌와 야마또(서부)지방을 지배통제하는 큰 세력을 가지고 주변 세력들에게 강한 영향을 준것으로 보인다. 《일본서기》에 《목마찌가 나라의 정치를 집행하다.》[*1], 《해구리노쯔꾸노 스꾸네, 소가노마찌 스꾸네, 모노노베노이꼬후노 오무라지, 쯔부라노 오미 등이 함께 나라의 정치를 집행하다.》*² 라고 한것은 비록 시기적으로 각이한 기록이지만 어쨌든 백제계통귀족집단의 우두머리인 마찌가 여러 호족들과 함께 나라(야마또의 지방국가)를 다스리는데 한몫 끼였다는것을 말해주는것이다. 여기서 련합으로 나라의 정치를 집행한 인물들이 다같이 나라 야마또분지의 서쪽에 있던 호족들이라는 사실은 주목할만 한 일이다.

*¹ 《일본서기》 권10 웅신기 25년
*² 《일본서기》 권12 리중 2년 10월

《일본서기》의 이와 같은 기사와 《고어습유》의 마찌(麻智)가 웅략시기에 3장(三藏)을 검열하는 직책에 있었다는 기사와를 결부시켜볼 때 그는 일본에 진출한 첫 시기부터 세력지반을 가지고있었던 것으로 보인다. 그것은 그보다 먼저 이주한 백제계통문벌들의 지반을 리용할수 있었기때문이였다.

4. 야마또노 아야씨

야마또노 아야씨의 정체를 정확히 밝히는것은 야마또 아스까정권의 내용을 밝히는데서 소가씨의 국적규명에 못지 않은 큰 의의를 가진다. 그것은 야마또노 아야씨가 소가씨의 세력배경이였으며 소가씨는 야마또노 아야씨의 군사력과 경제력에 의거하여 권력을 틀어쥘수 있었기때문이다. 야마또노 아야씨집단을 누가 쟁취하는가에 따라 누가 권좌에 오르겠는가가 결정될 정도로 아야씨집단의 힘은 막강하였다. 따라서 야마또노 아야씨의 정체를 밝히는것은 직접적으로 6~7세기 야마또정권의 실질적권력자집단의 국적을 밝히는것으로 될것이다.

나라 야마또분지남쪽에 다까이찌(高市)라는 고을이 있다. 그 고을은 6~7세기에 기본적으로 야마또국가의 정치적중심이 있던 곳이다.* 8세기이후에 다께이찌고을에는 고세, 하다, 아소베, 히노구마, 구메, 무나데, 가미의 7개 향이 있었다.

* 야마또국가에서는 왕(천황)이 갈릴 때마다 궁성(수도)이 왔다 갔다하였다. 하지만 6~7세기 야마또의 정치적중심지는 기본적으로 야마또 아스까지방에 있었다.

고대 다까이찌고을은 일명 이마끼(今來, 今城, 新來)고을이라고 하였다. 그것은 조선에서 새로운 집단이 왔다는데서 유래된것이라고 한다.

다까이찌고을의 고을명의 유래는 조선에서 수많은 이주민집단의 진출과 정착을 보여주는것이라고 말해야 옳을것이다.

772년 당시의 권세가인 사까노우에노 오이미끼 가리다마로 등은 임금에게 다음과 같은 상서를 하였다.

《히노구마의 이미끼로 야마또국 다까이찌고을의 장관을 시켰으면 좋겠습니다. 그 리유는 다음과 같습니다. 우리 조상은 아찌노오미인데 응신천황때 17개 현의 백성을 거느리고 왔습니다. 그래서 우리 사람들로 고을이 차고 넘치니 타성은 열에 한둘에 지나지 않습니다.…*》

* 《속일본기》권32 보구 3년 4월 경오. 이미끼(忌寸)란 고대성씨 (가바네)의 하나이다. 684년에 제정된 8개 성 가운데서 4번째 성씨이다. 처음에는 기내지방의 구니노미야쯔꼬(국조)들에게 주었으나 후에는 하다씨나 아야씨계통의 이주민후손들에게도 주었다.

사까노우에씨는 다까이찌고을이 자기 족속들로 차고넘치며 거의나 다 아찌노오미의 후손들로 되여있기때문에 고을의 장관도 마땅히 자기네 족속들로 임명해야 한다고 말한것이다. 이것을 통하여 첫째로, 8세기에 와서도 다까이찌고을의 주민구성에서 조선이주민집단의 후손들이 압도적다수를 차지하고있다는 사실 둘째로, 다까이찌고을에 차고넘친 이주민계통집단의 후예는 곧 아찌노오미를 조상으로 삼는 집단이라는 사실 등을 알수 있다.

다까이찌고을 히노구마향(현재는 아스까촌 히노구마)동쪽구릉우에는 《연희식》에 밝혀진 오미아시(於美阿志)신사가 있다. 그것이 야마또노 아야씨의 조상인 아찌노오미(阿智使主)를 제사지내는 사당이다. 그리고 지척에 야마또노 아야씨의 후손인 사까노우에씨가 제사지내는 히노구마사가 있다. 히노구마사에 대한 첫 기록은 《일본서기》(주조원년 8월)에 나온다.

다까이찌고을의 주민구성에서 지배적지위를 차지한 야마또노 아야씨가 자기 조상을 아찌노오미라고 한 조건에서 아찌노오미의 계보가 밝혀져야 할것이다.

《일본서기》(권10 웅신기 20년 9월)에는 《야마또노 아야노아따히의 조상인 아찌노오미가 그의 아들 쯔까노오미와 17개 현의 자기의 무리를 거느리고왔다.》라고 기록되여있다. 《일본서기》(권10 웅신 37년)에는 또한 다음과 같은 기록도 있다.

《아찌노오미, 쯔까노오미를 구레에 보내서 기누누히메를 구하게 하였다. 이리하여 아찌노오미 등은 고마국에 건너가 구레로 가려고 하였다. 그런데 고마에 이르렀으나 길을 알지 못하였다. 길을 아는자를 고마에게 빌었다. 고마왕이 곧 구레하, 구레시의 두사람을 그에게 붙여주어 그의 길안내를 하게 하였다. 이로 말미암아 구레에 이룰수 있었다. 그에게 구레의 왕은 누히메, 에히메, 오또히메, 구레하또리, 아나하또리의 4명의 부녀자를 주었다.》

그리고 《속일본기》(권38 연력 4년 6월 계유)의 기록에는 아찌노오미가 후한 령제의 증손으로서 대방에서 살았다고 하였다. 또 《사까노우에계도》에 의하면 아찌노오미와 그의 후손들은 본국의 란을 피하여 야마또에 왔다고 하였다. 그 내용을 요약하면 다음과 같다.

① 웅신천황때에 본국의 란을 피해 부모처자를 거느리고 갔다.
② 집단안에는 7개 성씨를 가진 아야히도(漢人)들이 있었다.
③ 일본에 가서 야마또 히노구마에서 살았다.
④ 본국을 떠나면서 사람들이 흩어져 고구려와 백제, 신라의 변두리에서 헤매이다가 갔다.
⑤ 이마끼고을(다까이찌고을)을 세웠는데 사람은 많고 땅은 비좁다. 여러 지역에 나뉘여살았다.

이것이 셋쯔, 스즈까, 오미, 하리마, 아와 등의 아야히도 스구리이다.

그러면 아야씨의 계보를 구체적으로 보자.

《아야씨의 계보》

```
한 고조황제→석추왕→강왕→   ┌── 야마기노아따히
         아찌왕→쯔누가노오미 ──┼── 시누노아따히
                              └── 니하기노아따히

                ┌─아소나노 아따히(阿素奈直)
                ├─시따노아따히(志多直)
                ├─아라노아따히(阿良直)
시누노아따히─────┼─도네노아따히(刀禰直)
                ├─도리노아따히(鳥直)
                ├─이구사노아따히            ┌─고유노아따히
                │  (韋久佐直)               │  (甲由直)
                └─꼬마꼬노아따히(駒子直)────┼─가스떼노아따히
                                            │  (糠手直)
                                            ├─유미다바노아따히──┐
                                            │  (弓束直)          │
                                            └─고야리노아따히    │
                                               (小株直)          │
                                                                 │
오끼나노무라지→오오구니→이누가이→가리다노마로→다무라노마로 ←┘
 (老連)      (大國)    (犬養)    (苅田麻呂)    (田村麿)
```

 이 계보에서 보는《老連》란 사까노우에노 오끼나(坂上老)이며 쯔까노오미(都加使主)는 야마또노아야노아따히쯔가(東漢直掬)와 같은 인물이다. 시누노아따히의 6번째 아들인 고마꼬아따히가 소가우마꼬와 이름이 같다는것도 홍미있다. 그밖에도《사까노우에계보》는 아야씨에서 갈라져나온 무리 60개 성씨와 그들의 지배밑에 있는 30개 성씨의 수구리(村主, 勝)에 대하여 밝히였다.

 《속일본기》에서나《사까노우에계보》,《신찬성씨록》등에서 말하는 아찌노오미를 조상으로 하는 아야히또, 아야씨가 중국 한나라

황제의 자손이라고 하는것은 후세에 지어낸 말이다. 그들은 분명 조선-백제계통의 주민집단을 기본으로 한 씨족들이였다.

《일본서기》(권19 흠명기 17년 10월)에 다까이찌군에 가라히도(백제사람)와 고마(고구려)사람들의 오오무사, 오무사의 미야께를 둔다고 하였다. 그리고 응신기(권10 14년) 웅략기, 흠명기, 민달기, 숭준기, 추고기, 제명기, 천무기 등에는 백제의 각종 기술자, 중(지식인)들이 집중적으로 히노구마에 정착한 기사가 실려있다. 법흥사를 지은 마가미노하라(眞神原)라는 벌은 야마또노 아야씨의 집중거주지이면서도 소가씨의 본거지였다. 그리고 법흥사는 백제 아스까노 기누누히베가 살던 집이 있던 곳이다. 소가씨는 593년(추고원년)에 백제에서 보내온 불사리를 두는 절을 지었으며 탑의 기초를 세울 때에는 우마꼬 등 백여명이 모두 백제옷을 입고 정렬하여 기뻐하였다.(《부상략기》 제3, 추고천황) 이처럼 히노꾸마를 지배하던 집단은 백제계통의 주민집단이였으며 그들을 야마또노 아야씨라고 불렀다. 그 고장을 아스까라고 부르는것도 백제판인 가와찌 아스까에서 백제계통아야씨집단이 그곳에 이주, 정착하였기 때문일것이다.

물론 야마또노 아야씨집단이 백제사람으로 단색화된 집단이 아닌것만은 사실이다. 거기에는 고구려사람도 들어있었을것이며 가야사람들도 있었을것이다. 《사까노우에계보》에 고마꼬의 둘째아들에게서 가야(蚊屋)의 스꾸네, 가야의 이미끼의 두 성씨가 갈라져나왔다고 한것으로 보면 맨 처음 아야씨를 구성한 집단은 가야(가라)-아야사람들일수 있다. 야마또 아스까지방을 개척한것도 가야사람이던것을 후에 백제사람이 덮쳐 백제-가야(가라)세력으로 되였을것으로 짐작된다. 아스까지방에 아주 오랜 가야나루미(賀夜奈流美)신사가 있는것도 그리고 미와야마주변에 가야계통의 무나가따(宗像 가야)신사가 있는것도 바로 그때문일것이다.

이처럼 백제, 가야, 고구려의 여러 작은 집단들이 소가씨에 의하여 통일적으로 장악되고 통합된것이 야마또노 아야씨로 총칭하게 된것으로 인정된다. 사까노우에씨가 력대로 제사지냈다는 히노꾸마사의 구마 역시 고마-백제에서 유래된것으로 짐작된다. 또한 《일본서기》(권14 웅략 7년)에 나오는 이마끼노아야, 하또리, 스에쯔꾸리, 구라쯔꾸리,*1 에가끼, 니시고리, 오사 등은 다 《신찬성씨록》에 백제국에서 나왔다고 밝혀져있다. 그리고 《일본서기》(신공황후 섭정 5년)에 나오는 구와하라, 사미, 다까미야, 오시노미 등 4읍의 아야히도도 《사까노우에계보》에 실려있는 구와하라스구리, 사미스구리, 다까야스스구리, 오시노미스구리*2 등과 맞아떨어진다. 그들이 제철, 단철업을 하는 집단이였음을 《고사기》(중권)의 백제국에서 가라가누찌탁소(韓鍛治卓素)가 왔다는 기록을 통해서도 잘 알수 있다.

*1 《사까노우에계도》에서 말하는 구라쯔꾸리 스구리(鞍作村主)는 이 구라쯔구리와 일치한다. 그리고 소가노오미를 다르게는 구라쯔꾸리노오미라고 불렀던 사실(효덕기 4년)은 소가씨가 야마또노아야씨 특히 구라쯔꾸리노 스구리집단과 관계가 깊다는것을 보여준다. 또 소가 우마꼬를 《馬子》라고 부른것도 거기에 기인한다.

*2 오시노미(忍海)스구리, 사미스구리, 구와하라스구리, 다까무꾸스구리 등은 다같이 제철, 단철기술자집단들이다. 그들은 가쯔라기에 살면서 야마또 아스까정권에 무기, 무장을 제공, 보장하였다. 앞에서 본 오시노미군의 가야적무덤들에서 5세기 후반기의 단야공구들이 나온것은 그런 좋은 실례로 될것이다. 그들의 본판의 명칭은 가쯔라기고을에 구와하라, 다까미야, 오시노미, 사미 등 지명으로 전해져왔다. 구라쯔꾸리노 스구리는 처음 말사양과 마구류제작을 맡았던것으로 짐작된다. 하지만 점차 군사일반을 총괄하는 군사집단으로 발전한것으로 보아진다.

야마또 아스까에 처음으로 정착한것도 가야사람과 함께 백제계통이주민집단이였다. 《일본서기》(권14 웅략기 2년 10월)에도 후미히또노무사노스구리아오와 히노구마노다미노쯔까이하까도꼬 등의 후미히또베와 가와가미노도네리베가 정착하게 되였다고 기록되여있다. 무사노스구리란 흠명기 17년 10월에 밝혀진 백제사람 무사(身狹)와 통한다. 그리고 후히또베는 주로 백제 와니(王仁)출신집단의 호칭이였다.

백제계통의 후히또베 히노꾸마들이 아스까에 많았기때문에 아스까지방을 히노구마라고 한것으로 생각된다. 한마디로 말하여 아야히도란 《백제국의 사람, 다야가(多夜加)의 후손》《신찬성씨록》 권24 우교 제번 하)이란것이 그 진짜모습이다. 《신찬성씨록》의 이 기록은 야마또 아야씨를 총칭한 말이였다고 리해된다. 물론 아야씨도 순수 백제사람뿐이 아니였을것이며 가야사람, 고구려사람도 있었을것이다. 하지만 다까이찌고을 아스까지방에서 패권을 쥔것은 백제-가라사람들이였고 수적으로도 백제사람들이 많았던 사정은 이들 여러 갈래의 작은 집단을 7세기에 통털어 야마또노 아야씨라고 총칭하게 되고 《신찬성씨록》에 《아야히도는 백제국 다야가의 후손》이라고 밝혀지게까지 된것이다.

야마또노 아야씨(구레히도를 포함)가 백제계통이주민집단이였음은 고고학적으로도 증명이 잘된다.

현재 일본의 많은 학자들이 야마또 아스까의 히노구마에 정착, 거주한 야마또노 아야씨집단의 공동묘지를 야마또분지남쪽 또는 오찌구릉에 있는 무덤떼로 추정하고있다. 오찌구릉은 해발고 60~80m의 기복이 비교적 적은 곳이다. 떼무덤형태를 취한 구릉서북쪽에 있는 무덤떼를 일명 니이자와센즈까라고 부른다. 무덤떼는 약 500기의 무덤들로 이루어져있다.

1962년부터 5년동안에 걸쳐 약 130기의 무덤이 발굴조사되였다. 그가운데서 대부분(100기정도)이 직경 15m안팎의 작은 둥근 무덤으로 이루어져있고 내부매장시설은 백제에 고유한 나무널곧추묻기였다. 횡혈식무덤은 남쪽구릉의 극히 제한된 일부에 축조된데 불과하다. 무덤형성이 가장 성행한 시기는 5세기 후반기로부터 6세기 전반기이며 대표적인 초기 떼무덤이라는것이 밝혀졌다.

야마또노 아야씨집단의 묘지인 그 무덤떼의 대부분이 나무널곧추묻기라는 사실은 그 무덤떼를 남긴 사람들의 국적을 단적으로 보여주는것이라고 생각한다.

백제의 무덤형식에는 독무덤도 있고 수혈식돌칸무덤도 있으며 횡혈식돌칸무덤도 있다. 그리고 나무널곧추묻기 역시 백제무덤형식의 중요구성부분의 하나이다. 경기도 광주부근에서는 한때 돌칸,

돌곽이 없이 땅에 구뎅이를 파고 유해를 안치한 나무널을 묻고 그 우에 봉토를 하는 나무널곧추묻기가 보편화되여있었다.* 서울 가락동무덤떼에도 나무널곧추묻기무덤은 많다. 일반적으로 나무널곧추묻기무덤은 고구려나 신라, 가야보다 백제에 더 많다고 할수 있다. 백제에서 고구려의 영향을 받아 횡혈식돌칸무덤을 받아들이기 전에는 보편적장법이 바로 나무널곧추묻기였다고 말할수 있다.

* 《조선고대의 묘제》 좌우보간행회, 1947년, 65페지

니이자와센즈까의 백제적성격을 따지기 위하여 대표적무덤 몇 기를 더 살펴보기로 한다.

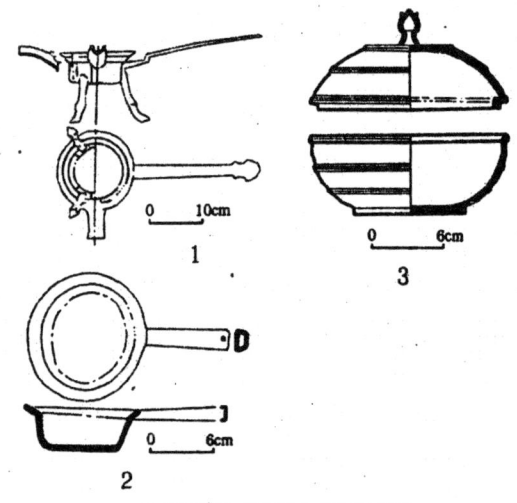

조선에서 드러난 청동제품
1. 청동제초두(제11호무덤)
2. 청동제위두(제7호무덤)
3. 구리합(제7호무덤)

니이자와 제126호무덤은 1963년 여름에 발굴조사되였다. 그 무덤은 니이자와센즈까를 대표한다고 할수 있을 정도로 호화찬란한 《국왕》급껴묻거리를 낸것으로 소문이 났다. 동서 22m, 남북 16m의 장방형무덤이며 하니와 등의 외곽시설은 없었다고 한다. 무덤무지의 높은 곳에 나무널이 묻혀있었다. 널밖의 동쪽끝에서 나무널의

주축과 곤추 사귀는 방향에 쇠칼이 있고(2개) 그우에 청동제다리미 1개, 옻칠한 소반 3개가 나왔다. 그것들은 나무함에 넣었던것 같다고 한다. 널안의 유물은 주로 장신구인데 유해에 붙어있는 형태로 드러났다. 머리부분의 장신구로서는 금으로 된 방형판, 장식달린 금귀걸이 한쌍, 머리꾸미개로 보이는 금라선모양장식 한쌍, 목걸이의 각종 구슬(비취색 굽은구슬, 금으로 된 둥근구슬, 은으로 된 속이 빈 구슬, 유리로 된 금박박은 둥근구슬, 유리로 된 구슬) 등이 있다.

백제금제방형판
(니이자와 제126호무덤)

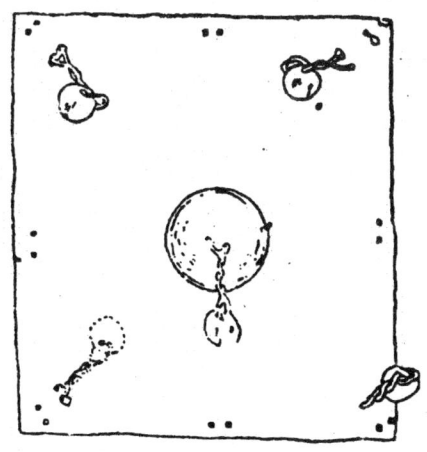

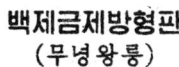

백제금제방형판
(무녕왕릉)

팔목부분의 장신구로서는 왼팔에는 금, 은팔찌, 유리구슬이, 오른팔에는 은팔찌가 있었다. 가락지는 금가락지 5개, 은가락지 3개가 나왔다. 허리에는 금동제띠고리와 13개의 방형띠고리가 있었다. 또한 금으로 된 수많은 보요가 나왔다.(약 370개) 보요들은 묻힌자의 옷에 달아매여져있던것으로 추정된다고 한다. 유리알 역시 널의 전면에 흩어져있었는데 아마도 묻힌자의 옷에 금보요와 함께 말아맸을 가능성이 농후하다고 한다.* 무덤축조시기는 5세기 후반기이다.

* 《야마또 니이자와센즈까 조사개보》 나라현 가시하라 고고학연구소, 1963년
《야마또출토의 국보, 중요문화재》 나라현립 가시하라고고학연구소 부속박물관편, 1983년, 교또 도호사출판, 157~165페지. 이하 무덤의 형편은 이 책에 의거하였다.

니이자와 제115호무덤은 제126호무덤의 서쪽에 위치한 직경약 18m의 둥근무덤이다. 매장시설은 나무널곧추묻기로서 단갑과 배머리모양투구, 어깨갑, 목갑 등이 따로따로 놓여있었다. 나무널결에서는 쇠활촉 2개와 많은 량의 작은 유리알이 나왔다. 투구 갑옷은 횡신판징박이식배머리모양투구와 삼각판징박이단갑이며 쇠활촉은 기마전투용의 목이 긴 활촉이다. 무덤축조시기는 유물들로 보아 5세기 후반기경이다.

니이자와 제109호무덤은 제115호무덤의 서쪽에 있는데 앞부분이 동쪽을 향한 28m의 전방후방무덤이다. 뒤부분은 나무널곧추묻기로 되여있다. 나무널밖에서 나온 유물로는 삼환령을 동반한 패갑일식과 꺾이여 휜 철갑, 단갑, 철검, 쇠칼, 쇠활촉과 거울 등이 있다. 나무널안의 유물은 장식달린 금귀걸이 한쌍, 유리알 등이다. 장식달린 금귀걸이는 쇠사슬에 4개의 금구슬이 일정한 간격으로 달려있다. 아래단에는 가로 긴 심엽형의 장식이 붙어있다. 길이는 11cm이다. 이 금귀걸이는 구마모또현 에다 후나야마무덤에서 나온 금귀걸이와 계보가 같다.

단갑은 횡신판징박이로서 쇠판에 금동씌운 방형쇠붙이가 개페

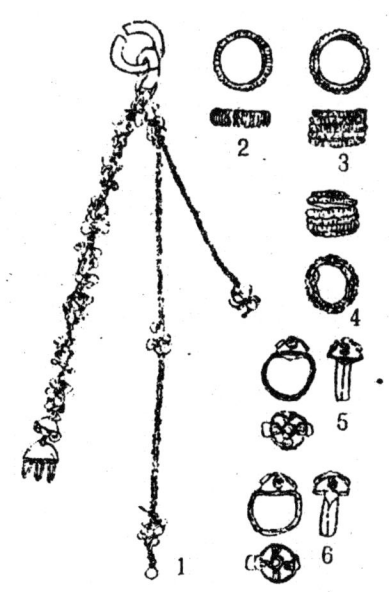

니이자와 제126호무덤에서 나온 조선금은제장식품들

1. 금으로 된 장식달린 귀걸이
2. 은가락지
3~6. 금가락지

장치에 사용되여있다고 한다. 쇠활촉은 모두 목이 긴 형식이다. 무덤의 축조시기는 유물들로 보아 제115호무덤과 같은 5세기 후반기경이라고 한다.

우에서 니이자와셴즈까의 몇개 대표적무덤들에 대하여 보았다. 그것을 보더라도 셴즈까무덤떼의 계보가 어디에 잇닿아있는가 하는것을 알수 있을것이다. 제126호무덤에서 나온 유물은 일본의 다른 무덤들에서는 그 류례를 찾아보기 드문 순조선(백제-가라)적양상을 띠고있다. 그것에 대하여 좀더 따져보자.

제126호무덤에서 나온 룡무늬를 뚫음새김한 네모판금띠고리는 룡무늬의 계보를 따지는 어떤 일본학자의 연구에 의하면 백제의 전라북도 정읍군 운학리C호무덤에서 나온 띠고리의 룡, 고령에서 나온 띠고리의 룡 그리고 무녕왕비의 보요관 등을 종합해보면 크기와 기법용도에서 그것은 무녕왕비의 보요달린 금으로 된 식판(가로 8.4cm, 세로 7.6cm)과 같다고 한다. 그리하여 그는 《그 제작지의 후보지를 백제 내지 락동강류역에 구하는것이 타당할것이다》*라고 결론짓고있다.

  * 《야마또출토의 국보, 중요문화재》 중 《니이자와 제126호무덤》

장식달린 금귀걸이는 왕비급들만이 쓸수 있는 일등급의 사치품이다. 길이는 21cm로서 조선과 일본을 포함하여 가장 긴 귀걸이로 이름높다. 금귀걸이는 석줄의 장식으로 되여있는데 둥근보요를 수많이 휘감은 한줄과 사슬로 된 두줄로 구성되였다. 무녕왕비의 귀걸이사슬에 보요를 많이 단 례가 있는데로부터 그 금귀걸이는 백제에서 제작된것으로 인정된다. 고구려나 신라에서는 아직 별반 그런 실례를 보지 못한것이다.

　금동제띠고리는 가로 긴 장방형으로서 아래우가 하나로 된 쌍엽환무늬가 좌우에 두줄로 나란히 있으며 심엽형수식의 내부에는 아래우 하나의 쌍각(双角)모양의 표식이 있다고 한다. 그와 같은 띠고리는 운학리C호무덤과 특히는 가와찌 후루이찌무덤떼의 마루야마무덤에서 찾아볼수 있을것이다.

　청동다리미는 지짐판모양으로 생겼는데 일본에서 그와 같은것이 나온것은 처음이다. 백제에서는 무녕왕릉에서 그것과 근사한것이 나왔으며 또 광주근방에서 청동초두가 발견되였다. 이와 같은 사실들은 제126호무덤에서 나온 청동다리미를 백제에서 건너간것으로 보아 틀림없다.

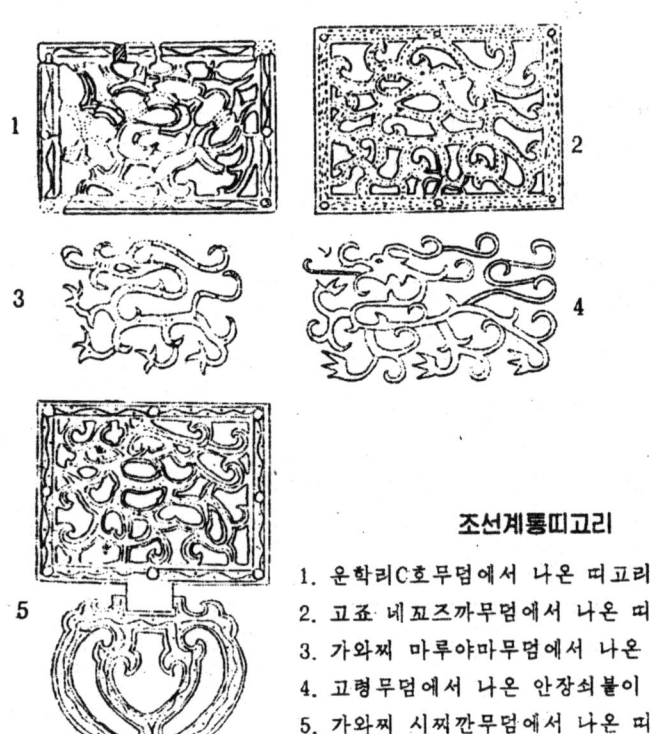

조선계통띠고리

1. 운학리C호무덤에서 나온 띠고리
2. 고쪼 네즈즈까무덤에서 나온 띠고리
3. 가와찌 마루야마무덤에서 나온 안장
4. 고령무덤에서 나온 안장쇠붙이
5. 가와찌 시찌깐무덤에서 나온 띠고리

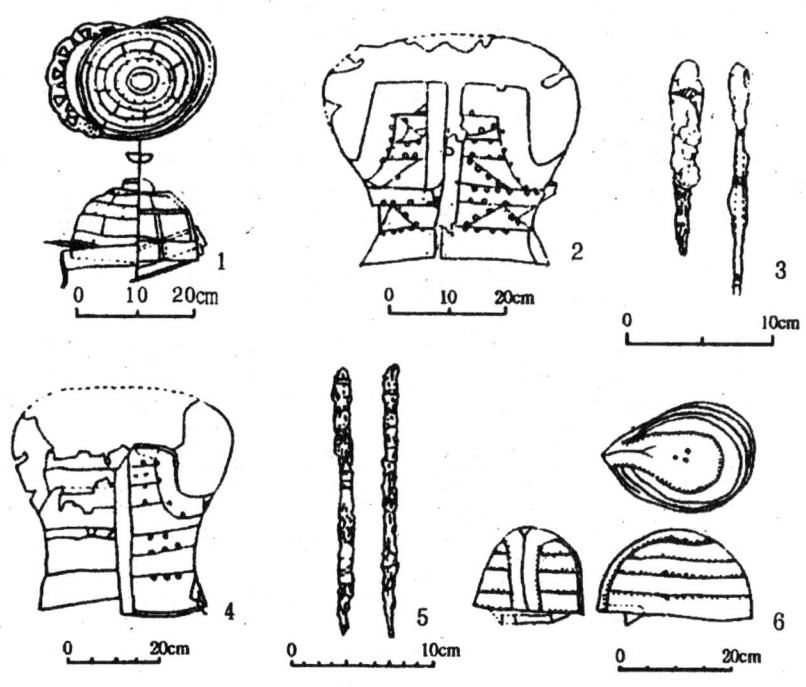

니이자와무덤떼에서 드러난 조선제투구갑옷(무기 포함)

1, 2, 3. (제139호무덤), 4, 5. (제109호무덤),
6, 7, 8. (제115호무덤), 9, 10. (제173호무덤),
11, 12. (제510호무덤), 13, 14, 15. (제281호무덤)

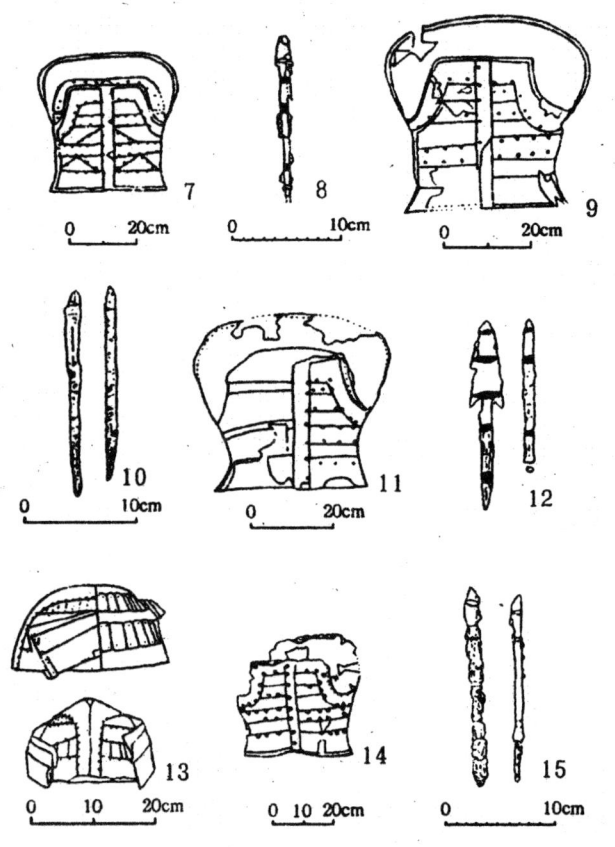

　전체적으로 보아 니이지와 제126호무덤의 매장시설과 유래들의 계보는 확실히 백제에서 찾을수 있을것이다. 그것에 대해서는 그 무덤을 전문적으로 연구하는 일본학자까지도 《126호무덤에 묻힌자는 조선반도로부터의 도래인일 가능성이 강하다고 말할수 있을것이다. 그것도 장신구의 류례로 보아 백제 내지 가야의 지역에 한정해도 좋을것이다.》*라고 말하고있다.

　　* 《야마또출토의 국보, 중요문화재》중 《니이자와 제126호무덤》

　여기서 흥미를 끄는것은 니이자와센즈까의 제139호무덤, 제281호무덤 등 몇개의 무덤들에 고식에 속하는 스에끼가 포함되여

있어 그 지역이 스에끼의 생산지인 오사까남부의 이즈미(수에무라) 지방과 일찍부터 교류를 가지고있다는 사실이다.

갑옷류의 양상과 스에끼류, 일련의 마구류 등으로 미루어보아 니이자와센즈까는 야마또노 아야씨집단이 남긴 무덤떼인 동시에 그것은 가와찌에 진출, 정착한 백제-가라계통세력들의 남부야마또분지(아스까지방)에로의 진출과 정착을 보여주는 중요한 물질적 자료라고 말할수 있다. 그 시작은 5세기 말경으로 보인다. 그것은 앞에서 여러 기회들에서 본바와 같이 고고학적자료들에 의해 담보된다.

우에서 야마또노 아야씨에 대하여 고고학적으로 살펴보았다. 오찌구릉의 무덤구역에 있는 니이자와센즈까가 비록 단일한 씨족집단의 무덤이 아니였다 할지라도 거기에서 기본을 이룬것은 나무널 곧추묻기무덤이였다고 한데서 알수 있는것처럼 백제계통어주민들의 것이였다. 그리고 그것은 기록을 통해 본 야마또노 아야씨의 계보를 정확히 밝힐수 있게 하는것이기도 한다.

야마또노 아야씨로 대변되는 백제-가라계통의 이주민집단은 당시 일본에는 없던 고국의 선진적토목기술과 수공업기술을 가지고 야마또분지 남쪽의 황무지를 힘있게 개척해나갔다. 제철, 단철기술은 주로 오시노미스구리, 사미스구리 등이, 스에끼를 비롯한 질그릇생산과 천짜기는 수에베, 니시고리베, 기누누히베 등이, 말기르기와 마구류생산, 불상조각, 절간짓기 등은 구라쯔꾸리스구리 등이 맡아하였다. 수많은 기술집단, 기마부대 등을 망라한 야마또노 아야씨집단은 여러곳에서 관개용저수지공사를 진행하는 등으로 생산적토지를 확보하고 조선식마구류와 기마전투용무기, 무장의 생산을 추진시켜나감으로써 강력한 경제력과 기마군단을 위주로 한 강한 군사력, 높은 문화적성과 등을 이룩해나갔다. 바로 그들에 의하여 6~7세기 일본고대력사의 개화기라고 이르는 아스까문화가 시작되는것이다.

이와 같이 일본에서 가장 발전된 기술수단과 군사력을 소유한 여러 조선계통집단을 통합지배한것이 야마또노 아야씨였고 그에 의거한것이 바로 소가씨일족이였다.

7세기 중엽 소가씨가 멸망한 후 야마또노 아야씨를 타고앉은것은 신흥백제세력인 나까도미씨였다. 나까도미씨는 소가씨대신에 야마또노 아야씨를 장악하게 되면서 자기 정권을 유지할수 있었다.

5. 나까도미씨의 계보

나까도미(中臣)씨는 처음에 야마또국가에서 제사를 맡아보던 문벌이였다고 한다. 그 집단의 시조는 구가누시(探湯主)이다. 구가누시는 조선에서 갔다는 구가다찌(盟神探湯)와 인연이 깊다. 나까도미씨의 먼 조상은 아메노고 야네노미꾜도(天兒屋根命)라고 한다.*

* 《후지하라 가마다리가전》상 《군서류종》5집 64권, 경제사판, 341페지

나까도미씨는 백제계통이주민세력이다. 그렇게 볼 근거를 제시하면 다음과 같다.

첫째로, 나까도미씨가 백제와 인연이 깊다는것이 문헌에 밝혀져있다는 사실이다.

《속일본기》(권36 천응 원년 7월 계유)에 의하면 나까도미의 아들인 이가쯔오미는 백제에 와서 장가들었다고 한다. 말하자면 백제국에 와서 장가들어 낳은 자식들을 나까도미씨라고 한다. 물론 여기서 말하는 백제국이 조선의 본국을 가리켰는지 아니면 일본렬도안의 백제소국을 가리켰는지는 잘 알수 없다.

둘째로, 나까도미가 백제계통집단이라는것은 대화개신직전의 사실을 놓고도 잘 알수 있다.

644년 나까도미노가마다리(614-669)는 나까노오에(후의 천지천황)와 함께 군사정변을 일으켜 오래동안 야마또정권안에서 왕노릇을 하던 소가씨일파(에미시, 이루까부자)를 거꾸러뜨린다. 그런데 이 사건을 목격한 후루히또노오에(古人大兄)는 자기 집에 들어가서 사람들에게 《가라히도가 구라쯔꾸리노오미를 죽였다.》*고 말하였다.

* 《일본서기》권24 황극 4년 6월

가라히도(韓人)란 조선 특히 백제사람을 가리켰다. 7세기에 해당되는 《일본서기》의 기록을 보면 그전처럼 가야사람을 가리켜 가라히도라고 하지 않았다. 대개는 백제사람을 가리켜 가라히도라고 불렀던것이다.* 구라쯔꾸리노오미란 소가 이루까를 가리킨다는것은 알려진 사실이다. 대화개신전야에 벌어졌던 이 군사정변의 직접적하수인은 나까도미노가마다리이다. 따라서 후루히또노 오에가 가마다리를 가리켜 가라히도라고 한것은 그가 백제출신이였다는것을 말해준다. 이를테면 오래된 백제계통귀족인 소가씨는 새로 건너간 백제계통집단과 그와 결탁한 세력에 의하여 타도된것이다.

  * 《일본서기》 권19 흠명기 17년 10월

셋째로, 나까도미씨가 백제계통세력이라는것은 후지와라씨로 칭하게 된 사연과 함께 가마다리의 둘째아들 후히도의 출신을 통해서도 잘 알수 있다.

나까도미노 가마다리는 정변직후에 내신벼슬을 받았고 죽기 직전에 대식관*1의 위계와 대신(大臣 오오오미)의 벼슬을 받았다. 그리고 후지와라란 성을 받아 56살에 죽는다.*2

  *1, *2 《일본서기》 권27 천지 8년 8월
    대식관이란 26계의 위계중 으뜸가는 관위이다. 력대로 이 관위는 가마다리에게만 주었기때문에 대식관이란 말이 가마다리의 대명사처럼 되였다.

나까도미 가마다리가 후지하라씨로 칭하게 된것은 그가 야마또 아스까의 후지하라란 고장을 본관으로 삼았기때문이다. 후지하라는 현재 아스까사(법흥사)로부터 얼마간 떨어진 오하라(小原, 大原 다까이찌군 오하라촌)라는 고장의 후지이가하라(藤井原)에 유래한다고 한다. 그런데 그 오하라를 포함한 일대는 백제계통이주민들의 집중거주지이며 그들의 정치적중심지였다는 사실이다. 그곳은 고대에 구다라 즉 백제라고 불리우던 땅이였다. 가마다리는 바로 그러한 백제주민이 살던 곳을 자기의 본관으로 삼은것이다.

다른 한편 애비인 가마다리에게서 모든 권한을 물려받은 둘째

아들 후히도는 698년 문무천황으로부터 자기 자손들만이 후지하(와)라씨란 성을 가질수 있는 특권을 획득하였으며 그후부터 후지하(와)라씨는 력대로 천황의 외척으로서 일본왕정을 좌지우지하는 세도재상이 되였다. 그런데 후지하라씨가문의 륭성의 기초를 닦은 후히도는 《史》로 쓰고 후히도라고 부른 사람이다. 《不比等》라고 쓰게 된것은 그가 자기와 견줄만 한 사람이 없다고 자고자대한데서 나온 한자표기이다.

그를 후히도라고 부르게 된데는 그럴만 한 사연이 있으며 나아가서 거기에는 또한 가리워진 나까도미씨의 정체가 숨어있다.

가마다리는 둘째아들을 당시 조선의 풍습대로 처가집에 맡겨 길렀다. 이리하여 후히도는 백제계통세력의 본거지에 있는 외가집인 다나배노후이도(田邊史)의 집에서 양육되였다. 그래서 그는 성인이 된 다음에도 외가집의 이름을 따서 후히도라고 자칭하였다. 후에 광명황후가 된 자기 딸을 아스까히메(安宿媛)라고 한것이나 다른 딸인 나가야왕부인(長屋王夫人)이 낳은 아이를 아스까왕(安宿王)이라고 한것은 후히도가 가와찌 아스까에서 자랐기때문이였다.

이미 본바와 같이 다나배노후히도가 살던 고장은 일명 가와찌 아스까라는 곳으로서 백제계통이주민들이 집중적으로 살던 곳이다. 이에 대해서는 지명과 옛 기록, 고고학적유적유물을 통해서 증명된다.

나까도미 가마다리의 처가집이 가와찌의 아스까에 있었다는 사실은 그의 출신이 백제계통이주민집단이였다는것을 여실히 보여준다. 그리고 그것은 앞에서 본 백제국에 와서 백제녀자에게 장가들어 낳은 자식이 나까도미씨이라고 한 《속일본기》(천응 원년-781년)의 기록과도 부합된다. 아무튼 나까도미씨는 새로 진출, 대두한 백제계통이주민집단과 결탁하여 그의 적극적뒤받침밑에서 오랜 백제계통세력인 소가씨를 타도하고 권력의 자리에 앉게 되였다.

나까도미 가마다리와 나까노오에일파가 당대의 큰 세력가인 소가씨를 거꾸러뜨릴수 있은것은 또 하나의 유력한 백제계통세력이 그들을 뒤받침해주었기때문이다. 그것이 바로 야마또노 후히도(和史)집단이다.

야마또(和)씨는 환무천황의 외가족속이며 백제 무녕왕의 아들 순타왕자의 후손이라고 한다. 그 집안은 자기 사당을 나라 야마또 분지에로 옮긴 다음 비로소 야마또(和)씨로 칭하였다. 그들의 춤이 본래 나라 야마또에서 추던 원주민계통의 춤과 구별된다는것은 앞에서 보았다. 《和》씨는 백제의 왕족에서 갈라져나온 집안이다. 바로 나까도미 가마다리일파는 가와찌 아스까에 진출한 이 백제계통귀족들과 결탁하여 그들의 힘에 등대고 소가씨를 반대하는 군사정변을 단행하였다고 생각된다.

어떤 일본학자가 연구한데 의하면 나까도미씨는 왕궁안에서 제사를 맡아보았는데 《나까도미씨계도》와 《오나까도미계도》를 분석한 결과 궁정안에서 제판제도가 정비된것은 6세기 전반기의 일이고 나까도미씨는 흠명, 민달친황통치시기경부터 중앙(야마또를 의미함)에서 유력한 씨족이였을것이라고 한다.* 그런데 백제왕이 보냈다는 야마또씨의 조상인 시가왕(斯我君)과 마나왕(麻那君)이 일본(가와찌지방)에 도착한것도 바로 6세기 전반기이다. 다시말하여 야마또씨의 조상으로 되는 시가왕, 마나왕이 백제에서 기내지방에 가는것과 궁정안에 제사판리제도가 정비되는것이 시기적으로 거의 맞아떨어진다는 사실이다. 《일본서기》에 의하면 전에는 전혀 볼수 없었던 나까도미 가마다리가 갑자기 644년(황극천황 3년)에 나타난다. 나오자 바람으로 군사정변과 같은 중대사건의 중심인물로 활약하게 된다. 아마도 기록에는 반영되여있지 않지만 나까도미는 궁정안의 제사의식을 맡아보면서 세력지반을 닦은것으로 리해된다. 그렇게 보아야 야마또노 후히도집단이 아무런 공로와 업적도 없이 나까노오에와 가마다리의 련합권력층의 비호를 받으면서 그후에도 계속 부귀영화를 누린 사실을 리해할수 있다.*

* 《일본신화》 이와나미서점, 1984년, 180페지

후지하라 후히도는 지통녀왕의 총애를 받아 등용되였다. 그런데 지통녀왕이란 천지천황(나까노오에)의 딸이다. 천지천황은 어머니가 황극천황이고 백제를 구원하는데 모든 국력을 다 바친 백제계통인물이다. 따라서 그의 딸인 지통녀왕도 백제계통인물이라고 할

수 있다. 후지하라 후히도는 이와 같은 백제세력의 틀안에서 자기
지반을 더 확고한것으로 만들어나갔다. 더 말한다면 후지하라 후히
도의 처가사람인 광명황후의 어머니 다찌바나 미찌요(橘三千代) 역
시 백제적색채가 농후한 가와찌 후루이찌지방출신이였고 가마다리
와 정변을 일으킨 나까노 오에의 배다른 형인 효덕천황은 즉위전에
가루황자 즉 가라황자(韓皇子)라고 불리우던 사람이다.

　　이상에서 본바와 같이 나까도미씨의 집단은 백제계통집단이였
고 가마다리는 그 집단을 대표하는 우두머리였다고 말할수 있다.
그가 백제사람이였기때문에 죽은 다음 그의 비문을 백제사람인 사
탁소명(沙宅紹明)이 쓰게 된것이다.*

　　　* 《후지하라 가마다리가전》, 사탁소명은 660년 백제가 망하면서
　　　　일본에 건너간 백제망명귀족이다. 그는 일본에 가자마자 법판대
　　　　보라는 벼슬에 올라앉았다.(《일본서기》 천지 10년) 사탁씨는 백제
　　　　국왕의 처가편 또는 왕후를 배출하는 높은 급의 귀족가문이였다.
　　　　대체로 좌평벼슬에 있었다.

6. 야마또 아스까국가의 백제적색채

　　야마또 아스까정권이 소가씨에 의해 통치된 백제적국가였다는
것은 여러 문헌자료들에서 잘 알수 있다. 그의 뚜렷한 실례가 백제
로부터의 불교접수과정이다.

　　《일본서기》[권20 민달기 6년(577년) 11월]에 의하면 백제왕은
일본에 여러권의 경론(불교경전)과 률사(律師), 선사, 니승(녀자중),
주술쟁이 그리고 부처와 절간만드는 수공업기술자 6명을 보냈다고
하였다. 이어 민달기 13년 9월에도 백제는 미륵불을 보냈다. 또한
신라에서도 부처를 보냈다고 한다.

　　백제에서 중들과 불교관계 수공업기술자들을 보낸것을 계기로
하여 권세가인 소가 우마꼬는 자기의 직속부하인 구라쯔꾸리노스구
리 사마달등(鞍部村主司馬達等) 등을 시켜 중을 모집하여 불도를
받들게 하였다. 그런데 모집된 중 100%가 백제계통인물을 위주로

한 조선사람들이였다. 즉 고마에벤(高麗惠便), 젠신니(善信尼), 아야히또야보의 딸 도요메(漢人夜菩女豊女一禪藏尼), 니시고리쯔보의 딸 이시메(錦織壺女一石女) 등이 그것이다.

그후 백제사신 은솔 수신(首信)을 따라 백제에 건너와 계법(불교의 법도)을 배우고 돌아간 젠신니들은 사꾸라이사(櫻井寺)에서 살았다.(《일본서기》 권21 숭준 3년 3월) 그 절은 후에 도요우라사(豊浦寺)(《일본서기》 권21 숭준 3년 3월)라고 불렀다. 소가노오미(曾我大臣一宗我) 즉 소가우마꼬를 일명 도요우라노 오미라고 하는것은 바로 그 절이 법흥사건립이전에 소가의 주요한 정치적지반으로 되여있었기때문이다.

590년에 머리를 깎고 중이 된 녀자중은 조선과 관계가 깊던 오도모노 사데히꼬노무라지의 딸 젠도꾸, 오도모노고마노 이로에(大伴狛夫人), 시라기(신라)히메 젠묘, 구다라(백제)히메 묘광, 젠광이다. 그밖에 구라쯔꾸리사마달등의 아들 다수나(多須奈)도 중이 되였다.(다수나는 구라쯔꾸리 도리의 애비이다.) 이 사람들의 이름에서 일목료연하듯이 그것은 모두다 조선계통인물들이였다는데 특징이 있다. 바로 소가씨는 이러한 조선사람들에 의거하여 자기 지반을 닦을수 있었던것이다.

소가우마꼬는 이시가와의 자기 집에 불전(佛殿)을 만들고 사리탑을 오노(大野)의 언덕북쪽(가시하라시 와다정?)에 세웠다.

한편 소가우마꼬는 성덕태자를 비롯한 여러 왕자들을 거느리고 모노노베노모리야노 오무라지를 쳐서 멸망시킨다. 이어 그는 백제가 여러 중들과 불사리와 절간건설에 필요한 수공업자들인 로반박사, 기와박사, 화가 등을 보내준데 고무되여 곧 아스까기누누히들이 사는 집을 헐고 그 자리에 웅장한 법흥사(일명 아스까사)를 건립하였다.(《일본서기》 권21 숭준 원년 이해)

《일본서기》에 의하면 법흥사건립과정은 다음과 같다.

숭준 원년(588)에 처음으로 법흥사를 지었다.*

* 일본학자들은 법흥사를 일본최초의 절간으로 설명하지만 사실은 이 절이 일본 최초의것은 아니다. 법흥사건립에 앞서 백제가 보

여러 여러 중들과 불공(佛工), 사공(寺工)을 나니와(오사까)의 오와깨노오기미(大別王)의 절에 안치한다는 기록(《일본서기》권20 민달 6년 11월)이 나온다. 또 깅끼지방에 앞서 백제, 신라와 보다 가까운 북규슈지방에서 먼저 불교가 보급되고 절이 세워졌을수 있다. 실지로 후꾸오까현지구에는 절간에 쇠운 아주 오랜 고식 백제기와가 나온 실례들도 있다.

숭준 3년(590년) 10월 산에서 절간용나무를 베기 시작하였다. 숭준 5년(592) 10월 불당과 복도(步廊)를 건설하였다. 추고 원년(593년) 정월 불사리를 법흥사의 절기둥(탑심초)의 기초에 두었다. 추고 4년(596년) 11월 법흥사가 완공되였다.

소가 우마꼬는 법흥사가 완공되자 곧 아들인 젠도꾸노오미를 주지로 임명하고 고구려중 혜자와 백제중 혜총을 법흥사에서 살게 하고 이어 백제에서 간 중 11명을 법흥사에 살게 하였다.(《일본서기》권22 추고 17년 5월)

여기서도 알수 있는바와 같이 법흥사의 건립에는 백제에서 보내준 절간짓기를 전문으로 하는 목수와 기와구이, 로반(절탑의 로반)닦이전문가들이 참가하였다. 그리고 절에 안치할 부처는 백제계통수공업자인 구라쯔꾸리 도리가 만들었다.(《일본서기》권22 추고 14년 4월 5월초)

절간을 지은 곳도 백제계통씨족인 야마또노 아야씨가 지배, 통제하는 땅이며 법흥사건설에서 특출한 공을 세운것도 다름아닌 야마또노 아야씨에 속하는 구라쯔꾸리였다. 이처럼 법흥사는 그 시작으로부터 완공에 이르기까지 백제계통사람들만이 참가하였고 그들에 의하여 절은 훌륭히 건설되였다. 이 절은 《대법흥사》라고 불리울 정도로(《일본서기》숭준 5년, 황국 3년) 당시로서는 일본최대의 사찰이였다. 그것은 곧 소가씨의 세력을 대변하는 대규모건설물이였으며 또한 야마또 아스까정권의 백제적성격을 규정짓는 건축물이였다.

그것을 방증하는것이 법흥사의 완공을 앞두고 진행된 사리탑을 절기둥초석에 안치하는 정치행사마당의 이채로운 광경이다. 《일본서기》에는 이때의 사실을 아주 짤막하게 《절기둥을 세우고 그 기둥 초석에 사리를 두었다.》라고만 씌여져있을뿐이다. 그런데 같은 사실을 전한 《부상략기》(제3 추고천황조)에는 다음과 같은 기사를 전하고있다.

《원년 정월에 소가노오미 우마꼬의 스꾸네가… 아스까땅에 법흥사를 세웠다. 절기둥을 세울 때 시마노오미(嶋大臣－소가 우마꼬를 가리킴－인용자)와 함께 100여명이 모두 백제옷을 입었으며 보는자들은 모두 기뻐하였다. 불사리를 감에 넣고 절기둥의 주추돌안에 넣었다.》

《일본서기》에는 불사리를 안치하는 성대한 의식을 진행할 때 소가 우마꼬를 비롯한 모든 문무백관이 백제옷을 입고 기뻐하였다는 사실을 빼놓았으나 그날의 일이 당시의 일본력사에서 일대 정치행사일뿐아니라 불교력사에서도 지울수 없는 사변이였기에 그날의 광경이 사람들의 기억속에 남아 불교책인 《부상략기》에 전해진것이라고 생각된다.

소가 우마꼬를 비롯한 100여명의 사람들이란 이른바 《천황》을 비롯한 당대의 높고낮은 귀족들모두를 가리켰을것이라는것은 분명하다. 이처럼 야마또 아스까국가의 모든 관료귀족(문무백관)들이 백제옷을 입고 매우 기뻐하였다는것자체가 그 정권의 조선－백제적색채를 단적으로 말해주는것이다.

이 법흥사는 고고학적견지에서 보더라도 고구려적영향을 받은 백제절간이라는 사실을 알수 있다.

법흥사에 대해서는 1956～1959년의 조직적발굴조사(《아스까사 발굴조사보고》(나라국립문화재연구소 학보 5책, 나라국립문화재연구소 간행)와 《세계고고학대계》 4권(헤이본사, 1964년, 27～31페지)]에 의하여 다음과 같은 두가지 특징이 밝혀졌다.

첫째로, 법흥사의 평면가람배치가 고구려에서처럼 1탑3금당식으로 설계되였다는 사실이다.

법흥사는 탑을 중심으로 그 북쪽과 동쪽 및 서쪽에 금당을 배치(1탑3금당)하고 탑의 앞 중문의 좌우에서 뻗은 회랑이 탑과 3금당을 빙 둘러싸고있으며 회랑북쪽에 강당, 중문앞쪽에 남문, 회랑

서쪽에 서문이 있고 경내의 경계를 이루는 축지가 그 대문들에 접해있다는것을 알수 있었다.

탑은 기단의 비교연구에 의하면 법륭사의 탑과 같은 정도의 크기였을것이라고 한다.

이것을 좀더 자세히 보면 다음과 같다.

법홍사 탑 1변의 길이 12m   법륭사 탑 1변의 길이 12.5m
　　　금당 21m×17.5m   금당 20.6m×17.25m

동서금당은 대칭되게 건설되였으며 크기도 비등하지만 동쪽금당이 비교적 잘 남아있었다고 한다. 두 금당은 주로 화강암으로 둘러싸인 2중기단을 가지고있었고 주위에는 작은 자갈들이 깔려있었다. 웃기판은 이미 없어졌고 아래기단의 좁은 곳에 초석이 있는데 이것은 평양시의 고구려 금강사터와 부여의 정림사폐사터에서 연원을 찾을수 있는 구조이다.(동서금당의 크기는 략한다.)

둘째로, 탑의 기초에서 나온 유물이 고구려-백제적유물이라는것이다. 탑자리의 지하 약 3m 지점에 기초돌(화강암 사방 2.4m)이 놓여있었다. 그우에 패워진 네모난 홈안에서 경옥, 판옥, 벽옥, 마노, 수정, 은, 유리 등의 여러가지 구슬과 금귀걸이, 금, 은, 연판, 금, 은의 작은 구슬, 금동장식품, 금동방울, 구리말방울, 철로 된 패갑 등 고구려와 백제의 횡혈식무덤의 껴묻거리와 같은 유물들이 나왔다.*

> * 최근(2009. 1. 14) 백제미륵사(백제무왕창건) 지석탑 1층 심주석중앙에 방형사리공이 설치된것이 드러났다. 판유리를 깐 우에 금으로 된 사리단지와 금으로 된 사리봉안기, 금괴, 금귀걸이, 손칼, 은장식, 은과대장식, 원형합, 청동고리, 호박, 유리구슬, 옥구슬 등 10여종에 505개에 달하는 초호화유물들이 드러났다. 아스까사의 심초에 부장한 유물일괄의 원형으로 되는 귀중품이며 형식과 내용이다.

현재까지 알려진데 의하면 1탑3금당은 고구려에 고유한 절간형식이다. 옛 고구려수도였던 평양을 중심으로 한 여러곳에서는 금강사터, 동명왕릉앞 정릉사터, 평양상오리절터 그리고 최근에 새로 드러난 토성리절터(황해북도 봉산군) 등 1탑3금당형식의 평면설계를 가진 절터가 네곳이나 알려져있다. 말하자면 아스까 법흥사는 고구려식절간배치양식을 본딴 건물이였다. 그러면 백제사람들이 지은 절간이 왜 고구려식으로 되였겠는가 하는것이다.

그것은 한마디로 말해서 세나라문화에 대한 고구려의 강력한 영향에 기인한것이다.

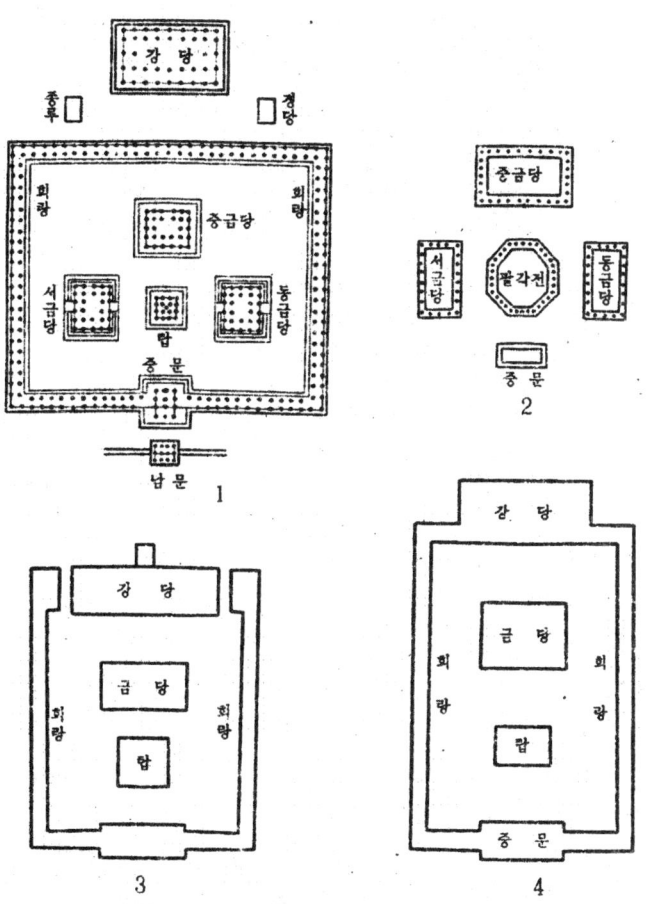

1. 아스까사(법흥사)페사터 배치도
2. 평양 청암리 금강사페사터 배치도
3. 부여 군수리페사터 배치도
4. 오사까 사천왕사 배치도

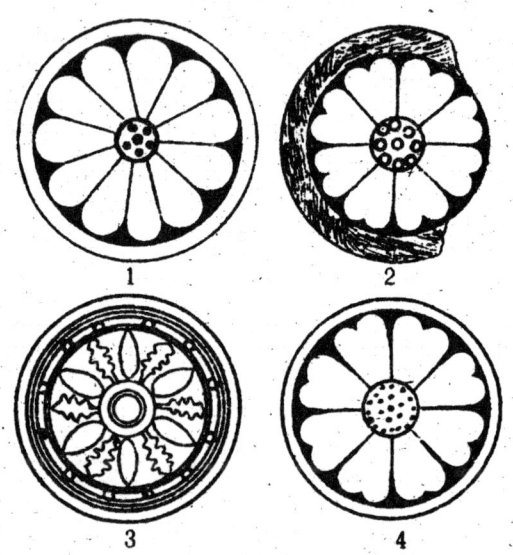

1. 아스까사페사터에서 나온 기와
2. 부여 군수리터에서 나온 기와
3. 평양 정릉사터에서 나온 기와
4. 부여 동남리페사터에서 나온 기와

고구려는 조선에서 제일먼저 불교를 받아들인 나라이고 다른 모든 문화분야에서와 마찬가지로 고구려의 불교문화 역시 백제, 신라를 거쳐 일본에 전파되였다. 또한 6세기 중엽이후는 고구려문화가 직접 야마또지방에 파급되기도 하였다. 실례로 성덕태자는 고구려중 혜자를 스승으로 섬겼고(《일본서기》 권22 추고 3년 5월) 후에 혜자는 백제중 혜총과 함께 불교승려의 우두머리가 되여 법흥사에 살게 된다.(《일본서기》 권22 추고 4년 11월) 그리고 고구려는 야마또 아스까에 승륭, 운총(《일본서기》 권22 추고 10년 윤10월), 담징 법정(《일본서기》 권22 추고 18년 3월)을 보내며 고구려 대흥왕(영양왕?)은 법흥사에 안치할 불상의 주조를 돕기 위해 황금 300량을 보내기까지 한다.(《일본서기》 권22 추고 13년 4월) 그뿐아니라 고구려왕이 보낸 중 혜관은 승정이라는 불교승려의 최고벼슬자리에까지 오른다.(《일본서기》 권22 추고 33년 정월) 이처럼 법흥사건립을 전후한 시기 야마또 아스까에서 활약한 고구려 중들은 적지 않았다

당시 고구려는 아시아의 대강국이며 그의 국제적권위는 매우 높았다. 강력한 국력에 의해 안받침된 고구려문화는 간접, 직접을 불문하고 일본에 커다란 영향을 주었다. 그런데로부터 야마또 아스까의 친백제적지배계급들은 고구려식으로 절간을 짓는데 선뜻 나선것이다.

　물론 그렇다고 해서 법흥사가 전적으로 고구려일색으로 된 절은 아닐것이다. 그 절은 어디까지나 백제사람들이 백제계통이주민의 우두머리인 소가씨를 위하여 지은것만큼 백제식으로 만들어졌음은 두말할것 없다.

　우선 중문의 측면이 3칸인것은 법륭사와 같으며 회랑의 기둥칸도 법륭사의 회랑과 같다. 그리고 동서의 금당은 마주 향한 위치에 있고 2중기단을 가진다. 이런 구조는 앞서 본바와 같이 고구려에도 있지만 또 백제에도 있다. 서문은 백제 부여의 백제정림사터의 문과 그 치수까지 같다.

　다음으로 법흥사가 고구려계통의 백제절간이라는 사실은 그 절간의 지붕에 얹은 기와가 고구려기와가 아니라 백제기와라는 사실이다. 법흥사에서 나오는 가장 오랜 시기에 속하는 기와장과 같은 것이 백제의 옛 수도인 부여의 여러곳에서 나온다. 즉 군수리절터, 동남리절터, 구아리절터, 부소산, 가탑리절터, 익산 왕궁터, 구교리절터 등에서 나온다. 이것은 백제에서 와(기와)박사가 왔다는 《일본서기》의 기록과 맞아떨어진다. 거기에서는 고구려기와는 원칙적으로 나오지 않는다.

　그뿐아니라 1953년에 법흥사의 동남근방에서 그 절에 쓸 기와를 구운것으로 추측되는 큰 규모의 가마터가 발굴조사되였는데 그것은 백제의 부여산기슭에 수많이 존재하는 가마터와 구조상 완전히 일치한다.

　그리고 법흥사는 비록 고구려계통형식을 본딴 1탑3금당이라고 하지만 그 탑건립양식은 고구려적인것이 아니라 백제적이다. 고구려의 탑은 현재까지 드러난 모든 절터에서와 같이 형식이 독특한 팔각형으로서 이채를 띠였다. 고구려에서는 형식과 내용에서 웅건한 8각형이 즐겨 쓰이였다.*

＊ 고구려에서 8각형이 즐겨 쓰이였다는것은 여러 력사유적유물에 반영되여있다. 고구려탑은 에누리없이 8각형이고 최근에 드러난 대성산 고구려우물 역시 8각형이다. 그리고 고구려를 계승한 발해에서 8각형의 고구려우물이 남아있다. 평안남도 룡강군 쌍기둥무덤의 두 기둥도 8각형이다.

　범흥사의 탑은 8각이 아니라 사각탑이였다. 그것은 법흥사탑건립에서 백제적형식을 계승한것이라고 볼수 있을것이다.

　이상에서 본바와 같이 법흥사는 우수한 고구려계통의 절간형식을 계승한 백제절이였고 당대 건축의 우수한 모든것을 도입한 건물이였다. 그것은 소가씨정권의 권력의 시위였다고 해도 지나친 말이 아니다.

　사실상 법흥사는 불교전파의 단순한 절간이 아니라 국가적인 큰 정치행사가 거행되는 장소이기도 하였다. 법흥사건립이후 야마또 아스까국가의 크고작은 모든 중요행사가 바로 법흥사앞마당의 느티나무아래에서 진행되였다. 실례로 644년의 군사정변을 꾸민 나까노 오에와 나까도미 가마다리는 정변직후 곧 천황족속이하 나라의 모든 군신들을 그곳에 모이게 하고 천지신에게 맹세(사실은 새 정권에게 맹세)를 다지게 하는 일대 정치행사를 거행하였으며 드디여 대화 원년을 선포하는것이다. 그후의 임신란(672년)때 역시 법흥사의 느티나무아래에서 정치행사가 있었다.

　그런데 느티나무아래에서 집단 또는 국가가 자기의 우두머리에게 맹세를 다지는 행사를 벌리는 풍습은 법흥사건립이후 처음으로 생긴것이 아니다. 그런 행사는 본래 소가 우마꼬의 집에서 진행되던것이였다. 소가 우마꼬의 집을 일명 《쯔끼구마(槻曲)의 집》이라고 하였다(《일본서기》 권22 추고 28년 10월)고 한다. 말하자면 소가 우마꼬의 집에는 느티나무가 있어 그아래에서 자기가 통제하는 부족들이 모여 맹세를 다지는 행사가 진행되였던것이다. 이처럼 느티나무아래에서 부족집단들의 우두머리 소가씨에게 맹세를 다지는 소가씨의 행사풍습이 국가적규모로 확대되고 그런 행사장소가 국가적규모의 큰 절간인 법흥사로 옮겨지게 된것이다. 소가씨의 집안에서 진행되던 의식이 확대되여 야마또 아스까국가의 정식 정치행사로 전환된것이다.

법흥사의 느티나무아래에서 맹세를 다지는 국가적의식이나 소가 우마꼬의 집에서 진행되는 행사는 다같이 백제의 오랜 풍습에 연원을 둔 의식이였다.

《진서》 권97 마한전에는 《풍습에 귀신을 믿고 늘 5월에 씨를 뿌린 다음 끝나면 무리로 모여 노래하고 춤추며 신에게 제사지낸다. 10월에 이르러 농사가 다 끝나면 또 같은것을 되풀이한다. 국읍(國邑)마다 각각 한사람씩 세워 천신제사를 주관한다. 이것을 천군이라고 한다. 또 별읍을 두고 이름을 〈소도〉(蘇塗)라고 하는데 큰 나무를 세워 방울과 북을 매단다. 그 소도의식은 서역의 부도(浮屠)와 비슷한 점이 있는데 행하는바가 선악에 어긋나는가 아닌가를 보는것이다.》라고 기록되여있다. 말하자면 소도의식이란 큰 나무아래에서 사람들의 행실의 선악을 심판하고 부족 또는 집단내의 단결을 도모하는 일종의 정치, 종교의식이라고 볼수 있다. 충청남도 대전시 피정동에서 나온 청동기에는 소도를 방불케 하는 나무가 하나 서 있고 나무우에 새가 머물러있는것을 형상한 유물이 나왔다. 이 청동기에 형상된 나무는 《소도》의식과 무슨 관계가 있었을것이다. 또 그와 같은 백제(마한)의 오랜 풍습이 야마또 아스까에 전해진것이다.

백제의 통치층들은 고구려에서 갈라져나왔다. 처음 그 세력은 한강류역을 차지하였으며 점차 세력을 뻗쳐 마한땅을 완전히 차지하였다. 이리하여 본래 마한땅에서 살던 주민들은 백제의 판도에 속하게 되였으며 날이 감에 따라 《소도》의식의 풍습을 가진 마한사람들도 백제사람으로 되고말았다. 말하자면 《소도》풍습이 백제에로 계승되였는데 최치원이 찬한 문경 《봉암사지증대사숙조탑비》(《조선금석총람》 상권)에 《백제에 소도의 의식이 있었다.》고 명문으로 밝혀져있다. 소가씨는 바로 그와 같이 《소도》의식의 풍습을 지니고있었기때문에 자기 집의 큰 느티나무아래에서 일족과 자기가 지배통제하는 야마또노 아야씨의 단결, 결속 및 자기에 대한 맹종복속을 도모하기 위한 행사를 가졌던것이다. 흠명천황의 무덤을 히노구마룡에 쏠 때 매 씨족마다 무덤무지우에 기둥을 높이 세우는 경기를 하였는데 야마또노 아야 사까노우에 아따히가 세운 기둥이 제일 높고 굵어 그때 사람들이 《오하시라노 아따히》(大柱直)라는 별명을 붙였다고 한다.(《일본서기》 권22 추고 16년 9월) 소가씨의 이러한 《소도》모습이 법흥사에 옮겨져 그것이 국가적규모에서 벌어졌던것이다. 소가씨집단의 풍습이 국가적규모의 의식으로 된데는 소가씨가 당시 야마또 아스까정권의 왕이였다는 사정과 관련된다.

야마또정권내부가 백제계통인물일색으로 되였다는것은 또한 국가적범위에서 중국 수나라에 보낸 류학생들의 이름들을 보아도 잘 알수 있다.

야마또국가는 4명의 학생과 4명의 학자중을 합한 8명을 수나라사신 홍로사 장객 배세청을 따라 공부시키러 수나라에 보낸다.(《일본서기》 권22 추고 16년 9월) 그 명단을 보면 다음과 같다.

학생
야마또노아야노아따히 후꾸인(倭漢直福因)
나라노오사 에묘(奈羅譯語惠明)
다까무꾸노아야히도 껜리(高向漢人玄理)
이마끼노아야히도 오구니(新漢人大圀)

학자중
이마끼노아야히도 니찌몬(新漢人日文)
미나부찌노아야히도 쇼안(南淵漢人請安)
시가노아야히도 에온(志賀漢人慧隱)
이마끼노아야히도 과우사이(新漢人廣濟)

여기서 말할수 있는것은 야마또 아스까국가가 국가적범위에서 선발하여 중국에 보냈다는 8명의 학생과 학자중 100%가 백제계통인물이였다는 사실이다. 그 이름들에서 알수 있는바와 같이 7명의 아야히도와 1명의 나라노오사는 명백히 조선계통인물들이다. 중국에 가서 새로운 문화를 배워오기 위해서는 초보적으로 한문을 해득하는 지식이 필요한데 당시의 일본에서 한문에 능한 사람이란 오직 조선계통이주민들뿐이였다는 사실이다. 이들 8명가운데는 살아돌아 가지 못한 사람들도 있었겠으나 살아돌아간 사람들은 야마또 아스까국가의 중요직책에 있으면서 큰 역할을 하였다.

7. 소가씨의 독판치기

이미 본바와 같이 소가씨는 가라꼬, 고마, 이나메를 거쳐 우마꼬대에 와서 야마또 아스까의 모든 실권을 틀어쥐였다. 우마꼬가 세력을 크게 떨쳤을 시기는 숭준천황(587년 - 592년)과 추고녀왕 (592년 - 628년)시기였다. 그는 숭준이 마음에 들지 않자 생트집을 걸어서 자기의 심복인 야마또노아야노 아따히고마(東漢直駒)를 시켜 숭준을 즉석에서 죽여버렸다.(《일본서기》 권21 숭준 5년 11월) 그런 다음 숭준을 죽인 하수인마저 죽이고만다.(《일본서기》 권21 숭준 5년 11월)

우마꼬는 자기의 조카딸인 누까다배노히메미꼬(額田部皇女)를 왕자리에 앉혔다. 이것이 추고녀왕이다. 이에 앞서 소가씨는 자기 딸을 천황의 후비로 7명씩이나 넣어 세도재상으로서 세력을 떨쳤다. 그러나 숭준피살이후 야마또국가에는 두명의 국왕이 존재한셈이다. 하나는 성덕태자이며 또 하나는 소가 우마꼬이다. 추고녀왕이란 순전히 꼭두각시였으며 《일본서기》에는 그가 마치도 국왕으로 군림한듯이 써놓았으나 실지로 그러한 녀왕이 존재하였는지조차 의문스럽다. 《일본서기》편찬자들이 이른바 《만세일계》를 확립하기 위해 꾸며낸 왕일수 있다. 아무튼 추고녀왕은 명색이 왕일뿐 실지로는 왕의 권한을 행사하지 못하였다.

추고녀왕은 우마야도노 도요도미미노 미꼬 즉 성덕태자를 세워 섭정으로 삼았다. 성덕태자는 일명 마구간왕자라고 하였다.

처음에 소가 우마꼬는 성덕태자와 련합제휴하여 모노노베노 모리야노무라지를 타도하여 모노노베세력을 꺾었다. 그러다가 622년* 성덕태자가 죽자 우마꼬는 성덕태자의 아들 야마시로노 오오에(山背大兄) 등 성덕태자의 잔여세력을 하나씩 제끼면서 권력을 독점하기 위해 획책하였다.(《일본서기》 권24 황극 원년 이해 황극 2년 11

- 317 -

월 등) 그러한 사실은 가쯔라기현을 자기의 완전한 소유지, 직할지로 넘길것을 녀왕에게 강박하는데서 표현되였다.

* 《일본서기》에는 성덕태자가 추고 29년(621)에 죽은것으로 되여 있으나 《천수국수장》명과 법륭사 금당석가상명에는 추고 30년 (622)에 죽은것으로 되여있다.

소가 우마꼬는 사람을 시켜 추고녀왕에게 다음과 같이 말하였다.

《가쯔라기현은 본래 나의 본거지이다. 때문에 그 현의 이름으로 성씨를 삼은것이다. 원컨대 그 현을 나의 봉토로 했으면 좋겠다.》

그러자 추고녀왕은 다음과 같이 대답하였다.

《나는 소가씨에서 나왔다. 그래서 그대는 나의 숙부이다. 때문에 그대의 말은 무슨 말이든 다 들어주었다. 그러나 내가 다스리는 시기에 이 현을 잃었다면 후의 임금이 〈어리석은 녀자가 나라를 다스렸기에 그 현이 잃어졌다.〉 하고 말할것이다. 이것이 어찌 내 혼자 현명하지 못한 일이겠는가. 그대 역시 충성스럽지 못한것으로 될것이다.》라고 하면서 땅을 떼여주는것을 허용치 않았다고 한다.(《일본서기》 권22 추고 32년 10월)

소가 우마꼬와 추고녀왕사이에 가쯔라기를 두고 오고간 말은 소가씨야말로 야마또 아스까국가에서 실질적인 권력을 행사한 인물이라는것을 보여준다. 가쯔라기땅은 후에 소가씨의 봉토가 되고 조상의 신주를 받든 소가씨의 묘당이 거기에 크게 세워진것은 물론이다.

소가씨의 독판치기는 우마꼬의 아들 에미시, 손자 이루까의 대에 와서 더욱 우심해졌다.

《일본서기》(권24 황극 즉위 전기)에 이루까(入鹿)에 대하여 《스스로 나라의 정치를 잡고 위엄이 아버지보다 더하였다.》라고 함으로써 소가씨의 커다란 권력행사의 한 측면을 드러냈다. 그는 온 나라에서 180개 부곡의 백성들을 징발하여 생전에 자기네 부자의 무덤(쌍무덤)을 세력지반이 구축된 이마끼 다가이찌군에 축조하게 하였다. 이와 같은 행위는 불피코 한때 섭정(국왕)노릇을 한적이 있는 성덕태자의 세력들속에서 반발이 일어나게 하였다.

《소가가 국정을 제마음대로 좌지우지하고 무례한짓을 많이 한다. 하늘에 두개의 해가 없고 나라에 두명의 임금이 없다. 어째서 제멋대로 백성을 부려먹는가.》(《일본서기》 권24 황극 2년 11월)라고 한것이 바로 그것이다.

하지만 이와 같은 반항세력은 절대적권력과 군사력을 가진 소가씨의 대상으로는 되지 못하였다. 반항세력은 곧 진압당하고말았다.(《일본서기》 권24 황극 원년 이해) 소가씨에 대하여 적의를 품은 사람들이 《하늘에 2개의 해가 없고 나라에는 2명의 임금이 없다.》고 한 말을 통하여 당시 야마또 아스까국가안에서 차지한 소가씨의 정치적지위를 보게 되는것이다.

소가 에미시, 이루까가 왕노릇을 하였다는것은 그들이 이른바 천황이 사는 궁전이외에 그가 따로 왕궁을 지은데서도 알수 있다. 소가부자는 우마가시언덕(甘樔岡)에 자기 집을 새로 지었다. 에미시의 집을 《우에미까도》(上宮門)로, 이루까의 집은 《하사마노미까도》(谷宮門)라고 불렀다. 그리고는 아들딸들을 왕자(王子)라고 부르게 하였다.

소가부자는 집둘레에 성책을 설치하고 대문곁에는 무기고를 갖추었으며 늘 힘장수들로 하여금 무기를 가지고 대문을 지키게 하였다. 이와 함께 우네비산(畝傍山)동쪽에 또 한채의 집을 짓고 해자를 파고 성으로 삼았다고 한다.*

* 우마가시언덕 이웃에 있던 집이 천황의 집이였던지 아니면 소가씨가 이 언덕에 옮겨오기 전의 집이 그랬던지 잘 알수 없으나 기록에 의하면 소가씨의 집이 천황이 사는 왕궁에 린접해서 집을 지어 살았다고 한다.(《일본서기》 권24 황극 4년 6월)

소가부자가 우마가시의 언덕에 집을 지었다는것은 사실상 조선식산성을 쌓고 그안에 궁전을 지었음을 의미한다. 그리고 소가씨의 집을 궁전이라고 하였다는것은 당시 사람들이 그렇게 불렀다는것을 의미한다. 소가의 자식들을 왕자라고 부른것도 소가 에미시와 소가

- 319 -

이루까가 당시 사람들로부터 《국왕》으로 불리웠다는 전제밑에서 나온 말이다. 결코 허공에 뜬 빈말이 아니였을것이다.

소가씨가 야마또 아스까국가에서 국왕행세를 하였다는것은 야마또노 아야씨가 소가를 가리켜 《우리들의 임금》이라고 부른데서도 명백하다.

야마또정권의 기본무력을 이룬것은 야마또노 아야씨집단이였다. 야마또정권이 6세기 중엽이후 서부일본의 통합을 이룩할수 있었던것은 전적으로 백제-가라계통이주민집단을 기본으로 하여 구성된 야마또노 아야씨를 통합하고 이들을 지배통제한 소가씨의 조직적수완과 통솔력 그리고 소가씨에 의해 하나로 묶어진 야마또노 아야씨집단의 경제 및 군사력이 있었기때문이다. 소가씨는 여러 갈래의 야마또노 아야씨의 작은 집단들을 하나로 통합한 공로와 수완으로 하여 그우에 군림한 우두머리가 될수 있었다. 사실상 야마또노 아야씨를 누가 장악하는가에 따라 국권을 쥐느냐 마느냐 하는것이 판가름되게 되는것이였다.

성덕태자가 소가씨와 맞설만 한 힘을 가질수 있었던것도 결국 그가 야마또노 아야씨의 기병군사집단을 틀어쥔 우두머리였기때문이다. 그는 《우마야도(마구간)의 왕자》라고 한데서도 알수 있는바와 같이 우마야도(廐戶) 즉 마구간과 관련된 이름을 지니고있었다. 기록들에 의하면 이와 같은 이름이 붙은것은 그의 어머니가 궁정내부를 순행, 순찰하다가 말관청의 마구간문에 치워서 어렵지 않게 해산하였기때문에 그러한 이름이 붙었노라고 하였다.(《일본서기》권 22 추고 원년 4월, 《상궁성덕법황제설》) 하지만 그것은 진실보다 허위에 더 가까운 설화에 지나지 않는다. 귀부인이 마구간을 돌아볼 필요가 없을뿐아니라 만삭이 된 부인이 무엇하러 마구간순찰을 하겠는가. 우마야도란 이름이 붙은것은 그가 기병집단의 우두머리였거나 기병집단을 틀어쥔 인물이였기때문이라고 리해해야 할것이다. 《속일본기》(권26 천평신호 원년 5월 20일)에 《모사시는 말을 잘 길렀는데 상궁태자(성덕태자를 가리킴-인용자)에게서 말을 관할하는 임무를 받았다.》라고 하였다. 이것은 성덕태자휘하에 말을 기르고 말을 잘 타는 사람들 즉 기병들이 많았음을 보여준다. 성덕태자가 기병집단이라는 유력한 군사력을 배경으로 하고있었기때문에 소가씨도 그를 감히 배제하지 못하고 그에게 일정한 양보를 하면서까지 제휴한것이라고 보인다. 소가씨는 성덕태자가 죽은 다음 그가 거느리던 기병집단을 틀어쥐고 최종적으로 야마또노 아야씨를 하나로 통합하였다. 그리하여 소가씨는 국정을 좌지우지할수 있는 튼튼한 군사적밑천을 가지게 된것이였다.

소가씨는 야마또노 아야씨를 지배통제함으로써 자기의 뜻을 실현해나갔다. 숭준《천황》을 자의대로 아무런 물의와 충돌도 야기시키지 않고 식은 죽먹기로 죽일수 있었던것도, 추고녀왕이 죽은 후 서명《천황》을 소가씨가 독단으로 왕자리에 들여앉힌것도 다 야마또노 아야씨의 군사력이 소가씨를 뒤받쳐주었기때문이다. 또한 소가씨가 국가적인 큰 절간인 법흥사와 소가의 궁전을 세울수 있었던것도 다같이 야마또노 아야씨의 힘에 의거함으로써만 가능하였다. 법흥사터는 소가씨의 본거지인 동시에 야마또노 아야씨의 본거지였다. 법흥사의 건립과 거기에 부처를 안치하는 일에 이르기까지 다 야마또노 아야씨가 관여하지 않은것이 없었다. 소가씨가 우마가시의 언덕에 궁전을 지었을 때 소가씨의 호위를 맡은것 역시 야마또노 아야씨였다. 소가 이루까는 말년에 가서 자신을 구라쯔꾸리(鞍作) 또는 구라쯔꾸리노오미(鞍作臣)라고 칭하였다.

말하자면 소가씨와 야마또노 아야씨는 일심동체였다. 소가씨는 야마또노 아야씨를 틀어쥐고 그 지지를 받게 되여 비로소 왕노릇을 할수 있었고 그 지지를 못받게 되자 소가씨의 명은 끊어지고마는것이다.

나까노오에와 가마다리의 군사정변에 의해 이루까가 피살되자 야마또노 아야씨는 무장을 하는 자기의 모든 족속들을 거느리고 가서 갑옷을 입고 병기를 들어 상전인 에미시를 도와 군진을 편다. 나까노오에는 장군인 고세노 도고다노오미를 아야씨의 군진에 보내여 리해득실을 해설하면서 아야씨를 설복한다. 그러자 야마또노 아야씨의 한사람인 다까무꾸노오미 구니오서(高向臣國押)는 검과 활을 던지고 가버린다. 이렇게 되자 야마또노 아야씨의 병사들은 무기를 버리고 뿔뿔이 흩어지고만다. 믿고있던 야마또노 아야씨의 군사들이 달아나자 더는 지탱하지 못할것을 안 소가 에미시는 집에 불을 지르고 죽고만다.

여기서 특별히 주목할만 한 사실은 다까무꾸노오미가 소가씨의 궁전을 지키는 같은 족속인 아야노아따히들에게 한 말이다. 그는 다음과 같이 말한다.

《우리들은 임금인 대랑때문에 죽게 되였다. 오미(에미시-인용자)도 또한 오늘이나 래일이면 처형당할것은 뻔하다. 그렇다면 누구를 위하여 헛되게 우리가 몽땅 처형을 당하겠는가.》

다까무꾸노오미는 소가 이루까를 자기들의 임금이라고 불렀다. 대랑이란 《가마다리가전(鎌足家傳)》에 의하면 당시 사람들이 소가노오미 이루까를 그렇게 불렀다고 한다. 일본학자들은 《君》(임금군)자를 경어로 달았다고 하지만 그보다도 그때 야마또노 아야씨사람들이 소가 이루까를 실지로 《왕》이라고 불렀다고 보는것이 자연스럽다. 그리고 대랑(大郞)이란 말도 《큰 사나이》, 《어른》이란 말과 같다. 이제까지 보아온 이루까의 모든 언행은 그가 야마또노 아야씨집단의 우두머리 즉 왕으로서 행세하였음을 보여준다. 《일본서기》와 그밖의 옛 기록들에 의하면 야마또노 아야씨는 야마또국가나 천황을 위하여 활동하였다기보다 소가씨를 위해 움직였다고 말할수 있다. 따라서 야마또노 아야씨들이 소가 이루까를 보고 《왕인 대랑》이라고 했다 해도 그것은 과장도 허구도 아닌 자연스러운 말이며 례사스러운 말이였다고 보게 되는것이다.

《일본서기》(권22 추고 28년 이해, 권24 황극 4년 6월)에 의하면 성덕태자와 소가 우마꼬는 함께 《천황기》 및 《국기》와 그밖의 력사책들을 편찬하였다고 하며 소가 에미시는 죽게 되자 《천황기》, 《국기》 등 보물들을 다 불태워버렸다고 한다. 다행하게도 《국기》만은 문서기록을 맡았던 후나노 후히또 에사까(船史惠尺)가 불속에 뛰여들어 건져냈다고 한다. 여기에서 보는바와 같이 《천황기》라고 하는 이른바 천황의 계보를 소가가 가지고있다는것 자체가 소가가 실질적인 《천황》행세를 하였다는것을 보여준다. 또 《천황기》는 성덕태자, 소가 우마꼬 등 당시 왕정의 실권자들이 모여 합의해서 만들었다고 하는데 그것은 그들이 《천황》계보를 조작하였다는것을 의

미한다. 그리고 그 천황계보는 실지로 왕노릇을 하는 성덕태자와 소가 우마꼬가 쥐고있다가 성덕태자가 죽으면서 소가씨가 독차지하여 보존전래한것으로 보인다.

8. 소가씨권력지반의 조선(백제)적성격

야마또 아스까에 가루(輕)라는 지명이 있다. 현재는 가시하라시(오가루, 大輕町)에 속하였으나 고대에는 다까이찌군에 속해있었다.

《일본서기》에서 가루에 관한 기록을 보면 다음과 같다.

가루에 대한 기록일람표

번호	가루에 대한 기사내용	출 처
1	수도를 가루의 땅에 옮겼다. 이것을 마가리오노미야(曲峽宮)라고 한다.	《일본서기》권4 의덕 2년
2	수도를 가루의 땅에 옮겼다. 이것을 사까히하라노미야(境原宮)라고 한다.	《일본서기》권4 효원 4년
3	가루못(輕池)	《일본서기》권10 응신기 11년 10월
4	백제가 아지끼를 보내여 말을 바쳤다. 가루의 사까노우에의 마구간에서 기르게 하였다.	《일본서기》권10 응신기 15년 8월
5	새기르는 사람들을 가루의 마을과 이하레마을 두곳에 두게 하였다.	《일본서기》권14 웅략기 10년 10월
6	소가 이나메가 두 녀자를 처로 삼고 가루의 마가리도노(輕之曲殿)에 살게 하였다.	《일본서기》권19 흠명기 23년 8월
7	소가의 딸 시기다 시하메를 히노구마에 장례지냈다. 이날 가루의 거리(輕之街)에서 뢰사를 하였다.	《일본서기》권22 추고 20년 2월
8	가루의 장마당(輕之市)	《일본서기》권29 천무 10년 10월

야마또의 가루(輕)는 가라(韓)가 전화된 말이였다. 가루의 땅은

그 남쪽에 아야씨의 본거지인 히노구마가 있고 그 동쪽에는 스에베, 구라쯔꾸리베, 에가끼베, 니시고리베와 그리고 말사육지인 사까노우에(坂上) 등 백제-가라계통아야씨들이 집중적으로 거주한 마가미벌(眞神原)이였다. 이미 본바와 같이 마가미벌은 야마또노 아야씨의 집중거주지역이자 곧 소가씨의 본거지였다.

 표에서 보는바와 같이 가루의 땅은 처음 마을(村)로 불리웠으며 6세기에는 거리(街)라고 하였으며 7세기에는 시장(市)으로 불리웠다. 가루의 땅에 소가 이나메의 《가루노마가리도노》라고 불리우는 궁전이 있었던것이다. 소가씨는 가와찌 이시가와로부터 가쯔라기에로 그리고 가루에로 점차적으로 세력을 뻗치면서 아스까강을 거슬러올라 마침내는 아스까 히노구마일대에 세력기반을 구축하게 되였다. 우마꾜가 맨 처음 세웠다는 이시가와의 절간(石川精舍)도 가루의 마을에 있었다고 추측되고있다. 소가씨의 본거지인 그 땅이 가라(輕-韓)로 불리우게 된것도 가라-백제에 유래하였을것이다. 《일본서기》에 나오는 가루황자(輕皇子), 가루태자(輕太子), 가루노오이라쯔메(輕太娘女) 등의 왕족들의 이름은 바로 이 《韓》의 지명에서 온것이였다. 소가의 본거지를 가라-가루라고 하였다는것은 소가씨의 또 하나의 본거지를 가쯔라기 즉 가라끼(韓城)라고 한데서도 잘 알수 있을것이다.

 야마또 아스까국가에서 소가씨의 독판치기가 절정에 올랐을 때 그가 틀어쥔 야마또왕정은 완전히 백제일색이였다. 그것은 왕궁, 절간이름마저도 구다라궁(百濟宮), 구다라대사(百濟大寺)라고 한데서 잘 알수 있다.

 서명(舒明)천황은 추고녀왕이 죽은 다음 소가에미시가 독단으로 왕자리에 올려앉힌자이다. 즉 위이전의 그의 이름은 다무라(田村)황자라고 하였다. 서명천황은 소가우마꾜의 딸 호떼노이라쯔메를 처로 삼았다. 그는 이어 야마또 구다라(백제)의 땅에 왕궁과 큰절을 지었다.(《일본서기》 권23 서명 11년 7월) 구다라땅의 구다라강이 흐르는 강기슭에 궁전을 지었다고 하여 그를 구다라대궁, 구다라대사이라고도 하였다. 워낙 그곳은 백제사람들이 집중적으로 많이 사는 고장이였다. 서명은 구다라궁에서 죽었으며 그가 죽

은 다음의 빈소 역시 구다라대빈(百濟大殯)이라고 하였다.(《일본서기》 권23 서명 13년 10월)

서명이 지었다는 구다라대궁과 구다라대사는 야마또 구다라향에 있는 가쯔라기강의 가지강인 히로세강(広瀬川)과 그곁을 흐르는 구다라강사이에 낀 구다라벌(《일본지명대사전》 3권, 2394~2395페지)에 건립되였다. 그곳일대는 이미 오래전에 조선사람들이 구다라(백제)못을 만들었다고 하는 기록이 있을 정도로 백제사람이 많이 살던 곳이다. 소가씨는 거기에 또 하나의 거점을 가지고있었던것이다. 구다라대궁과 구다라대사를 백제계통인물인 후미노아따히 아가따(書直縣)가 총지휘해서 지었다는것도 결코 우연한 일이 아니다. 거기에서 백제로부터 간 학자와 중, 점쟁이와 천문, 지리, 산수, 둔갑, 력(曆), 역(易) 등을 전문하는 사람들이 집중적으로 살았다.

《일본서기》에 의하면 서명 11년(639년)에 《구다라강결에 9층탑을 세운다.》는 기록이 있다. 성덕태자가 헤구리고을 구마고리(熊凝)촌에 수련도장으로 세운 정사(精舍-구마고리사)를 구다라강옆에 옮겨지었다고 하는 기록도 있다. 구다라대사는 궁전건물과 함께 착공했으나 완공되지 못한것을 대화개신때 완공하여 구다라대판대사라고 이름짓게 되였다. 그후 구다라대사주위에는 10개의 큰 절을 지었는데 10대사에는 고마대법사를 비롯하여 복량, 혜운, 상안, 령운, 혜지, 승문, 도등, 혜련, 혜묘의 10대중이 배치되였으며 혜묘법사가 주지로 임명되였다.

이처럼 야마또국가의 왕궁은 일본렬도안의 조선(백제)이였다고 할수 있는 구다라벌에 있었다. 야마또국가는 민달과 서명 등 여러 왕대에 걸쳐 백제인거주지역에 수도를 정하고있었다. 야마또지방은 아니지만 민달이 왕궁을 옮긴 가와찌 구다라대정(百濟大井)땅은 백제이주민집단의 집중거주지역일뿐아니라 백제왕자 교기의 처자가 옮겨가 산 곳이였다.[《일본서기》 권24 황극 원년, 구다라대정은 대체로 오늘날의 오사까부 가와찌나가노시 오미(大井)로 추정되고 있다.]

물론 소가씨가 정권을 틀어쥐기 전에도 야마또의 이른바 소국왕들은 조선인거주지역들에 왕궁을 짓군 하였다. 실례로 조선과 인연이 깊던 인덕은 쯔쯔끼언덕 즉 조선식산성이 있는 남쪽에 궁실을 짓고 살았으며 그의 처 이하노히메는 쯔쯔끼궁에서 죽었다. 그리고 계체도 야마시로의 쯔쯔끼에 수도를 옮기였다.(《일본서기》 권17 계체 5년 10월)

야마또의 소국왕이 조선식산성이 있는 곳에로 수도를 옮긴 사실을 두고 우리는 두가지 점을 지적하게 된다. 그것은 첫째로, 조선식산성이 있는 곳에 수도를 옮겼다는것으로 보아 인덕이나 계체 그리고 민달, 서명 등이 조선계통이주민세력이 세운 나라의 우두머리였다는 사실이며 둘째로, 야마또의 왕은 조선계통세력의 힘을 빌어보려고 조선계통소국세력에 접근하였다는 사실이다.

야마또 아스까국가가 백제적성격을 띠였다는것은 비단 소가씨의 권력지반이 조선-백제적성격을 띠였다거나 왕궁이름에 백제이름이 붙은데 한하지 않는다. 당시의 야마또 아스까국가는 국가통치체제 및 생산토대자체가 조선-백제적이였다는 사실이다.

야마또 아스까국가는 불교를 매개로 하여 여러 분야의 문화와 함께 당시 조선의 세나라가운데서 지도적지위에서 큰 영향을 미치고있던 고구려의 문화를 섭취하였다. 그러나 국가통치체계와 생산체계는 백제의것을 통채로 본땄다. 왜냐하면 야마또 아스까국가를 구성하고 운영한 집단자체가 백제사람, 백제집단이였기때문이다.

야마또 아스까국가를 물질적으로 안받침한 기본생산대중은 180부(部)로 총칭된 여러 부곡민이였다. 앞서 말한 소가 에미시가 《온 나라의 백성 180부곡민을 징발하여 미리 쌍무덤을 이마끼(고을)에 만들었다.》(황극 원년)고 한것도 이것을 념두에 두고 한 말이다. 야마또 아스까국가는 이 생산적부곡민들을 도모〔伴-도모는 대화개신이전의 베(部) 즉 부곡을 의미한다.〕라고 불렀다. 도모는 《동무》라는 조선말에서 유래하였다. 패, 무리라는 뜻이다.

어떤 일본학자의 연구에 의하면 야마또국가의 180개 부곡가운데서 대표적인것은 크게 두가지로 구분할수 있는데 1부류는 전부(殿部), 수부(水部), 소부(掃部), 장부(藏部), 사부(史部) 등 왕궁안에서 통치층에게 직접적으로 복무하는 집단이며 제2부류는 금부(錦部), 안부(鞍部), 단야부(鍛冶部), 마사부(馬飼部), 금작부(金作部),

박부(拍部), 복부(服部) 등 국가의 관청수공업생산에 종사하는 집단이라고 하였다.*¹ 그리고 모든 부곡이 다 관청에 번을 드는 백제식의 부곡제도와 꼭같은 조직체계로 편성되여있었다. 특히 백제내관의 12개 부는 곡부(穀部), 육부(肉部), 략부(掠部), 마부(馬部), 도부(刀部), 약부(藥部), 목부(木部), 후관부(後官部) 등으로서 야마또국가의 부곡과 같았다.*² 이것은 야마또국가의 부곡설치체계와 생산수탈체계가 백제의것을 그대로 본딴것이였다는것을 말해준다. 일본사람의 연구결과를 더 들어보기로 하자.

*¹, *² 《대화전대 사회조직의 연구》 요시가와홍문관, 1969년, 73~75페지

백제에는 부사(部司)가 있어 여러 부곡민들을 직종별로 얽어매여 지배통제하였다. 기록에 의하면 내관에 전내부, 곡부, 육부, 내략부, 외략부, 마부, 도부, 공덕부, 약부, 목부, 법부, 후관부의 12개 부가 있고 외관에는 사도부, 사공부, 사구부, 점구부, 객부, 외사부, 조부, 일관부, 도시부, 사군부의 10개 부가 있었다.(《주서》 이역전 백제)

《대화개신이전에 건너온 수공업자들이 거의다 백제, 구례로부터 온 사람들이고 고구려에서 온 사람은 한명뿐이고 신라에서 온 사람은 전혀 볼수 없다. 구례라고 하는것도 백제를 경유하여 온것으로 인정해도 좋다. 천짜기(기누누히)수공업자도 구례 기누누히(응신조), 기누누히베(응략조)는 백제에서 건너왔다는것이 기록에 밝혀져 있다.

이들 수공업기술자들은 데히또베, 기누누히베 등이 〈아야〉를 칭하고 수에베, 구라쭈꾸리베, 에가끼베, 니시고리베 등이 〈이미끼노아야〉를 칭하는것처럼 아야씨계의 수공업기술자로서 정확하게 말하면 야마또노아야씨가 건너올 때 백제로부터 건너왔다는 〈이마끼의 수공업기술자들〉이 … 다.》(《대화전대 사회조직의 연구》 요시가와홍문관, 1969년, 146~148페지)

이 일본학자가 기본적으로 옳게 지적한것처럼 야마또국가의 관청수공업을 담당한 부곡민들은 거의나 다 백제에서 건너간 장공인

들이였다.
　5세기말~6세기말에 이르는 기간 일본에 건너간 이마끼노아야히또(今來漢人)라는 백제사람들도 가와찌와 야마또에 진출정착하면서 백제계통이주민세력의 우두머리인 소가씨에 의해 장악, 통합되였을것이다. 그리하여 그들도 소가씨를 비롯한 백제계통세력에 의해 야마또 아스까국가의 수공업생산체계에서 기본을 이루게 된것이다. 결국 그러한 과정을 거쳐 야마또 아스까국가가 디디고선 생산토대는 저절로 백제적요소를 많이 가지지 않을수 없게 되였던것이다.

9. 고고학적자료를 통하여 본 야마또 아스까국가

1) 무덤

　소가씨를 비롯한 백제계통세력이 야마또 아스까국가에서 권력을 잡은것은 6세기로부터 7세기에 걸친 시기였다. 따라서 그 시기에 축조된 야마또 아스까에 있는 지배계급들의 무덤은 백제적색채를 띠지 않을수 없었다. 그 시기는 일본고분문화의 시기구분에 의하면 고분문화시기 후기이며 일부는 이른바 종말기에 속한다.
　후기무덤시기는 횡혈식돌칸봉토무덤이 보편적으로 보급되는 시기로 특징지어진다. 야마또지방의 후기횡혈식돌칸무덤은 첫째로, 가와찌의 무덤과 매우 류사하다는것 둘째로, 장방형의 무덤칸에 그보다 얼마간 좁은 무덤길을 단것이다. 이러한 무덤으로는 무덤칸가운데에 무덤길을 단 두날개식과 무덤칸의 어느 한쪽에 치우쳐 무덤길을 내는 한쪽날개식의 두가지가 있다.
　아래에 대표적횡혈식무덤 몇기를 들어보기로 한다. 먼저 하나 야마즈까무덤을 들수 있다. 이 무덤은 현재의 나라현 사꾸라이시 구리하라(옛 구레하라)의 산경사면에 축조된 둥근무덤이다. 무덤의 규모는 알수 없다고 한다.
　횡혈식돌칸의 크기는 전체 길이 약 6.2m, 무덤칸의 길이 약 2.2m, 너비 1.35m, 높이 약 1.6m의 두날개식평면설계이다. 무덤칸 곁벽은 바닥으로부터 1.6m까지 수직으로 되였다가 그우는 천정까지 급하게 휘였다. 무덤칸과의 경계에는 돌문이 설치되였다. 곁벽을 쌓은 돌이 네모난 벽돌처럼 생긴데로부터 벽돌식무덤이라고 불리운다.

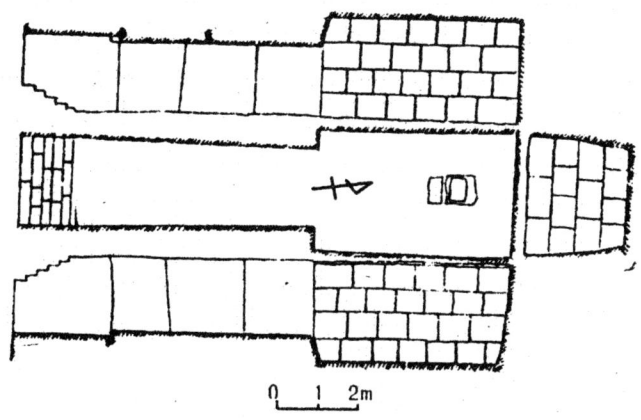

나라현 사꾸라이시 문슈인무덤의 백제계통석실구조

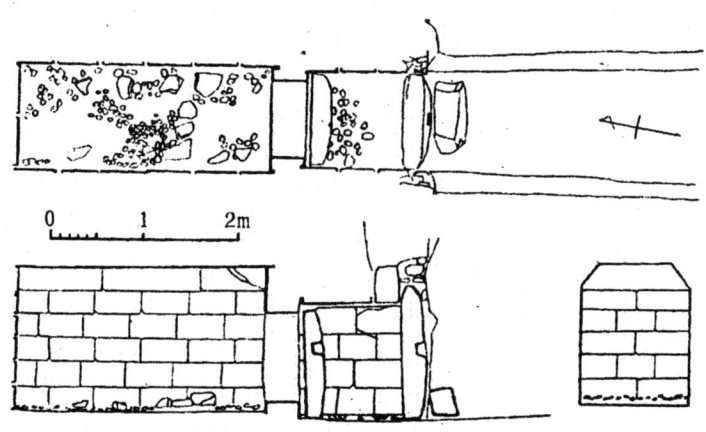

백제 부여 룡산리무덤(제1호무덤)

　　보는바와 같이 그 무덤은 돌칸모양이 수직이던 벽면이 천정가까이에 가면서 궁륭식으로 휘였다. 그와 같은것은 충청남도 부여의 룡산리무덤떼들에서 볼수 있다. 말하자면 백제의 직접적영향에 의한 수법으로 무덤이 쌓아진것이다. 특히 주목할만 한 사실은 곁벽들을 벽돌처럼 가공해 쌓은것이다.

백제 무녕왕릉을 비롯하여 충청남도 공주 송산리무덤떼에는 곁벽을 벽돌로 쌓은 왕릉급무덤들이 적지 않다. 이 무덤은 벽돌로 돌칸을 쌓지 않으면서도 벽돌처럼 잘 가공된 돌로 무덤칸을 쌓았다. 이와 같은 벽돌식무덤은 아스까동쪽지대인 우따지방에 수많이 분포되여있다고 한다. 그리고 백제왕릉을 흉내낸 하나야마즈까무덤이 있는 곳이 구레하라 즉 구레히도들이 많이 산 지대라는것을 념두에 둘 때 그 구레히도들이 어디에서 온 사람들이였겠는가는 불보듯 명백하다.

    다음으로 이와야야마무덤을 들수 있다. 이 무덤 다까이찌군 아스까촌의 한 대지끝머리에 있다. 남쪽으로 열려져있는 횡혈식돌칸은 전체 길이 약 16.7m, 무덤칸의 길이 4.72m, 너비 2.7m, 높이 2.6m, 무덤길의 길이 12m, 너비 1.93m이다. 무덤칸의 곁벽은 2단으로 되여있는데 아래단은 수직이지만 웃단은 안으로 기울어지게 쌓았다. 무덤축조에서는 조선자인 고마자를 사용한것이 확연하며 이 무덤 역시 무덤칸벽을 백제식으로 안쪽으로 휘여들게 한것이 큰 특징이다.

    다음으로 이시부따이무덤을 들수 있다. 이 무덤은 다까이찌군 아스까촌의 한 구릉끝에 있다. 이 무덤은 일찍부터 우의 봉토가 없어져 횡혈식돌칸의 외관을 들여다볼수 있다. 돌칸의 전체 길이는 19.1m이며 무덤칸의 길이 7.5m, 너비 약 3.45m, 높이 4.7m, 무덤길의 길이 11.5m, 너비 2.5m, 높이 2.4m이다. 안쪽벽은 1석2단쌓기이며 곁벽은 3단쌓기이다. 그리고 무덤길의 곁벽은 1단쌓기를 기본으로 하고 무덤칸천정돌은 2개로 되여있다. 뚜껑돌 한개의 질량은 약 75t이다. 인력으로 계산한다면 그 운반에 약 700공수가 든다. 무덤 안팎에서 스에끼쪼각들과 금동제띠고리 등이 나왔다. 이 무덤도 그 축조에서는 고마자가 사용되였다고 한다.

    이시부따이무덤은 일본고대사학계에서 당대의 세력가였던 백제계통귀족의 후손인 소가 우마꼬의 무덤으로 추정하고있으나 확실한 근거는 아직 없다.

    다음으로 다까마쯔즈까무덤을 들수 있다. 다까이찌군 아스까촌에 있는 이 무덤은 1972년 일본력사상 류례없는 채색벽화의 발견으로 하여 내외에 널리 알려졌다. 내부의 매장곽은 무덤무지의 거의 가운데에 있는데 응회암을 다듬어 짠 돌널모양의 돌칸이다. 돌칸의 크기는 길이 2.655m, 너비 1.035m, 높이 1.134m로서 그것을 조선자인 고마자로 재보면 높이 3자, 너비 3자, 길이 8자가 된다.(고마자 1자 35~36cm, 3×3×8자)

돌칸은 안면전체에 2~7mm 두께의 회를 발랐으며 회우에 동, 서, 북쪽과 천정에 벽화를 그렸다. 벽화는 동쪽벽면의 가운데에 청룡을, 그우에 해를, 동서벽에는 각기 남녀 4명씩 그렸다. 북쪽벽면은 가운데에 현무를 그렸다. 천정은 금박으로 별을 나타내고 붉은 선으로 련결시켜 성수도를 그렸다.

대부분의 일본학자들은 이 벽화무덤의 축조년대를 7세기(말), 지어는 8세기(초)로 보지만 사신도와 인물풍속도가 다같이 그려진 것으로 보아 6세기 중엽경에 건설된것으로 추측된다.

다까마쯔즈까무덤과 같은 횡구식돌칸무덤은 고구려계통의 백제 것이지만 벽화자체는 고구려의것이다. 그것은 다까마쯔즈까무덤과 류사한것이 평양시 삼석구역 로산리 토포부락(옛 평안남도 대동군 토포리)과 평안남도 온천군 성현리 황산남쪽무덤떼에 있으며 또한 백제것인 부여 릉산리무덤떼(제3호무덤, 제5호무덤)에도 있기때문이다. 벽화내용은 채색주름치마를 입은것을 비롯하여 모든것이 고구려벽화를 방불케 하는것으로 하여 이채를 띤다.*

> * 최근에는 다까마쯔즈까무덤과 이웃한 곳에서 또 하나의 벽화무덤이 발견되였다. 기도라(鬼虎)무덤이라고 하는 무덤안에는 주작과 현무가 그려져있고 황도와 적도가 그려져있다. 성수도의 위치에 의하면 북위 38°선과 39°선사이의 성좌를 그린것이라고 한다. 다시말하여 평양밤하늘의 성좌를 그린것이다.

그런데 문헌기록 등에 의하면 당시 일본에 간 조선계통화가로서 유명한것은 고구려와 백제의 화가들이였다. 실례로 다까마쯔즈까무덤벽화에서 나오는 녀성과 꼭 같은 복장을 한 그림이 있는 《천수국만다라수장》*의 자수바탕그림을 그린 사람은 야마또노아야노마젠(東漢末賢), 고마노 가세이(高麗加世溢), 아야노 누가고리(漢奴

加已利)이다. 그리고 그 그림그리는것을 지휘한 사람은 구라베노하다구마(椋部秦久麻)였다. 그뿐아니라 《일본서기》에는 아스까에 정착한 이마끼노에가끼베 인시라가(新來畫部因斯羅我), 에가끼 하꾸가(畫工白加), 야마또노에가끼베 오또가시(倭畫師音檮), 고마노에까끼 고마로(高麗畫師子麻呂) 등 고구려 및 백제계통의 화가이름들이 실려있다. 《신찬성씨록》에 나오는 기부미에가끼(黃書畫師)는 《속일본기》(권2 대보 2년 12월 을묘, 권3 경운 4년 6월 임오)에 나오는 기부미노무라지(黃文連本實)와 같은 족속으로서 그는 고구려사람의 후손이였다.

* 《천수국만다라수장》은 일명 《천수국수장》이라고 략칭해 부른다. 이것은 성덕태자가 죽은 다음 그의 안해였던 다찌바나 오이라쯔메가 성덕태자와 그의 어머니가 갔다고 하는 천수국(이른바 천당)의 모습을 상상하여 궁녀들과 함께 그림바탕우에 수를 놓아 추억한것이다. 본래 2장이였는데 지금은 크게 파손되고 인물과 구갑문(龜甲文), 봉황 등의 잔결부분이 중궁사(中宮寺)에 남아있다. 자수속에 있던 명문내용이 《상궁성덕법황제설》에 실려있다.

이처럼 6～7세기의 야마또 아스까에서 회화미술에 크게 이바지한 사람들은 주로 고구려와 백제의 화가들이였다. 선진 고구려문화가 백제적인 야마또 아스까문화에 큰 영향을 주었던것이다.

마감으로 야마또 아스까에 있는 후기무덤들의 특징에 대하여 간단히 보기로 하자.

야마또 아스까에 있는 무덤들은 일련의 특징을 가지고있다. 그것은 야마또 아스까의 후기무덤들이 가와찌 아스까에 있는 후기무덤들과 형식과 내용에 있어서 일맥상통한다는 사실이다. 그럴수밖에 없는것이 왜냐하면 야마또 아스까의 무덤을 남긴 사람들이란 가와찌 아스까에 살던 백제사람들과 그 후손들이기때문이다.

두 지대 무덤들에서의 공통성은 주로 횡구식돌판을 가진 횡혈식돌칸에서 나타났다.

앞에서 본 하나야마즈까무덤이나 다까마쯔즈까무덤 등 횡구식돌널무덤의 계보는 가와찌 하비끼노구릉일대를 포함한 가와찌 아스까에서 찾을수 있을것이다. 즉 하나야마즈까무덤, 다까마쯔즈까무덤, 아스까 마루고야마무덤, 오니노셋찐무덤, 게고시즈까무덤 등의 돌칸은 가와찌 아스까의 고료야마무덤, 아스까 간논즈까무덤, 오꼬무덤, 가미찐조니시무덤 등에서 그 계보를 찾을수 있다. 이러한 횡구식돌널을 가진 횡혈식돌칸은 나아가서 백제의 집모양돌널이나 횡구식돌널에서 그 연원을 찾을수 있는것이다.

횡혈식무덤뿐아니라 야마또 아스까의 나무널곤추묻기도 가와찌 아스까지방에 분포되여있는 나무널곤추묻기와 통한다. 이에 대해서는 이미 니이자와 센즈까에 대하여 고찰할 때 언급하였다.

이렇듯 야마또 아스까지대의 무덤과 가와찌 아스까구릉지대의 무덤사이의 류사성은 가와찌 아스까로부터 야마또 아스까에로의 사람들의 이동, 정착이라는 력사적사실을 보여주는 또 하나의 증거로 될것이다. 그것은 또한 가와찌 아스까로부터 야마또 아스까에로의 수도옮김이 끝난 다음에도 가와찌 아스까는 계속 백제계통세력의 중요한 거점으로 남아있었다는것을 말해준다.

2) 조선식산성

소가 에미시와 그의 아들 이루까는 자기 집을 우마가시의 언덕에 나란히 세우고 왕의 궁전이란 뜻인 미가도의 궁문이라고 불렀다 한다. 그리고 성책을 설치하고 해자를 팠으며 무기고와 화재방지설비를 갖추는 등 여러가지 대책을 강구하였다. 그러는 한편 50명의 군사들로 늘 호위를 세우게 하고는 아야노아따히로 하여금 전적으로 두 궁전의 문을 지키게 하였다. 그런데 그 사실을 전하는 기록이 황극 3년(644년) 11월의것이라고 하여 이때 비로소 그 궁문이 세워진것은 아니였을것이다. 건설공사가 몇해동안 진행되였을것은 짐작하기 어렵지 않다. 그리고 그 공사에는 쌍무덤을 만들 때처럼 역시 국가의 수공업자들을 사역했을것이며 무덤축조에 비할바없는 많은 로력이 동원된것으로 추측된다.

소가 에미시, 소가 이루까가 우마가시언덕에 지은 집이란 사실상 높지 않은 산성을 쌓고 그안에 궁전을 지은것이다. 물론 언덕아래의 평탄한 곳에도 집이 더 있었을것이다. 우마가시언덕의 그 집

들이 지형을 리용한 수법으로 보아 산성적특성을 띠고있다고 지적*
한데서도 알수 있는것처럼 그 집들은 위치선정과 립지 등 모든 조
건이 조선식산성을 방불케 한다.

　　*《세계고고학대계》4권 헤이본사, 1964년, 62페지

　　우마가시언덕은 지금의 나라현 다까이찌군 아스까촌 도우라(豊
浦)에 있다. 그 산은 오래전부터 감나비언덕으로 알려져있어 신성
시되여오던 곳이다. 그 언덕에 올라서면 서쪽으로 가쯔라기 공고산
련봉을 배경으로 니죠산과 쯔루기못(劍池石川池)도 볼수 있으며 또
서북쪽으로는 눈아래로 가미나리오까(雷丘)를 부감할수 있고 서쪽
으로는 우네비산, 미미나리산, 가구야마산 등 이른바 야마또의 세
산을 볼수 있다. 그뿐아니라 눈아래에 후지하라궁터, 아스까강, 도
우라마을을 굽어볼수 있다. 동쪽으로는 멀리 다부봉(多武峰)을, 정
면으로는 오또와산(音羽山－倉梯山)과 구마가오까(熊丘)를 바라볼수
있다. 한마디로 말하여 우마가시언덕에 올라서면 이시부따이무덤,
우마가시마을, 오하라마을, 히노꾸마마을 등 야마또 아스까분지의
모든 궁전과 강, 논밭 그리고 부락(고분떼)들을 부감할수 있는것
이다. 그곳을 차지하는자는 야마또 아스까를 지배할수 있는 자격을
가졌다고 말해도 지나친 말이 아니다. 바로 이와 같은 위치에 소가
에미시와 이루까는 성책을 설치하고 궁전을 지은것이였다. 그것은
궁성뒤에 산성을 설치하는 세나라시기 조선에 고유한 수법을 그대
로 본딴것으로서 소가씨는 그와 같은 조선식산성안에서 군림하
였다. 우마가시언덕의 산성에 군림한 소가씨는 온 야마또 아스까를
지배하는 왕자로 행세하였던것이다. 물론 소가 에미시, 소가 이루
까가 우마가시언덕에 처음으로 조선식산성을 쌓은것은 아니였을것
이다. 이미 전에 있던것을 리용하였을것이라고 짐작된다.

　　오래전에 있던 조선식산성, 그것은 그곳에 오래전에 조선계통
소국이 있었다는것을 말해준다.

　　우에서 가와찌와 야마또의 조선계통국가에 대하여 개괄하였다.
그것을 요약해보면 다음과 같다.

　　야요이문화시기 조선이주민집단과 그 후예들에 의하여 가와찌

와 야마또의 적지 않은 땅이 개척되기는 하였으나 그것은 많은 경우 부분적범위에 한하였다. 그리고 그 토지개간, 개척수준도 그리 높지 못하였다. 야요이문화시기 말기경에 이즈모와 야마시로근방에 진출, 정착한 진한-신라계통이주민집단이 남하하여, 야마또분지의 북쪽과 동쪽에 세력을 뻗쳐 신라계통의 작은 소국-호족세력을 이루었다.

한편 가와찌지방에도 백제계통세력들이 현재의 오사까부 야오시를 중심으로 한 지대와 나라현 가쯔라기고을일대에 원주민과 련합한 호족세력을 이루고있었다. 가와찌의 백제소국은 4세기말~5세기 초경에는 비교적 큰 세력을 이루었다. 규슈를 거쳐 가와찌에 진출한 가야(가라)계통세력이 또 가와찌땅에 진출하였다. 그들은 이미 있던 백제 및 원주민계통세력과 비교적 쉽게 타협하였다. 그후 얼마 안 가서 가와찌의 여러 세력들은 하나로 통합되여나갔다. 그리하여 가와찌땅에는 가라-백제의 강력한 세력이 형성되였다. 그러한 과정에 가와찌는 전면적으로 개척되여 다이셴, 곤다야마무덤들에서 보는바와 같이 그들, 무덤주인공들의 권력이 과시되였다. 다른 한편 조선의 가야(가라)국은 신라에 의하여 통합되여갔으며 또 한쪽에서는 백제에 흡수되여갔다. 일본의 가와찌땅에서도 북규슈에서와 마찬가지로 가야는 백제와 련합하고 그에 흡수되여 백제계통세력이 더 우위를 차지하게 되였으며 본국인 가야가 멸망한 후에는 가와찌의 정치세력이 차츰 백제일색으로 변하여갔을것이다.

5세기 중말엽에 가와찌에 있던 백제, 가라계통의 이주민집단은 야마또분지에로 세력을 뻗쳐나가게 되였다. 처음에 가와찌와 야마또의 접경인 가쯔라기일대를 교두보적인 발판으로 한 그들은 북쪽과 남쪽으로 기본로정을 따라 진출하였으며 6세기 초경에는 야마또분지를 기본적으로 장악할수 있었다. 야마또분지의 장악은 이미 오래전부터 분지동쪽일대에 할거해있던 신라(진한) 및 원주민계통세력과의 타협, 회유, 위협의 결과 이루어졌다. 미와야마의 신으로 대변되는 원주민화한 진한-신라세력도 만만치 않았으나 결국 백제-가라세력에 굴복하였던것이다.

이렇게 가와찌와 야마또 두 지역을 타고앉은 백제-가라계통세력은 이 두곳을 본거지로 하여 서부일본통합에 나섰다. 야마또정권의 서부일본통합과정은 곳곳에 형성된 조선계통 및 원주민계통소국통합과정이였다.《일본서기》임나관계 기사는 바로 기비지방에 있던 가야(임나), 백제, 신라소국을 통합하는 과정에 야기되였던 사건들이였다. 또한 그것은 야마또의 백제-가라적정권과 친연관계에 있던 가야에 설치되였던 미야께(둔창-일본부)부흥사건이였다.

야마또정권은 태내에 복잡한 세력구성을 안고있었으나 기본적으로 그안에서는 백제-가라계통세력이 패권을 쥐고있었다. 백제-가라계통세력은 강력한 군사력과 경제력을 가진 여러 아야씨를 틀어쥠으로써 소국통합의 력사적과업을 수행할수 있었으며 6세기 말엽경에는 기본적으로 서부일본통합을 끝냈다. 7세기 중엽경에 와서 야마또왕정에서는 오래동안 패권을 쥐고있던 소가씨세력이 타도되고 나까노오에와 나까도미노가마다리련합세력이 권력을 잡았다.(대화개신) 정권교체가 일어났으나 야마또정권의 조선(백제)적성격에는 변함이 없었으며 군사정변에 의한 정권교체는 오랜 백제세력과 신진백제세력의 세력변동외 아무것도 아니였다.

새로 패권을 쥔 신진백제세력은 고국의 멸망이라는 엄중한 사태에 즈음하여 거국적지원을 단행해나섰다. 그것은 고국의 위기이자 곧 자기 정권의 위기였기때문이다.

제8장. 세또나이해연안의 조선계통소국들

제1절. 하리마의 신라소국

《옛날에 우리 나라가 일본보다 훨씬 먼저 발전하였다는것은 이미 널리 알려진 사실입니다.》

하리마지방(효고현)은 조선이주민들의 진출, 정착지의 하나였다. 거기에는 주로 신라사람과 백제(가야 포함)사람들이 정착하였다. 그것에 대하여 간단히 보면 다음과 같다.

우선 아시야(芦屋)주변에는 아야히도(漢人)가 많이 정착하였다. 《신찬성씨록》(권27 셋쯔 제번)에 의하면 《아시야구라히도(芦屋藏人)는… 아찌왕의 후손》, 《아시야아야히도(葦屋漢人)는… 아찌왕의 후손》, 《스구리(村主)는 아시야스구리와 조상이 같으며 오호가라지왕(寶荷羅支王)의 후손》이라고 밝혀져있다. 그런데 같은 《신찬성씨록》(권29 이즈미제번)에 《아시야스구리는 백제국 오호가라지왕의 후손》, 《스구리는 아시야스구리와 조상이 같으며 오가라시오미의 후손》이라고 하였다.

《정창원문서》 천평신호 원년(765년) 5월 9일부 《젠나까마로다무라가물사청경지》(檢仲麻呂田村家物使請經之)와 《속일본기》(권29 신호경운 3년 6월 7일)에는 아시야구라히도(葦屋倉人)의 이름이 보인다. 그것은 앞에서 본 《신찬성씨록》에 보이는 구라히도(藏人)와 같은 사람이다. 그리고 또 아시야의 해변가를 아야히도노하마(漢人浜) 또는 가라히도노하마(韓人浜)라고 한것은 그 일대에 숱한 조선이주민들이 진출, 정착하였음을 보여준다.

현재의 히메지시로부터 동남쪽으로 4km정도 떨어진 해변가의 이름인 《후꾸도마리》(福泊)는 일명 《가라도마리》(韓泊)라고 부른다.*
또한 이히보군앞바다에 있는 가라니(辛荷, 唐荷, 韓荷)섬은 하리마 《풍토기》에 가라히도 즉 조선사람이 진출한 섬이였음을 보여준다. 그밖에도 하리마《풍토기》에는 가라무로(韓室, 시까마군), 아야베(漢部), 아라다(荒田, 다까군), 아나시(穴無, 시까마군), 아라이(荒井, 가고군), 가야(賀野, 시까마군), 가야(蔥谷, 시까마군) 등 가야, 아라에 유래하는 지명들이 적지 않다. 그것은 이 하리마지방에 여러 갈래의 조선계통이주민들이 진출, 정착하였다는것을 보여주는 지명유적들이다.

* 《일본지명대사전》 2권 일본서방, 1938년, 1811페지

여기서는 효고현 서하리마지역에 있던 대표적조선계통소국인 신라소국만을 취급한다.

먼저 신라소국의 존재를 증명하는 지명과 력사기록들에 대하여 살펴보기로 하자.

하리마《풍토기》에는 신라왕자의 천일창설화가 실려있다. 천일창이 저보다 먼저 간 아시하라노시고오(오나무찌신)와 싸움을 했다는 곳은 주로 시까마군, 가무사끼군, 시사와군, 이히보군 등지이다. 천일창이 토지를 둘러싸고 싸웠다는것은 곧 천일창으로 대변되는 신라이주민집단이 그곳 일대에 진출하였다는것을 의미한다. 하리마《풍토기》는 신라왕자 천일창이 가라구니(韓國)에서 건너왔다고 명문으로 밝히였다. 천일창이 오나무찌와 싸웠다는 시까, 가무사끼, 시사와, 이히보를 포괄하는 여러 고을들에 걸쳐 신라계통소국이 있었다고 본다. 그리고 점차 아꼬(赤穗)지방도 신라소국의 판도가 되였다고 본다.

오늘날의 히메지는 신라소국의 중심이였는데 시고정(四鄕町, 明田)에는 신라신사가 있다. 또 그곳의 해변가이름인 《시라하마》(白浜)도 그 이웃에 있는 《카라도마리》와 아울러 조선(신라)해변가란 뜻인 《시라기하마》(白羅浜)에서 나왔다. 히메지시 시라구니(白國)에 있는 시라구니신사와 히로미네산(廣峯山)에 있는 히로미네신사는 다같이 본래는 시라기(白羅)신사였다. 하리마《풍토기》(시까마군

히라노노사도)에는 《시라기노구니야마》(新羅訓山)라고 밝혀져있으며 거기에 시라기국의 마을(新羅訓村—白國)도 있다. 시라기구니(新良訓)라고 이름짓게 된것도 고대에 신라국사람이 그곳에 가서 머물렀기때문이라고 한다. 또한 옛 시까마군에는 하리마《풍토기》에 의하면 도요구니(豊國)란 마을이 있다. 도요구니라는 지명이 붙게 된것은 쯔꾸시의 도요구니신을 제사지낸데 유래한다고 한다. 도요구니란 곧 가라구니(韓國)이며 도요구니의 신이란 이미 본바와 같이 부젠하다씨가 제사지낸 가하루의 《신라신》이다.

현재의 히메지시를 중심으로 한 신라계통지명은 필연적으로 신라계통하다씨의 정착분포지와 겹친다.

《봉상기》〔부쇼기 峯相記(14세기 편찬 1권)라는 옛 책에는 시라구니 白國—新羅訓〕 산기슭에 있는 구정사(龜井寺, 가메이사), 야스무로향(安室郷高丘西原)에 있는 창락사(昌樂寺)가 고지대부(巨智大夫)의 조상을 제사지내는 절이라고 한다. 그리고 고지씨는 하다시와 동족이라고 한다. 동대사의 사경생(写經生)들인 《秦在礒, 許智在石, 秦在石, 已知在石, 已智在石, 已知荒石, 許智蟻石, 秦蟻礒, 秦荒礒, 已知蟻石》 등으로 승보 원년(749년)을 전후한 시기에 그 이름이 보인다. 말하자면 秦, 已知, 已智, 許知 등은 다같이 동일한 성씨로 쓰이였던것이다.*

* 《대화전대 사회조직의 연구》 요시가와홍문관, 1969년, 167페지

고지씨에 대하여 《신찬성씨록》(야마또 제번)에 진(하다)나라 태자로부터 나왔으며 하다씨와 같은 족속이라고 하였다. 그리고 나라(奈良, 柞, 楢)씨 역시 고지씨와 같은 하다(秦)씨라고 한다. 따라서 하리마《풍토기》에 나오는 시까마군의 고지리(巨智里)는 신라이주민들이 살던 고장이였을것이다. 왜냐하면 고지는 하리마《풍토기》에 《가라히도야마무라(韓人山村) 등의 조상인 나라의 고지의 가나(賀那)가 이 땅에서 논을 개간하여 생겼다.》고 하기때문이다. 그밖에 이히보군 고야께향에도 앞에서 본 《秦田村君有礒, 秦小宅公》 등의 이름이 보인다.

아꼬군에는 거의 하다씨로 일색화될 정도로 신라사람들이 많았다.

그 고을에는 오사께(大避)신사가 있는데 《본조황윤소운록》에 의하면 그 신사는 하다씨의 조상이라고 하는 진하승(秦河勝)을 제사지낸다고 한다. 그 고을에 있는 신사가운데서 야노(矢野)촌에 있는 후나자(船座)신사를 비롯한 3분의 1이 진하승을 제사지내는 오사께신사라고 한다.

보는바와 같이 진하승은 소가씨가 불교를 끌어들일 때 소가 이나메를 도와 공로가 있었다. 성덕태자가 죽은 후 하리마에 류배당하여 사고시땅에서 불우한 날을 보내면서 지꾸마강(千種川)을 중심으로 한 아꼬군의 원야를 개척하였다고 한다. 후세에 아꼬군의 장관(大領)직을 한 하다노미야쯔꼬우찌마로(秦造內廠呂), 《속일본기》에 나오는 야노장(矢野莊)의 개척자 하다노다메다쯔(秦爲長) 등이 거기에 있게 된것은 이때문이라고 한다. 앞에서 본 하리마《풍토기》, 《속일본기》에 나오는 이히보군 고야께향의 하다씨도 진하승의 후손들이다. 11세기 전반기경의 일본고문서 《헤이안유문》(平安遺文—東寺文書)에 의하면 우네장(有朱莊)의 요류도(寄人, 장원에 예속된 농민) 41명가운데서 12명이 하다씨였다고 한다. 그리고 하리마《풍토기》에 나오는 가라무로리(韓室里)의 기사에서도 명백한것처럼 가라무로오비도다까라(韓室首寶) 등의 조상들은 조선집을 짓고 살았으며 가세가 흥성하고 풍요하게 살았다고 한다.

오늘의 히메지를 중심으로 한 지역에 신라소국이 있었다는것은 고고학적자료를 통해서도 잘 알수 있다.

우리가 옛 신라소국이 있었다고 보는 지역의 대표적무덤들로서는 히메지 쯔마까(妻鹿)에 있는 오다비야마(御旅山—法連山)무덤, 가세이군에 있는 가메야마(龜山)무덤, 사이죠(四條)무덤떼, 히메지 미구니노정(御國野町)에 있는 단죠야마(壇場山)무덤, 가고가와시의 죠게이지야마(長慶寺山)무덤, 이히보강하류에 있는 T무덤떼에서 맹주적위치에 있는 히사고즈까(瓢塚)무덤(109m의 전방후원무덤), 히메지시의 미야야마(宮山)무덤 등이 있다. 여기서는 대표적으로 미야야마무덤 하나를 들어보기로 한다.

미야야마무덤은 고대 히메지의 중심지로 번창했던 현재의 시고정 사까모도(四鄕町士芄元)에 있는 표고 35m의 구릉끝에 자리잡은 직경 30m, 높이 약 4m의 둥근무덤이다. 3기의 수혈식돌칸에서 1만여점에 이르는 귀중한 유물이 나왔다. 수혈식돌칸의 형편과 출토유물을 보면 다음과 같다.

미야야마무덤유물출토표

	돌칸의 크기	유물(껴묻거리)
제1돌칸	길이 4.6m, 너비 동쪽 1.8m, 서쪽 1.75m	구슬류, 쇠칼(고리자루큰칼 포함), 검쪼각, 패갑의 철편, 쇠활촉, 마구장식쇠붙이, 철제농구와 공구(창, 대패, 가래, 도끼자루), 모형쇠도끼, 낫 등
제2돌칸	길이 3.2m, 너비 1.2m, 높이 0.67m 바닥에 주먹크기만 한 둥근 자갈을 깔았고 적색안료가 칠해져있음	구슬류, 금고리, 장식달린 귀걸이, 띠고리, 장식쇠붙이, 거울, 풍부한 도검류(고리자루큰칼 및 금은상감한 고리자루큰칼 등 약 40자루), 쇠창, 쇠활촉, 계갑철편, 어깨갑, 목갑, 손등갑, 마구류(말자갈, 단지모양말등자 등), 철제농구 및 공구, 모형농구 및 공구, 쇠덩이, 스에끼(뚜껑달린 굽높은 사발) 등
제3돌칸	길이 3.4m, 너비 1.1m, 높이 약 0.6m	구슬류, 금구슬, 은가락지, 장식달린 귀걸이, 거울(꽃무늬 큰 손거울), 횡신판징박이배머리모양투구, 삼각판징박이식단갑, 어깨갑, 목갑, 도검류, 쇠활촉, 쇠창, 말자갈, 철제가래날, 낫, 손칼, 자귀, 쇠덩이, 스에끼 등

표에서 보는바와 같이 미야야마무덤에서는 3개의 수혈식돌칸에서 풍부한 조선제유물들이 나왔다. 특히 거기서 나온 장식달린 귀걸이는 일본에서 매우 보기 드문 세공기술에 의해 만들어진것으로서 그것은 완전한 신라귀고리이다. 마야야마무덤의 수혈식돌칸과 유물의 신라적성격은 주변의 신라지명과 신라사람들의 정착활동과 관련한 력사기록들과 완전히 부합되는것이다.

서하리마(서파)지역에는 조선식산성도 있었다.

하리마《풍토기》에는 가무사끼군 다다리에 백제사람들이 고국의 풍습대로 성을 짓고 살았다고 밝혀져있다. 이와 관련하여 이야기해야 할것은 백제사람들의 그곳 서파지역에로의 진출이다.

하리마《풍토기》를 비롯한 여러 고문헌들을 보면 서파지역에는 신라사람들뿐아니라 백제사람들도 적지 않게 진출, 정착했음을 알수 있다. 물론 일반적으로 서파지역에는 신라계통의 하다씨가 많고 동파지역에는 백제계통의 아야씨가 많은것이 사실이다. 하지만 히메지를 중심으로 한 신라계통소국우에 백제계통이주민들이 겹친것 같다. 그것을 증명해주는것이 방금 말한 조선식산성의 존재이다.

하리마《풍토기》에는 누까오까(粳岡)에 대하여 전하기를 천일창이 이와노 오가미와 군사를 일으켜 싸웠다고 한 다음 기무레산의 유래로서 《백제사람들이 건너와서 저희들의 풍속을 따라 성을 쌓고 살았다. 그들의 자손은 가와베리의 사람 가미요 등이다.》라고 하였다. 말하자면 하리마《풍토기》 가미사끼군의 기사는 산성축조자를 두 계통사람들 즉 신라사람과 백제사람들이라고 하였다. 아무튼 그들이 조선계통이주민들임에 틀림없다.

최근(1988년 4월) 효고현 이히보군 신구정과 다쯔노시의 경계에 있는 기노야마(城山, 표고 458m)의 산꼭대기에서 새로운 조선식산성이 발견되였다. 산꼭대기에는 산릉선을 따라 성벽이 둘러쳤으며 산릉선과 끝짜기 등에서 네모난 거석을 짜맞춘 문주추돌 3개, 문기등의 주추돌 2개가 발견되였다. 또한 성벽은 높이 3m, 너비 40m이상에 달하는 돌담으로서 서너군데에서 그 자취를 엿볼수 있다고 한다.〔《고베신붕》(석간) 1988년 4월 21일〕

백제사람들이 신라소국우에 타고앉았다는것은 천일창전설에서 알수 있는것처럼 시기적으로 더 이른 시기에 신라사람들이 진출, 정착한것으로 보이기때문이다. 시기적으로 일찌기 정착한 신라사람들의 우에 백제가 겹친것은 추측컨대 히메지이동의 아야히도가 히메지이서에로 세력을 뻗친 결과 이루어졌을것이다. 아야베리(漢部里)에 관한 하리마《풍토기》의 기사에서 보는바와 같이 하리마의 맞은켠 사누끼지방(시고꾸)이나 가와찌의 백제에서 소집단들이 이동,

정착한 사실도 보게 된다. 물론 그런 경우에도 힘에 의한 류혈적세력확장이 아니라 이히보군 오야께리(小宅里)의 조항에 전하는것처럼 백제계통 아야히도가 먼저 그곳에 정착한 하다기미(秦公)의 딸에게 장가드는 즉 사돈관계를 맺는 형식의 평화적결탁관계였을것이다.

하리마의 신라소국우에 백제가 일부 겹친 사실은 《속일본기》 (권40 연력 8년 12월 을해)에 미나기(美囊, 三木)고을의 장관으로 가라가누찌 오비도히로도미(韓鍛首廣富)라는 인물이 있는것을 보더라도 잘 알수 있다. 가라누찌는 가라 즉 조선의 야장쟁이란 뜻이다. 야마다강(山田川)류역인 지금의 미끼(三木)시는 백제이주민들이 개척하였는데 《하리마감》(播磨鑑)이라는 책에 의하면 엔쇼산 메이요사(円生山 明要寺)에는 백제 성명왕의 왕자 동남행자(童男行者)가 아까시나루(明石浦)에 상륙하여 야마또강계곡을 따라 엔쇼산의 준령을 발견하여 메이요사를 지었다고 한다. 시지미(志染)강과 시지미정의 다까오사(高男寺), 오다니산의 다이께이사(大谷山大谿寺) 등도 다같이 동남행자와 깊은 관계에 있다고 한다. 히메지에 가까운 하나다(花田村)에는 백제이주민들이 적지 않게 정착하였는데 거기에도 백제 성명왕을 제사신으로 받드는 신사가 있다. 그런데 흥미있는것은 시지미(志染)는 바로 시지미(縮見)로서 오시아마(오시노미)베노미야쯔꼬호소메(忍海部造細目)라는 인물인 시지미미야께노오비도(縮見屯倉首)는 거기서 나왔다. 오시아마베노미야쯔꼬는 오시아마아야히도로서 가라가누찌 즉 조선계통단야기술자이다. 《속일본기》 (권9 양로 6년 3월 신해)에 하리마국에 단야기술자로서 오시아마아야히도마로(甁呂)와 가라가누찌모요리(百依)라는 인물이 나타난다. 말하자면 신라소국이 있다고 보는 서파지역 이동인 현재의 미끼시 일대에 백제계통세력이 할거해있었던것이다. 가무사끼군 기무레산의 산성이야기는 그와 같은 백제사람들의 서파지역에로의 진출을 말해주는것이라고 본다.

신라소국에 대한 백제사람들의 진출을 고고학적으로 이야기해주는것이 반슈(播州)평야배후의 마또바산(的場山)남쪽기슭에 자리잡은 니시미야야마무덤(전방후원무덤)이다.

다쯔노(龍野)시 배후의 언덕(높이 약 60m정도) 등성이에 있는 니시미야야마(西宮山)무덤은 눈아래에 반슈평야와 이히보강을 굽어보며 멀리로 세또나이해를 바라다본다.

무덤의 총길이는 34.6m, 뒤부분의 직경 21.6m, 높이 4.5m, 앞부분의 길이 13m, 높이 3.58m이다. 무덤안은 한쪽날개의 횡혈식돌칸으로서 무덤칸의 길이 약 3.5m, 너비 약 3.2m, 높이 약 2m, 무덤길의 길이 약 3m, 너비 1.3m, 높이 약 1.7m이다. 무덤칸은 방형이며 우에 올라갈수록 안쪽으로 휘여든 백제적궁륭형태이다. 유물로는 거울쪼각, 장식달린 금귀걸이, 유리알, 둥근은구슬, 금동제관모쪼각, 철제칼, 철검, 쇠활촉, 호미, 행엽, 둥근등자, 말안장쇠붙이, 운주, 새끼달린 장식단지 등이 나왔다. 이 무덤은 6세기 중엽경에 축조된것으로 추정되고있다. 특히 금귀고리와 새끼달린 장식단지는 완전히 조선제이고 그 계보는 백제에 잇닿아있다.

니시미야야마무덤의 구축형식과 유물을 통하여 하리마동쪽에 있던 아야히도(백제가야)들의 집단이 서파지역에 자리잡고있던 신라소국우에 덮쳤다는 력사적사실을 짐작하게 된다.

제2절. 히로시마현서쪽의 백제소국들

1. 이요지방의 백제소국

이요(伊豫)지방의 동쪽[현재의 시고꾸섬의 서쪽인 에히메현 오찌(越智)군, 슈소(周桑)군, 온센(溫泉)군을 포괄하는 다까나와반도일대]은 백제계통소국이 있었던 곳이다.

거기에 백제계통소국이 있었다고 말하게 되는것은 백제이주민집단이 거기에 진출, 정착한 사실들이 기록에 나타나며 또 조선계통소국의 상징인 조선식산성이 존재하기때문이다.

먼저 기록들에 전하는 백제이주민들의 다까나와반도에로의 진출, 정착에 대하여 보기로 한다.

이요국《풍토기》에 의하면 오찌고을의 미시마(御島)에 있는 신의 이름은 오야마(大山)신인데 일명 와다시(和多志)신이라고 하였다. 와다시신은 인덕천황(290-399)때에 나타났는데 그 신은 구다라(백제)에서 건너간 신이라고 한다.*

* 《풍토기》(풍토기일문) 이와나미서점, 1976년, 497페지

이요국《풍토기》에 전하는 이 기사에 의하면 미시마신-오오야마신-와다시신으로 된다. 결국 여러가지 이름으로 불리우는 그 신의 정체는 백제를 조상으로 받드는데 있다고 말할수 있다.

이요지방의 력대 토호세력은 고노(河野)씨였는데 고노는 후에 성을 오찌(越智)로 고쳤다. 오찌는 곧 오찌노구니노미야쯔꼬(小越智市國造)의 후손이라고 한다.* 말하자면 고노씨와 오찌씨는 같은 조상에서 갈라져나온 족속이라는것이다. 그런데 주목할 일은 오찌씨가 니기하야히노미꼬도(饒速日命)의 후손이고 모노노베씨와 동족이라는것이다. 모노노베씨는 이미 앞에서 본것처럼 오랜 백제계통이 주민세력이다. 그렇게 놓고보면 이요의 오찌씨가 모노노베노무라지의 성씨를 받았을뿐아니라 그들이 백제신인 미시마신을 받드는것도 지극히 응당하며 자연스러운 일로 될것이다.

* 《일한고사단》, 240~243페지

미시마신사(三嶋祠, 大山祠)는 미요지방에서 아주 큰 사당으로서 그 신은 숭배의 대상으로 되여 이요지방에 널리 퍼졌다. 그 과정은 오찌-모노노베의 세력확장과 밀접히 결부되여 진행되였다.

* 《일한고사단》후산보, 1911년, 241페지, 《일본지명대사전》 4권 일본서방, 1938년, 3141페지

오찌씨가 백제계통씨족이라는 사실은 오찌씨가운데 백제계통이 주민들에 고유한 이름을 가진 사람들이 많은데서도 잘 알수 있다. 실례로 《속일본기》(권28 신호경운 원년 2월 경자)에 의하면 이요국 오찌군의 장관(大領)에 오찌노아따히아스까마로(越智直飛鳥麻呂)가 있다. 고대일본에서 아스까라는 말은 조선 특히 백제사람들과 고유하게 관련되여있다.

이렇듯 다까나와반도일대는 오찌씨가 크게 세력을 떨쳤던 곳이다. 오찌씨와 그 동족인 모노노베씨, 고노씨 등은 다같이 백제에서 건너간 오야마, 미시마신을 극진히 받들어 제사지냈다. 그것은 그들이 백제이주민들의 후손이였기때문이다. 그리고 이요지방에 건너간 백제이주민집단의 다까나와반도일대에로의 진출은 이요《풍토기》에서도 볼수 있는것처럼 인덕통치시기라고 하는 비교적 이른 시기였던것으로 보인다.

백제이주민들의 이요지방 동쪽에로의 진출은 비단 이요국《풍토기》에만 반영되여있지 않다. 구마(久万)라는 곳에 있는 대보사(大寶寺)의 사전(寺傳)에 의하면 대보 원년(701년) 백제국의 중이 11면관세음보살상을 가지고 그곳에 건너가 암자를 짓고 살았다*고 한다. 물론 대보사의 연기에 백제국에서 대보 원년에 중이 왔다고 한것은 거짓말이다. 왜냐하면 8세기초에는 조선에서 백제라는 국가는 이미 존재하지 않았기때문이다. 연기에 대보 원년에 백제의 중이 왔다고 한것은 아마도 백제를 대보사의 창건과 관련시키고저 한데서 생긴 설화일것이다. 백제사람들의 그곳에로의 진출은 더 빨랐을것이다. 구마(고마)라는 지명 역시 초기 백제이름에서 나왔을것이다.

* 《일본지명대사전》3권 일본서방, 1938년, 2427페지

다까나와반도의 동쪽일대에 백제계통의 정치세력이 있었다는것은 7세기 중엽 백제가 멸망할 때 그 구원사업에 오찌고을일대의 통치배들이 누구보다도 먼저 적극 떨쳐나선 사실에서도 알수 있다.

《일본령이기》(상권)에는 오찌고을의 장관인 오찌노아따히의 조상들이 군사를 거느리고 고국 백제를 구원하러 간데 대하여 전하고있다. 또한 《예장기》(豫章記)라는 책에도 오찌씨가 고국 백제를 지원하기 위하여 출전한 사실을 전하고있다.*

* 《일한고사단》후산보, 1911년, 242페지. 《일본령이기》는 《군서류종》본(447권)을 참고하였다.

잘 알려진바와 같이 660년 백제의 멸망을 앞두고 야마또 아스까국가의 지배층과 서부일본 여러곳에 할거하고있던 백제소국의 우

두머리들은 온갖 힘을 다하여 고국을 지원하는 길에 나섰다. 소국의 장래운명을 고국의 국운과 밀접히 결부시키고있던 그들은 고국의 국운을 매우 우려하였던것이다. 그리하여 그들은 많은 군수물자를 장만하는 한편 직접 군사들을 거느리고 바다를 건너간것이다. 오찌고을의 장관의 조상이란 바로 그러한 백제이주민집단의 자손이였던것이다.

이요의 백제소국은 야마또 아스까국가와 관계가 매우 깊었으며 자기의 년호를 가진 나라였다.

이요국《풍토기》에 실린《이요도후온탕비문》에 의하면 성덕태자는 고구려 중 혜자와 가쯔라기노오미를 거느리고 이요의 온천마을에서 놀았다고 한다. 그것은 야마또 아스까국가와 이 백제소국사이에 같은 백제계통으로서 일정한 교류가 있었던것을 생각할수 있게 하는 자료이다. 야마또 아스까의 집권자가 아무 까닭도 없이 순수 유람을 위하여 그곳까지 갔다고는 볼수 없을것이다. 성덕태자의 이요온탕《유람》사건은《일본서기》에는 반영되여있지 않고 비문을 통하여 비로소 알게 되여있다. 이것은《일본서기》편찬자들이 백제소국관계 사건들을 애써 지워버리려 했다는것을 알수 있게 한다.

또한《비문》에는 법흥(法興)이라는 년호가 실려있는데 그것은《일본서기》에 실려있지 않은 년호이다. 그런즉 그 년호는 백제소국의 년호일 가능성이 농후하다.

다까나와반도일대에 백제계통소국이 있었다는것은 고고학적자료를 통해서도 잘 알수 있다.

먼저 무덤에 대하여 보기로 하자.

다까나와반도의 이마하리(今治)시로부터 오찌군 오니시(大西)정에 이르는 지역과 아사꾸라(朝倉)정일대에는 수많은 무덤떼가 분포되여있다. 특히 아이노다니(相之谷)제1호무덤과 묘젠산(妙見山)무덤(길이 50m)은 그가운데서도 대표적인 무덤이라고 할수 있다.

아이노다니제1호무덤은 독립적인 산의 동남쪽끝에 있는 2단으로 축성된 전방후원무덤이다. 그 주변에는 전방후원무덤을 포함한 10여기의 무덤이 있다. 아이노다니제1호무덤은 무덤무지의 총길이

82m, 뒤부분의 직경 50m, 높이 10.7m, 앞부분의 너비 40m, 높이 10.5m이다. 무덤안은 길이 7.1m, 너비 1m의 수혈식돌칸으로 되여있으며 유물로는 거울, 검, 칼, 쇠도끼, 창대패, 손칼 등이 발견되였다. 아이노다니제1호무덤과 묘겐산무덤은 그곳에 할거한 백제이주민소국의 우두머리급의 무덤이였을것이다.

다음으로 조선식산성에 대하여 보기로 하자.

오찌군 동북쪽에는 이와끼(岩城)촌이라는 마을이 있다. 바위로 된 끼(조선말로 성이란 뜻)가 있는데로부터 그와 같은 고장이름이 붙여졌을것이다. 그리고 온센군의 동남쪽에는 이와가라끼(岩伽羅城)라는 산성이 있다. 이와가라끼란 《바위로 된 조선성》이란 뜻으로서 곧 《岩韓城》이다. 그 성터는 이와가라산의 꼭대기에 위치하며 산중턱에는 기누가게성(衣掛城)이라는 산성도 있다고 한다. 그러한 조선의 산성에 준하는 지명들은 그 옛날 그곳 일대 조선식산성이 실재한데서 유래하였다고 보인다.

최근(1979년초) 오늘의 에히메현 도요(東予)시의 에이노산(永納山)에서 고고이시(신롱석)모양의 오랜 조선식산성이 발굴되고 조사가 진행되였다. 조사된 산성의 형편을 보면 다음과 같다.*

* 《북규슈세도우찌의 고대산성》 명저출판, 1983년, 236~240페지

에이노산성은 지금의 도고시 북쪽에 있다. 산성은 표고 132.4m의 주된 봉우리를 축으로 해서 동서 470m, 남북 720m의 남북방향으로 가늘고 긴 계곡을 포괄한다. 산성은 남동쪽으로 히우찌나다(燧灘 바다이름)와 접하며 서쪽에는 세다산(世田山, 340m)에 이어진다. 그리고 남쪽으로는 미찌마에(道前)평야가 펼쳐진다.

렬석

1976년 산불에 의하여 처음 발견된 렬석의 길이는 20m정도였다. 그후 전면적인 조사에 의하여 전체 길이 2 554.3m의 렬석이 확인되였으며 현재 그중 2 310m가 남아있다.

산성의 북동부는 북쪽으로 계곡이 펼쳐지고 거기에 수로가 있다. 이오산(醫上山)동쪽령은 그 시내물에 림한다. 렬석선은 그 시

내물을 건넜던것으로 추측되고있다. 따라서 거기에 수문구조물이 있었던것으로 추측된다고 한다.

렬석은 26°의 급한 구배를 이루고 북동쪽의 산꼭대기로 이어져나갔다.

남동부쪽은 가장 험준한 지대이지만 모든 렬석이 다 검출되였다고 한다. 렬석의 바닥돌과 흙담이 나왔으며 전방후원무덤으로 볼수 있는 유적도 발견되였다고 한다. 그리고 바위를 가공하여 계단을 만들어 통로로 리용한것과 암벽을 깎아다듬어 그냥 그대로 방어벽으로 삼은 부분도 발견되였다고 한다.

북서쪽에는 가장 긴 렬석선이 남아있고 아울러 흙담도 잘 보존되여있다고 한다.

표고 130m의 이오산에는 감시대가 있었던것으로 추측되고있다.

지형적으로 렬석이 돌출, 굴절하는 개소는 북쪽에 1곳, 동쪽에 3곳, 남쪽에 3곳, 서쪽에 2곳 계 9곳이다. 모두 최단 직선거리 5.7m 정도를 굴절하고 지형에 따르는 활모양의 굴절은 없다고 한다.

흙담

흙담의 바닥돌(根石)인 렬석은 모두 화강암이며 크기는 보통 30~40cm인데 북동쪽으로부터 서쪽에 걸쳐서는 56cm이고 안길(奧行)에서는 1m정도의 큰것도 있다.

흙담의 판축은 직경 8cm정도의 다짐봉을 써서 다졌다. 판축층은 얼마간 차이는 있으나 8cm층이 가장 두꺼우며 엷은 층은 1cm의 산화층이다. 다짐층의 횡선은 거의 수평이다. 다짐봉으로 다진 다음 그 면을 고르롭게 깎아맞춘 흔적이 보인다고 한다.

다진 흙은 자갈(15mm이내), 모래, 진흙의 혼합물이며 2cm이상의 자갈류는 찾아낼수 없었다고 한다.

흙담과 지반과의 각도는 북쪽산기슭의 렬석에서 30~45°라고 한다.

우에서 주어진 자료를 가지고 이요지방에 있는 에이노산성에 대하여 간단히 살펴보았다. 여기서 알수 있는것은 렬석과 흙담구조 특히 판축층의 형성이 앞으로 보게 될 수오 백제국에 있는 이와끼산성의 판축조성과 아주 류사하다는 사실이다. 말하자면 같은 백제계통의 판축조성수법을 쓰고있는것이다. 앞으로 연구가 심화될수록 조선계통소국의 상징으로서의 에이노산성의 진모습이 더욱더 명백히 드러나게 될것이다.

2. 수오(야마구찌현)의 백제소국

현재의 야마구찌현 구마게(熊毛)군일대는 백제계통소국이 있었던 곳이다. 거기에는 백제소국이 있었던 증거들인 백제지명, 백제식산성과 백제적무덤이 남아 전한다. 고을이름인 구마개의 구마(고마)도 백제에 유래하였을 가능성이 크다. 수오지방의 백제계통소국의 대체적륜곽을 보기로 한다.

1) 백제계통지명과 대표적무덤

먼저 구마게군에 있는 백제지명을 보자.

구마게군일대에는 없어진 지명도 많지만 그래도 백제와 관련된 지명이 적지 않게 남아있다. 조선식산성인 이와끼산성근처에는 구다라베(百濟部)라는 지명[*1]이 전하는가 하면 현재의 구다마쯔시(下松市)의 구다마쯔는 구다라쯔(百濟津)가 전화된 말이라고 한다.[*2] 그리고 구마게군에는 가라포(可良浦)라는 포구가 있는데 가라포는 곧 《韓浦》로서 구마게군이 백제로부터의 래왕이 잦았던 곳임을 보여준다.

  [*1] 《성》 사회사상사, 1984년, 81페지
  [*2] 《일본지명대사전》 3권 일본서방, 1938년, 2391페지

다음으로 무덤떼에 대하여 보자.

구마게군에는 다부세(田布施) 낮은 평야지대에 오바노(大波野)유적, 야마 사끼하라(山崎原)유적, 가이묘(開明)유적 등 여러 무덤떼가 널려있다. 그리고 둥근무덤으로 유명한 고이(後井)무덤과 야나이 챠우스야마무덤이 있고 히라오(平生)정의 낮은 습지대에는 진가야마(神花山)무덤, 노이네(野稻)무덤, 아다따(阿多多)무덤 등의 작은 전방후원무덤과 시라도리진쟈(白鳥神社)무덤 등의 큰 전방후원무덤

등 일란의 우두머리급무덤들이 있다.

여기서는 수오지방에서 규모가 가장 크다고 하는 시라도리진쟈무덤과 야나이 챠우스야마무덤에 대해서만 보기로 한다.

시라도리진쟈무덤은 구마게군 히라오정 사가촌에 있는 시라도리진쟈경내에 있는 전방후원무덤으로서 앞부분이 북쪽에 면했다. 길이 약 110m, 앞부분의 너비 70m, 뒤부분의 높이 약 10.8m정도이다. 부근에는 배총도 있으며 해자의 흔적도 있다고 한다. 출토유물은 1749년에 뒤부분에서 변형큰손거울 1개, 변형꽃무늬큰거울 1개, 파형동기 5개, 벽옥제둥근구슬 12개, 도끼, 쇠칼 등이 나왔다.

야나이 챠우스야마무덤은 야나이시 미나구찌(柳井市 水口)에 있는데 무덤무지의 모양과 내부시설 등은 분명하다. 1892년에 발굴된 유물로서 거울 5면이 나왔다고 한다. 5면의 거울가운데서 변형꽃무늬큰거울의 1면은 직경 44.8cm로서 일본의 무덤들에서 나온 거울중 가장 큰 방제경이라고 한다. 이 2기의 대표적무덤의 존재는 그곳에서 계급국가가 발생하고 발전하였다는것을 보여준다는데 대하여 이론이 없을것이다.

2) 구마게군에 있는 조선식이와끼산성

조선계통소국의 상징인 이와끼(石城)산성은 6개의 산봉우리로 갈라진 이와끼산(352m)의 산꼭대기부근(340m)을 산정식으로 둘러싼 흙담과 2개소의 성문터, 4개소의 수문과 수문량옆의 돌담 등으로 이루어져있다.

이와끼산성꼭대기에 올라서면 북으로 산요도(山陽道)쪽에 전개된 세또나이해를 부감할수 있다. 그곳은 해륙교통의 요충지에 위치해있어 바다와 륙지를 통해 지나가는 모든 물체의 움직임을 파악할수 있는 매우 좋은 지리적위치에 있다.

성벽

이와끼산성의 성벽은 렬석을 심초로 삼은 흙담과 돌담으로 이루어져있고 계곡부분에는 성벽을 건네기 위한 돌담을 구축하여 막아놓은 시내물을 뽑기 위한 수문을 설치하였다.

산꼭대기부근을 둘러친 성벽선의 높고낮은것을 보면 북서부분이 표고 322m로서 제일 높고 남동쪽은 289m로서 좀 낮으며 경사져 있다. 성벽으로 둘러싸인 성안의 평면형태는 2등변삼각형에 가까우나 산마루의 굴곡 등의 지세로 하여 아주 불균형적이다. 성벽의 총 연장거리는 2 542m이다.

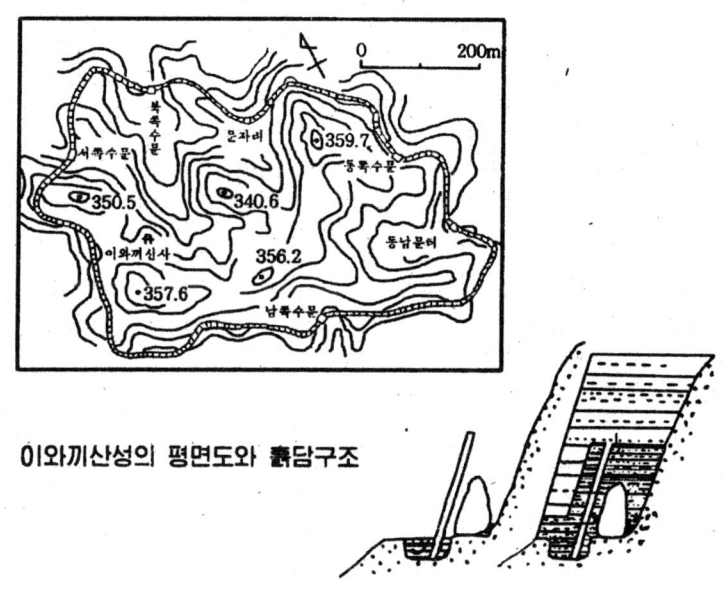

이와끼산성의 평면도와 흙담구조

도랑은 한곳에만 굴설되여있는데 동쪽수문의 서쪽에 가까운데 있다. 그 규모는 너비 18m, 깊이 6m이상이며 흙담선의 북쪽에 접하여 V자형(단면)으로 되게끔 파헤쳤다. 도랑은 서쪽끝에서 물을 뽑을수 있게 되여있으며 산지봉을 타서 침입하는 적병의 공격을 막는 방비시설로 추측되고있다.

렬석은 세로 70cm, 너비 50～100cm, 두께 40～60cm안팎의 다듬은 돌로 이어져있다. 렬석은 흙담의 심초로서 흙담의 붕괴를 막는 돌의 기능을 수행하였다. 흙담의 구조는 우선 흙담선의 바닥부분을 평탄하게 한 다음 렬석을 놓고 렬석선의 앞면에 접하여 직경 72～79cm안팎, 깊이 36cm정도의 원형에 가까운 네모난 구뎅이를 파고 그속에 길이 150cm, 직경 20～25cm안팎의 통나무를 렬석의 앞면 경사진 곳에 병행시켜 다져세웠다. 말뚝을 세우고 기초판축을 다질 때 작은 돌들을 다져넣는다. 흙담은 낮은데서는 3m, 높은데서는 7m나 된다. 흙담너비는 산의 지형지세에 따라 서로 각이하지만 앞서 본 도랑근방의것은 9.2m이다.

돌담은 수문이 있는 동, 서, 남, 북의 네군데와 수문이 돌담에 접한 량날개에 둘러친것처럼 길게 구축되여있다. 동쪽수문과 북쪽수문의 서쪽날개에 접한 돌담은 비교적 길다.

성문터

제1성문터는 동쪽수문과 북쪽수문의 거의 중간지점에 있다. 문자리는 눈아래에 급경사면이 펼쳐지고 아래서 기여오르기에는 아주 곤난한 지세이다. 동시에 멀리를 전망하기에는 좋으며 적정을 살피는데는 그저그만인 자리이다. 문자리의 길이는 대체로 7m로 추정되고있다. 제1문자리의 구조는 흙담을 따라 좌우에서 올라가며 성문 앞에서 90°꺾어들어가게끔 되여있다. 또한 성문의 정면은 북쪽경사면쪽의 통로북측에 돌담이 구축되여 지형에 대응하게 방어적효과를 높였다.

제2성문터는 동쪽수문이나 남쪽수문과 각기 하나씩의 산지붕을 낀 넓으면서도 낮은 계곡에 해당되며 흙담의 가장 낮은 지점으로 되여있다. 성문의 날개쪽의 돌로는 큰 화강암을 썼다. 입구의 너비는 12m정도로 아주 넓다. 문초석은 발견되지 않았지만 규모와 위치로 보아 산성의 정문으로 보인다고 한다.*

* 《북규슈 세도우찌의 고대산성》명저출판, 1983년, 212~232페지

이상에서 간단히 이와끼산성의 개략적형편에 대하여 보았다.

이와끼산은 세또나이해의 수륙교통의 요충지에 위치해있을뿐아니라 남쪽에는 비옥한 낮고 매우 습한 평야지대가 펼쳐져있다. 그것은 농업생산에 매우 유리한 조건을 지어준다. 앞에서 본 백제적 지명과 대표적무덤들은 이와끼산성주위에 전개되여있다. 그것은 이와끼산성을 쌓은 집단이였음을 말해준다. 또한 이와끼산성에는 백제태차 개산(開山)에 대한 전설이 있고 성내에서는 조선질그릇들이 발견되였다고 한다.(《일본성곽사》오루이신저, 1936년, 49페지)

이 수오지방 구마게고을에 백제소국이 있었다는것은 비단 거기에 조선계통소국의 상징인 조선식산성이 있고 그 구축방법이 백제

식이라는데만 있지 않다. 그 산성안에 또한 백제신을 제사지내는 이와끼신사도 있는것이다.

이와끼산성꼭대기의 비교적 평탄한 곳에 《연희식》에 실려있는 이와끼신사가 있다. 이와끼신사의 제사신은 오야마(大山)신, 이까즈찌(雷)신, 다까미무스비(高靇)신의 세 신이다. 그런데 오야마신은 백제에서 갔다는 신이다. 이와끼신사의 창건년대는 민달 3년(579년)이라고 하며 대화 백치년간(645년-654년)에는 한해에 4백여섬이 나는 신전(神田)을 가지고있었고 린근마을의 거의 모든 백성들이 그 신사에 참배하였다고 한다. 이와끼산성을 중심으로 한 구마게군의 서쪽린접지대에는 오우찌(大內, 다다라)씨의 조상설화가 전해온다. 그 설화가 구마게고을의 이와끼산성과 어떠한 관계에 있었는지는 잘 알수 없다. 하지만 백제계통소국이 있었다고 보는 구마게군의 지척에 백제왕자를 조상으로 받드는 오우찌씨가 할거하고있은것은 크게 주목된다. 설화는 《오우찌다다라씨보첩》(大內多多良氏譜牒), 《오우찌요시다까기》(大內義隆記) 등에 전해온다. 그것을 보면 다음과 같다.

《추고 17년(609년)기사, 스와국 쯔누군 와시가시라노쇼 아오야나기(都濃鷲頭庄靑柳捕)에서 큰 별이 소나무우에 머물러있었다. 7주야동안 밝게 빛나 그치지 않았다. 나라사람들이 이상한 생각을 품었다. 이때 점치는 사람이 말하기를 이국의 태자가 일본에 오는데 그를 옹위하기 위해 북신(北辰)이 내려온것이다. 3년후 백제 제명왕의 제3황태자인 림성태자가 왔다.》(《오우찌다다라씨보첩》)

《백제국의 셋째아들 림성태자라고 칭하는 사람이 일본 수오국 다다라의 해변가에 와서 오우찌에서 살았다. 백성들을 거느리고 무술과 용맹으로 나라를 잘 다스렸으며 점차 번창하여 요시다까에 이르기까지 26대이다. 해수로 치면 940년이다.》(《오우찌요시다까기》)

오우찌씨가 백제 림성태자의 후손이라는것은 《리조실록》에도 나온다. 일본의 다다라씨는 조선에 사신을 보낼 때마다 저희들은 백제 온조왕의 후손이라고 하였으며 백제왕이 림성태자를 일본땅에 보내는데 그의 후손들이 바로 저희들이라고 하였다.*

* 《세종실록》권81 20년 6월 임술, 《로산군일기》권6 원년 6월 기유

여기서 주의를 끄는것은 히고국 야시로의 미야지촌 묘껜(肥後國, 八代宮地村妙見)과 수오국 림성태자와의 관계이다.

미야지촌 묘껜이란 히고 야시로 구마강(球磨河)의 북쪽기슭에 위치한 신사의 이름이다. 그 신사에 전해오는 말에 의하면 신사는 백제에서 건너간 성명왕의 신령을 제사지낸다고 한다. 신사의 보물인 사인검(四寅劍)은 묘껜신이 백제에서 갈 때 차고 간것이라고 한다. 그런데 수오국 고오리가미산(永上山)에도 묘껜신사가 있고 그 신사연기에도 히고의 야시로를 본사로 받든다고 하였다.* 아는바와 같이 히고 구마강일대는 백제사람들이 집중적으로 정착한 지역의 하나이다. 림성태자로 상징되는 수오의 백제집단이 서부규슈의 히고 구마강일대에 정착하였다가 다시 이동하여 수오국에 진출한것으로 리해된다.

* 《일선사화》제2편 조선총독부, 1926년, 1페지

우의 사실을 통하여 구마게군의 린접에 백제계통왕족인 림성태자와 그가 거느린 집단이 정착하였음을 알수 있다. 그들이 정착한 년대가 과연 추고 17년, 추고 19년의 일이겠는지는 의심스럽다. 하지만 그들이 이와끼산성안의 이와끼신사의 성립시기라고 하는 민달 3년으로 운운한것을 보면 그보다 좀 늦은 시기의 일로 추측된다. 말하자면 이와끼산성을 구축한 백제계통이주민집단보다 좀 후시기에 림성태자집단이 그 이웃에 정착한것으로 보인다는것이다.

수오 쯔누군에 정착한 백제계통집단도 순수 백제계통집단뿐만이 아니였으며 가야계통출신집단도 망라되여있을것이다. 왜냐하면 오우찌씨는 일명 임나(가야)의 다다라공의 후예라고 했기때문이다. 오우찌씨는 후에 다다라씨로 칭하기도 하고 그들이 처음 정착한 해변가를 다다라해변가(多多良濱)라고도 하며 더우기 그들 집단이 집중적으로 산 고을이름을 쯔누(都濃)군이라고 하는것은 가야계통인물인 쯔누가아라시도의 《쯔누》에 유래하기때문이다.

이상에서 본 백제국의 지명과 무덤, 백제적구조의 산성 등은 구마게군일대에 한때 백제계통소국이 존재하였다는것을 말해준다.

제9장. 혼슈 중부 및 서부해안의 조선계통소국들

일본 혼슈섬 중부와 서부해안지대에도 조선계통소국이 수많이 있었다. 그 일대에 진출한것은 주로 조선동해를 낀 나라들인 고구려와 신라사람들이였고 그밖에 가야의 여러 작은 나라 사람들도 있었다.

세나라 이주민들이 일본 혼슈섬 서부해안일대에 진출, 정착하였다는것은 오늘날까지도 그곳에 남아있는 돗도리현 이와미군 가지야마벽화무덤(고구려적채색벽화와 금으로 된 엷은 연판이 나옴), 오까마스이신도(岡益行堂 고구려적돌등), 후꾸이현 오뉴(遠敷)군 니시즈까무덤(西塚 횡신판징박이갑옷들과 고구려식마구류, 보주형귀고리와 룡무늬돋우새긴 띠고리가 나옴), 요시다군 니혼마쯔야마(二本松山)무덤(조선제금동관과 투구, 갑옷, 둥근고리자루큰칼이 나온것으로 하여 유명해짐), 이시까와현 가가시 기쯔네즈까무덤(狐塚 전방후원무덤. 조선제의 심협형은띠고리, 은가락지, 갑옷류가 나옴) 등을 보아도 일목료연하다. 이 장에서는 혼슈 중부와 서부해안에 있던 대표적조선계통소국에 대하여 보기로 한다.

제1절. 북시나노와 노또반도의 고구려소국

세나라에서 가장 넓은 령토와 강한 국력을 가졌던 고구려는 백제, 신라, 가야의 정치, 경제, 문화발전에 커다란 영향을 주었을뿐 아니라 바다건너 일본땅의 문화발전에도 큰 작용을 하였다.

고구려사람들의 일본렬도에로의 진출은 시기적으로 볼 때는 4～5세기이후시기이며 그들이 진출, 정착한 곳은 주로 일본 혼슈 서부해안지역이였다. 그것은 고구려가 일본렬도와 지리적으로 멀리 떨어져있을뿐아니라 고구려가 남쪽으로 진출하여 령토를 그쪽으로 크게 확장한것이 주로 4～5세기이기때문이다. 또한 고구려가 일본렬도에 진출할 당시에는 규슈섬과 세또나이해연안지역은 거의나 다 백제, 가야, 신라의 세력들이 차지하고있었기때문이다. 그와 같은 지리(해류)관계와 일본렬도의 정치적형세는 고구려사람들로 하여금 조선동해를 거쳐 혼슈 서부연안일대에 진출하게 만들었다. 《일본서기》에 반영된 고구려사람들의 일본렬도도착기사를 보면 기본은 조선동해를 거친것이며 간혹 세또나이해를 거칠 경우가 있었다. 그리하여 일본에서 조선동해연안의 고분문화시기(특히 중기와 후기)의 문화는 직접, 간접을 불문하고 고구려적영향이 짙은 경향성을 띠였다. 시마네현, 돗도리현, 후꾸이현, 도야마현, 니이가다현 등에 고구려적방분이 많고 고구려적횡혈식돌칸무덤과 고구려적채색화가 많은것도 그와 같은 고구려사람들의 진출이라는 력사적사실에 기초하고있다.

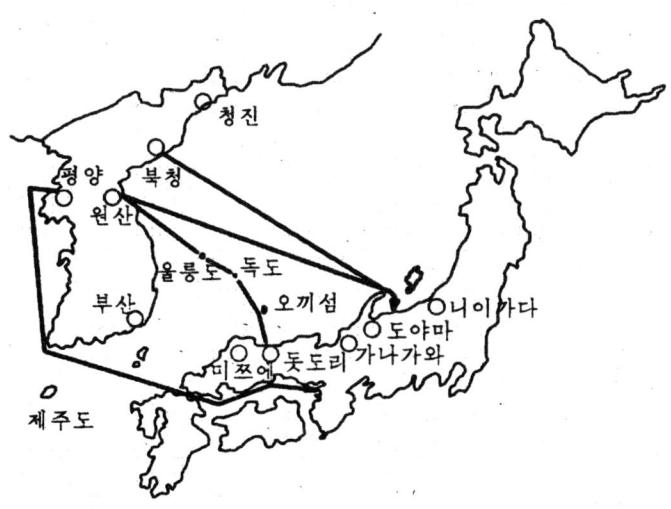

고구려의 일본렬도진출항로

일본렬도의 혼슈섬가운데서 조선동해연안쪽으로 삐여져나온 반도가 노또(能登)반도이다. 예로부터 노또반도를 중심으로 한 호꾸리꾸(北陸)일대를 《고시》(越)의 나라로 부르고 전, 후, 중부를 갈라서 에찌젠(후꾸이현), 엣쮸(도야마현), 에찌고(니이가따현)로 나누었다. 《고시》의 나라란 일본말로 《건너온 나라》라는 뜻이다. 말하자면 그 말에는 조선에서 건너온 나라라는 뜻이 담겨져있다. 그 《고시국》의 앞바다는 오래동안 《고시》의 바다로 불러왔다. 현재 일본에서 부르는 《일본해》라는 명사는 고대와 중세, 지어 근대까지 없었으며 조선에서는 력대로 《조선동해》로 불러왔다.

이즈모의 신화에 나오는 오로찌(八岐大蛇)도 《고사기》에 의하면 고시의 오로찌(高志八保遠呂智)였다고 한다. 오로찌는 조선식산성으로 상징되는 조선의 정치세력이다. 고시에서 오로찌가 건너왔다는것은 고시에서 조선의 정치집단이 이즈모지방에 이동, 정착하였다는것을 말해준다.

좀 후세(6~7세기)의 일이지만 남야마시로에는 고마사(高麗寺)가 있고 그 일대에 웃고마(上狛), 아래고마(下狛), 고마(高麗) 등의 지명이 남아있으며 남야마시로의 사가라미(相樂)에는 고구려사신을 접대하는 고마관(高椷館)이 있었다. 그리고 남야마시로로 들어가는 길목에 해당하는 오미의 가따다절터에서는 고구려양식의 기와가 나왔다. 이 모든 사실은 다 그곳들이 호꾸리꾸 즉 고시의 나라를 거쳐 남하한 고구려사람들의 진출로정에 해당했기때문이다.

고구려사람들은 이시까와현 노또반도를 목표로 하여 일본땅으로 건너가다가 그보다 남쪽으로 내려가기도 하고 혹은 반도를 에돌아 도야마현이나 니이가따현일대의 해안주변에 진출하기도 하였다.

1. 북시나노의 고구려소국

에찌고지방에 진출한 고구려사람들의 한 집단은 지구마강(千曲川)을 거슬러올라 시나노의 내륙지방에 진출, 정착하여 독자적소국을 형성하였다. 북시나노에서 가장 발전한 곳인 지구마강 하류일대가 바로 그것이다.

지구마강 하류류역의 량쪽기슭에는 자연관개에 적합한 논이 매우 넓게 전개되여있다. 지역적으로 보면 마쯔모도시 지이사가따군, 사라시나군, 고쇼꾸시, 나가노시, 수사까시, 시모다까이군, 가미다까이군일대를 포괄하는 곳이다.

1) 무덤을 통하여 본 고구려소국

북시나노에서 가장 오래된 무덤은 현재의 나가노시 시노노이에 있는 센류 쇼궁즈까무덤이다. 지구마강을 내려다보는 표고 480m의 산꼭대기우에 있는 전방후원무덤(길이 90m, 후원부 직경 42m, 높이 8.2m, 전방부 너비 31m, 높이 6m)인 이 무덤에서는 많은 유물이 나왔다.

무덤의 내부시설로서는 후원부에 깬돌을 쌓아올려 만든 수혈식 돌칸이 있고 몇개의 뚜껑돌을 덮었으며 돌칸안은 붉은색도료로 칠을 했다. 유물로서 지금까지 남아있는것은 각종 거울 7개, 판옥 102개, 작은구슬 560개 등이다. 1800년, 1893년의 두차례에 걸친 발굴때 남긴 기록에 의하면 거울은 모두 27면(혹은 42면)이며 구리활촉 17개, 가락바퀴 2개, 쇠칼, 검, 차륜석 등이 있었다고 한다. 그런데 주목할만 한 사실은 발굴당시에 남긴 책인 《시나노기승록》에 이상한 글자로 쓴 일월명내행꽃무늬거울이 있었다고 한것이다. 그 글에는 《고마(고구려)문자와 53명의 용감한 사람의 모양이 있다.》라고 씌여있었다 한다.*

* 신판《고고학강좌》5권 유잔가꾸, 1975년, 117페지

무덤의 축조시기는 그 위치와 형태, 돌칸의 모양, 유물들로 보아 비교적 이른 시기라고 하며 묻힌자의 성격에 대해서는 《다만 단순히 이 지역의 왕일뿐아니라 거울 27면과 차륜석의 존재로 보아… 또 통모양동기(聖杖)의 존재는 그 주인이 사제왕(司祭王)이였음을 이야기해주고있다.》*라고 한다.

* 우와 같은 책, '117페지

센류 쇼궁즈까무덤은 지구마강 하류지역에 일찍(4세기 중엽)부

터 계급소국가가 형성되여있었다는것을 보여준다. 그 무덤이 어느 계통의 우두머리의 무덤이였는지는 앞으로 더 연구해보아야 할것이다.

센류 쇼궁즈까무덤의 주변에는 그 무덤을 계승하는 4세기 후반기의 모리(森) 쇼궁즈까무덤이 있다. 고쇼꾸시(更埴市) 모리의 구릉마루에 위치한 그 무덤은 전방부가 서남쪽을 향하게 만든 전방후원무덤이다.(길이 약 90m, 후원부의 직경 약 42m, 높이 9m, 전방부의 너비 약 35m, 높이 5m) 내부시설로서는 편평한 판돌을 쌓아올린 수혈식돌칸(길이 7.65m, 너비 약 2m의 장방형)이 있다. 도굴당한 후의 조사에 의하면 거울쪼각, 쇠활촉, 검, 철제칼, 창, 손칼, 낫, 굽은구슬, 관옥 등이 나왔으며 전방부에서 돌상자널과 목부위에서 횡혈식돌칸이 발견되였다.

그 무덤의 주변 100m이내에서 12기의 원형무덤이 발견되였다. 무덤의 직경은 4m안팎이며 축조시기는 5～6세기로 추정되고있는데 그 무덤들은 모리 쇼궁즈까무덤과 관계가 있는것으로 추측된다고 한다.* 한 무덤에서는 금고리가 나왔다고 한다. 모리 쇼궁즈까무덤이 있는 곳에서부터는 야시로, 아메노미야, 구라시나, 모리의 4개 부락에 둘러싸인 약 100정보에 이르는 지구마강류역가운데서 가장 낮은 습지대가 펼쳐져있으며 고대무덤이 있는 곳에서는 조리제유적이 내려다보인다고 한다. 그것은 모리 쇼궁즈까무덤을 남긴 사람들과 고대 조리제유적이 일정한 련계가 있다는것을 보여준다.

* 《시나노마이니찌》(신문) 1984년 8월 16일

그밖에도 지구마강이 굽어보이는 표고 450m지점에는 도구찌(土口) 쇼궁즈까무덤이 있다. 길이 65m, 후원부의 직경 30m, 높이 5m, 전방부의 너비 26m, 높이 4.5m인 그 무덤은 모리 쇼궁즈까무덤, 센류 쇼궁즈까무덤에 이어지는 우두머리급의 무덤이라고 말할 수 있다. 그 세 쇼궁즈까무덤은 이른 시기에 그곳에 진출한 조선계통의 정치세력의 우두머리의 무덤으로 보인다. 그 무덤들이 돌각담무덤을 남긴 집단과 어떠한 관계에 있는가는 앞으로 더 연구해보아야 할 문제이다.

시나노 고구려소국을 특징짓는것은 큰 규모의 돌각담무덤이다. 현재 알려진 돌각담무덤은 나가노현에서 모두 850기정도인데 그 대부분이 지구마강하류 동쪽기슭인 하니시나(埴科) 마쯔모도(松本)시 사라시나(更級 현재 동지구마군)시 등지에 분포되여있다.

먼저 오무로(大室)의 무덤떼(약 500기, 그중 330기가 돌각담무덤)에 대하여 보기로 하자.

오무로무덤떼는 옛 사라시나군 데라오촌(현재 나가노시 마쯔시로정)에 있는 오무로의 계곡에 있다. 오무로무덤떼는 시나노일대뿐 아니라 전 일본적으로도 매우 보기 드문 고구려적돌각담무덤으로 유명하다. 무덤떼는 오무로를 중심으로 동서 약 2.5km, 남북 약 2.5km의 범위(마끼지마, 고시마다 시바)안에 전개되여있다. 바로 무덤떼는 지구마강과 사이강이 합류하는 동쪽기슭에 있는 기묘산과 아마가사리산의 산기슭경사면과 지맥들, 산등성이와 구릉 등지에 널려져있다.

무덤떼는 지리적분포상태로 보아 5개의 가지떼(支群)로 나뉘여진다. 무덤떼는 유감스럽게도 본격적인 조사가 진행되지 못한 상태에 있다. 단편적조사에 의한 가지떼의 돌각담무덤의 분포형편을 보면 다음과 같다.

가지떼무덤의 분포일람표

가지무덤떼 명칭	무덤의 분포정형
기다가지떼 (北支群)	16기이상의 무덤이 있음. 직경 6~10m정도의 원형무덤으서 흙과 돌이 섞인 봉토무덤이 많다. 내부시설은 횡혈식돌칸이 기본으로 되여있다고 추측되고있음.
오무로다니 가지떼 (大室谷支群)	200기이상의 무덤이 집결되여있음. 그가운데서 기본은 돌각담무덤임. 그중 합장한 돌칸쌍무덤이 11기이상이나 확인됨.
가스미끼가지떼 (霞城支群)	약 40기의 무덤이 알려짐. 돌칸흙무덤이 10기, 합장한 돌칸쌍무덤 2기가 확인됨.

가지무덤떼 명칭	무덤의 분포정형
기다다니가지떼 (北谷支群)	260기 가까운 무덤이 집결되여있음. 대부분이 돌각담무덤임. 내부시설에서 기본은 횡혈식돌칸이나 합장형돌칸쌍무덤이 6기가 인정됨. 매우 작은 규모의 수혈식돌칸도 보인다고 함.
가나이야마가지 떼(金井岐群)	횡혈식돌칸무덤을 기본으로 한 17기의 돌칸흙무덤이 확인됨.

 이 5개의 가지무덤떼외에도 호시나(保科)의 계곡, 와따우찌(綿內)의 계곡, 수사까(須坂) 아유가와(鮎川)의 구릉무덤(약 70기), 기지마(木島) 등에도 돌각담무덤떼들이 분포되여있다.

 표에서 보는바와 같이 오무로다니무덤떼에서 주류를 이루는것은 돌각담무덤이며 내부시설은 횡혈식돌칸으로 되여있다. 일부 수혈식돌칸과 쌍무덤형식이 있다. 그 무덤떼의 대부분의것은 고분문화시기 후기 즉 6세기에 축조된것이지만 5세기경부터 만들어지기 시작하였다고 보인다. 그렇게 보는것은 그 무덤떼에 5세기에 만들어진 무덤이 여러기 발견, 조사되였기때문이다.

 최근에 몇개 무덤에 대하여 진행된 학술조사에 의하면 오무로다니무덤떼의 제221호무덤은 합장한 돌칸으로 된 돌각담무덤으로 판명되였으며 그 축조시기는 그 무덤에서 5세기말~6세기초의 질그릇이 나와 이른바 《정설》보다도 약 200년이나 거슬러오르게 되였다. 무덤은 명백히 조선에 연원을 둔 고구려계통의 무덤이라는 것이 확인되였다.

 5세기 돌각담무덤의 대표적실례는 수사까 요로이즈까(鎧塚) 제1호 및 제2호무덤이다.

 수사까시 핫쬬(須坂市八丁)에는 묘덕산을 배경으로 한 아유강이 흐르는 곳에 약 70기의 돌각담무덤떼가 있다. 표고 518m정도의 부채살모양의 구릉지대에 있는 그 무덤떼의 제1호무덤은 직경 23m, 높이 2.5m로서 돌각담무덤이다. 무덤안에서 판돌로 조립식으로 만든 돌상자널이 나왔다. 그밖에 유물로는 우수한 사신경쪼각과 여러 가지 구슬, 벽옥제동팔찌, 창, 칼, 쇠활촉, 패갑철편 비슷한것 등 이 나왔다.

제2호무덤은 제1호무덤으로부터 20m정도 떨어진 곳에 있는데 직경 25m(추측), 높이 15m정도의 돌각담무덤이다. 유물로는 금동제 띠고리 3개, 유리알, 쇠활촉, 방울달린행엽, 말자갈, 쇠칼, 패갑철편 등이 나왔다.

제2호무덤은 제1호무덤(5세기 전반기에 축조)보다 시기적으로 좀 뒤지는것(6세기 전반기로 추측)으로 알려져있다. 무덤에서 나온 금동제띠고리는 주조품으로서 이발을 사려문 짐승(사자 아니면 호랑이)의 낯짝을 형상했는데 변두리의 평행선사이에는 파상무늬와 렬점무늬를 가는 선으로 조각한 아주 우수한 수공업품이다. 그것은 고구려에 연원을 두고있는것으로 평가되고있다.*

* 《시나노고고학산보》 가꾸세이사, 1973년, 57~58페지

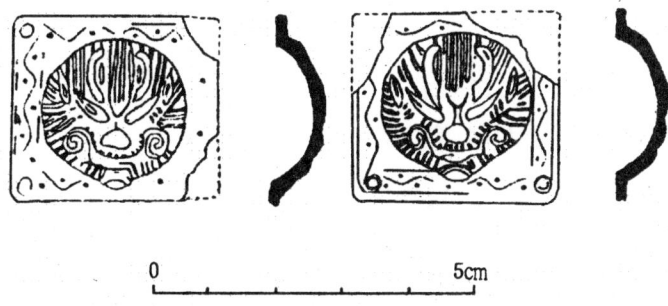

시나노 요로이즈까 제2호무덤에서 나온 고구려금동띠고리

동지구마군 아마즈미(東筑摩郡痲積)분지를 내려다보는 아사까 (安坂) 히가시야마(東山)의 산기슭과 산허리에는 아사까 쇼궁즈까무덤을 비롯한 돌각담무덤이 있다. 그중 제1호무덤과 제2호무덤은 방분이며 유물도 고구려적색채가 짙은것으로 유명하다.

아사까 제1호, 제2호무덤에서는 다같이 수혈식돌칸이 드러났

는데 제1호무덤은 나란히 놓인 2개의 수혈식돌칸으로 되여있고 제 2호무덤은 하나의 수혈식돌칸으로 되여있다. 규모는 제1호무덤이 0.7×5m, 제2호무덤이 0.75×5.6m로서 깬돌의 면을 맞추어 쌓아올렸다. 벽은 높이 80cm이며 천정은 5~6장의 납작한 돌로 막은것 같다고 한다.

제1호무덤의 2호돌칸에서는 갈돌과 끌, 창대패, 검, 곧은칼(직도), 창이 발견되였다. 그중 검에는 큰것과 작은것이 있고 큰 검의 자루는 얼마간 휘여서 철검으로서는 아주 특이한 모습이라고 한다. 또한 끌과 창대패는 단야수공업자들이 필수적으로

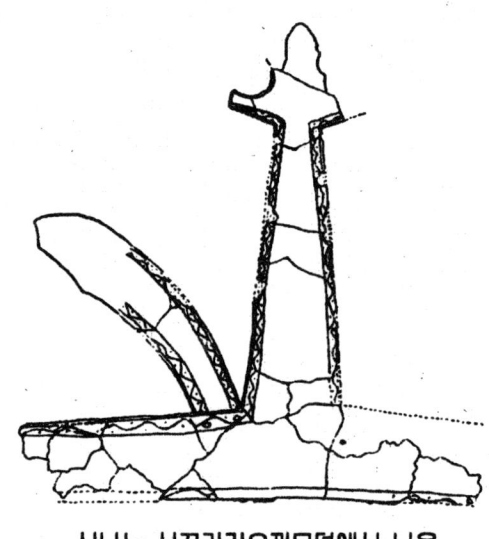

시나노 사꾸라가오까무덤에서 나온
조선제금관띠

소용되는 공구들이다. 그 질이 높아 아주 우수한것들이라는것이 판명되였다고 한다.*

* 《시나노고고학산보》 가꾸세이사, 1973년, 169~170페지

아사까 제4호무덤은 한변의 길이가 15m의 모난 무덤으로서 높이 3.5m의 비교적 큰 무덤이다. 돌칸은 두날개식의 횡혈돌칸으로서 무덤칸의 길이 4.93m, 너비 2.7m, 높이 1.4m이다. 유물로는 구슬류와 금고리, 마구류, 스에끼 등이 나왔다.

아사까무덤떼의 축조년대는 제1호, 제2호무덤의 내부구조와 거기서 나온 검, 창들의 편년으로 보아 5세기경으로 추측된다고 하며 제4호무덤은 7세기경으로 추정되는것 같다. 그 무덤들에 묻힌자는 그 땅이 고구려이주민들인 아사까씨의 거주지라는것과 무덤이 돌각담무덤의 형태를 취하고있는것으로 보아 명백히 고구려계통의 이주민집단이였음을 알수 있게 한다. 아사까지역은 《일본후기》에

나오는 고구려이주민인 젠부 쯔나마로(前部綱廐呂)의 정착지이다.

돌각담무덤은 아니지만 현재의 동지구마군에는 사꾸라가오까(櫻丘)무덤이 있다. 그 무덤은 일찌기 금고리와 굽은구슬이 나왔다고 전해지며 1954년에 우연한 기회에 철제칼 1개, 검 4개, 창 1개, 배머리모양투구 1개, 단갑 1령, 목갑 1령 등이 발견되였다. 이어 1955년에 그 무덤에 대한 조사가 진행되였다.

그 무덤의 내부시설로서는 수혈식돌칸인 주실과 부실이 설치되였다. 길이 1.85m, 너비 60cm, 길이 30cm의 부실에서는 금동판(天冠) 1개, 대나무빗 1개, 굽은구슬 1개, 둥근구슬 9개, 작은구슬 35개, 검 1개가 나왔다고 한다. 무덤은 출토된 유물에 의하여 5세기말~6세기 전반기의것으로 추정되고있다. 특히 금동판은 앞이마부위에 맞추는 띠를 기본바탕으로 해서 거기를 뿌리로 하여 세가닥의 가지로 된 립권(立拳)장식을 단 《〈립권식〉계통에 속하는 액당식〈이마에 붙이는 형식〉천관》*¹이라고 하는 판이다. 세가닥의 가지중 가운데것은 앞끝이 보주형이고 또 두가닥은 첨엽(尖葉)형이며 가지변두리와 띠변두리에는 가늘게 조각한 파장무늬와 구슬무늬를 련결시켜 그 량쪽을 평행선으로 매듭짓고있다고 한다. 그 유물은 《아마도 대륙색이 짙은 제품으로서 묻힌자의 성격도 추정할수 있을것이다.》*²라고 한다. 대륙색이란 곧 고구려적색채이다. 유물은 당시의 일본과 중국에 없는 고구려계통의 천관이라고 말할수 있을것이다. 더우기 그 지대는 가라이누가이(羊犬養)씨의 정착지로서 《羊犬養》는 곧 《韓犬養》이다. 아마도 고구려소국의 우두머리집단에 직속하는 조선계통부곡민집단의 정착지로 추측된다.

*¹, *² 우와 같은 책, 162~163페지

이상에서 북시나노에 있는 고구려적무덤을 간단히 살펴보았다. 지금까지 본 요로이즈까무덤, 아사까쇼궁즈까무덤, 사꾸라가오까무덤의 공통적특징을 묶어보면 다음과 같다.

첫째로, 북시나노지방의 무덤들은 고구려적돌각담무덤이 기본이며 내부시설 역시 고구려적횡혈식돌칸이 주류를 이룬다. 그리고 그밖에 일부 수혈식돌칸과 합장형돌칸이 있다.

북시나노에는 소라즈까(空塚, 호니시나군)무덤이나 깅가이산(金鎧山, 시모다까이군)무덤과 같이 부분적으로 합장식돌칸이 보인다. 하지만 그것은 어디까지나 고구려에 연원을 둔 돌칸이며 그 형태는 북시나노지방에서 지배적자리를 차지하는것은 아니다. 일본학자들 속에는 나가노현에서 일부 보이는 합장식돌칸(돌칸천정이 량쪽면에서 돌을 경사지게 세워 꼭대기부분에서 합쳐지는 구조형태)을 백제(충청남도 공주)의 무덤형식에서 찾는 사람도 있다.* 물론 그 두 무덤(소라즈까무덤, 깅게이야마무덤)이 공주에 있는 백제무덤에 연원을 두었을수 있다. 이이다(飯田)시를 중심으로 하는 덴류강(天龍川)류역에는 백제지명인 아찌(阿智)촌이 있고 백제 무녕왕릉이나 에다후나야마무덤에 계보가 이어지는 은으로 된 장식달린 귀걸이(銀製垂飾付長鎖耳飾) 잔결 10여점과 금고리 등을 낸 아세지(畦地)제1호무덤이 있다. 그곳 남시나노에 진출, 정착한 백제이주민집단의 영향을 받았을수 있는것이다. 하지만 설사 북시나노에 있는 합장식돌칸이 백제의 영향을 받았다 하더라도 그것은 북시나노의 무덤떼에서 큰 비중을 차지하지 못한다. 따라서 백제적합장무덤이 몇기 나온다고 하여 그곳 무덤떼의 고구려적성격을 다르게는 결코 볼수 없다. 그리고 또 백제의 합장식돌칸도 본래는 고구려에 연원을 두었을수 있는것이다.

* 《일본고분의 연구》요시가와홍문관, 1963년, 255페지.

둘째로, 북시나노의 돌각담무덤의 축조시기는 4, 5세기에 시작되여 6세기를 거쳐서 7세기에 이른다는 사실이다.

우선 돌각담무덤자체가 고구려에서 3~4세기에 성행한 무덤형태이다. 고구려돌각담무덤은 고구려 초기의 령토전반에 걸쳐 분포되여있지만 그중에서도 고구려 초기의 중심지였던 환인현과 집안현을 중심으로 한 압록강류역에 가장 많다.《삼국지》(위서 동이전 고구려전)에 의하더라도 고구려사람들은 《죽으면 돌을 쌓아 봉한다.》라고 하였다.

고구려무덤형식의 변천력사를 보면 평양천도(427년 장수왕 15년)를 전후한 시기이전은 기본적으로 돌각담(적석)무덤이고(일부 돌칸흙무덤축조) 그 이후는 돌칸흙무덤이 지배적이다. 물론 그렇다고 하여 평양천도이전에는 돌각담무덤만 축조된것이 아니라 안악제3호무덤처럼 돌칸흙무덤도 축조되였다. 하지만 5세기를 전후한 시기를 계기로 돌각담무덤과 돌칸흙무덤의 점차적이행이 벌어졌다고 보아 크게 잘못은 없을것이다.

　이와 같은 사실은 돌각담무덤이 고구려에서 주로 4~5세기이전시기에 성행한 무덤형식이라는것을 알수 있게 한다. 북시나노에서는 그와 같은 돌각담무덤이 7세기까지 성행하는것이다.

　그것은 북시나노의 고구려이주민들이 본국에서 돌각담무덤이 축조되던 시기에 일본으로 건너간 사람들(집단)로 이루어졌으며 그때의 무덤풍습을 자손대대로 고수해왔다는것을 보여준다. 왜 그렇게 말할수 있는가 하면 조선(고구려)에서는 돌각담무덤, 돌칸흙무덤으로 이어지는데 북시나노에서는 그와 같은 순차적단계로 이어지는 무덤이 없고 기본적으로 돌각담무덤 한가지로 이루어지고있는것이다. 그것은 또한 4~5세기에 일본으로 건너간 고구려사람들이 그후에는 거의 고국(고구려)과의 련계가 없었다는것을 보여준다.

　세째로, 북시나노무덤떼의 규모를 통하여 거기에 독자적정치세력이 존재하였다는것을 인정하지 않을수 없다는 사실이다.

　500여기에 이르는 오무로무덤떼는 그 규모와 축조시기의 지속성으로 하여 거기에 독자적정치세력이 있었다는것을 알게 한다. 독자적정치세력이란 바로 조선계통소국을 의미한다. 무덤떼의 고구려적성격은 곧 거기에 고구려의 소국이 있었다는것을 말해준다.

　앞에서 본바와 같이 북시나노의 무덤떼는 오무로무덤떼를 중심으로 하여 여러 작은 집단을 이루고 분포되여있었다. 이로써 고구려소국은 산과 강에 의하여 작은 지역으로 나뉘여진 여러개의 작은 정치집단(무덤떼의 작은 분포)들로 형성되여있는것으로 볼수 있다.

2) 고문헌을 통하여 본 고구려소국

　《속일본기》(권40 연력 8년 5월 경오)에는 《시나노국 지구마고을의 사람 후부(後部)의 무위 우시가이(牛養) 무네모리(宗守)의 데히도 등에게 다가와노미야쯔꼬(田河造)의 성씨를 주었다.》라고 씌여있고 《일본후기》(권5 연력 16년 3월 계묘)에는 《시나노국사람 전부 (前部) 쯔나마로에게 아사까(安坂)의 성씨를 주었다.》라고 기록되여 있다. 무위란 위계가 없다는 뜻이다.

또한 같은 《일본후기》(권8 연력 18년 12월 갑술)에는 다음과 같이 기록되여있다.

《시나노국사람 외종 6위하 계루(卦婁) 신로, 후부 구로다리, 전부 구로마로, 전부의 사네히도, 하부(下部)의 나데마로, 전부의 아끼다리, 지이사가따고을사람 무위, 상부(上部) 도요히도, 하부 후미요, 고마(高麗) 이에쯔구, 고마 쯔구다데, 전부 사다마로, 상부 사고후지 등이 말하기를 〈자기들의 조상은 고마(고구려)사람이다. 추고왕과 서명왕때 귀화해왔다. 대를 이어 평민으로 지냈는데 본래이름을 고치지 못하였다. 바라건대 천평승보 9년(757) 4월 4일의 지시에 의거하여 성씨를 고치게 해주십시오.〉라고 하였다. 이리하여 신로 등에게는 스즈끼(須々岐), 구로다리 등에게는 도요오까(豊岡), 구로마로에게는 무라가미(村上), 아끼다리 등에게는 시노이(篠井), 도요히도 등에게는 다마가와(玉川), 후미요 등에게는 기요오까(淸岡), 이에쯔구 등에게는 미이(御井), 사다마로에게는 아사지(朝治), 시고후지에게는 다마이(玉井)의 성씨를 주었다.》

이상의 《속일본기》, 《일본후기》의 자료를 통하여 다음과 같은 몇가지 사실을 확인할수 있다.

그것은 북시나노에는 8세기 말엽에 이르도록 고구려출신의 적지 않은 사람들이 본국에서처럼 고구려식이름을 가지고있었다는것, 그들이 전부, 후부, 계(과)루, 하부, 상부라는 고구려 5부의 행정단위를 성씨로 삼고있었다는것, 북시나노의 고구려후손들은 그들의 말대로 한다면 적어도 200년동안은 북시나노지방에서 고구려의 성씨를 그대로 칭해왔다는것 등이다.

사료를 통해서 명백히 알수 있는것처럼 북시나노 지구마군일대에 사는 토호세력들은 연력 18년(799년)이라는 늦은 시기까지 본국(고구려)의 5부명을 그대로 지니고있었다. 5부명칭은 《삼국사기》에도, 《신당서》(고구려전)에도 전해지고있다.

사료에 보이는 고구려사람들의 정착, 분포상태를 보면 대체로 다까이군, 사라시나, 지이사가따군, 지구마군 등 지구마강 하류류역을 중심으로 한 지대이다. 거기에 고구려사람들이 집중적으로 진출, 정착하였던것이다.

여기서 문제는 계루, 신로, 전부, 쯔나마로 등이 8세기말까지 일본사람으로 동화되지 않고 조상전래의 고구려전통을 그대로 고수하고있었던 사실이다. 조상의 성을 그대로 지켜왔다는것을 가지고 그렇게 말할수 있다. 고구려사람들의 이곳에로의 진출은 고고학적으로 보아 4~5세기까지 끌어올릴수 있으니 북시나노일대에서 실로 근 400년동안이나 고구려사람들이 건재해있었던것으로 된다. 물론 북시나노의 고구려소국은 그 이전시기 즉 7세기경에 기내 야마또정권에 의해 통합되였을수 있으나 앞에서 본 사료들에 반영되여있듯이 고구려사람들은 일본렬도안에서 조선의 독자적정치세력(조선소국)이 해소된 다음에도 8세기말까지 고구려사람들의 기개를 안고 살았던것이다.

북시나노에 고구려소국이 있었다는것은 거기에 고구려왕이 존재하고 그런 사실이 오늘날까지도 전하는것을 보아도 잘 알수 있다. 이미 본 《속일본기》(연력 8년 5월 경오)에 나오는 다가와노미야쯔꼬(田河造 후부 우시가이)는 《신찬성씨록》(권30 사교 미정잡성)에 의하면 고구려사람 후부 고천금(高千金)의 후손이라고 하며 후에 고을이름이 된 다까이미야쯔꼬(高井造)는 《신찬성씨록》(권25 야마시로 제번)에 의하면 고마(고구려)국주 추모왕의 20세손인 여안기왕(汝安祁王)에서 나왔다고 한다. 고천금이나 여안기왕은 《삼국사기》에 그 이름이 나오지 않는 인물이다. 말하자면 조선에는 없는 고구려왕이다. 이것은 그 두사람이 일본렬도안에 있던 고구려왕이였다고 볼수 있게 한다.

기록들에 나오는 고구려사람들의 분포는 기본적으로 무덤떼의 분포와 일치하며 주변에는 도처에 고마(고구려)에 준한 고장이름들이 있다. 실례로 사구시(佐久市) 야하다신사경내에 있는 고라(高良)신사(일본의 중요문화재로 지정)도 틀림없이 《高麗》에서 나왔다고 보인다. 앞에서 본 《가라이누》 역시 고구려소국의 부곡으로 인정되는것이다. 그밖에도 시나노에는 가라네꼬신사(韓描神艮根古)와 가라구니(韓郷)신사 등 많은 조선신사가 있다.
　북시나노의 고구려소국을 특징짓는것으로서 말목장이 있다.
　북시나노의 고대 말목장은 산기슭이나 대지우에 있다. 그리고 그 규모는 아주 커서 전 일본적으로도 대규모말목장은 여기에 집중되여있다. 그런데 말목장이 있는 곳에 반드시 고구려적무덤떼가 있다는 사실이다. 실례로 오무로무덤떼의 주변일대(나가노시 마쯔시로정)에는 오무로노마끼(大室牧)가 있던 곳이다. 그리고 앞에서 본 사구시 고라신사의 뒤면의 광대한 초원에도 모찌 즈끼노마끼(望月牧)가 있었다. 다까이군에도 큰 말목장들이 있었다.
　어려서부터 말타기를 즐겨하고 기마병들이 국방에서 큰 비중을 차지하였던 고구려사람들은 말사육을 잘하였다. 바로 일본땅에 건너간 고구려사람들은 이르는 곳마다에 말목장을 차려놓고 말을 잘 길렀던것이다.
　북시나노에 진출한 고구려사람들이 말을 잘 기르고 그 집단안에 기마병이 많았다는것은 비단 말목장의 수가 많았다는것뿐아니라 고고학적유적유물을 통해서도 증명된다. 유물이 나온 전체 나가노현의 무덤 750기가운데 146기의 무덤에서 마구류가 나왔다고 한 사실(《왜인전의 세계》 쇼가꾸판, 1983년, 177페지) 하나만으로도 그곳에 정착한 집단의 고구려적성격을 엿볼수 있다.
　마지막으로 조선식산성에 대하여 보기로 하자.
　북시나노에 고구려계통소국이 있었다는것은 거기에 조선소국의 상징인 조선식산성이 있다는 사실을 통하여 담보된다.
　산성은 젠고지(善光寺)평야를 내려다보며 산과 계곡이 남북으로 이어지는 경개좋은 곳에 자리잡은 오무로무덤떼 뒤산 등성이에 있다. 산성은 가스미가끼(霞城)라고 부른다. 가꾸마강계곡으로부터 구릉가까이에 있는 커다란 신롱석이 바로 그것이다.
　가스미가끼는 오무로무덤떼의 한 가지떼에 있다. 그러나 산성은 유감스럽게도 아직 과학적조사가 진행되지 못한 상태에 놓여있다. 앞으로 조사와 연구가 심화될수록 조선식산성인 가스미죠와 고구려소국의 진면모는 더욱 드러나게 될것이다.

2. 노또반도의 고구려소국

　　해류관계로 조선으로부터 동해를 거쳐 일본에로의 길이 곧게 열려져있는 곳은 노또반도일대였다. 또한 거기에는 좋은 나루들이 많았다. 고구려사람들은 조선반도 동해안의 신포시 오매리(청해토성)와 같은 좋은 항구를 떠나 노또반도로 건너갔다. 현재 작은 요트를 리용하더라도 순풍에 돛을 달 때에는 사흘이면 조선동해를 횡단한다고 한다.

　　고구려사람들이 일본의 어느 지점에 많이 상륙하였는가는 자세하지 않다. 다만 《일본서기》에 그들이 고시국에 표착한 사실 등이 단편적으로 전한다. 그리고 발해사신이 도착하고 떠나던 곳을 보면 에찌젠 사까이군 미구니미나또(坂井郡三國湊)와 구도류강(九頭龍川) 하구 등지의 나루 등이 많이 리용되였다.

　　고구려사람들이 집중적으로 진출, 정착한 곳은 고시국일대가운데서도 현재의 도야마현 도야마시 서쪽의 도야마평야일대와 이시가와현 가시마군 오찌가따(鹿島郡ㅂ知潟)평야일대이다.

　　먼저 도야마평야에서 고구려사람들이 남긴것으로 집작되는 유적에 대하여 보기로 하자.

　　도야마평야의 대표적무덤떼로서는 하네야마(羽根山)무덤떼와 사꾸라다니(櫻谷)무덤떼가 있다.

　　도야마현에서 가장 큰 전방후원무덤을 포함하고있다는 사꾸라다니무덤떼는 다까오까시 오따(高岡市太田)의 니죠(二上) 구릉 북동끝에 있다. 눈앞에는 조선동해가 펼쳐져있다. 전방후원무덤 2기, 원형무덤 9기이상으로 이루어져있던 그 무덤떼는 현재 전방후원무덤 2기가 남아있을뿐이다.

　　제1호무덤은 길이 62m, 후원부의 직경 35m, 높이 6m, 전방부의 너비 30m, 높이 5.45m이다. 제2호무덤은 밥조개형무덤으로서 길이 약 50m, 후원부의 직경 33m, 높이 6m, 전방부의 높이 약 1m이다.

　　1921년에 조사된 제3호무덤에서는 금동고리, 구슬, 쇠칼, 검 등이 나왔다고 하며 1945년 제7호무덤이 파괴될 때 금동띠고리와 쇠활촉이 나왔다고 한다. 제8호무덤은 1924년에 봉토가 벗겨졌을 때 횡혈식돌칸이 로출되였다. 그때 쇠칼, 은으로 된 칼장식(銀製刀裝具), 금고리, 스에끼, 사람뼈 등이 나왔다고 한다.

도야마현 네이군 후쮸(婦負郡婦中)정에 있는 하네야마무덤떼는 전방후원무덤 1기, 전방후방무덤 1기, 원형무덤 10기로 구성되여 있다. 그 무덤떼는 구레하산(呉羽山)구릉의 한 지맥인 표고 120m의 대지우에 있다. 대표적인 무덤으로는 죠꾸시즈까(勅使塚)무덤(길이 75m, 후원부의 직경 약 45m, 높이 2m), 오즈까(王塚)무덤(전방후방무덤 길이 62m, 후방부의 한변의 길이 36m, 높이 8m, 전방부의 너비 26m, 높이 4m)이 있다.

그밖에도 도야마평야에는 구레하산 동북쪽에 반신산(番神山)무덤떼와 스기다니(杉谷)무덤떼(네모롱이돌출형무덤이 나온것으로 유명하다.) 등이 있다.

또 하나의 무덤떼는 오찌가따평야에 있다. 거기에 전형적인 고구려무덤들이 집중적으로 분포되여있다. 그러한 대표적무덤으로서는 아메노미야(雨之宮)무덤떼, 에조아나무덤, 오쯔끼 제11호무덤, 가메즈까(龜塚)무덤, 신노즈까(親王塚 가시마정에 위치, 직경 60m, 높이 15m의 원형무덤), 소산 제1호무덤(도리야정에 위치, 전방후방무덤으로서 길이 53.6m), 나베야마무덤(鍋山 가시마정에 위치, 직경 51m의 원형무덤, 돌상자돌널이 나옴), 마도가께무덤(나나오시미무로정에 있는 원형무덤, 내부의 횡혈식돌칸은 길이 8.75m, 무덤관의 길이 5.1m, 너비 2.15m, 높이 약 2m, 무덤길의 길이 3.5m이상, 너비 1.45m, 높이 1.75m), 리끼노미야무덤(나나오시미무로정의 구릉우에 있는 원형무덤으로서 내부는 횡혈식돌칸임) 등이 있다.

대표적인 무덤 몇기를 보면 다음과 같다.
아메노미야무덤떼(일명 가미나리가미네무덤떼)
가시마군 로꾸세이정의 표고 188m의 미죠산(眉丈山)부근에 분포되여 있다. 무덤떼는 모두 31기로 이루어져있다. 남북 약 1km, 동서 0.5km의 범위내에 있다. 제1호무덤은 길이 70m의 전방후방무덤이다. 후방부의 길이 42m, 높이 8.5m, 전방부의 길이 28m, 높이 6.5m이다. 후방부는 대(台)모양의 평면설계이다.

제2호무덤은 제1호무덤으로부터 약 50m 떨어진 곳에 있는 전방후원무덤(길이 70m)이다. 둘 다 아직 발굴되지 않았다.

가메즈까무덤

가시마군 가시마정에 있는 길이 61m의 전방후방무덤이다. 노도지방에서 가장 큰 원형무덤인 신노즈까무덤에 잇대여 축조되였다. 후방부의 한변길이 40m(다른 변은 30m), 후방부의 높이 7m이다.

오쯔끼 제1호무덤

가시마군 도리야정의 한 구릉에 있다. 니노미야강(二之宮川)연안의 구릉우에 분포되여있는 무덤떼(11기)가운데서 맹주적존재이다.(전방후방무덤) 1972년경에 발견되였다. 길이 27.7m, 후방부의 길이 14.9m, 너비 15m, 높이 3.2m이다.

에조아나무덤

가시마군 노도지마정 스소(須曾)의 표고 60m정도의 구릉경사면에 있다. 직경 30m, 높이 약 4.5m의 원형무덤이라고 하지만 모난무덤이였던것 같다고 한다. 무덤에는 남쪽을 향해 2개의 횡혈식돌칸이 있는데 동쪽것을 《오스아나》(雄穴), 서쪽것을 《메스아나》(雌穴)라고 한다.

동쪽돌칸은 길이 6.2m, 무덤칸의 길이 2m, 너비 3.25m, 높이 약 2.15m, 무덤길의 길이 4.2m, 너비 약 1.2m, 높이 1.25m이며 두날개형의 횡혈식돌칸이다. 무덤칸의 길이는 짧은 J자형의 평면설계이다. 벽면은 편편한 깬 돌로 쌓아올렸다. 무덤칸벽은 무덤길천정에 맞추어 1.2m 높이에서부터 안쪽으로 휘였으며 네모퉁이는 삼각고임천정으로 되였다. 뚜껑돌은 하나의 판돌이다. 유물로서는 쇠활촉 등이 나왔다.

서쪽돌칸실은 파괴가 아주 심하지만 두날개식의 J자형의 평면설계이다. 길이 5.9m, 무덤칸의 길이 1.7m, 너비 2.7m, 높이 1.6~1.8m이며 무덤길의 길이 4.2m, 너비 1.1m이고 그 구조는 기본적으로 동쪽돌칸과 같다. 유물로는 쇠활촉, 쇠칼의 쪼각, 철제둥근손잡이큰칼의 자루대가리(鉄刀頭大刀柄頭), 칼마구리(鐔), 스에끼 등이 나왔다. 축조된 시기는 7세기 중엽경으로 추측되고있다고 한다.

오찌가따평야에 전개된 고구려적무덤을 개괄하면 다음과 같다.

첫째로, 오찌가따평야에 집중되여있는 무덤들가운데서 주류를 이루는것은 고구려식방분(전방후방무덤 포함)이라는 사실이다. 이미 본바와 같이 오찌가다지대의 중추부에 틀고앉은 무덤가운데서 대개가 방분이거나 방분의 변형인 전방후방무덤이였다. 그 방분은 고구려적방분에 계보가 이어진다고 말해야 옳을것이다.

둘째로, 오찌가따평야를 중심으로 하는 노또반도에는 발생기부터 7세기에 이르는 기간에 축조된 무덤들이 면면히 이어져있다는 사실이다.

발생기의 무덤이라고 하는 오쯔끼 제11호무덤을 비롯하여 아메노미야무덤떼(4~5세기), 에조아나무덤(7세기) 등이 면면히 이어져있다.

특히 아메노미야무덤떼의 제1호무덤과 제2호무덤은 고식의 무덤들로서 《오찌가따지대의 중추부를 장악한 정치적권력자의 등장을 증명하는것》이라고 한다.

셋째로, 노또반도에는 방분이라는 외형뿐아니라 내부시설에 이르기까지 고구려적횡혈식돌칸무덤이 지배적자리를 차지한다는 사실이다. 그러한 대표적무덤의 실례가 바로 에조아나무덤이다.

에조아나무덤은 T자형의 량날개식의 평면구조와 삼각천정고임식의 돌칸구조를 가졌다. 이것은 완전히 고구려식의 횡혈식돌칸무덤을 본따서 만든것이다. 그리고 외형도 고구려적방분으로 추측되고있다. 이 무덤이 고구려의 직접적영향에 의하여 축조되였다는데 대해서는 1977~1978년의 일본학계의 종합조사때에 견해의 일치를 보았다고 한다.

에조아나무덤에 묻힌자가 비단 노또반도만을 지배한 호족이 아니였음은 쉽게 짐작할수 있다. 적어도 노또반도를 중심으로 한 주변일대를 타고앉았던 왕자였을것이다. 그리고 에조아나의 고구려무덤은 7세기에 돌연히 출현하는것이 아니라 아메노미 제1호무덤, 제2호무덤, 가메즈까무덤, 인나이(院內)죠꾸시즈까무덤(나나오시에 위치한 방분, 큰 통돌을 써서 만든 횡혈식돌칸무덤, 6세기 후반기) 축조에 이어지는 무덤이다.

계속하여 지명유적과 옛 기록을 통해 본 노또반도주변의 고구려유적에 대하여 보기로 한다.

우선 고구려신사에 대하여 보자.

일본 중세기의 기록에 나오는 도나미군(礪波郡) 다까세(高瀨)신사는 현재 동도나미군 다까세촌에 있다. 다까세신사는 연희식(신명)에 밝혀진 신사였다. 다까세신사는 일명 고마(고구려)신사라고 한다. 고마신사는 《속일본기》(권36 보구 11년 12월 갑진)와 《일본후기일문》(권4 연력 14년 8월 임오-紀略)에도 나오는 오랜 신사이다.

다까세(고마)신사의 유래에 대해서는 《엣쮸신사지료》(越中神社志料)라는 문서에 나온다. 즉 《다까세신사… 식내(式內) 도나미군 7사의 으뜸이다. 옛날에는 엣쮸에서 으뜸가는 신사(一之宮)라고 하였다. 고래로 마을사람(里人)이 일러오기를 그 신은 옛날에 고마(고구려)에서 건너왔는데 이 땅에 도착하신 날은 7월 14일이다.》라고 한것이 그것이다.

또한 다까세신사가 위치한 그 일대의 지명인 《구레하》의 《구레》는 구려-고구려에서 전화된 말일것이다.

노또반도의 오찌가따평야에도 역시 고구려에 준한 지명과 신사가 남아 전한다.

가시마군의 북서쪽에 위치한 현재의 나까지마정(中島町 能登羽咋郡)에는 구마기(熊木)마을*이 있다. 구마기는 《화명초》에 의하면 하꾸이군 구마기(熊來)향으로서 구마기는 곧 구마(고마-고구려)가 왔다(來)는 뜻을 가진다.

* 《일본지명대사전》 3권 일본서방, 1938년, 2432페지

구마거와 관련하여 언급해야 할것은 구마기마을에 있는 《구마가부도아라 가시히꼬신사》(久礪加夫都阿良加志比古神社)이다. 본래 그 신사는 하구이군에 있던것이다. 쯔누가아라시도와 아라가시히꼬를 제사지낸다. 그런데 그 신사는 속칭 구마가부도궁(熊甘宮)이라고 불리우는데서 알수 있는바와 같이 구마(고마-고구려)와 아라(阿良-가야)가 합쳐져서 생긴 이름이다.

그러면 왜 그처럼 아라(가야)가 고마(고구려)와 합쳐져 신사명

으로 고착되게 되였는가 하는것이 문제이다.

그것은 이미 그곳(노또반도일대)에 정착하였던 가야세력우에 고구려가 겹친데 있다고 본다. 그것을 좀 자세히 보자.

노또반도에는 가야계통지명들이 적지 않다. 실례로 하구이군에는 아라기(荒木, 阿良岐)라는 지명이 있고 후게시(颯至)군에는 오찌(大市)라는 지명이 있다. 오찌는 오찌노오비또의 략칭인데 《신찬성씨록》에 쯔누가아라시도의 후예라고 하였다. 그리고 이시까와현과 도야마현의 지경에 있는 구리가라(俱利加羅)고개*는 가라, 가야에 유래하는 지명이다.

* 《일본지명대사전》 3권 일본서방, 1938년, 2486페지, 5권, 426페지

《일본서기》(수인기)에 의하면 가야의 아라시도가 에찌젠의 게히의 포구(笥飯浦)에 갔다는것을 전한다. 말하자면 수인통치시기라는 아주 오랜 시기에 가야사람들이 쯔루가일대에 진출하였는데 그들은 해류판계로 보아 노또반도에도 진출하였던것으로 추측하게 된다.

노또반도일대에 있는 가야계통지명은 실지로 그곳에 진출한 가야사람들이 마을을 이루고 산데서 나온 지명이다. 그렇게 말하게 되는것은 그곳 일대에 지명뿐아니라 실지로 가야사람들을 제사지내는 신사들이 있기때문이다. 《연희식》에 의하면 후게시고을에는 미먀나히꼬(任那彦, 美硫那比古)신사, 미마나히메(任那媛, 美硫那北咩)신사가 있다.*¹ 그리고 또 《연희식》 노또국 하구이군 14좌에 있는 《구마가부도아라가시히꼬신사》는 본시 노또국 17좌가운데 있는 가부도히꼬신사와 아라가시히꼬신사가 합쳐진 사당이였다고 한다.*² 《이시가와현 가시마군지》에 의하면 구마기촌에 있는 그 신사에 보관된 신체(神佐 일본국보)는 《고마인(고구려사람-인용자)의 복장을 한 나무조각품》이라고 하며 《생각컨대 구마기촌의 출처는 자세히 알수 없지만 혹은 고마기(高麗来)의 뜻에서 나왔는지 모른다.》라고 하였다. 현재 그 신사에 있는 신체는 후세에 만들어진 조선옷을 입고 판모를 쓴것이다. 그것을 고마옷이라고 한것은 고구려의 자손들

과 원주민들이 조상대대로 고구려에서 건너간 조선사람을 제사지내는 숭배적인 오랜 관습에서 그랬을것이다.

*¹, *² 《일한고사단》후산보(富山房), 1911년, 281페지

3～4세기경에 해류관계 등으로 일찌기 노또반도일대에 진출한 가야계통이주민집단우에 5세기이후 그곳에 진출한 고구려세력이 타고앉은것으로 미루어볼수 있다.

제2절. 이즈모의 신라-가야소국

이즈모(出雲, 현재의 시마네현일대)국은 이즈모《풍토기》에 의하면 오우, 시마네, 아이까, 다떼누히, 이즈모, 가무도, 이히시, 니다, 오하라 등 9개의 고을로 이루어져있다고 한다.(62개 향, 181개 리, 399개 신사)

그런데 무덤떼의 분포와 고문헌의 기록 등을 종합해보면 이즈모지방에는 크게 두 계통의 정치세력이 있었던것으로 추측된다. 즉 하나는 이즈모군(현재의 히가와군을 중심으로 한 지대)을 중심으로 한 이즈모서쪽의 신라-가야세력이며 다른 하나는 오우군(현재의 야쯔까군을 중심으로 한 지역)을 중심으로 한 이즈모동쪽의 고구려계통세력이다.

이즈모지방에 맨 처음 하나의 정치집단으로 진출, 정착한것은 진한-신라계통이주민세력이였다. 일찌기 히노강, 가무도(神戸)강 하류지역에는 야요이문화시기 중말기의 유적유물들이 전개되여있었다. 실례로 기즈끼신사(杵築 일명 이즈모대사)의 큰 바위아래에서는 중세형동과가 나온적이 있으며 고진다니유적에서는 많은 량의 동검(358개)과 동창(16개) 등이 나왔다.

히노강하류주변 특히 이즈모군 기즈끼향의 기즈끼신사는 신라이주민집단의 진출, 정착지, 조선으로부터의 항해의 표식으로 되였다.

무엇보다도 히노강주변에 신라계통이주민들이 수많이 진출하였다는것은 지명과 기록을 통하여 잘 알수 있다.

　첫째로, 이즈모《풍토기》에는 히노강하류에 신라에서 나라가 건너왔다고 밝혀져있다는 사실이다.

　이즈모《풍토기》에 의하면 스사노오노미꾜또의 4세손이라고 하는 야쯔까 미즈오미쯔노미꾜또가 이즈모나라의 첫 나라는 작게 만들었으며 시라기(志羅紀 즉 신라)의 나라의 곶이(岬)에 바줄을 걸어 《나라오라, 나라오라》(國來國來)라고 끌어당겨서 오게 하여 끌어붙인 나라가 바로 기즈끼향(현재의 大社町 日之御碕)이라고 한다. 그밖에도 이즈모《풍토기》에 의하면 가시마정 사다와 고시의 즈쯔의 곶을 끌어당겨왔다고 한다.

　여기서 보는바와 같이 이즈모《풍토기》는 이즈모서쪽의 옛 이즈모군 기즈끼향에 있는 땅은 신라의 땅(나라)을 끌어당겨 생긴것이라고 명백히 말하고있는것이다. 《나라오라, 나라오라》고 했다 하여 실지로 땅덩어리가 갔을리 없으며 그것은 나라를 이루고있던 기본력량인 신라사람들이 건너가 나라를 만들었다고 보아야 할것이다. 이즈모《풍토기》에는 히노강정일대에 우야리(宇夜里)가 있어 우야쯔베노미꼬또(宇夜都弁命)가 하늘에서 내려왔다고 하였다. 하늘인즉 조선이다. 조선에서 그곳에 건너갔다는것을 알수 있다.

　신라의 이주민들이 기즈끼향일대에 수많이 진출하였다는것은 거기에 조선말에 어근을 둔 조선계통지명들이 수많이 분포되여있는 것을 통해서도 잘 알수 있다.

　현재 히라다(平田)시의 조선동해에 면한 곳(히가와군 기따하마촌)에 《十六島》이라는 마을이 있다. 그것은 조선식으로 《웃불》로 읽는데 고대조선말로 《수많은 굴곡이 있는 나루》란 뜻이라고 한다. 그래서 지금도 옛날대로 《웃불》이라고 읽고 발음한다고 한다.*

　　* 《일본지명대사전》1권 일본서방, 1938년, 850페지

　둘째로, 서부이즈모지역에는 스사노신에서 유래한 스사(須佐)라는 지명(향명)이 존재한다는 사실이다.

　다 알고있는바와 같이 《고사기》, 《일본서기》에 나오는 스사노

신은 신라에 자주 드나드는 신이다. 그리고 그가 가는 신라인 《가라향(韓郷)은 금은이 있는 곳》으로 묘사되였다. 스사노신은 일명 신라신이라고 한다.

스사의 땅은 조선에 면한 곳이며 스사향을 포함한 서부이즈모지역은 《조선 특히 신라와 매우 교통에 편리하고 가까운 곳으로 되여있다. 그것은 이즈모의 땅과 나라에 대해서뿐아니라 이즈모신화나 이즈모의 설화에 등장하는 신이나 사람이나 물건에 대해서도 그렇게 말할수 있다.》*는것이 실정이다.

* 《이즈모의 고대사》 일본방송출판협회, 1984년, 50페지

셋째로, 문헌들에 히노강일대를 지배한 사람이 조선계통인물이라는것이 밝혀져있다는 사실이다.

7~8세기의 야마또중심사관에 의하면 전체 이즈모지방을 지배한 호족우두머리는 일률적으로 《이즈모노오미》로 되여있다. 바로 이즈모 《풍토기》에도 이즈모의 구니노미야쯔꼬인 이즈모노오미가 편찬하였던것이다. 하지만 《일본서기》에는 이즈모노오미의 조상은 《이즈모후루네》(出雲振根)와 《오우스꾸네》의 두 인물로 되여있다. 아마도 그것은 다른 계통의 조상전승이야기였던것을 하나의 이즈모로 합치면서 조상도 합친것으로 보아진다. 지명을 따져볼 때 본래는 후루네가 이즈모서쪽에, 오우스꾸네는 동쪽에 위치했던것으로 리해된다. 후세에 와서 이즈모동쪽에 있던 오우씨가 후루네일파를 누르고 전체 이즈모를 타고앉아 이즈모노구니노미야쯔꼬의 지위를 차지하게 된것 같다.

《일본서기》(권5 숭신 60년 7월)에 의하면 이즈모에 정착한 집단들의 조상으로는 ① 이즈모노 후루네, ② 이히 이리네, ③ 우마시 가라히사, ④ 우가 즈꾸누가 있다고 하였다. 거기에 오른 4명의 우두머리들은 서로 형제 또는 부자간으로 되여있다. 즉 ②와 ③은 ①의 동생이며 ④는 ③의 아들로 되여있다. 어떤 일본학자의 연구에 의하면 그들이 할거한 중심거점은 다음과 같다.

이즈모노 후루네- 이즈모 다께베향이 중심지역

이히 이리네- 히오끼 시오야향이 중심지역

우마시 가라히사- 기쯔끼향을 중심으로 한 지역

우가 즈꾸누- 우가향을 중심으로 한 지역

여기서 주목할 사실은 기즈끼향을 중심으로 한 지역의 우두머리가 우마시 가라히사(甘美韓日挟)라는 사실이다. 《가라히사》라는데서 알수 있는것처럼 기쯔끼향을 틀어쥔 우두머리는 조선계통이주민집단의 우두머리였음이 틀림없다. 4명의 우두머리들은 형제사이 또는 부자사이로 반영되여있듯이 혈연적인 지역련합체를 이룩했을것이며 그 련합체우에 선 우두머리가 바로 후루네였던것이다. 그 련합체는 《해상교통의 중요한 표식인 기쯔끼곶과 감도수해(神門水海)를 항구로 삼아 북규슈나 조선으로부터 새 문화를 받아들》*¹인것으로 인정된다. 그 련합체의 중심에 있었던것은 해로의 신인 기쯔끼신이였다. 그리고 그 지역의 련합수장들은 그 신을 후덥게 제사지냈던것이다.*²

*¹, *² 우와 같은 책, 50페지

넷째로, 이즈모서쪽에는 조선이주민들을 제사지내는 조선신사들이 적지 않았다는 사실이다.

이즈모《풍토기》에 의하면 이즈모군에 가라가마(韓銍)신사 즉 조선신사가 있다고 한다. 그리고 소기노야(曽伎乃夜) 미무스네(御魂) 아수기(阿受枳) 등도 다같이 가라구니 이다데(韓國伊太氏)신사 즉 조선의 신사라고 한다. 옛 이즈모군에만도 3개의 가라구니 이다데신사가 있다. 모든 아스기신사와 이즈모대사(기쯔끼신사), 소기노야신사가 처음부터 가라구니의 이름을 단 신사였을수 있다. 그곳 일대에 가라가마, 가라구니의 이름을 지닌 신사가 많다는것은 그 지대의 지나온 력사를 잘 보여준다. 더우기 가라가마신사는 조선가마 즉 용해가마에 유래한 이름이다. 그리고 가라가마신사는 가라가누찌신(韓鍛冶神)인 스사노오노미꼬또를 제사신으로 받들고있다.

또한 이즈모군에는 아구(阿具)신사가 있는데 아구는 《고사기》(중권 응신기) 천일창설화에 나오는 조선(신라)에 있던 이름이다. 다시말하여 이즈모서쪽에 있는 아구신사는 신라에 있는 고장에 유래하는 사당(고장)이름이라고 할수 있다.

다음으로 고고학적으로 볼 때도 옛 이즈모군을 중심으로 한 지역에 소국가가 형성되여있었다는것을 알수 있다.

먼저 무덤떼에 대하여 보기로 하자.

불경산(仏經山)의 북쪽기슭에는 길이 약 50m로 추정되는 이꾸사바라무덤(軍原, 전방후원무덤, 길죽상자모양돌널과 곧은칼 4, 굽은구슬 2, 관옥 18, 빗 6, 약간의 쇠활촉)과 배모양돌널을 묻은 간바 이와후네무덤(神庭岩般, 전방후원무덤 길이 58m), 다이지무덤(大寺, 전방후원무덤 길이 52m, 수혈식돌칸에서 쇠도끼와 보습이 나옴)이 있으며 히가와군 히가와정에서는 고진다니유적으로부터 2km 떨어진 구릉지대에서 30기이상의 무스비(結)유적이 새롭게 발견되였다. 원형무덤과 방분으로 이루어진 그 유적가운데서 가장 큰 원형무덤은 직경 20m, 방분은 1변의 길이 18m이다. 제10호무덤과 제11호무덤에서는 각각 철검이 나왔다고 한다. 철검은 길이 83cm, 53cm의것이라고 한다.*

* 《마이니찌신붕(시마네판)》 1984년 9월 7일

또한 히라다시 구니도미정 다비후세야마(旋伏山)의 동쪽산기슭에는 직경 15m의 아게시마(上島)무덤이 있다. 거기서는 조선제의 많은 유물이 나왔다. 그 무덤은 6세기 전반기에 축조된것으로 추측된다고 한다. 그밖에도 쯔끼야마(築山)무덤, 다이넨지(大念寺)무덤, 지조야마(地藏山)무덤 등이 있다.

이즈모서쪽에는 여러개의 오랜 조선식산성이 존재한다.

이즈모《풍토기》(이즈모군)에 의하면 앞에서 본 무덤들이 전개되여있는 뒤산인 불경산이 감나비산이다. 감나비산은 필자의 견해에 의하면 오래된 조선식산성이다. 그리고 구마노(熊野)신사, 사다(佐太)신사, 이즈모(기쯔끼)신사의 뒤산들도 산모습과 여러 유적과의 관계에서 보면 신성시된 감나비산으로 추측된다.

불경산앞벌에는 숱한 고대유적이 전개되여있을뿐아니라 앞벌의 낮은 구릉지대의 북쪽에는 이즈모지방에서 가장 큰 곡창지대인 히노강평야가 펼쳐져있다. 그것은 산성과 평야가 일체를 이루고있는 전형적형태이다.

이즈모서쪽의 전형적인 감나비산인 조선식산성은 기나비산(城名樋山)이다. 이즈모《풍토기》(오하라군)에 실린 기나비산은 오나무찌미꼬또가 야소가미(뭇신)를 치기 위해 그 산에 산성을 쌓았기때문에 그런 이름이 지어졌다고 하였다.

여기서 문제는 산성이 구축된 시기이다. 그것은 오래된 조선이 주민세력인 오나무찌가 야소가미 즉 뭇 토착세력들을 치기 위해 산성을 쌓았다고 한 사실이다. 이것은 산성축조시기가 아주 오래다는 것을 말해준다. 그 시기는 고진다니유적과 이즈모대사(기쯔끼신사) 경내에서 나온 동과(중형 및 세형동과)들과 시기적으로 일치하는 야요이문화시기 후기에 해당하는것으로 볼수 있다. 앞에서 본 감나비산은 바로 기나비산과 같은 목적으로 구축된 조선식산성으로 인정된다.

다음으로 이즈모의 신라에 가야세력이 덮친데 대하여 보기로 한다.

▸ 서부이즈모에는 신라계통의 지명과 함께 가야(아라, 가라)계통의 지명이 적지 않다. 그것은 야요이문화시기말(2~3세기경)에 그곳에 진출한 진한-신라의 이주민집단우에 가야계통이주민세력이 겹친데로부터 나온 현상일것이다.

신라소국이 있었다고 보는 서부이즈모의 감도(神門)군에는 가야리(加野里)가 있다. 이에 대해서는《이즈모국대세진급력명장》[1]에 밝혀져있다. 그리고 가야리에는 가야에서 유래한 가야신사도 있다.[2] 그밖에도 이이시(飯石)군에는 가야하라(草原)라는 지명[3]이 있고 히가와군서쪽에는 아라끼(荒木, 阿羅城)라는 지명[4]이 있다. 그리고 그 주변에는 1890년에 아라기(荒木), 고아라기(古荒木), 가야하라(茅原)를 합쳐서 새로 이루어진 아라가야(荒茅)라는 마을이 있다[5]고 한다. 그밖에 야쯔까군에는 가야-아라에 유래한 아라하히(阿羅波比)라는 곳도 있으며[6] 야쯔까군의《出雲》향은 이즈모로 읽지 않고《아다가야》로 읽는다. 그것은 거기에 있는 아다가야(阿太加夜)신사의 이름에 기인한다고 한다.[7] 실지로 오우군에 아다가야신사가 있다. 그리고 앞에서 본 가라가마신사부근에는 가라가와(辛川, 唐

川, 韓川)라는 고장이름이 있다. 또한 거기에는 가가라(加賀羅), 가아라(加阿羅) 등의 지명이 있다.

  *¹ 《나라유문》상 도쿄당출판, 1965년, 308페지
  *² 《풍토기》이와나미판, 1976년, 207페지
    가야신사는 현재의 이즈모시에 있다고 한다.
  *³ 《일본지명대사전》2권 일본서방, 1938년, 1800페지
  *⁴ 우와 같은 책 1권, 412페지
  *⁵ 우와 같은 책 1권, 409페지
  *⁶ 우와 같은 책 1권, 420페지
  *⁷ 우와 같은 책 1권, 345페지

 그러면 어떻게 되여 이즈모에서는 진한-신라세력우에 가야세력이 겹치게 되였으며 그렇게 볼 근거는 무엇이겠는가.

 첫째로, 노또반도에 있는 가야계통이주민세력이 서부이즈모에 진출, 정착하였다는 근거가 있는 사실이다.

 이즈모《풍토기》(오우군)에 의하면 야쯔까쯔노미꼬또는 신라땅과 함께 고시(高志)의 즈쯔곶도 《나라오라, 나라오라》하면서 끌어온 지역이라 한다. 고시국이란 곧 노또반도를 중심으로 한 나라이며 즈쯔(都都)는 지금의 노또반도의 북쪽끝인 수수곶(珠洲岬)으로 비정되고있다. 고시의 노또반도의 나라를 끌어왔다는것은 말하자면 노또반도에 있던 사람들이 건너가서 나라를 세웠다는것을 말해준다. 이것을 증명해주는것이 이즈모《풍토기》(감도군)에 실린 고시향의 유래이다.

 이즈모《풍토기》에 의하면 이자나미노미꼬또의 시대라고 하는 아주 오랜 옛날에 히부찌강(日淵川, 현재의 감사이호에 들어가는 강)의 물로 저수지못을 만드는데 고시국사람들이 건너와서 제방뚝을 쌓았다고 한다. 그래서 오늘날까지도 고시의 지명이 남아 전한다. 이 기사는 고시국에 있는 사람들이 그곳에 진출하여 토지를 개간하고 못을 만드는 등 정착생활을 한 력사적사실의 일단을 보여주는 단편적기사라고 보인다. 물론 고시국사람들이 비단 저수지못을 만드는 등의 단순한 로역에만 종사한 무맥한 존재가 아니였음은

스사노 오노미꼬또가 오로찌를 퇴치한 설화를 놓고도 이야기할수 있다.

스사노오노미꼬또는 녀자를 잡아먹는 오로찌를 조선검(韓鋤之劍)으로 처죽이지만 《고사기》(상권)에 의하면 그 오로찌란 고시국에서 건너온 오로찌이다. 오로찌란 곧 조선식산성이다. 그리고 그것은 조선계통이주민소국의 상징이였다. 바로 고시에서 건너온 이주민집단은 이즈모에서 조선식산성을 쌓고 살았던것이며 그 결과 이미 부터 있던 진한-신라계통이주민들과 마찰이 생겨 신라신인 스사노노미꼬또가 그를 《징벌》하는 형식으로 설화가 꾸며진것으로 볼수 있다.

그러면 구체적으로 고시(古志)란 누구를 념두에 둔것이였겠는가. 그것은 노또반도에 정착했던 가야계통이주민집단으로 생각된다.

이미 앞에서 본바와 같이 노또반도에는 고구려이주민들과 함께 일찍부터 가야계통이주민들이 정착했었다. 바로 그 노또반도의 가야계통이주민들이 해류를 따라 이즈모에 다시 이동해가서 정착하였던것이다.

《일본서기》(권6 수인 2년 이해)에도 조선의 대가라국의 왕자 쯔누가아라시도가 《북해를 에돌아 이즈모국을 거쳤…다.》라고 하였다.

이 기사는 가야계통이주민집단인 쯔누가아라히도의 진출정착과정을 반영한 기록이라고 볼수 있을것이다. 거기서 말하는 북해란 해류관계 등으로 보아 고시국 앞바다일대를 가리킨다고 하여 잘못이 없을것이다. 가야국의 왕자 쯔누가아라히도는 고시국의 앞바다를 돌아 이즈모를 거쳤던것이다.

둘째로, 그 근거는 이른바 이즈모의 신들속에 신라계통의 신과 함께 가야계통신도 들어있다는 사실이다.

이즈모의 신으로는 오나무찌와 그의 아들이 있을뿐아니라 가야의 나루미신이 있다. 가야나루미의 가야는 조선-가야에 유래한다. 즉 이즈모에서는 신라신뿐아니라 가야신도 조상신으로 되고있는것이다. 그것은 이즈모에서 가야세력이 적지 않은 비중을 차지하고있었음을 단적으로 보여준다.

마지막으로 이즈모동쪽의 오우지방의 정치세력에 대하여 보기로 한다.

마쯔에시와 야스기(安來)시를 중심으로 한 지역에는 5세기경부터 축조되기 시작한 방분과 전방후방무덤이 압도적으로 많다. 1973년의 조사에 의하면 이즈모의 무덤총수 540기가운데 방분은 111기, 전방후원무덤은 17기이며 그후의 재조사에 의하면 방분은 약 250기, 전방후방무덤은 30기를 넘는다고 한다.* 그리고 방분의 변형인 네모퉁이돌출무덤이 이즈모에서 7기나 확인되였다고 한다. 그런데 대부분이 이즈모동쪽에 치우쳐있는것이다.

* 《고대사의 숨결》PHP연구소, 1982년, 49페지

이즈모동쪽의 대표적방분(전방후방무덤 포함)을 들면 다음과 같다.

쯔꾸리야마(造山) 제1호무덤(1변의 길이 약 60m, 높이 10m)
이시야(石屋)무덤(1변의 길이 약 40m)
우스이바라(薄井原)무덤(전방후방무덤 길이 약 50m, 전방부의 폭 23m, 높이 3.1m)
오나리(大成)무덤(1변의 길이 약 36.5m, 신수경과 고리자루칼, 검, 도끼, 행영 등이 나옴)
오까다야마(岡田山) 제1호무덤(전방후방무덤 마구류와 함께 글자새긴칼이 나옴)
깅자끼(金崎) 제1호무덤(전방후방무덤 길이 약 36m)
단게안(丹花庵)무덤(한변의 길이 47m, 높이 3.5m, 조각새겨진 길죽모양돌관이 나옴)
니와도리즈까(鷄塚)무덤(동서변의 길이 40~42m, 남북변의 길이 42~44m, 높이 10m)
후따고즈까(二子塚)무덤(전방후방무덤 길이 약 90m, 전방부의 폭 50m, 높이 6.5m, 후방부의 폭 54.5m)

이즈모동쪽의 큰 방분은 고구려의 영향밑에 이룩되였다.
오우군에는 조선식산성으로 인정할수 있는것들이 많다.
이즈모《풍토기》에 의하면 감나비노형의 쨔우스야마(茶臼山)가

감나비산이라고 한다. 그리고 야스기지구의 도가미산(十神山), 아쯔가끼산(뽕垣山), 다까노산(高野山) 등도 감나비산으로 인정된다. 앞으로 조사와 연구가 심화될수록 조선식산성의 면모가 더 밝혀지게 될것이다.

이즈모동쪽의 방분의 계보가 고구려와 잇닿아있다는것은 문헌자료에 나오는 인명을 통해서도 명백하다.

《일본서기》(권28 천무 원년 7월)에 의하면 임진란(672년)때에 오미측에 가담한 장수가운데 이즈모노 고마(出雲拍)라는 사람이 나온다. 그리고 《속일본기》(권2 대보 2년 8월 병신, 9월 을유)에도 종 5위하 이즈모노 고마의 이름이 나온다. 이즈모노 고마란 이즈모지방의 고마라는 뜻이다. 고마는 곧 고구려이다. 또한 오우고을에는 고마(고구려)에 유래한 구메(久米)신사가 있다.*

　　* 《풍토기》 이와나미서점, 1976년, 113페지

이처럼 현재의 마쯔에시와 야스기일대에 분포되여있는 방분계렬의 무덤들이 고구려와 무관계하지 않았다고 볼수 있다. 오우일대의 세력은 6~7세기경에 이르러 전체 이즈모를 대변하는 큰 세력으로 등장하여 이즈모의 구니노 미야쯔꼬도 오우의 장관(대령)이 겸하게 되였다. 오우고을일대에 고구려소국이 있었는가 없었는가는 앞으로 더 두고봐야 할 일이지만·고구려의 큰 영향이 이곳에 미쳤던것만은 부인하지 못한다.

제3절. 오미(시가현)의 신라계통소국

시가현에 있는 일본최대의 호수인 비와호를 둘러싼 지역에는 신라와 관계되는 지명유적들과 설화, 고고학적유적유물들이 적지않다. 그것은 이 지역에 이른 시기부터 신라계통이주민들이 수많이 진출하였기때문이다. 아래에 력사자료에 반영된 비와호주변의 신라계통소국에 대하여 개괄해보기로 한다.

1. 다까시마군의 신라소국

조선동해와 얼마 떨어져있지 않은 다까시마(高島)군은 아도가와(安曇川)의 물이 밀어낸 흙으로 이루어진 충적평야가 펼쳐진 비옥한 곳이다. 거기에 조선동해를 거쳐 와까사나 에찌젠(후꾸이현)에 상륙한 신라계통이주민집단이 남하하면서 정착하였다.

거기에는 신라와 관계되는 지명들이 적지 않게 있다. 실례로 다까시마정에 있는 시라가미(白髮)신사는 이른바 수인 25년(B.C. 4년)에 세워진 오랜 신사라고 하는데 일명 히라(比良)신사라고도 한다. 시라가미, 히라(시라)는 다같이 신라를 의미하는 시라(斯羅)-히라에서 나온것이며 히라명신(比良明神)은 곧 시라(신라)명신이다.

다까시마군일대의 정치적중심지는 다까시마정일대이다.

다까시마정은 다까시마군의 남쪽에 위치해있으면서 동남으로는 비와호에 접해있다. 그리고 서쪽으로는 아미타산(454m) 등의 여러 산봉우리가 솟았고 중부와 동부는 밋밋한 평야를 형성한다. 가모(加茂)강은 그 일대의 동부와 중부의 논밭들을 적시며 비와호에 흘러든다.

다까시마군일대에 신라소국이 있었다고 보는것은 바로 다까시마정일대에 신라적무덤이 분포되여있기때문이다. 다까시마의 신라무덤에서 대표적인 무덤은 이나리야마무덤이다.

이나리야마무덤은 《화명초》에 밝혀진 다까시마군 미오(三尾, 오늘의 가모)에 위치한다.

가모강이 형성한 충적지에 있는 이나리야마무덤은 약 60m의 규모를 가진 전방후원무덤이다. 1902년에 유물이 나온 다음 1923년에 발굴되였다. 무덤은 후원부에 길이 10m, 너비 1.8m정도의 횡혈식돌칸이 있었고 그안에 속을 도려낸 형식의 집모양돌널관이 있었다. 널안에서는 금으로 된 장식달린 귀고리, 금동제관, 금동제쌍어패, 금동제신발 등 금 또는 금동제장식품과 각종 구슬류, 내행꽃무늬거울과 쌍룡고리자루달린 큰칼, 록각장식큰칼, 쇠도끼 등이 나왔고 널바깥에서는 쇠판에 금동색씌운 경판달린 자갈, 등자, 안장,

- 387 -

쇠불이, 행엽, 운주, 말방울 등의 마구류와 단지, 굽높은 그릇, 스에끼 등 모두 120여점의 유물이 나왔다. 무덤의 축조시기는 스에끼의 편년으로 보아 6세기 전반기 중엽경으로 보아진다고 한다.

이나리야마무덤은 일본학자들자신이 《국가를 상징》하는 무덤이라고 한다. 어떠한 정권, 국가를 상징하는것인가. 그것은 유물의 신라적성격으로 보아 신라의 소국가였을것이다.

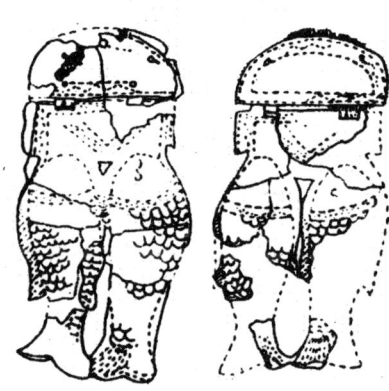

조선(신라)제어패
(시가현 가모 이나리야마무덤)

그 무덤에서 주목을 끄는것은 호화찬란한 순금귀고리와 금동제관을 비롯한 여러가지 금동제장식품들이다. 특히 금동제관을 비롯한 금동제장식품들은 신라 경주금관무덤에서 출토된것과 거의 같은것으로서 국왕급인물이 쓰던 호화로운 물건이라고 말할수 있다. 금귀고리, 금동관뿐아니라 신발, 어패, 구슬류, 거울, 둥근자루칼, 마구류 등도 그와 류사한것들이 신라의 수도였던 경주에서 나왔다는것은 다 아는 사실이다.(《경주금관무덤과 그 유보》고적조사특별보고 제3책, 조선총독부)

한마디로 말하여 이나리야마무덤에서 출토된 유물은 6세기 신라문화가 이룩한 국왕급인물의 장식품들이였다고 말해야 옳을것이다. 더우기 《일본서기》에 의하면 이른바 26대 천황이라고 하는 계체의 아버지인 히꼬우시왕(彦主人王)은 다까시마군 미오출신이다. 이런데로부터 일본학계는 이나리야마무덤에 묻힌자를 계체의 아버지로 보는 견해가 강하다. 그에 대해서는 알수 없으나 계체의 계보속에 신라왕자 천일창과 관련된 인물도 보이는것으로 보아 이 무덤에 묻힌자가 신라계통이주민집단의 우두머리였음은 틀림없을것이다.

이나리야마무덤주변에는 고대제철유적들이 분포되여있으며 또한 다까시마군 아도가와정에는 조선식집자리유적인 《남시도》(南市

東)유적이 있다. 그 유적은 3~5세기경까지의 유적들이 겹쳐져있는 복합유적인데 조선남부지방에서 나오는것과 같은 스에끼가 수많이 나왔다. 그리고 약 60기의 움집식집자리가 나왔는데 거기서는 조선식가마(가라가마)가 발견되였다.

다음으로 다까시마군일대에 신라계통소국이 있다고 보는것은 그곳에 조선사람들의 소국의 상징인 ′조선식산성이 있기때문이다.

산성은 다까시마정의 미오곶(三尾崎)을 말발굽모양으로 감싸듯 큰 규모의 흙담과 돌담으로 둘러져있다. 산성아래에는 가모 이나리 야마무덤을 비롯한 고대의 조선적유적들이 전개되여있다.

다까시마군 남쪽은 시가군이다. 시가군 역시 신라계통이주민세력이 정착하던 곳이다. 거기에는 신라말에서 나온 히라라는 지명이 산줄기의 이름으로 되였으며 조선에 연원을 둔 가라사끼(司樂埼, 韓埼, 辛埼)라는 곳이름도 있다.* 신라소국은 다까시마군과 시가군을 포함한 지역에 걸쳐 있었을것이다.

* 《일본후기》권24 홍인 6년 4월 계해, 권12 연력 23년 2월 기사, 《일본후기》(일문) 권11 연력 22년 3월 을해 4월 기축, 《일본지명대사전》 2권 일본서방, 1805페지

2. 사까다군의 신라소국

사까다군에는 아나(阿那)향 오끼나가(息長)라는 고장이 있다. 《일본서기》(수인기)에 의하면 오끼나가씨는 신라왕자 천일창의 후손이라고 한다. 아마도 그 사까다군일대에 신라계통소국이 있었기때문에 《일본서기》편찬시에 천일창설화가 삽입된것 같다. 사까다군에는 오끼나가씨와 관련한 무덤과 고장이름들이 적지 않게 전해온다. 그것은 거기가 오끼나가씨의 본거지였음을 잘 보여주는것이다. 어쨌든 사까다군 오끼나가라는 고장이 신라와 관계가 깊었던것만은 틀림없다.

오끼나가씨는 사까다군 오끼나가에 본거지를 두고있었다. 신라왕자 천일창은 결과적으로 오끼나가씨와 결부되여있다. 말하자면

오끼나가는 신라와 밀접한 관계에 있다. 신라와 관계가 깊은 오끼나가다라시히메에 관한 설화는 야마쯔데루(山津照)신사나 오끼나가스꾸네왕을 제사지내는 히나데(日撫)신사에 전해온다.

오끼나가씨가 신라와 밀접한 관계에 있다는것은 비단 오끼나가다라시히메(息長帶日売 - 이른바 신공황후)가 오끼나가스꾸네의 딸이며 사까다 오끼나가출신이라는데만 한하지 않는다. 앞에서 본바와 같이 규슈 동쪽인 부젠 다가와군의 신라-진왕국에서 제사지내는 가하루신사야말로 가라구니 오끼나가히메라는 사실이다. 말하자면 오끼나가란 고대일본에서 신라를 의미하는 대명사로 쓰이였다는 사실이다.

사까다군에는 오끼나가씨 즉 신라이주민집단의 우두머리들이 남긴 무덤들이 적지 않다. 대표적무덤으로는 후원부의 수혈식돌칸에서 스에끼와 마구류, 도검류, 내행꽃무늬거울이 나온 이시부스야마무덤, 오까야마무덤 등이 있다.

오까야마무덤은 아마노강(天野川 오끼나가강)오른쪽기슭에 축조된 야마쯔데루신사경내에 있는 전방후원무덤으로서 전체 길이 약 43m이다. 전해오는 말에 의하면 오끼나가다라시히메의 아버지인 오끼나가스꾸네왕의 무덤이라고 한다. 무덤은 1882년에 발굴되였다. 횡혈식돌칸에서는 오령거울, 변형륙수거울, 내행꽃무늬거울과 쇠칼, 손칼, 스에끼류, 금동관, 등자, 자갈, 행엽, 은주, 말안장쇠붙이 등이 나왔다. 이것은 그 무덤이 사까다일대를 지배한 정치세력의 우두머리의 무덤이였음을 보여준다. 특히 금동관모는 그 모양이 신라적인것으로 하여 무덤에 묻힌자의 국적에 대하여 잘 보여준다.

사까다군에 조선사람의 소국이 있었다는것은 또한 거기에 조선계통소국의 상징인 조선식산성이 있기때문이다.

사까다에 있는 조선식산성은 오미정, 마이하라(米原)정, 산또(山東)정의 지경에 위치한 높지 않은 작은산(표고 284m)에 있다. 그 산은 일명 가부또(투구)산이라고 한다. 거기에는 무수한 렬석떼가 있어 이미 1934년에 《사메가이촌 고고이시모양의 렬석》(시가현사적천연물조사회보고서)이라는 글이 발표된적이 있다.

그 글에 의하면 렬석떼는 산기슭을 따라 남남서부터 북북동에 타원형으로 련결되여있는데 타원형의 너비는 최고 약 55m, 길이는 약 145m이며 렬석의 너비와 높이는 최대가 약 1.8m이다. 동쪽의 산경사면을 따라 4렬의 렬석이 있다고 한다. 그리고 그후의 개별적사람들의 탐사에 의하면 서쪽봉우리쪽에 또 하나의 렬석떼가 있는데 그것은 계곡을 따라 누비듯이 계속된다고 한다. 하지만 전면적인 고고학적조사가 진행되지 못한 조건에서 그 산성의 진면모는 아직 밝혀져있지 않다.

산성서쪽에는 신라-오끼나가씨의 본거지인 옛 오끼나가촌이 있고 거기에는 앞에서 본 대표적무덤들이 전개되여있다. 그리고 산성주변에도 무덤떼들이 수많이 있다. 그런데 주목을 끄는것은 그 산성이 간접적으로 《일본서기》에 반영되여있다는 사실이다.

《고사기》,《일본서기》에 의하면 야마또정권은 야마또 다께루를 사도장군의 하나로 삼아 동정을 보낸다. 다께루는 이부끼산(伊吹山, 胆吹山)에 거치른 산신이 있다는 말을 듣고 싸움하러 간다. 산신은 오로찌 즉 큰 뱀으로 변한다. 다께루는 결국 오로찌를 이기지 못하며 정신이 혼미해졌다가 사메가이촌의 맑은 샘물을 마시고야 깨여나지만 결국 그것이 후환이 되여 죽고만다.

이부끼산은 사까다군의 동쪽모퉁이에 있는 표고 1 377m의 시가현에서는 제일 높은 산이다. 《고사기》와 《일본서기》에 전하는 사도장군인 야마또 다께루설화를 그대로 믿을수는 없다. 하지만 그 설화에는 력사적사실이 담겨져있다고 본다. 왜냐하면 다께루가 깨여났다고 하는 사메가이에 바로 방금 본 조선식산성이 있기때문이다. 그것에 대하여 따져보자.

이부끼산에 있다는 산신과 오로찌는 조선계통세력집단이라고 볼수 있을것이다. 오로찌는 어른치 즉 어른되는 사람이란 뜻이며 산성벽이 산허리를 누비며 감은 모양이 멀리서 보면 꿈틀거리는 뱀모양과 같다는데서 그렇게 불렀을것이다. 물론 오로찌가 이부끼산에 있지는 않았다. 실지 산성은 사메가이에 있었던것이다. 그러면 왜 오로찌-산성이 이부끼산에 있는듯이 꾸며지게 되였는가. 그것은 아마도 이부끼산이 그 일대에서도 가장 높은데로부터 오로찌이야기를 이부끼산에 가져다 붙인것 같다.

이 설화는 6세기 중엽이후 7세기초 야마또정권의 일본통합과정에 있었던 일로 보인다. 왜냐하면 《日本》이라고 쓰고 《야마또》로 읽는것은 7~8세기이후의 독법이기때문이다. 야마또 다께루로 상징된 야마또정권의 어떠한 장수격인물이 사까다의 신라소국의 군사력과 사메가이에 있는 가부또산 즉 조선식산성에서 격전을 벌렸다는것을 전해오는 이야기가 어느때인가 이부끼산에 옮겨진것 같다. 그러면서도 사메가이는 설화에서도 아주 중요한 사건이 있던 곳으로 그려놓았다. 아무튼 사메가이-가부또산을 중심으로 야마또정권과 사까다의 신라소국세력사이에 싸움이 벌어졌음은 부인 못한다. 앞으로 연구가 심화되면서 가부또산 즉 조선식산성의 진면모는 더욱 드러나게 될것이다.

이밖에도 사까다군 마이하라정 이소내호(磯之內湖)간석지에서 발견된 이리에내호(入江內湖)유적에서는 락동강류역에서 보는 조선고유의 단지와 굽높은 그릇(高杯)등이 드러나는 등 신라적성격의 유물들이 련속 드러나 그 지대 정치세력의 조선적성격을 잘 보여주었다.

3. 가모오군의 신라-가야소국

비와호동쪽기슭에 위치한 야스(野洲), 가모오(蒲生), 간자끼(神崎), 에찌(愛知)일대에 걸쳐있는 고도(湖東)평야에 신라-가야소국이 있었다. 거기에 신라-가야소국이 있었다는것은 문헌과 지명의 유래 및 여러 고고학적자료를 통하여 증명된다.

먼저 문헌기록 및 지명유적에 대하여 보기로 하자.

《일본서기》(수인기)에 의하면 오미국 가가미(鏡)촌의 스에히도(陶人)는 천일창의 심부름군으로 되여있다. 가가미촌은 야스군과 가모오군에 걸쳐 있는 가가미야마의 북서쪽산기슭인 가가미신사부근을 가리킨다. 즉 오늘날의 가모오군 가가미야마촌의 스에(須惠)땅이 그곳이다.

가가미야마(표고 384m)는 고도평야에 홀연히 솟아 산정에서 비와호를 내려다보면 완연히 거울을 대하는것과 같다고 한다. 바로 거기에서 신라왕자 천일창이 살았다고 한다. 산기슭에는 무덤들이 널려있으며 특히 가가미산의 동쪽기슭(가모오군 류오정) 및 북서쪽 기슭(야수정)을 중심으로 하여 3개소에 가마터가 확인되였는데 조사되지 못한것까지 합치면 가마터는 100개소가 넘는다고 한다. 현재 확인된 가장 오래된 스에끼가마터는 6세기 초엽부터 중엽에 걸친것이라고 한다. 그와 같은 사실은 그곳의 정치세력이 흔히 말하는 천일창설화에 반영된 이른 시기인 야요이문화시기 말기가 아니라는것을 말해준다. 아마도 그곳일대가 신라계통이주민들의 후손들이 진출, 정착한 곳이라는데서 《일본서기》에 신라왕자 천일창의 설화를 갖다붙인것 같다.

가모오군일대에는 신라계통지명과 인명들이 적지 않게 있다.

현재의 애지군 하다소(秦莊)정은 본래 하다가와(秦川)촌으로서 신라에 연원을 둔 지명이다. 그리고 가루노(輕野)와 같이 가라(韓)에 유래하는 지명도 있다. 거기에는 하다씨성을 가진 사람들이 많은데 실례로 천평보우 6년(762년)부터 정관 8년(866년)까지 알려진 에찌군안의 대령 16명, 소령 9명은 다같이 하다씨출신이다.

《야기향전권》(八木鄕田卷), 《가야향전권》(蚊野鄕田卷), 《야부향전권》(薮父鄕田卷) 등에 반영된 에찌하다기미(依智秦公)는 83명(그중 중복된자 18명을 제거하면 65명)이다. 그가운데서 거주지분포가 명백한것은 야부향에 11명, 야기향에 4명, 가야향에 2명, 오구니향(人國鄕)에 41명이다. 말하자면 에찌군안에는 상당한 수의 하다씨가 집중거주하였다는것을 알수 있다. 물론 하다씨가 에찌고을일대에만 산것은 아니다. 가모오군에도 하다씨가 살았다는것은 《일본후기》(권16 대동 2년 7월 병오)에도 전한다. 바로 그들 하다씨가 고또(湖東)평야일대를 개척한것으로 볼수 있다.

다음으로 고고학적유적유물을 통하여 신라소국을 보기로 하자.

고또평야중부의 정치적중심지는 가모오군 기누가사산(織山, 일명 간논지산 표고 433m)기슭 중부, 동부평야지대와 서쪽으로 전개된 구릉지대이다. 기누가사산에는 조선식산성이 있다.

그 산성에는 계곡에 설치한 수문들과 산허리를 누비는 렬석떼가 있다. 간논지산성의 특징은 다른 고대산성과는 달리 산성주인이

《일본서기》에 뚜렷이 밝혀져있다는 사실이다.

이미 앞에서 본바와 같이 간논지산성의 주인은 《고사기》(안강기), 《일본서기》(웅략기) 등에 《사사끼산의 임금의 조상인 가라부꾸로》라고 밝혀져있다. 사사끼산이란 곧 간논지산을 가리킨다. 가라부꾸로(韓袋)는 이름그대로 조선(가라)계통인물이다. 《일본서기》에는 그가 이찌베노오시하왕자(市邊押磐皇子)의 횡사에 관련되여있으며 가모오군일대에서 비교적 큰 세력으로 있던자였음을 미루어볼수 있다. 아마도 가라부꾸로는 간논지산에 있던 조선식산성을 거점으로 고도평야일대에 큰 세력을 뻗쳤던것으로 볼수 있다. 유감스러운것은 아직 간논지산성에 대한 전면적조사발굴이 진행되지 않는데로부터 그 진면모가 밝혀져있지 않은것이다. 앞으로 조사와 연구가 심화될수록 그 산성의 전모는 더욱 드러나게 될것이다. 그리고 그곳 간논지산성과 더불어 이미 본 비와호를 둘러싼 미오끼, 가부또산의 고대 조선식산성의 면모가 드러날수록 종래 일본학계에서 말해오던 《고대일본의 조선식산성은 천지년간의 대륙적침공에 대처하여 구축된 구조물》이라는 견해는 타파되고말것이다.

다음으로 무덤에 대하여 보기로 하자.

고도평야에서 대표적무덤의 분포는 간논지산기슭을 중심으로 한 지대와 야스군일대를 중심으로 한 지대이다.

간논지산기슭을 중심으로 한 대표적무덤떼는 가모오군 아즈찌정에 있는 다쯔이시산(龍石山)무덤떼, 감사끼군 고가쇼(五箇莊)정 마루야마(丸山)무덤떼, 효탄산무덤, 하다쇼정 꽁고지야(金剛寺野)무덤떼(총수 300기에 이르는 떼무덤) 등이 유명하다.

야스군 야스정일대의 무덤들로서는 다양한 거울과 철검이 나온 오이와야마(大岩山)무덤, 횡혈식돌칸에 집모양돌널을 안치한 가부또산(甲山)무덤과 마루야마(円山)무덤을 비롯하여 사꾸라하자마(櫻生)무덤 등이 있다. 사꾸라하자마무덤떼에서 얼마 떨어진 곳에는 초기의 마구류를 비롯한 많은 유물이 나온 신까이(新開) 제1호무덤이 있다.

대표적으로 효탄야마무덤에 대하여 보면 다음과 같다.

간논지산성의 서쪽기슭의 등성이 끝머리를 리용하여 구축된 효탄야마무덤(현재의 시가현 가모오군 아즈찌정 미야쯔)은 전체 길이 162m, 후원부의 직경 90m, 높이 18m, 전방부의 폭 약 70m의 전방후원무덤이다. 전방부에서 2개의 돌상자돌널이 발견되고 굽은구슬과 관옥 등이 나왔다. 1936년 후원부에서 3기의 수혈식돌칸이 발견되였다. 가운데있던 수혈식돌칸은 깬돌을 차곡차곡 쌓아올리고 바닥에는 점토를 깔았다. 나머지 2기는 큰돌을 거칠게 쌓아올려 만든데서 가운데의 수혈식돌칸과 차이가 났다. 가운데돌칸은 길이 6.6m, 너비 1.3m, 깊이 1.1m의 규모이다. 돌칸안에서는 거울과 돌팔찌, 차륜석, 추형석, 관옥, 통모양동기, 쇠칼, 검, 손칼, 구리활촉, 쇠활촉, 도끼, 낫, 가래, 창대패, 단갑 등이 나왔다고 한다. 전반적으로 말하여 효탄야마무덤은 돌칸(가운데것)구조와 유물로 보아 신라의 무덤을 방불케 한다.

이밖에도 그 일대에는 신라적유적유물들이 많이 있다.

가모오군의 중심부에 위치한 사꾸라가와촌에 있는 석탑사의 석탑(일본국보)의 모양은 조선의 경주 불국사의 석탑과 신통히도 같다고 한다. 그리고 그곳에 있는 가바다(綺田)는 고대조선이주민들이 정착하여 천짜기를 전문한데서 붙은 지명이라 한다.

또한 고또평야에서는 신라계통질그릇(스에끼)이 수많이 나왔다. 오미하찌마시 가모정 나까고지(加茂町中小路)유적에서는 신라의 뚜껑있는 굽높은 그릇(有蓋高杯)이 나왔다.* 그것은 긴 다리부분에 장방형의 뚫음장식창이 여러개 달려있고 뚜껑꼭지는 측면에서 둥근구멍이 나있는 전형적인 신라것이라고 한다. 그와 류사한 물건이 오미하찌마시 고후나기정(小船木町) 누데라절터에서 나왔다. 그것은 뚜껑꼭대기에 신라에 독특한 톱날무늬(鋸齒文)와 둥근무늬(円圈文)를 둘렀다. 그와 같은 특이한 신라식토기는 오까야마마끼(岡山牧)정으로부터 가모, 고후나기, 죠도지(淨土寺)에 걸쳐 반원모양으로 분포되여있다고 한다. 류오정 아야도 나에촌(綾戸苗村)신사경내에서 아구리부위에 특이한 세로빗살무늬를 둘러친 독이 나왔다. 그 분포는 마치도 가가미산을 둘러싼것 같다고 한다.*²

*¹, *² 《고대오미의 조선》신인물왕래사, 1984년, 83페지

이처럼 고또평야의 중심구역인 가모군일대에는 신라적유적유물들이 집중적으로 분포되여있다. 그것은 신라사람들이 그 일대에서 많이 살았다는것을 보여준다.

　이상에서 현재까지 드러난 산성과 대표적무덤 몇가지를 들어 비와호의 서쪽과 남쪽에 있던 신라소국에 대하여 개괄하였다. 여기서 신라이주민집단들이 비와호주변의 비옥한 충적평야에 진출, 정착하여 그 지대를 개척하였으며 독자적정치세력을 이루고있었음을 확인할수 있다. 그런데 문제는 비와호의 동, 서기슭에 넓게 전개된 신라이주민집단이 하나의 소국으로 통일되여있었겠는가 아니면 고을단위로 소국을 형성하였겠는가 하는것이다. 이 문제는 앞으로 더 심화시켜나가야 할것이다.

　마지막으로 비와호주변의 신라소국을 개괄하면서 다음과 같은 두가지 점에 대하여 지적하려고 한다.

　첫째로, 조선동해로부터 비와호의 동쪽과 서쪽을 거쳐 야마또지방에로 신라적유적유물 및 지명들이 면면히 이어져있다는 사실이다.

　신라이주민들은 맨 처음으로 조선동해를 거쳐 에찌젠일대에 진출, 정착하였다. 그들이 그곳에로 진출하였다는것은 《호꾸리꾸총진수》(北陵総鎮守)로 칭하는 에찌젠 게히(氣比)신궁을 보더라도 잘 알수 있다.

　게히신궁은 일명 게히궁(筍飯宮)으로 불리우면서 오늘날까지도 그 일대 민중들의 존경과 숭상을 받고있다고 한다. 그 신궁의 제사신은 이사사와게노 미꼬또 즉 신라왕자 천일창이였다. 그리고 쯔루가시주변에는 신라이주민들의 자취가 오늘날까지도 전해온다.

　바다로부터 쯔루가(敦賀)시에 들어가는 입구인 쯔루가만 다데이시곶(立石岬)의 서남 4km에 있는 《가도가사끼》(門崎)에는 시라기우라(白木浦)라는 마을(어촌)이 있고 그곳에는 시라기(白城)신사가 있다. 남죠군의 중부 구쯔미촌(南條郡俗見村)에 있는 이마죠(今庄)촌에도 신라신사가 있다. 그 신사는 《연희식》(신명장)에 나오는 시로기히꼬(信露貴彦)신사라고 한다.*1 이상의 《白木, 白城, 信露貴》는 다같이 《新羅》에서 출발하였음은 의심할바 없다. 이에 대해서는 일본학자들도 인정하고있다.*² 그리고 시로기히꼬신사는 정사의 기록에도 나오는 이름있는 신사이다.

*¹ 《일본지명대사전》 1권 일본서방, 1938년, 682페지
*² 《일선사화》 4권 조선총독부, 1927년, 13페지

에찌젠《풍토기》에 《게히신궁은 우사(宇佐)와 동체이다.》*라고 한것은 게히신궁이 제사지내는 신도 부젠 우사궁과 같이 신라신이라는 말이다.

* 《풍토기》이와나미서점, 1976년, 465페지

그런데 문제는 신라왕자 천일창을 제사지내거나 신라에 유래하는 신사가 조선동해와 가까운 에찌젠일대에만 있는것이 아니라 비와호를 따라 남쪽으로 내려간다는 사실이다.

비와호 동북쪽에 해당하는 이까군 요고정(伊香郡余吳町)에 있는 《엔렌히꼬신사》(鉛練比古神社)는 호북일대에서는 손꼽히는 오랜 신사인데 신라왕자 천일왕을 제사지낸다. 그리고 요고정부근의 호수인 요고호의 서쪽거슭에는 시라기명신(白木明神)이 있고 또 시라기신사(新羅崎神社)도 있다. 오늘날까지도 《시라기신사구적》이라는 비돌이 서있다고 한다. 비돌이 세워진 숲을 《신라숲》이라고 하며 제사신은 스사노오노미꼬또 또는 천일창이라고 한다. 에도시대 (1603년-1867년)의 책인 《오미여지지략》에는 제사신이 《스사노오노미꼬또이며 신라명신이다.》라고 밝혀져있다 하며 《시라사기신사》는 본래 《新羅城神社》 또는 《白木神社》였다고 한다.*

* 《고대·오미의 조선》신인물왕래사, 1984년, 《호북지명고》

요고정으로부터 얼마 떨어진 곳이 도라히메정(虎姫町)이다. 거기에는 가라구니(韓國, 唐國)라는 지명이 적지 않게 있다고 한다.* 그 이남에서는 이미 본바와 같이 천일창에 대한 이야기 등이 《일본서기》를 비롯하여 여러 자료들에 전해온다.

* 우와 같은 책 같은 항목

이상의 사실들은 에찌젠에서 시작된 신라의 천일창설화 및 신라계통지명과 유적유물들이 비와호 량기슭을 따라 면면히 이어져내려오다가 야마또 나라분지동쪽에 이르러 끝나게 되였다는것을 보여준다. 나라분지에 들어가는 입구에 해당하는 시가현 고가군 시가라기(信樂)는 본래 시라기에서 전화되였다는 사실을 지적하게 된다. 이미 앞에서 본바와 같이 나라분지동쪽은 신라 소국이 있던 쯔게땅이였다. 거기에는 신라계통의 지명과 설화전설이 전해지고있다.

일본의 한 고대사가의 견해에 의하면 와까사(후꾸이현)는 해상을 통한 대륙(조선)으로부터의 문호에 해당하며 륙상통로로는 오미, 야마또와도 련결되였다고 한다. 《고사기》(응신조)에 실려있는 야마또동쪽의 씨족에게 예속된 쯔루가지방의 해인(海人)집단의 《호기우따》(吾歌)를 통하여 쯔루가-오미-야마또에로의 맥락이 떠오른다고 한다.*

* 《고대로부터의 시점》 PHP연구소, 1978년, 225페지

조선동해를 거처 에찌젠일대에 진출하여 비와호의 동서기슭을 남하한 신라사람들도 여러 지역에 갈라져 살면서 여러가지 이름으로 불리웠다. 시가현 에찌군일대에 떨어진 신라사람들은 에찌하다씨(依智秦氏)로, 호서를 따라 야마시로 가쯔라가와(桂川)북쪽기슭일대에 정착한 하다씨는 헤비즈까(蛇塚)를 필두로 한 우즈마사무덤떼로 대변되는 우즈마사하다씨(太秦氏)가 되였다.

```
                    ┌─다까시마→시가→야마시로우즈마사
조선→에찌젠→오미─┤
                    └─여고→사까다→가모→시라라기→야마또
```

신라이주민집단의 이 행로는 고고학적으로도 증명이 된다. 이 로정은 동탁문화의 나라분지에로의 진출로정과 맞아떨어지며 또한 신라 및 가야계통수혈식돌칸의 나라 야마또분지동쪽에로의 진출로정과 일치한다. 이와 같은 진출행로는 6세기 중엽이후부터 7세기초까지에 고구려사람들이 오미를 거처 야마시로, 야마또에로 진출한

때보다 퍽 앞선 시기였을것이다.

둘째로, 고대 오미의 신라소국연구에서 지적할 점은 신라소국 우에 가야세력이 겹친다는 사실이다. 실례로 《일본서기》에 천일창이 정착했다는 곳은 아나(吾名)라는 고장이였다. 아나는 조선의 남쪽지방에 있던 아나가야(阿那加耶)에 유래한다. 천일창이 정착했다는 사까다군에는 《화명초》에 밝혀진 아나(阿那)향이 있다. 그곳은 오끼나가촌일대를 포함하는 지역이다. 그리고 신라적유적유물이 분포되고 하다씨가 수많이 정착한 에찌군 하다가와촌(오늘날의 하다소정)일대는 실은 《화명초》에 밝혀진 에찌군 가야(蚊野)향이였다. 가야의 지명은 지금도 북가야, 웃가야로 남아있다. 그 지대는 일망무제의 옥야이다. 그곳 가야들판은 《일본서기》에 나오는 구다와따(來田綿)인데 간논지산성의 주인인 가라부꾸로가 관할하는 지역이였다.

그밖에도 가야, 아라에서 간 지명은 많다. 구리다군의 북쪽인 야수강의 충적평야우에 있는 비옥한 들판은 아라(安良)향으로서 고대 조리의 유제가 확연한 지대이다. 구리다군 릿도(栗東)정에는 아라바리(荒張), 가모군 류오정에는 아야도(綾戸) 등 아라, 아야와 관련된 지명이 많다. 구사쯔(草津)시에는 아라(安羅)신사가 있다.

특히 우리가 신라이주민소국이 있었다고 보는 비와호 량기슭에는 아나에 즈읍한 아노(穴太―아나)라는 지명과 아노의 성씨를 가진 인물들이 집중적으로 산다. 오미 아노의 보관지는 경행, 성무, 중애의 3대의 이른바 천황들이 약 60년동안이나 살았다는 고장이다. 거기에는 《다까아나호노미야》(高穴穗宮)가 있다. 그 신사는 현재 오쯔시 사까모또 아노정(옛 시가군·아노)에 있다.

아노는 곧 아나(阿那)이다.

《삼대실록》(권7 정관 5년 3월 11일)에 《오미국 사까다군 아노씨의 계보로서 오끼나가 사까다 아무개 량씨와 같이 벼슬에 나가게 한다.》라는 기록이 있다. 말하자면 《삼대실록》은 아노씨를 오끼나가씨와 같은것으로 간주하고있는것이다. 이미 본바와 같이 사까다군의 오끼나가는 아나향안에 있다. 아노씨는 비와호 동, 서안의 거의 모든 지역에 분포되여있다. 그것은 《속일본기》(권39 연력 6년 7월 무진)의 기록을 보아도 일목료연하다.*

> * 오미지방에는 하다씨, 아노씨이외에도 오사(曰佐)씨가 오쯔(大津)주변에 집중적으로 분포되여있다. 그것은 6세기이후 그곳에 정착하게 된 백제계통이주민들과 관련된다.

이와 같은 사실은 무엇을 보여주는가? 그것은 신라이주민들의 비와호주변에로의 진출시기에 가야(아야, 아나)이주민집단과 서로 겹쳐 돌아간데로부터 신라세력과 가야세력이 얽히게 된것이라고 보인다. 그것을 증명해주는것이 《일본서기》에 나오는 쯔누가아라히도설화와 천일창설화이다.

《일본서기》(권6 수인기 2년 이해)에는 천일창설화와 쯔누가아라히도설화가 혼탕이 되여 엮어져있다. 즉 량자가 서로 얽혀있는것이다. 그와 같은 혼동은 바로 쯔루가를 비롯하여 와까사, 에찌젠 등 조선동해에 면한 일대에 신라사람뿐아니라 가야사람들까지도 수많이 진출, 정착하였음을 보여준다. 당고(교또부)의 요사군에 가야정을 비롯하여 가야적지명이 많은것도 바로 그것때문이다. 또한 비와호 량기슭에 제철유적인 다다라라는 지명이 많은데 그것 역시 가야계통이주민의 우두머리 쯔누가아라히도에서 유래한다.

현재 비와호주변에는 초보적으로 알려진 조선식산성만도 3곳이나 된다. 아노류(穴太流)라고 하는 조선식산성에 유래한 돌쌓기를 전문으로 한 집단이 근세까지 전통적으로 내려온것을 보면 비와호주변에도 더 많은 조선식산성이 쌓아졌을 가능성이 강하다. 앞으로 연구가 심화될수록 오미의 신라계통소국의 면모는 더욱더 드러나게 될것이다.

소국의 연혁과 구조

일본상고사에 대한 일본학자들의 야요이시대(대체로 B.C. 4세기~B.C. 3세기로부터 A.D. 3세기까지), 고분시대(대체로 4세기부터 6세기말까지)라는 고고학적시대구분은 정치사적으로 보면 일본렬도(주로 서부일본)에서 그 시기에 수십개도 넘는 소국들이 존재한 소국시대였다.

소국이란 한개 또는 몇개 정도의 고을이 모여서 이루어진 정치단위이다. 시일이 흐름에 따라 큰 소국도 생겨나고 그런것가운데는 수십개의 작은 소국들로 이루어지는것도 나타난다. 소국은 고을이 생겨난 결과에 이루어지는것이였다. 소국은 고을을 력사적전제로 하는것만큼 일본땅에 고을이 생겨난 뒤 고을을 이루고 살던 사람들에 의하여 처음으로 이루어졌다.

일본땅에 고을이 생겨난것은 야요이시대가 시작되여 조선이주민들이 서부일본에 정착한 때로부터였다. 그때까지 일본의 주민들은 정착생활을 모르는 채취경제단계에서 살고있었다. 소국들은 농경문화의 소산이였다.

그렇다면 일본땅에서의 소국들의 형성은 조선이주민에 의하여 야요이시대가 시작된 시기로부터 그리 늦어지지 않은 시기에 시작되였다고 말할수 있을것이다. 그러나 문헌자료로서는 기원전후이다. 《한서》지리지에 《저 락랑바다가운데 왜인이 있어 백여국으로 나뉘여있다.》라고 한것을 기원전후시기의 형편으로 볼수 있다. 일본땅에 수많은 소국들이 나타난것은 그보다 앞선 시기일것이다. 《한서》이후 중국의 력사책들에는 《삼국지》위서 동이전 왜인조에서 보는바와 같이 3세기 중엽경에 왜인이 30개가 넘는 소국으로 나뉘여져 있다고 하였으며 《송서》이만전 왜국전에서 볼수 있는 5세기 왜왕이 중국 황제에게 보낸 편지에서는 왜땅에 있던 200개가 넘는 소국들에 대하여 말하고있다.

얼본렬도의 이러한 형편은 고고학적유적을 가지고도 말할수 있다. 5세기는 이른바 큰 무덤들의 출현시기라고 하며 그 분포가 몇개 지역으로 집중되여있고 그 매개 집중분포지역에서는 크고작은 무덤들이 계렬을 지어 분포되고있는것이다. 무덤들이 몇개의 집중분포지역으로 나뉘여져있다는것은 일본렬도가 아직 통일되지 못하고 몇개의 독립지역으로 나뉘여져있었으며 그안의 무덤들이 몇개의 계렬을 이루고 분포된것은 그 집중분포지역안에서의 소국들의 존재를 말하여주는것이다. 그런 분산상태가 가셔지는것은 6세기에 이르러서부터 시작되였다.

소국들의 종족적구성도 매우 복잡하였을것이다.

처음에는 조선이주민들에 의하여 이루어졌던 소국에는 차차 원주민도 망라되였을것이고 원주민들에 의한 소국들도 생겨났을것이다. 그리하여 소국들에는 이주민계통과 원주민계통이 있었을것이며 한개 소국안에는 이주민과 원주민이 섞여 살게 되며 이주민계통안에서도 고구려, 백제, 신라, 가라의 구별이 확연하지 못하고 두 나라, 세 나라 계통이 섞이는 경우가 많았을수 있다. 가라계통소국이라 해도 가라사람만이 사는 소국이 아니라 그안에는 백제와 신라에서 이주한 주민이 섞여사는 소국으로서 가라사람이 그안에서 우세하여 패권을 쥔 소국이라고 해야 정확할것이다.

《삼국지》권30 위서 왜인전기사에 소국들은 약 30개나 되는데 비미호녀왕국이 7만여호나 되는 패권자이며 작은 소국은 1 000여호밖에 안된다고 하였다. 비미호녀왕국은 패권을 쥐고 북규슈일대의 여러 소국들을 타고앉아 있었던것이다. 비미호녀왕국은 작은 소국들의 종적인 련합체였다고 볼수 있다. 그러나 그 련합은 공고치 못하였다. 비미호녀왕이 죽은 후 련합안에서는 혼란이 일어나 1 000여명이 죽는 사변이 벌어졌다가 비미호의 친척되는 녀자를 왕으로 내세워 혼란은 수습되고 나라는 안정되였다고 한다.

비미호녀왕은 그 나라 남쪽의 구노국왕과 사이가 좋지 못하여 서로 다투었으며 비미호왕국소속의 소국들도 중국과 개별적으로 래왕하여 무역을 하였다고 한다.

비미호녀왕국은 마한계통왕국이였으며 그 위치는 서북부규슈섬이였을것이다.

소국들의 련합은 쉽게 깨여질수 있었으며 패권자의 교체도 자주 있었을것으로 짐작된다.

기비지방(오까야마현)에는 9개 갈래의 무덤떼가 있다고 한다. 그 무덤떼들의 《각 떼는 길이 축 60개전후의 전방후원무덤을 주봉으로 하여 이루어져있고 각 떼의 규모는 거의 근사한 상황을 보여준다.》고 한다. 9개 무덤떼들은 본래는 9개 소국들이 있었거나 그중 몇개가 하나의 소국을 이루고있었다는것을 말해준다고 생각한다.

《…전방후원무덤이 특별한 의의를 가지고 축조된것이라는것은 명백하며 적어도 그 지역에 있어서의 우두머리층의 무덤으로서 나타난다. 전방후원무덤이 출현한 지역에 있어서는 방분떼, 원형무덤떼가 전방후원무덤에 교체되는것이 아니라 그 하부조직으로서 발전, 확대되는 현상을 보이고있다. 또 전방후원무덤의 분포는 그 지역에서의 국가형성〔그것이 독자적소국인가 왜의 왕권(야마또천황정권 – 인용자)과 련계되여있는가는 따로 치더라도〕의 발전단계를 말하고 있는것이라고 생각해도 좋다.》(신판《고고학강좌》 5 고분문화각설, 유잔가꾸, 1975년, 49페지)

 이 서술에서는 소국들을 타고앉은 강력한 소국이 교체되더라도 그아래의 작은 소국들은 건재하다는것, 기비지방에서도 야마또정권과는 별개의 국가정권이 형성되고있었다는것을 시사하고있다.

 소국들의 련합은 종적인 상하관계로 맺어졌다고 하더라도 련합체안에서의 소국들의 독자성은 강한것이 있었다고 보아진다.

 비미호녀왕이 3세기 중엽에 죽었을 때 직경이 100여보나 되는 큰 무덤을 만들었으며 노비 100여명을 순장하였다고 한다. 그러한 모습은 3세기 중엽 비미호녀왕국이 있었던 북규슈에서는 그때에 고분시대가 시작되였다는것을 보여준다고 생각한다. 비록 공동체적인 유제가 강하게 남아있다고 하더라도 야요이시대의 소국들은 계급사회에 처하고있었다고 보아야 할것이다.

 그러나 그 시기로부터 소급하면 할수록 공통체적유제는 강했을 것이고 계급사회적인 요소는 약하였을것이라고 생각한다.

 또한 소국들의 종족적구성이 복잡했던만큼 그들의 관계를 일률적으로 단정할수는 없을것이다.

초기조일관계사 2
(개정판)

집필 교수, 박사 조희승
심사 원사, 교수, 박사 김석형,
　　　후보원사, 교수, 박사 손영종,
　　　부교수 김교식
편집 리순희　　장정 김기성
편성 리은정　　교정 선우평옥

낸 곳　사 회 과 학 출 판 사
인쇄소　평 양 종 합 인 쇄 공 장
인　쇄　주체99(2010)년 7월 10일
발　행　주체99(2010)년 7월 20일

ㄱ - 05230

© Korea Social Science Publishing House 2010
　DPR Korea
　ISBN 978 - 9946 - 27 - 051 - 7